KB국민은행

최신기출유형 + 모의고사 4회 + 무료NCS특강

시대에듀

2025 최신판 시대에듀 All-New KB국민은행 필기전형
최신기출유형 + 모의고사 4회 + 무료NCS특강

Always **with you**

사람의 인연은 길에서 우연하게 만나거나 함께 살아가는 것만을 의미하지는 않습니다.
책을 펴내는 출판사와 그 책을 읽는 독자의 만남도 소중한 인연입니다.
시대에듀는 항상 독자의 마음을 헤아리기 위해 노력하고 있습니다. 늘 독자와 함께하겠습니다.

머리말 PREFACE

KB국민은행은 '최고의 인재와 담대한 혁신으로 가장 신뢰받는 평생 금융파트너'를 비전으로, 모든 Biz 분야를 선도하며 고객과 항상 함께하고 시장에서 가장 신뢰받는 'No.1 금융플랫폼 기업'이 되겠다는 확고한 목표를 달성하기 위해 전진하고 있다. 이를 위해 KB국민은행은 급변하는 경영환경과 금융환경에 최적화된 인재를 채용하기 위해 노력하고 있다.

KB국민은행은 인재를 채용하기 위해 필기전형을 시행하여 지원자가 업무에 필요한 역량을 갖추고 있는지 평가한다. 신입행원 필기전형은 NCS 기반 객관식 필기시험으로 진행되며, 출제범위는 직업기초능력 · 직무심화지식 · 상식으로 구분된다. 또한 2024년 상반기부터 필기전형에 TOPCIT 테스트가 포함되어 기술영역과 비즈니스 영역을 평가한다.

이에 시대에듀에서는 KB국민은행 필기전형을 준비하는 수험생들이 시험에 효과적으로 대비할 수 있도록 다음과 같은 특징을 가진 본서를 출간하게 되었다.

도서의 특징

❶ 2024년 하반기 기출복원문제를 수록하여 최근 출제경향을 한눈에 파악할 수 있도록 하였다.
❷ 직업기초능력 영역별 대표기출유형과 기출응용문제를 수록하여 체계적인 학습이 가능하도록 하였다.
❸ 직무심화지식 출제범위인 금융영업과 디지털을 수록하여 한 권으로 필기전형을 완벽하게 준비하도록 하였다.
❹ 경제/금융/일반상식의 빈출키워드별 이론 및 기출응용문제를 수록하여 채용 전반에 대비할 수 있도록 하였다.
❺ 최종점검 모의고사와 온라인 모의고사 3회분(NCS 통합 1회 포함)을 수록하여 시험 전 자신의 실력을 스스로 평가할 수 있도록 하였다.
❻ TOPCIT 테스트와 KB국민은행 실제 면접 기출 질문을 수록하여 한 권으로 채용 전반에 대비할 수 있도록 하였다.

끝으로 본서가 KB국민은행 필기전형을 준비하는 여러분 모두에게 합격의 기쁨을 전달하기를 진심으로 기원한다.

SDC(Sidae Data Center) 씀

KB국민은행 기업분석

◇ 미션

> **세상을 바꾸는 금융, 고객의 행복과 더 나은 세상을 만들어 간다.**

세상을 바꾸는 금융	고객, 더 나아가서는 국민과 사회가 바라는 가치와 행복을 함께 만들어 간다.
고객의 행복	금융을 통해 고객이 보다 여유롭고 행복한 삶을 영위하도록 곁에서 돕는다.
더 나은 세상을 만들어 간다.	단순한 이윤 창출을 넘어 보다 바람직하고 풍요로운 세상(사회)을 만들어 가는 원대한 꿈을 꾸고 실천한다.

◇ 비전

> **최고의 인재와 담대한 혁신으로 가장 신뢰받는 평생 금융파트너**

최고의 인재	• 고객과 시장에서 인정받는 최고의 인재가 모이고 양성되는 금융전문가 집단을 지향한다. • 다양한 금융업무를 수행할 수 있는 차별화된 Multi-player를 지향한다.
담대한 혁신	• 현실에 안주하지 않고, 크고 담대한 목표를 세우고 끊임없는 도전을 통해 혁신을 시도하며 발전해 나간다. • 과감하게 기존 금융의 틀을 깨고 금융패러다임의 변화를 선도한다.
가장 신뢰받는	• 치열한 경쟁 속에서 꾸준하게 고객중심의 사고와 맞춤형 서비스, 차별화된 상품으로 고객에게 인정받는다. • 주주, 시장, 고객이 신뢰하는 믿음직스러운 금융그룹으로 자리매김한다.
평생 금융파트너	• 고객 Life-stage별 필요한 금융니즈를 충족시키는 파트너가 된다. • 고객에게 가장 빠르고 편리한 금융서비스를 제공하고, 다양한 영역에서 도움을 주는 친밀한 동반자가 된다.

◇ **인사비전**

최고의 인재가 일하고 싶어 하는 세계 수준의 직장
World Class Employer

◇ **핵심가치**

- 업무추진 시 고객의 입장과 이익을 우선 고려하는 '고객중심적인' 판단과 의사결정을 한다.

- 해박한 금융지식을 갖추어 업계 최고 수준의 역량을 갖춘 금융인을 목표로 한다.
- 직원 개인의 가치와 경쟁력을 높여 고객에게 최고의 서비스를 제공하고, 조직의 발전에 기여한다.

- 미래 금융분야의 First Mover로서 변화를 주도하고 최적화된 금융의 가치를 만들고 제공한다.
- 유연하고 창의적인 사고를 바탕으로 실패를 두려워하지 않는 과감한 도전을 통하여 결실을 맺는다.

- 금융회사의 임직원으로서 기본소양인 윤리의식을 바탕으로 신의성실과 정직의 태도를 일상업무 속에 항상 견지한다.

- 개인의 성장, 조직의 발전에만 머무르지 않고, 사회 구성원으로서 역할 및 책임을 다하며 국민과 함께 성장하여 사회발전에 기여한다.

KB국민은행 기업분석

◇ 인사원칙

성과주의 문화 정립 →
- 책임과 권한의 명확화
- 투명하고 공정한 평가
- 능력에 따른 보임과 성과에 따른 차별화된 보상

직원의 가치 극대화 →
- 개인의 적성과 능력에 따라 성장기회 부여
- 지속적인 경력개발 기회 제공 및 적극적 지원
- 직원의 경쟁력 향상을 촉진하는 시장원리 확립

조직과 개인의 조화 →
- 경쟁과 협력의 가치 동일시
- 집단성과와 개인성과의 조화와 균형
- 직원의 성장욕구와 조직의 니즈 조화

◇ 인재상

창의적인 사고와 행동으로 변화를 선도하며 고객가치를 향상시키는 프로금융인

고객우선주의 →
- 고객 지향적인 마인드와 적극적인 서비스 개선 노력
- 프로의식으로 고객의 가치 창출

자율과 책임 →
- 위임된 권한에 따라 스스로 판단
- 결과와 성과에 대한 책임

적극적 사고와 행동 →
- 혁신적인 사고방식으로 변화를 선도
- 최고 전문가로 성장하기 위한 끊임없는 자기계발 노력

다양한 가치의 존중 →
- 다양한 사고와 가치를 존중하고 포용할 수 있는 개방적 사고
- 미래가치에 대한 확신과 지속적인 창출 노력

◇ CI 소개

- KB금융그룹의 심볼마크는 아시아 금융을 선도하는 글로벌 금융브랜드가 되고자 하는 KB금융그룹의 기업의지를 반영하고 있다.
- 별의 의미를 내포하는 Star-b의 심볼은 KB금융그룹의 미래지향적인 모습과 World-Class로 도약하고자 하는 높은 의지를 나타낸다.

◇ 스타프렌즈

STAR FRIENDS
서로 다른 별에서 각자의 꿈을 찾으러 지구에 모인 친구들,
서로를 응원하며 함께 꿈을 이루기 위해 노력하고 매일매일 조금씩 성장해 간다.

- KB금융그룹의 대표 캐릭터 스타프렌즈는 고객과 공감대를 형성하는 커뮤니케이션 수단으로 광고 및 다양한 매체에 활용된다.

신입행원 채용 안내

◇ **지원방법**

KB국민은행 채용 홈페이지(kbstar.incruit.com)에 지원서 등록

◇ **지원자격**

❶ 연령/학력/전공 제한 없음

❷ 신입행원 연수에 참가 후 계속 근무 가능한 자

❸ 남성의 경우 병역필(군복무 중인 자는 신입행원 연수 이전 병역필 가능한 자) 또는 면제자

❹ 해외여행에 결격 사유가 없는 자 및 외국인의 경우 한국 내 취업에 결격 사유가 없는 자

❺ 당행 내규상 채용에 결격 사유가 없는 자

◇ **채용절차**

지원서 접수 　　서류전형 　　필기전형 　　1차 면접전형 　　2차 면접전형 　　최종 합격자 발표

◇ **채용일정**

채용공고	접수기간	서류발표	필기전형	필기발표
2024.09.09	2024.09.09~09.23	2024.10.11	2024.10.20	2024.10.25
2024.04.04	2024.04.04~04.16	2024.05.03	2024.05.12	2024.05.20
2023.04.28	2023.04.28~05.09	2023.05.25	2023.05.28	2023.06.07
2022.09.29	2022.09.29~10.12	2022.10.26	2022.10.30	2022.11.11
2021.09.30	2021.09.30~10.12	2021.10.26	2021.10.31	2021.11.05

❖ 채용절차 및 우대사항 등은 채용방침에 따라 변경될 수 있으니 반드시 채용공고를 확인하기 바랍니다.

2024년 하반기 기출분석

총평

2024년 하반기 KB국민은행 필기전형은 직업기초능력이 직무심화지식보다 고난도로 출제되었다는 후기가 지배적이었다. 특정 개념과 그에 대한 설명을 일치시키는 것과 같은 내용 파악 문제가 가장 큰 비중을 차지하였고, 수리능력이 가장 적게 출제되었다. 직무심화지식에서는 KB국민은행 상품과 관련된 문제가 다수 출제되었다. 당행 상품 관련 설명서 등을 보고 이자율을 계산하거나 고객에게 안내할 내용으로 옳은 것을 고르는 등 제시된 자료를 정확하고 빠르게 파악하는 것이 관건이었다. 한편, 상식과 TOPCIT 테스트는 지난 시험에 이어 비교적 평이한 수준으로 출제되었다. 최근 경제 동향과 기초적인 경영학 및 디지털 비즈니스 개념 위주로 준비했다면 어렵지 않게 문제를 풀어 나갈 수 있었으리라 판단된다.

◆ 영역별 출제비중

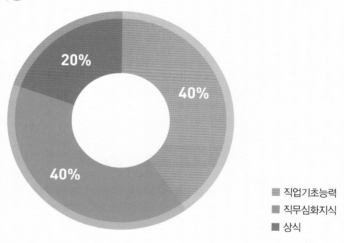

■ 직업기초능력
■ 직무심화지식
■ 상식

◆ 영역별 출제특징

구분		출제특징
직업 기초 능력	의사소통능력	• 신탁상품, 디지털 기능, 마트 연계 카드상품에 대한 지문이 출제됨 • KB국민은행 금융상품 설명서를 읽고 그에 대해 일치/불일치하는 내용을 고르는 문제
	문제해결능력	• 각 진술의 진실 및 거짓 여부를 파악하여 범인을 찾는 문제 • 제시된 조건에 따라 주어진 명제의 참·거짓 여부를 추론하는 문제
	수리능력	• 6~7자리의 계산을 요구하는 자료추론 문제
직무 심화 지식	금융영업	• 도표화한 상품설명서를 보고, 그에 대한 내용으로 옳지 않은 것을 고르는 문제 • KB국민인증서, KB외환플랫폼, KB예적금상품 등의 상품설명서를 읽고, 행원으로서 고객에게 안내할 내용을 고르는 문제
	디지털 부문 활용능력	• 블록 방식과 스트림 방식 같은 대칭키 암호에 대한 설명으로 옳은 것을 고르는 문제
상식 (경제/금융/일반상식)		• 퇴직연금(DB/DC/IRP), 빅맥지수·아이폰지수, 역선택과 도덕적 해이 등 경제와 관련된 기본 시사 상식 수준의 문제

주요 금융권 적중 문제

KB국민은행

의사소통능력 ▶ 주제·제목찾기

※ 다음 글의 주제로 가장 적절한 것을 고르시오. [1~2]

01 금융당국은 은행의 과점체제를 해소하고, 은행과 비은행의 경쟁을 촉진시키는 방안으로 은행의 고유 전유물이었던 통장을 보험 및 카드 업계로의 도입을 검토하겠다고 밝혔다.

이는 전자금융거래법을 개정해 대금결제업, 자금이체업, 결제대행업 등 모든 전자금융업 업무를 관리하는 종합지급결제사업자를 제도화하여 비은행에 도입한다는 것으로, 이를 통해 비은행권은 간편결제·송금 외에도 은행 수준의 보편적 지급결제 서비스가 가능해지는 것이다.

특히 금융당국이 은행업 경쟁촉진 방안으로 검토 중인 은행업 추가 인가나 소규모 특화은행 도입 등 여러 방안 중에서 종합지급결제사업자 제도를 중점으로 검토 중인 이유는 은행의 유효경쟁을 촉진시킴으로써 은행의 과점 이슈를 가장 빠르게 완화할 수 있을 것으로 판단되기 때문이다.

이는 소비자 측면에서도 기대효과가 있는데, 은행 계좌가 없는 금융소외계층은 종합지급결제사업자 제도를 통해 금융 서비스를 제공받을 수 있고, 기존 방식에서 각 은행에 지불하던 지급결제 수수료가 절약돼 그만큼 보험료가 인하될 가능성도 기대해 볼 수 있기 때문이다. 보험사 및 카드사 측면에서도 기존 방식에서는 은행을 통해 진행했던 방식이 해당 제도가 확립된다면 직접 처리할 수 있게 되어 방식이 간소화될 수 있다는 장점이 있다.

하지만 이 또한 현실적으로 많은 문제들이 제기되는데, 그중 하나가 소비자보호 사각지대의 발생이다. 비은행권은 은행권과 달리 예금보험제도가 적용되지 않을 뿐더러 은행권에 비해 규제 수준이

문제해결능력 ▶ 순서추론

01 카드게임을 하기 위해 A ~ F 6명이 원형 테이블에 앉고자 한다. 다음 〈조건〉에 따라 이들의 좌석을 배치하고자 할 때, F와 이웃하여 앉을 사람은?(단, 좌우 방향은 원탁을 바라보고 앉은 상태를 기준으로 한다)

조건
- B는 C와 이웃하여 앉는다.
- A는 E와 마주보고 앉는다.
- C의 오른쪽에는 E가 앉는다.
- F는 A와 이웃하여 앉지 않는다.

① B, D   ② C, D
③ C, E   ④ D, E

수리능력 ▶ 확률

03 S부서에는 부장 1명, 과장 1명, 대리 2명, 사원 2명 총 6명이 근무하고 있다. 새로운 프로젝트를 진행하기 위해 S부서를 2개의 팀으로 나누려고 한다. 팀을 나눈 후 인원수는 서로 같으며, 부장과 과장이 같은 팀이 될 확률은 30%라고 한다. 대리 2명의 성별이 서로 다를 때, 부장과 남자 대리가 같은 팀이 될 확률은?

① 41%   ② 41.5%
③ 42%   ④ 42.5%

지역농협 6급

의사소통능력 ▶ 나열하기

17 다음 문단을 논리적 순서대로 바르게 나열한 것은?

> (가) 이때 보험금에 대한 기댓값은 사고가 발생할 확률에 사고 발생 시 받을 보험금을 곱한 값이다. 보험금에 대한 보험료의 비율(보험료/보험금)을 보험료율이라 하는데, 보험료율이 사고 발생 확률보다 높으면 구성원 전체의 보험료 총액이 보험금 총액보다 더 많고, 그 반대의 경우에는 구성원 전체의 보험료 총액이 보험금 총액보다 더 적게 된다. 따라서 공정한 보험에서는 보험 료율과 사고 발생 확률이 같아야 한다.
> (나) 위험 공동체의 구성원이 내는 보험료와 지급받는 보험금은 그 위험 공동체의 사고 발생 확률을 근거로 산정된다. 특정 사고가 발생할 확률은 정확히 알 수 없지만, 그동안 발생한 사고를 바탕으로 그 확률을 예측한다면 관찰 대상이 많아짐에 따라 실제 사고 발생 확률에 근접하게 된다.
> (다) 본래 보험 가입의 목적은 금전적 이득을 취하는 데 있는 것이 아니라 장래의 경제적 손실을 보상받는 데 있으므로, 위험 공동체의 구성원은 자신이 속한 위험 공동체의 위험에 상응하는 보험료를 내는 것이 공정할 것이다.
> (라) 따라서 공정한 보험에서는 구성원 각자가 내는 보험료와 그가 지급받을 보험금에 대한 기댓값 이 일치해야 하며, 구성원 전체의 보험료 총액과 보험금 총액이 일치해야 한다.

① (가) - (나) - (다) - (라)   ② (가) - (라) - (나) - (다)
③ (나) - (다) - (라) - (가)   ④ (나) - (라) - (다) - (가)
⑤ (다) - (나) - (라) - (가)

수리능력 ▶ 일률

32 선규와 승룡이가 함께 일하면 5일이 걸리는 일을 선규가 먼저 혼자서 4일을 일하고, 승룡이가 혼자 서 7일을 일하면 끝낼 수 있다고 한다. 승룡이가 이 일을 혼자서 끝내려면 며칠이 걸리겠는가?

① 11일   ② 12일
③ 14일   ④ 15일
⑤ 16일

문제해결능력 ▶ 명제

30 다음 명제가 모두 참일 때, 빈칸에 들어갈 명제로 가장 적절한 것은?

> 마라톤을 좋아하는 사람은 체력이 좋고, 인내심도 있다.
> 몸무게가 무거운 사람은 체력이 좋고, 명랑한 사람은 마라톤을 좋아한다.
> 따라서 _____

① 체력이 좋은 사람은 인내심이 없다.
② 명랑한 사람은 인내심이 있다.
③ 마라톤을 좋아하는 사람은 몸무게가 가볍다.
④ 몸무게가 무겁지 않은 사람은 체력이 좋지 않다.

주요 금융권 적중 문제

IBK기업은행

의사소통능력 ▶ 내용일치

※ 다음 글의 내용으로 적절하지 않은 것을 고르시오. [1~3]

01

많은 사람들은 소비에 대한 경제적 결정을 내리기 전에 가격과 품질을 고려한다. 하지만 이러한 결정은 때로 소비자가 인식하지 못한 다른 요소에 의해 영향을 받는다. 바로 마케팅과 광고의 효과이다. 광고는 제품이나 서비스에 대한 정보를 전달하는 데 사용되는 매개체로 소비자의 구매 결정에 큰 영향을 끼친다.

마케팅 회사들은 광고를 통해 제품을 매력적으로 보이도록 디자인하고 여러 가지 특징들을 강조하여 소비자들이 해당 제품을 원하도록 만든다. 예를 들어 소비자가 직면한 문제에 대해 자사의 제품이 효과적인 해결책이라고 제시하거나 유니크한 디자인, 고급 소재 등을 사용한다고 강조하는 것이다. 이렇게 광고는 소비자들에게 제품에 대한 긍정적인 이미지를 형성하게 하여 구매 욕구를 자극해 제품의 판매량을 증가시킨다.

그러므로 현명한 소비를 하기 위해서는 광고에 의해 형성된 이미지에 속지 않고 실제 제품의 가치와

자원관리능력 ▶ 비용계산

※ 다음은 I은행의 지난해 직원별 업무 성과내용과 성과급 지급규정이다. 이어지는 질문에 답하시오.
[16~17]

〈직원별 업무 성과내용〉

성명	직급	월 급여(만 원)	성과내용
임미리	과장	450	예·적금 상품 3개, 보험상품 1개, 대출상품 3개
이윤미	대리	380	예·적금 상품 5개, 보험상품 4개
조유라	주임	330	예·적금 상품 2개, 보험상품 1개, 대출상품 5개
구자랑	사원	240	보험상품 3개, 대출상품 3개
조다운	대리	350	보험상품 2개, 대출상품 4개
김은지	사원	220	예·적금 상품 6개, 대출상품 2개
권지희	주임	320	예·적금 상품 5개, 보험상품 1개, 대출상품 1개
유승연	사원	280	예·적금 상품 2개, 보험상품 3개, 대출상품 1개

수리능력 ▶ 금융상품 활용

03 A대리는 새 자동차 구입을 위해 적금 상품에 가입하고자 하며, 후보 적금 상품에 대한 정보는 다음과 같다. 후보 적금 상품 중 만기환급금이 더 큰 적금 상품에 가입한다고 할 때, A대리가 가입할 적금 상품과 상품의 만기환급금이 바르게 연결된 것은?

〈후보 적금 상품 정보〉

구분	직장인사랑적금	미래든든적금
가입자	개인실명제	개인실명제
가입기간	36개월	24개월
가입금액	매월 1일 100,000원 납입	매월 1일 150,000원 납입
적용금리	연 2.0%	연 2.8%
저축방법	정기적립식, 비과세	정기적립식, 비과세
이자지급방식	만기일시지급식, 단리식	만기일시지급식, 단리식

적금 상품   만기환급금

하나은행

2024년 적중

의사소통능력 ▶ 나열하기

12 다음 제시된 문단을 논리적 순서대로 바르게 나열한 것은?

(가) 이와 같이 임베디드 금융의 개선을 위해서는 효과적인 보안 시스템과 프라이버시 보호 방안을 도입하여 사용자의 개인정보를 안전하게 관리하는 것이 필요하다. 또한 디지털 기기의 접근성을 개선하고 사용자들이 편리하게 이용할 수 있는 환경을 조성해야 한다.

(나) 임베디드 금융은 기업과 소비자 모두에게 이점을 제공한다. 기업은 제품과 서비스에 금융 기능을 통합함으로써 자사 플랫폼 의존도를 높이고, 수집한 고객의 정보를 통해 매출을 증대시킬 수 있으며, 고객들에게 편리한 금융 서비스를 제공할 수 있다. 소비자의 경우는 모바일 앱을 통해 간편하게 금융 거래를 할 수 있고, 스마트기기 하나만으로 다양한 금융 상품에 접근할 수 있어 편의성과 접근성이 크게 향상된다.

(다) 그러나 임베디드 금융은 개인정보 보호와 안전성에 대한 관리가 필요하다. 사용자의 금융 데이터와 개인정보가 디지털 플랫폼이나 기기에 저장되므로 해킹이나 데이터 유출과 같은 사고가 발생할 수 있다. 이는 사용자의 프라이버시 침해와 금융 거래 안전성에 대한 심각한 위협이 될 수 있다. 또한 모든 사람이 안정적인 인터넷 연결과 임베디드 금융이 포함된 최신 기기를 보유하고 있지는 않기 때문에 디지털 기기에 익숙하지 않은 사람들은 임베디드 금융 서비스를 제공받는 데 제한을 받을 수 있다.

(라) 임베디드 금융은 비금융 기업이 자신의 플랫폼이나 디지털 기기에 금융 서비스를 탑재하는 것

수리능력 ▶ 농도

2024년 적중

37 농도 6%의 소금물 200g에서 소금물을 조금 덜어낸 후, 덜어낸 양의 절반만큼 물을 넣고 농도 2%의 소금물을 넣었더니 농도 3%의 소금물 300g이 되었다. 더 넣은 농도 2% 소금물의 양은?

① 105g
② 120g
③ 135g
④ 150g

문제해결능력 ▶ 순서추론

2024년 적중

58 어떤 지역의 교장 선생님 5명 가 ~ 마는 올해 각기 다른 고등학교 5곳 A ~ E학교로 배정받는다고 한다. 다음 〈조건〉을 참고할 때, 반드시 참인 것은?

조건
- 하나의 고등학교에는 한 명의 교장 선생님이 배정받는다.
- 이전에 배정받았던 학교로는 다시 배정되지 않는다.
- 가와 나는 C학교와 D학교에 배정된 적이 있다.
- 다와 라는 A학교와 E학교에 배정된 적이 있다.
- 마가 배정받은 학교는 B학교이다.
- 다가 배정받은 학교는 C학교이다.

① 가는 확실히 A학교에 배정될 것이다.
② 나는 E학교에 배정된 적이 있다.
③ 다는 D학교에 배정된 적이 있다.
④ 라가 배정받은 학교는 D학교일 것이다.

2024년 하반기 기출복원문제로 출제경향 파악

2024 하반기 기출복원문제

※ 정답 및 해설은 기출복원문제 바로 뒤 p.024에 있습니다.

01 직업기초능력

※ 다음 글의 내용으로 가장 적절한 것을 고르시오. [1~2]

01
KB국민은행이 시행 중인 'KB탄소관리시스템'은 중견기업의 에너지 사용량 정보를 기반으로 온실가스 배출량을 산정·관리하는 온라인 플랫폼 나 이용할 수 있는 무료 서비스이다.
KB탄소관리시스템은 기업이 시스템 내 사업 배출시설 목록 자동생성부터 배출량 산정까지 한다.
특히, KB국민은행은 사용자에게 편의를 제공 서 자동인식을 위해 자체 개발한 인공지능 광 이터 수집을 자동화할 수 있도록 하였다. 고 산정, 감축 목표 대비 실적 및 배출량 등 여러 및 협력사의 배출량도 시스템 내 기능을 통해

① KB탄소관리시스템을 통해 사업장뿐만 아
② KB탄소관리시스템은 금융권 최초로 한국
③ KB탄소관리시스템 이용 고객은 배출량 ㅈ
④ KB탄소관리시스템을 통해 경쟁사의 온실

2024 하반기 기출복원문제 정답 및 해설

01 직업기초능력

01	02	03	04	05	06	07	08	09	10	11	12	13	14	15					
③	③	④	①	④	①	③	④	①	③	①	②	④	②	③					

01 　　　　　　　　　　　　　　　　　　　　정답 ③

KB탄소관리시스템을 통해 기업의 내부 온실가스 배출량을 산정할 수 있어, 배출량 감축 목표 대비 얼마나 감축했는지 그 실적과 배출량을 파악할 수 있다.

오답분석
① KB탄소관리시스템은 기업을 대상으로 시행되는 서비스이다.
② KB탄소관리시스템이 금융권 최초로 시행한 것은 인공지능 광학 문자인식 기술 'KB AI-OCR'이다.
④ 계열사, 자회사 및 협력사에 한해 온실가스 배출량을 확인할 수 있으므로 경쟁사의 배출량은 확인할 수 없다.

02 　　　　　　　　　　　　　　　　　　　　정답 ③

제시문에 따르면 KB금융 거래 고객은 '포인트리'로 통신비를 결제할 수 있다고 하였다.

오답분석
① 제시문에 따르면 실질적 은퇴 시점인 60세부터 가입이 가능하다고 나와 있다.
② 제시문에 따르면 전국 영업점에서 상담 및 개통이 가능하다고 하였지만 인터넷으로도 가입할 수 있는지는 알 수 없다.
④ 제시문에 따르면 최대 할인을 적용할 경우 '국민 시니어 11' 요금제는 6,900원에 이용 가능하다.

03 　　　　　　　　　　　　　　　　　　　　정답 ④

마지막 문단에 따르면 KB스타뱅킹 요금제 이용 고객은 최대 24개월 동안 최대로 할인받을 경우 월 2만 200원에 통신 서비스를 이용할 수 있다.

오답분석
① 두 번째 문단의 'KB스타뱅킹은 KB금융그룹 계열사의 70여 개의 서비스를 한 번에 제공하고 있어'라는 내용을 통해 확인할 수 있다.
② 세 번째 문단에 따르면 기존에 사용하던 입출금계좌가 있다면 이를 모임통장으로 변환할 수 있다. 하지만, 신규고객인 경우 입출금계좌가 없기 때문에 이 방식을 이용할 수 없다.
③ 네 번째 문단에 따르면 KB스타뱅킹 화면 하단 KB모임통장 공간을 통해 모임원을 초대할 수 있음은 물론, 정기회비 설정과 거래내역 확인도 손쉽게 처리할 수 있다.

▶ 2024년 10월 20일에 시행된 KB국민은행 필기전형의 기출복원문제를 수록하였다.
▶ '직업기초능력 + 직무심화지식 + 상식'의 최근 출제경향을 파악할 수 있도록 하였다.

대표기출유형&기출응용문제로 영역별 체계적 학습

대표기출유형 01 문장삽입

| 유형분석 |

• 논리적인 흐름에 따라 글을 이해할 수 있는지 평가한다.
• 한 문장뿐 아니라 여러 개의 문장이나 문단을 삽입하는 문제가 출제될 가능성이 있다.

다음 글에서 〈보기〉의 문장이 들어갈 위치로 가장 적절한 곳은?

스마트시티란 ICT를 기반으로 주거·교통·편의 인프라를
쾌적한 삶을 누릴 수 있는 똑똑한 도시를 말한다. (가)
삶의 질을 개선할 수 있는 지속가능한 도시발전 모델로
드, 빅데이터, AI 등 4차 산업혁명 기술을 활용한 스
(다) K시는 행정중심복합도시 전체를 스마트시티로 조
며, 특히 K시 중심의 일원 2.7km² 면적을 스마트시티
을 잡약한 미래형 스마트시티 선도 모델인 K시티 국가
입하여 도시 공간을 조성하고 혁신적인 스마트인프라

| 보기 |

이에 발맞춰 K시 역시 해외사업 지속 확대. 남북협력시
로 정했다.

① (가)
③ (다)

| 정답 | ③

보기에서 K시는 '이에 발맞춰' 스마트시티를 주요 미래사업 분야에
분야로 정하게 된 원인이 되어야 한다. 따라서 보기는 세계 각국에
뛰인 (다)에 위치하는 것이 가장 적절하다.

| 유형풀이 Tip |

• 보기를 먼저 읽고, 선택지로 주어진 빈칸의 앞·뒤 문장을
어색하지 않은 위치를 찾는다.
• 보기 문장의 중심이 되는 단어가 빈칸의 앞뒤에 언급되어

대표기출유형 01 기출응용문제

※ 다음 글에서 〈보기〉의 문장이 들어갈 위치로 가장 적절한 곳을 고르시오. [1~3]

01

오늘날 인류가 왼손보다 오른손을 선호하는 경향은 어디서 비롯되었을까? 오른손을 귀하게 여기고
왼손을 천대하는 현상은 어쩌면 산업화 이전 사회에서 배변 후 사용할 휴지가 없었다는 사실과 관련
이 있을 법하다. (가)
맨손으로 배변 뒤처리를 하는 것은 불쾌할 뿐더러 병균을 옮길 위험을 수반하는 일이었다. 이런 위
험의 가능성을 낮추는 간단한 방법은 음식을 먹거나 인사할 때 다른 손을 사용하는 것이었다. 기술
발달 이전의 사회는 대개 왼손을 배변 뒤처리에, 오른손을 먹고 인사하는 일에 사용했다.
나는 이런 배경이 인간 사회에 널리 나타나는 '오른쪽'에 대한 긍정과 '왼쪽'에 대한 반감을 어느
정도 설명해 줄 수 있으리라고 생각한다. 그러나 이 설명은 왜 애초에 오른손이 먹는 일에, 그리고
왼손이 배변 처리에 사용되었는지 설명해주지 못한다. 동서양을 막론하고, 왼손잡이 사회는 확인된
바 없다. (나)
한쪽 손을 주로 쓰는 경향은 뇌의 좌우반구의 기능 분화와 관련되어 있는 것으로 보인다. 보고된
증거에 따르면, 왼손잡이는 읽기와 쓰기, 개념적·논리적 사고 같은 좌반구 기능에서 오른손잡이보
다 상대적으로 미약한 대신 상상력, 패턴 인식, 창의력 등 전형적인 우반구 기능에서는 상대적으로
기민한 경우가 많다. (다)
나는 이성 대 직관의 힘겨루기, 뇌의 두 반구 사이의 힘겨루기가 오른손과 왼손의 힘겨루기로 표면
화된 것이 아닐까 생각한다. 즉, 오른손이 원래 왼손보다 더 능숙했기 때문이 아니라 뇌의 좌반구가
인간의 행동을 지배하는 권력을 갖게 되었기 때문에 오른손 선호에 이르렀다는 생각이다. (라)

| 보기 |

따라서 근본적인 설명은 다른 곳에서 찾아야 할 것 같다.

① (가)   ② (나)
③ (다)   ④ (라)

▶ '의사소통 · 문제해결 · 수리'의 대표기출유형과 기출응용문제를 수록하였다.
▶ 출제영역별 유형분석과 유형풀이 Tip을 통해 체계적인 학습이 가능하도록 하였다.

도서 200% 활용하기

직무심화지식 + 상식까지 완벽 대비

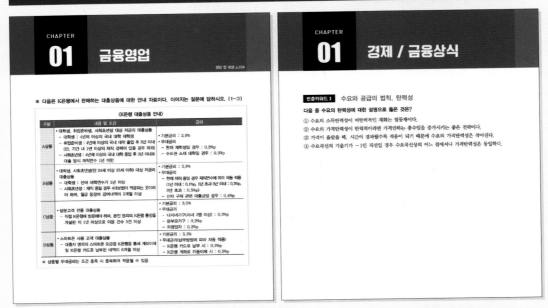

▶ '금융영업 · 디지털 + 경제/금융/일반상식' 이론 및 기출응용문제를 수록하여 필기전형을 완벽히 준비하도록 하였다.

최종점검 모의고사로 실전 연습

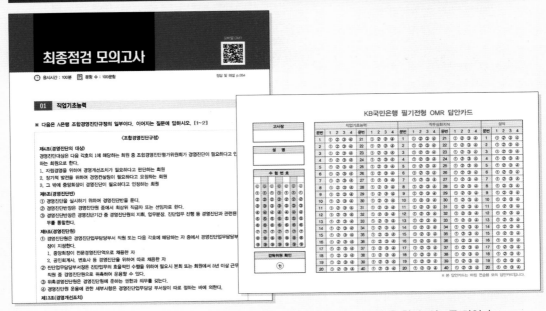

▶ 최종점검 모의고사와 OMR 답안카드를 수록하여 실제 시험처럼 최종 마무리 연습을 할 수 있도록 하였다.

Easy&Hard로 난이도별 시간 분배 연습

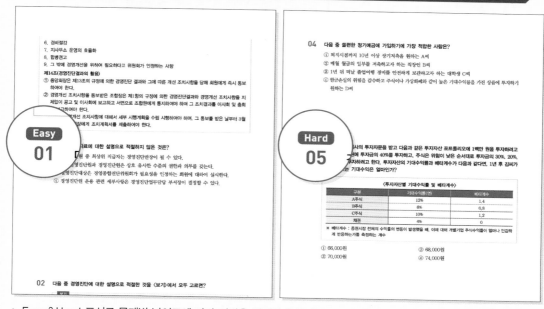

▶ Easy&Hard 표시로 문제별 난이도에 따라 시간을 적절하게 분배하여 풀이하는 연습이 가능하도록 하였다.

TOPCIT 테스트와 면접까지 한 권으로 준비

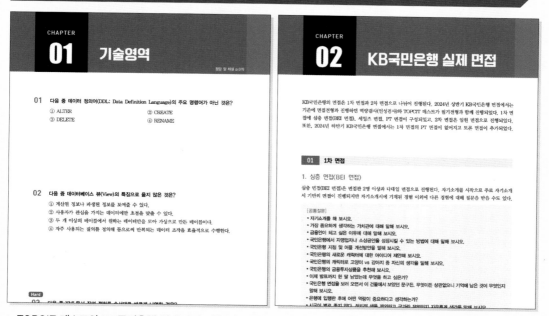

▶ TOPCIT 테스트와 KB국민은행 실제 면접 기출 질문을 수록하여 한 권으로 채용 전반에 대비할 수 있도록 하였다.

학습플랜

1주 완성 학습플랜

본서에 수록된 전 영역을 단기간에 끝낼 수 있도록 구성한 학습플랜이다. 한 번에 전 영역을 공부하지 않고, 한 영역을 집중적으로 공부할 수 있도록 하였다. 필기시험에 대한 기초 학습은 되어 있으나, 학습 계획 세우기에 자신이 없는 분들이나 미리 시험에 대비하지 못해 단시간에 많은 분량을 봐야 하는 수험생에게 추천한다.

ONE WEEK STUDY PLAN

Start!	1일 차 ☐	2일 차 ☐	3일 차 ☐
	_____월_____일	_____월_____일	_____월_____일

4일 차 ☐	5일 차 ☐	6일 차 ☐	7일 차 ☐
_____월_____일	_____월_____일	_____월_____일	_____월_____일

STUDY CHECK BOX							
구분	1일 차	2일 차	3일 차	4일 차	5일 차	6일 차	7일 차
기출복원문제							
PART 1							
PART 2							
PART 3							
최종점검 모의고사							
TOPCIT 테스트							
오답분석							

스터디 체크박스 활용법

1주 완성 학습플랜에서 계획한 학습량을 어느 정도 실천하였는지 표시하여 자신의 학습량을 효율적으로 관리한다.

구분	1일 차	2일 차	3일 차	4일 차	5일 차	6일 차	7일 차
PART 1	의사소통 능력	✕	✕	완료			

CONTENTS
이 책의 차례

Add+

2024년 하반기
기출복원문제

※ 정답 및 해설은 기출복원문제 바로 뒤 p.024에 있습니다.

01 직업기초능력

※ 다음 글의 내용으로 가장 적절한 것을 고르시오. [1~2]

01

> KB국민은행이 시행 중인 'KB탄소관리시스템'은 중견기업의 에너지 사용량 정보를 기반으로 온실가스 배출량을 산정·관리하는 온라인 플랫폼이다. 이는 KB국민은행 기업인터넷뱅킹 이용 고객 누구나 이용할 수 있는 무료 서비스이다.
>
> KB탄소관리시스템은 기업이 시스템 내 사업장 시설 정보 및 에너지 사용량을 등록하면, 업종별 배출시설 목록 자동생성부터 배출량 산정까지 한 번에 모든 업무를 처리할 수 있는 서비스를 제공한다.
>
> 특히, KB국민은행은 사용자에게 편의를 제공하기 위해 금융권 최초로 한국전력 오픈 API 및 고지서 자동인식을 위해 자체 개발한 인공지능 광학 문자인식 기술 'KB AI-OCR'을 적용해 에너지 데이터 수집을 자동화할 수 있도록 하였다. 고객은 이 시스템을 통해 기업의 내부 온실가스 배출량 산정, 감축 목표 대비 실적 및 배출량 등 여러 정보를 손쉽게 파악할 수 있다. 또한 계열사, 자회사 및 협력사의 배출량도 시스템 내 기능을 통해 통합적으로 관리할 수 있다.

① KB탄소관리시스템을 통해 사업장뿐만 아니라 가정집의 온실가스 배출량도 확인이 가능하다.
② KB탄소관리시스템은 금융권 최초로 한국전력 오픈 API 접근을 가능하게 하였다.
③ KB탄소관리시스템 이용 고객은 배출량 감축 이행실적의 확인이 용이해진다.
④ KB탄소관리시스템을 통해 경쟁사의 온실가스 배출량도 확인할 수 있다.

02

KB국민은행은 'KB리브엠(Liiv M, KB리브모바일)'이 영업점 전용 요금제로 60대 고객을 위한 시니어 요금제 2종을 출시한다고 22일 밝혔다. 시니어 요금제는 실질적 은퇴 시점인 60세부터 가입이 가능하다. KB국민은행 전국 영업점에서 상담·개통할 수 있다. 출시된 요금제는 △국민 시니어 11(기본료 월 1만 1,300원) △국민 시니어 14(기본료 월 1만 4,900원) 총 2종이다.

해당 요금제 이용 고객은 상대적으로 저렴한 월 기본요금으로 데이터, 음성, 문자 서비스를 무제한으로 이용할 수 있다. 최대 할인을 적용할 경우 '국민 시니어 11' 요금제는 6,900원, '국민 시니어 14' 요금제는 1만 500원에 이용 가능하다. KB금융 거래 고객은 '포인트리'로 통신비 결제가 가능하다.

KB국민은행 관계자는 "요금제는 은퇴를 맞이한 시니어 고객에게 합리적인 통신 서비스를 제공하기 위해 개발된 상품"이라며 "앞으로도 KB리브모바일만의 경쟁력 있는 상품과 서비스를 지속 선보일 것"이라고 말했다.

한편 KB리브모바일은 금융과 통신을 결합한 특화 서비스이다. △피싱보험 △통신비 보장보험 △보이스피싱 예방 서비스를 무료로 제공해 시니어 고객들을 대상으로 하는 금융사기범죄 예방에 힘쓰고 있다. 취약계층 대상 '나눔(복지)할인제도' 운영을 통한 11억 원 규모의 통신비 지원, 국가유공자 및 유가족 복지사업 기부 등 사회공헌 활동도 수행하고 있다.

① 시니어 요금제 2종은 65세부터 가입 가능하다.
② 시니어 요금제 2종은 인터넷을 통해 가입 가능하다.
③ KB금융 거래 고객은 통신비를 '포인트리'로 결제할 수 있다.
④ 최대 할인을 적용할 경우 '국민 시니어 11' 요금제는 월 1만 500원에 이용 가능하다.

03 다음 글의 내용으로 적절하지 않은 것은?

> 이제 은행은 단순히 금융에서 그치는 것이 아닌 이를 넘어서 비금융 영역에서도 다양한 서비스를 제공하고 있다. 대표적으로 KB국민은행의 'KB스타뱅킹'을 들 수 있다.
> KB스타뱅킹은 KB국민은행의 핵심 플랫폼으로 금융 및 비금융 영역에서 다양한 서비스를 제공하여 플랫폼 경쟁력을 더하고 있으며, 현재 월간활성고객(MAU) 1,240만 명을 넘어선 금융권 슈퍼앱으로 자리 잡았다. 또한 KB스타뱅킹은 KB금융그룹 계열사의 70여 개의 서비스를 한 번에 제공하고 있어 고객의 편의성도 높였다.
> KB스타뱅킹이 제공하는 금융 서비스인 'KB모임통장 서비스(구 KB국민총무 서비스)'는 고객이 별도로 계좌를 추가 개설하는 번거로운 과정을 없앨 수 있도록 기존에 사용하던 입출금계좌를 모임통장으로 변환할 수 있게 하였다.
> 또한 KB모임통장을 등록한 고객에게는 이를 손쉽게 관리할 수 있도록 KB스타뱅킹 홈화면 하단에 별도의 공간을 제공해 고객 편의성을 높였다. 이를 클릭하면 모임통장 전용화면으로 즉각 연결돼 모임 구성원을 초대할 수 있음은 물론, 정기회비 설정과 거래내역 확인까지 손쉽게 처리할 수 있다.
> KB스타뱅킹이 제공하는 비금융 서비스에서는 KB국민은행의 알뜰폰 브랜드 KB Liiv M(KB리브모바일)과 연계해 KB스타뱅킹에서 한 번에 가입할 수 있는 'KB스타뱅킹 요금제 LTE 15GB+'를 출시했다.
> 해당 요금제는 KB스타뱅킹에서만 가입·개통할 수 있으며, 이를 이용하고 싶은 고객은 다른 채널에 들어갈 필요 없이 KB스타뱅킹 내 테마별 서비스 중 '통신'에서 편리하게 가입 가능하다. 최대 24개월 동안 전용 할인 쿠폰이 매달 1회 제공되며, 최대 할인을 받게 되면 저렴한 가격인 월 2만 200원에 통신 서비스를 이용할 수 있다.

① KB스타뱅킹 앱을 통해 KB금융그룹 각 계열사 앱을 별도 설치 없이 서비스 이용이 가능하다.
② KB국민은행 신규고객이 KB모임통장 서비스를 이용하기 위해서는 별도로 계좌 개설 과정이 필요하다.
③ KB모임통장을 이용하는 고객은 별도로 모임원들에게 연락할 필요 없이 KB스타뱅킹 앱에서 모임원을 초대할 수 있다.
④ KB스타뱅킹 요금제를 이용하는 고객은 2년 동안 최대 2만 200원의 통신요금을 절감할 수 있다.

04 다음은 에너지 프로슈머에 대한 글이다. 이에 이어질 내용으로 적절하지 않은 것은?

> 국내에서 에너지 프로슈머 사업은 크게 세 가지로 구분되지만 이웃과의 잉여 거래 사업 모델은 초기 단계에 불과하다. 그동안 태양광 대여 사업 또는 설비투자비의 지원을 통하여 태양광 패널을 설치하고 한전과의 상계거래 형태로 사업이 진행됐으나 한전과의 거래가 아니라 이웃에게 잉여 전력을 판매하는 방식은 처음에는 개인 간의 소규모 시범사업을 추진하고, 이후 대규모 프로슈머의 시범사업을 추진하는 형태로 진행되고 있다. 그리고 중개사업자를 통한 소규모 분산형 전원에 의해 생산된 전력의 도매시장 거래도 아직 공식적인 시장이 개설되지 않았으나 사업자를 선정하여 시범사업에 착수할 계획이다. 이처럼 우리나라의 에너지 프로슈머 관련 사업이 활성화되기 위해서는 아직 시간이 필요하고 소비자들 간의 전력 거래 활성화를 위한 제도적인 여건이 마련될 필요가 있다. 따라서 우리나라에서 에너지 프로슈머 사업을 활성화하기 위한 여러 가지 여건들을 검토하고 향후 제도 개선을 통해 정책 방향을 정립하는 것이 필요하다.
>
> 기본적으로 에너지 프로슈머 사업은 소비자가 전력회사로부터 받은 전력을 단순 소비하는 행위로부터 신재생에너지 발전원의 직접적 설치를 통한 생산과 소비 그리고 판매 등 모든 에너지 관리를 통해 전기요금을 절약하거나 수익을 창출하는 방식으로 진행되고 있다. 모든 용도의 소비자들이 주로 태양광 발전설비를 설치하여 전력을 생산하고 자가 소비한 후 잉여 전력을 판매하는 방식을 취하고 있다. 소비자의 자가 전기 소비량과 잉여 전력량을 조절하는 한편, 한전의 전력 구입량도 관리하는 등 소비자의 에너지 관리에 대한 선택이 주어지고 있다. 그리고 태양광 발전설비와 함께 저녁 시간에도 활용할 수 있는 전력 저장장치가 결합한다면 소비자의 전략이 더욱더 다양화될 것으로 보인다. 이러한 소비자의 행동 변화는 단순히 소비자가 에너지 프로슈머로 전환하는 것을 의미할 뿐만 아니라 현재의 대규모 설비 위주의 중앙집중적 에너지 공급 방식에서 분산형 전원에 의한 자급자족 에너지 시스템으로 변화되어 가고 있다는 것을 암시하고 있다. 에너지 프로슈머가 분산형 전원의 확대를 통한 에너지 시스템의 변화를 주도하는 데 기여할 수 있다는 것이다. 그리고 소비자가 에너지 생산과 소비를 포함한 에너지 관리를 전략적으로 해나감으로써 새로운 에너지 서비스의 활성화에도 기여하고 있다. 즉, 소비자의 행동 변화는 에너지 사용 데이터를 기반으로 공급자들이 다양한 에너지 서비스의 개발 유인을 제공하는 한편, 에너지 프로슈머와 공급자들의 상호 경쟁적인 환경을 조성하는 데에도 기여하고 있다.
>
> 그런데 에너지 프로슈머 사업이 활성화되기 위해서는 소비자 스스로 태양광을 설치하여 잉여 전력을 거래할 유인이 필요하다. 이에 따라 두 가지의 유인이 필요한데, 첫 번째가 태양광 발전 설비의 설치에 대한 유인이고, 두 번째가 잉여 전력에 대한 거래 유인이다. 이러한 에너지 프로슈머의 활성화 조건을 검토하고 프로슈머의 활성화를 위해서는 어떻게 제도를 개선해야 하는지를 파악해 볼 수 있을 것이다.

① 에너지원별 한전의 생산 효율성과 생산 기술의 우수성 홍보
② 태양광 발전 설비의 필요성과 지원책에 대한 구체적 사례 제시
③ 중앙집중형, 분산전원형 전력 공급 시의 각 전력 사용료의 차이 소개
④ ESS(Energy Storage System)의 공급 및 설치에 관련된 한전의 육성 방안 소개

05 다음은 K은행의 상품판매지침 중 일부이다. 상품판매지침을 어기지 않은 상담 내용은?

〈상품판매지침〉

… 중략 …

• 제3조(중요내용 설명의무)

　직원은 금융상품 등에 관한 중요한 사항을 금융소비자가 이해할 수 있도록 설명하여야 한다.

… 중략 …

• 제5조(권한남용 금지의 원칙)

　직원은 우월적 지위를 남용하거나 금융소비자의 권익을 침해하는 행위를 하지 않아야 하며, 특히 다음 각호의 사항은 권한의 남용에 해당되는 행위로 발생하지 않도록 주의하여야 한다.

1. 여신지원 등 은행의 서비스 제공과 관련하여 금융소비자의 의사에 반하는 다른 금융상품의 구매를 강요하는 행위
2. 대출상품 등과 관련하여 부당하거나 과도한 담보 및 보증을 요구하는 행위
3. 부당한 금품 제공 및 편의 제공을 금융소비자에게 요구하는 행위
4. 직원의 실적을 위해 금융소비자에게 가장 유리한 계약조건의 금융상품을 추천하지 않고 다른 금융상품을 추천하는 행위

• 제6조(적합성의 원칙)

1. 직원은 금융소비자에 대한 금융상품 구매 권유 시 금융소비자의 성향, 재무 상태, 금융상품에 대한 이해수준, 연령, 금융상품 구매목적, 구매경험 등에 대한 충분한 정보를 파악하여 금융소비자가 적합한 상품을 구매하도록 최선의 노력을 다한다.
2. 직원은 취약한 금융소비자(65세 이상 고령층, 은퇴자, 주부 등)에 대한 금융상품 구매 권유 시 금융상품에 대한 이해수준, 금융상품 구매목적, 구매경험 등을 파악하여 취약한 금융소비자에게 적합하다고 판단되는 상품을 권유하여야 한다.

① Q : 제가 아파트를 구입하려는데 ○○ 차량을 담보로 약 2천만 원 정도를 대출하고 싶어요.

   A : 지금 소유하신 ○○ 차량으로도 담보대출 진행이 가능하긴 한데, 시일이 좀 걸릴 수 있습니다. 대신에 우선 계약을 진행하시고 아파트를 담보로 하시면 훨씬 수월하게 대출 진행이 가능합니다.

   Q : 2천만 원을 대출하는데 아파트를 담보로 진행하기에는 무리가 있지 않나요?

   A : 하지만 담보물의 가격이 높을수록 대출 진행이 원활하기 때문에 훨씬 편하실 겁니다.

② Q : 저는 전업주부인데 급하게 돈이 필요해서 대출상품을 좀 알아보려고 해요.

   A : 저희 상품 중 '○○ 대출' 상품이 고객님께 가장 알맞습니다. 이걸로 진행해 드릴까요?

   Q : 제가 금융상품을 잘 몰라서 여러 상품에 대한 설명을 좀 듣고 싶어요.

   A : '○○ 대출' 상품이 그 어떤 상품보다 고객님께 유리하기 때문에 권해드리는 거예요.

③ Q : 제가 여러 상품을 종합적으로 판단했을 때, 'ㅁㅁ 적금'으로 목돈을 모아보려고 하는데 바로 신청이 되나요?

   A : 고객님, 그 상품은 이율이 조금 떨어지는데 왜 그 상품을 가입하려고 하세요? '△△ 적금'으로 신청하는 게 유리하니까 그쪽으로 진행해 드릴게요.

④ Q : 직장에서 은퇴해서 가게를 차리려고 하는데, 대출상품에 대해 아는 게 없어서 추천을 좀 해주실 수 있나요?

   A : 그럼 고객님께서는 가게를 차리기 위해서 잔금에 대한 대출이 필요하시고, 이전에 대출상품을 이용해 본 적이 없으시다는 말씀이시죠? 고객님의 우편주소나 전자 메일 주소를 알려주시면 대출상품과 관련된 안내서와 추천 드리는 상품 리스트를 발송해 드릴게요.

06 다음 글을 읽고 공공재·공공자원의 실패에 대한 해결책으로 적절하지 않은 것을 고르면?

재화와 서비스는 소비를 막을 수 있는지에 따라 배제성이 있는 재화와 배제성이 없는 재화로 분류한다. 또 어떤 사람이 소비하면 다른 사람이 소비할 기회가 줄어드는지에 따라 경합성이 있는 재화와 경합성이 없는 재화로 구분한다. 공공재는 배제성과 경합성이 없는 재화이며, 공공자원은 배제성이 없으면서 경합성이 있는 재화이다.

공공재는 수많은 사람에게 일정한 혜택을 주는 것으로 사회적으로 반드시 생산돼야 하는 재화이다. 하지만 공공재는 '무임승차' 문제를 낳는다. 무임승차 문제란 사람들이 어떤 재화와 서비스의 소비로 일정한 혜택을 보지만, 어떤 비용도 지불하지 않는 것을 말한다. 이런 공공재가 가진 무임승차 문제 때문에 공공재는 사회 전체가 필요로 하는 수준보다 부족하게 생산되거나 아예 생산되지 않을 수 있다. 어떤 사람이 막대한 비용을 들여 누구나 공짜로 소비할 수 있는 국방 서비스, 치안 서비스 같은 공공재를 제공하려고 하겠는가.

공공재와 마찬가지로 공공자원 역시 원하는 사람이면 누구나 공짜로 사용할 수 있다. 그러나 어떤 사람이 공공자원을 사용하면 다른 사람은 사용에 제한을 받는다. 배제성은 없으나 재화의 경합성만이 존재하는 이러한 특성 때문에 공공자원은 '공공자원의 비극'이라는 새로운 형태의 문제를 낳는다. 공공자원의 비극이란 모두가 함께 사용할 수 있는 공공자원을 아무도 아껴 쓰려고 노력하지 않기 때문에 머지않아 황폐해지고 마는 현상이다.

바닷속의 물고기는 어느 특정한 사람의 소유가 아니기 때문에 누구나 잡을 수 있다. 먼저 잡는 사람이 임자인 셈이다. 하지만 물고기의 수량이 한정돼 있다면 나중에 잡는 사람은 잡을 물고기가 없을 수도 있다. 이런 생각에 너도 나도 앞다투어 물고기를 잡게 되면 얼마 가지 않아 물고기는 사라지고 말 것이다. 이른바 공공자원의 비극이 발생하는 것이다. 공공자원은 사회 전체가 필요로 하는 수준보다 지나치게 많이 자원을 낭비하는 결과를 초래한다.

이와 같은 공공재와 공공자원이 가지는 문제를 해결하는 방안은 무엇일까? 공공재는 사회적으로 매우 필요한 재화와 서비스인데도 시장에서 생산되지 않는다. 정부는 공공재의 특성을 가지는 재화와 서비스를 직접 생산해 공급한다. 예를 들어 정부는 국방, 치안 서비스 등을 비롯해 철도, 도로, 항만, 댐 등 원활한 경제 활동을 간접적으로 뒷받침해 주는 사회간접자본을 생산한다. 이때 사회간접자본의 생산량은 일반적인 상품의 생산량보다 예측이 까다로울 수 있는데, 이용하는 사람이 국민 전체이기 때문에 그 수가 절대적으로 많을 뿐만 아니라 배제성과 경합성이 없는 공공재로서의 성격을 띠기 때문에 그러한 면도 있다. 이러한 문제를 해결하기 위해서 국가는 공공투자사업 전 사회적 편익과 비용을 분석하여 적절한 사업의 투자 규모 및 진행 여부를 결정한다.

공공자원은 어느 누구의 소유도 아니다. 너도 나도 공공자원을 사용하면 금세 고갈되고 말 것이다. 정부는 각종 규제로 공공자원을 보호한다. 공공자원을 보호하기 위한 규제는 크게 사용 제한과 사용 할당으로 구분할 수 있다. 사용 제한은 공공자원을 민간이 이용할 수 없도록 막아두는 것이다. 예를 들면 주인이 없는 산을 개발 제한 구역으로 설정하여 벌목을 하거나 개발하여 수익을 창출하는 행위를 할 수 없도록 하는 것이다. 사용 할당은 모두가 사용하는 것이 아닌, 일정 기간에 일정한 사람만 사용할 수 있도록 이용 설정을 해두는 것을 말한다. 예를 들어 어부가 포획할 수 있는 수산물의 수량과 시기를 정해 놓는 법이 있다. 이렇게 되면 무분별하게 공공자원이 사용되는 것을 피하고 사회적으로 필요한 수준에서 공공자원을 사용할 수 있다.

① 치안 불안 해소를 위해 지역마다 CCTV를 설치한다.
② 주인 없는 목초지에서 풀을 먹일 수 있는 소의 마릿수를 제한한다.
③ 국립공원에 사는 야생동물을 사냥하지 못하도록 하는 법을 제정한다.
④ 항상 붐비는 공용 주차장을 요일별로 이용 가능한 자동차를 정하여 사용한다.

07 다음 제시된 문단을 논리적 순서대로 바르게 나열한 것은?

(가) 이러한 관리 방식에 따른 차이에도 불구하고 공동주택에서 자치관리를 하느냐, 위탁관리를 하느냐는 이론적인 측면이 강한 것이 현실이다. 공동주택의 대형화 및 고급화와 더불어 단지 내 시설, 설비의 복잡화와 첨단화로 인해 공동주택 관리를 아웃소싱할 것인가에 대한 의사결정은 과거에 비해 그 중요성이 증가하고 있다.

(나) 반면에 위탁관리 방식은 입주자대표회의가 공동주택 위탁관리를 업(業)으로 하는 주택관리업자에게 위탁관리 수수료를 지급하고 관리사무소의 운영권 전반을 맡기는 도급 방식이다. 주택관리업자는 관리사무소장과 관리 직원을 공동주택 관리사무소에 투입하여 운영한다.

(다) 우리나라 주택 시장에서의 가장 대표적인 주택 유형은 공동주택이다. 1990년대 이전 양적 공급 확대 정책에 의해 공급된 공동주택은 노후화와 더불어 단지 내 각종 시설 등의 기능적 부재 문제를 겪고 있다. 이에 따라 입주민들의 쾌적성 및 안전성 확보를 위한 공동주택 관리의 중요성이 높아지고 있다.

(라) 공동주택 관리는 두 가지 방식으로 제도화되어 있으며, 어떤 관리 방식을 택하느냐에 따라 공동주택 관리의 효율성과 효과성에 미치는 영향이 달라진다. 결과적으로 공동주택 관리 서비스의 품질과 입주민들이 부담하는 관리비에 직접적인 영향을 미칠 가능성이 크다.

(마) 이러한 관리 방식에는 입주자대표회의가 공동주택을 직접 운영하는 자치관리 방식이 있으며, 다른 하나로는 주택관리업자에게 관리업무를 아웃소싱하는 형태인 위탁관리 방식이 있다. 자치관리 방식에서는 입주자대표회의가 관리사무소장을 자치관리기구의 대표자로 선임하고 관리 직원을 고용하여 관리 업무를 입주민이 스스로 결정하고 집행한다.

① (가) – (나) – (다) – (라) – (마)
② (나) – (라) – (마) – (다) – (가)
③ (다) – (라) – (마) – (나) – (가)
④ (다) – (마) – (나) – (가) – (라)

※ 다음 자료를 보고 이어지는 질문에 답하시오. [8~9]

보증회사의 회계팀 소속인 A사원은 신용보증과 관련된 온라인 고객상담 게시판을 담당하여 고객들의 문의 사항을 해결하는 업무를 하고 있다.

■ 보증심사등급 기준표

CCRS 기반	SBSS 기반	보증료율
K5		1.1%
K6	SB1	1.2%
K7		1.3%
K8	SB2	1.4%
K9	SB3	1.5%
K11	SB5	1.7%

■ 보증료율 운용체계

① 보증심사등급별 보증료율		• CCRS 적용 기업(K5 ~ K11) • SBSS 적용 기업(SB1 ~ SB5)
② 가산요율	보증비율 미충족	0.2%p
	일부 해지 기준 미충족	0.4%p
	장기분할해지보증 해지 미이행	0.5%p
	기타	0.1 ~ 0.6%p
③ 차감요율	0.3%p	• 장애인기업(장애인 고용 비율이 5% 이상인 기업) • 창업초기기업(창업한 지 만 1년이 되지 않은 기업)
	0.2%p	녹색성장산업 영위기업, 혁신형 중소기업 중 혁신역량 공유 및 전파 기업, 고용창출 기업, 물가 안정 모범업소로 선정된 기업
	0.1%p	혁신형 중소기업, 창업 5년 이내 여성기업, 전시 대비 중점관리업체, 회계투명성 제고기업
	기타	경쟁력 향상, 창업지원 프로그램 대상 각종 협약 보증
④ 조정요율	차감	최대 0.3%p

• 가산요율과 차감요율은 중복 적용이 가능하며, 조정요율은 상한선 및 하한선을 넘는 경우에 대해 적용
• (최종 적용 보증료율)=①+②-③±④=0.5%(하한선) ~ 2.0%(상한선)
  (단, 대기업의 상한선은 2.3%로 함)
※ (보증료 계산)=(보증금액)×(최종 적용 보증료율)×(보증기간)÷365

08 A사원은 온라인 상담 게시판에 올라와 있는 어느 고객의 상담 요청을 확인하였다. 요청한 내용에 따라 보증료를 계산한다면 해당 회사의 보증료는 얼마인가?(단, 1백만 원 미만은 절사한다)

〈고객 상담 게시판〉

[1 : 1 상담 요청]
제목 : 보증료 관련 문의 드립니다.

안녕하십니까.
수도권에서 소기업을 운영하고 있는 사업자입니다.
보증료를 계산하는 데 어려움이 있어 문의를 남깁니다.
현재 우리 회사의 보증심사등급은 SBSS 기준 SB3 등급에 해당됩니다.
그리고 보증비율은 일부 해지 기준 미충족 상태이며, 작년에 혁신형 중소기업으로 지정되었습니다.
보증금액은 100억 원이고, 보증기간은 3개월(90일)로 요청 드립니다.

---

① 3,800만 원   ② 4,000만 원
③ 4,200만 원   ④ 4,400만 원

09 A사원은 다음 자료를 토대로 3개 회사의 보증료를 검토하게 되었다. 이 회사들의 보증료를 모두 계산하였을 때, 보증료가 높은 순서대로 3개 회사를 나열한 것은?(단, 주어진 내용 이외의 것은 고려하지 않는다)

구분	대기업 여부	심사등급	가산요율	특이사항	보증금액	보증기간
가	○	SB5	• 보증비율 미충족 • 장기분할해지보증 해지 미이행	–	150억	365일
나	○	K11	• 일부 해지 기준 미충족	• 녹색성장산업 영위기업	150억	365일
다	×	K7	–	• 장애인기업 • 고용창출 기업	100억	219일

① 가 – 나 – 다   ② 가 – 다 – 나
③ 나 – 가 – 다   ④ 나 – 다 – 가

10 다음 글과 상황을 근거로 판단할 때, 甲에게 가장 적절한 유연근무제는?

유연근무제는 획일화된 공무원의 근무형태를 개인·업무·기관별 특성에 맞게 다양화하여 일과 삶의 균형을 꾀하고 공직생산성을 향상하는 것을 목적으로 하며, 시간제근무, 탄력근무제, 원격근무제로 나눌 수 있다.

시간제근무는 다른 유연근무제와 달리 주 40시간보다 짧은 시간을 근무하는 것이다. 수시로 신청할 수 있으며 보수 및 연가는 근무시간에 비례하여 적용한다.

탄력근무제에는 네 가지 유형이 있다. 시차출퇴근형은 1일 8시간 근무체제를 유지하면서 출퇴근시간을 자율적으로 조정할 수 있으며 7:00 ~ 10:00에 30분 단위로 출근시간을 스스로 조정하여 8시간 근무 후 퇴근한다. 근무시간선택형은 주 5일 근무를 준수해야 하지만 1일 8시간을 반드시 근무해야 하는 것은 아니다. 근무가능 시간대는 6:00 ~ 24:00이며 1일 최대 근무시간은 12시간이다. 집약근무형은 1일 8시간 근무체제에 구애받지 않으며, 주 3.5 ~ 4일만을 근무한다. 근무가능 시간대는 6:00 ~ 24:00이며 1일 최대 근무시간은 12시간이다. 이 경우 정액급식비 등 출퇴근을 전제로 지급되는 수당은 출근하는 일수만큼만 지급한다. 재량근무형은 출퇴근 의무 없이 프로젝트 수행으로 주 40시간의 근무를 인정하는 형태이며 기관과 개인이 협의하여 수시로 산정한다.

원격근무제에는 재택근무형과 스마트워크근무형이 있는데, 시행 1주일 전까지 신청하면 된다. 재택근무형은 사무실이 아닌 자택에서 근무하는 것이며, 초과근무는 불인정된다. 스마트워크근무형은 자택 인근의 스마트워크센터 등 별도 사무실에서 근무하며, 초과근무를 위해서는 사전에 부서장의 승인이 필요하다.

〈상황〉

A부서의 공무원 甲은 유연근무제를 신청하고자 한다. 甲은 원격근무보다는 A부서 사무실에 출근하여 일하는 것을 원하며, 주 40시간의 근무시간은 지킬 예정이다. 이틀은 아침 7시에 출근하여 12시간씩 근무하고, 나머지 사흘은 5 ~ 6시간의 근무를 하고 일찍 퇴근하려는 계획을 세웠다.

① 시간제근무   ② 시차출퇴근형

③ 근무시간선택형   ④ 집약근무형

11 제시된 명제가 모두 참일 때, 다음 중 참이 아닌 것은?

> • 시험기간이 되면 민아는 도서관에 간다.
> • 시험기간이 아니면 경호는 커피를 마시지 않는다.
> • 경호가 커피를 마시든지 성환이가 수정과를 마신다.
> • 민아는 도서관에 가고 성환이는 수정과를 마신다.

① 지금은 시험기간이다.
② 경호가 커피를 마시면 시험기간이다.
③ 경호가 커피를 마시면 민아는 도서관에 간다.
④ 지금은 시험기간이거나 경호가 커피를 마시지 않는다.

12 5층인 K빌라에 A ~ E 5명이 살고 있다. 다음 대화에서 1명이 거짓을 말하고 있다면, 거짓을 말하는 사람은?(단, 5명 모두 다른 층에 살고 있다)

> • A : C는 가장 위에 살고 있어.
> • B : 나와 E 사이에는 1명이 살고 있어.
> • C : E보다 위에 사는 사람은 총 4명이야.
> • D : C 아래에는 B가 살고 있어.
> • E : 내 위에는 A가 살고 있어.

① A
② B
③ C
④ D

13 K은행의 연금 상품에 가입한 A고객은 올해부터 10년 동안 연초에 연 10%의 물가상승률이 적용되는 연금을 받기로 하였으며, 올해 말에는 $500(1+0.1)$만 원이 나온다고 한다. 갑자기 사정이 생겨 목돈이 필요한 A고객이 해당 연금을 올해 초에 일시불로 받으려고 은행을 찾았다면, A고객이 일시불로 받을 수 있는 금액은?(단, 만의 자리 미만은 절사하며, $1.1^{10}=2.5$로 계산한다)

① 2,300만 원   ② 2,800만 원

③ 3,000만 원   ④ 3,300만 원

14 다음은 국제우편 접수 매출액 현황에 대한 자료이다. 이에 대한 설명으로 옳지 않은 것은?

〈국제우편 접수 매출액 현황〉

(단위 : 백만 원)

구분	2019년	2020년	2021년	2022년	2023년 소계	1/4분기	2/4분기	3/4분기	4/4분기
국제통상	16,595	17,002	19,717	26,397	34,012	7,677	7,552	8,000	10,783
국제소포	17,397	17,629	19,794	20,239	21,124	5,125	4,551	5,283	6,165
국제특급	163,767	192,377	229,012	243,416	269,674	62,784	60,288	61,668	84,934
합계	197,759	227,008	268,523	290,052	324,810	75,586	72,391	74,951	101,882

① 2023년 4/4분기 매출액은 2023년 다른 분기에 비해 가장 많다.

② 2020년 대비 2023년 국제소포 분야의 매출액 증가율은 10% 미만이다.

③ 2019년 대비 2023년 매출액 증가율이 가장 큰 분야는 국제통상 분야이다.

④ 2022년 총매출액에서 국제통상 분야의 매출액이 차지하고 있는 비율은 10% 미만이다.

15 다음은 2020 ~ 2023년 갑국 기업의 남성육아휴직제 시행 현황에 대한 자료이다. 이에 대한 설명으로 옳은 것은?

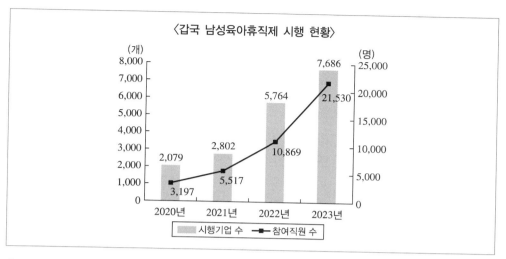

① 시행기업당 참여직원 수가 가장 많은 해는 2021년이다.
② 2023년 남성육아휴직제 참여직원 수는 2021년의 4배 이상이다.
③ 2021년 대비 2023년 시행기업 수의 증가율은 참여직원 수의 증가율보다 낮다.
④ 2020년부터 2023년까지 연간 참여직원 수 증가 인원의 평균은 약 5,000명이다.

※ 다음은 KB스타적금Ⅱ에 대한 자료이다. 이어지는 질문에 답하시오. **[1~2]**

<KB스타적금Ⅱ 상품설명서>

구분	내용
가입대상	• 실명의 개인(1인 1계좌) ※ 개인사업자, 임의단체 및 공동명의 가입불가
상품유형	• 자유적립식 예금
가입금액 및 저축방법	• 월 1만 원 이상 30만 원 이하(원 단위) ※ 매월(해당 월의 초일부터 말일까지) 자유롭게 저축(만기일 전일까지 저축 가능)
계약기간	• 12개월
가입채널	• KB스타뱅킹, 영업점
이자지급 시기	• 만기일시지급식 : 만기(후)해지 또는 중도해지 시 이자를 일시에 지급
기본이율	• 연 2.0%

우대이율	• 최고 연 6.0%p(예치기간이 1개월 미만인 중도해지계좌는 우대이율 미적용)

구분	우대조건
환영해요 우대이율 (최고 연 3.0%p)	① KB스타뱅킹 신규 또는 장기미사용 고객이 적금을 가입한 경우(연 2.0%p) ② ①에 해당하는 고객이 적금 가입일부터 만기일까지 월 1회 [금리확인] 화면에서 스탬프 찍기를 한 경우 해당 월마다 연 0.2%p 적용 후 합산하여 제공 (최고 연 1.0%p)
함께해요 우대이율 (연 3.0%p)	적금 신규 전일 기준 최근 6개월 동안 KB국민은행 상품*을 보유하지 않았거나 입출금이 자유로운 예금만 보유한 고객

※ 신규 고객 : 적금 신규일 전월 말일 기준 KB스타뱅킹 미가입 고객(해지 이력이 있는 고객 제외)
※ 장기미사용 고객 : 적금 신규일 전월 말일 기준 6개월 이상 KB스타뱅킹 로그인 이력이 없는 고객

중도해지 이율	• 가입일 당시 영업점 및 KB국민은행 홈페이지에 게시한 중도해지이율 적용 <div align="right">(단위 : 연 %)</div>

예치기간	이율
1개월 미만	0.1
1개월 이상	(가입일 당시 기본이율)+(해지일 기준 확정된 우대이율)

*KB국민은행 상품 : 거치식/적립식 예금(외화예금 제외), 청약, 펀드, 신탁(퇴직연금 제외), 방카슈랑스, 대출

01 다음 중 KB스타적금 II에 대한 내용으로 적절하지 않은 것은?

① KB스타적금 II의 최고 이율은 연 8.0%이다.

② KB스타적금 II는 온라인, 오프라인 모두 가입이 가능하다.

③ KB스타적금 II를 중도해지하는 경우 받을 수 있는 최고 이율은 연 2.0%이다.

④ KB스타뱅킹 장기미사용 고객이 스탬프 찍기를 2회 하였다면 환영해요 우대이율은 2.4%p이다.

02 다음은 KB스타적금 II에 가입한 A ~ D의 가입정보이다. 이들 중 최종 이율이 가장 높은 사람은?

<table>
<tr><td colspan="6" align="center">〈KB스타적금 II 가입정보〉</td></tr>
<tr><td rowspan="2">구분</td><td colspan="3" align="center">KB스타뱅킹 정보</td><td rowspan="2">중도해지 여부</td><td rowspan="2">KB국민은행 상품
보유 기록</td></tr>
<tr><td>가입일</td><td>마지막 로그인 일시</td><td>스탬프 횟수</td></tr>
<tr><td>A</td><td>2023.01.05</td><td>2023.01.05</td><td>4회</td><td>–</td><td>청약통장 보유</td></tr>
<tr><td>B</td><td>2022.04.21</td><td>2022.05.30</td><td>2회</td><td>40일 후 해지</td><td>–</td></tr>
<tr><td>C</td><td>2022.07.02</td><td>2022.11.24</td><td>0회</td><td>–</td><td>외화예금통장 보유</td></tr>
<tr><td>D</td><td>2023.01.05</td><td>2023.01.05</td><td>5회</td><td>27일 후 해지</td><td>–</td></tr>
<tr><td colspan="6">※ A ~ D는 모두 2023년 1월 5일에 KB스타적금 II에 가입하였음</td></tr>
</table>

① A

② B

③ C

④ D

※ 다음은 KB장병내일준비적금에 대한 자료이다. 이어지는 질문에 답하시오. [3~4]

〈KB장병내일준비적금 상품설명서〉

구분	내용
가입대상	• 가입시점에 다음 ①, ② 조건을 모두 충족하는 현역병, 상근예비역, 의무경찰, 해양의무경찰, 의무소방원, 사회복무요원, 대체복무요원(금융기관별 1인 1계좌 제한)
상품유형	• 자유적립식 예금
가입채널	• 영업점, KB스타뱅킹
계약기간	• 1개월 이상 24개월 이하(일 단위 만기일 지정) ※ 만기일은 고객의 전역예정일(소집해제예정일)이며, 단축·연장할 수 없음 ※ 복무기간이 24개월 이상인 대체복무요원은 최대 가입기간 24개월로 제한
저축방법 및 저축금액	• 초입금 최저금액은 0원 이상, 2회차 이후는 1,000원 이상 원 단위로, 고객이 설정한 은행별 비과세 저축한 도 범위 내에서 매월(월 초일부터 말일까지) 30만 원 이하 금액을 만기일 전일까지 자유롭게 저축 가능 ※ 단, 장병내일준비적금의 금융기관 합산 저축한도는 고객별 월 55만 원이며, 동 저축한도를 초과하 지 않는 범위 내에서 한 은행의 저축한도는 최고 30만 원까지 설정 및 입금 가능

| 기본이율 | • 신규가입일 당시 영업점 및 KB국민은행 홈페이지에 게시한 계약기간별 기본이율 적용 |

계약기간	1개월 이상 12개월 미만	12개월 이상 15개월 미만	15개월 이상 24개월 이하
이율	연 3.5%	연 4.0%	연 5.0%

| 우대이율 | • 최고 연 3.0%p(단, 모든 우대이율은 계약기간이 3개월 이상이며, 만기해지한 계좌에 대하여 계약기간 동안 적용) |

구분	우대조건	우대이율
급여이체 실적	적금 신규월 초일부터 만기일 기준 전전월 말까지 고객이 가입한 적금 계약기간(월 환산)의 2/3에 해당하는 기간 동안 고객의 KB국민은행 입출금통장으로 급여이체 실적이 매월 10만 원 이상인 경우	연 0.1%p
주택청약 종합저축 계좌보유	적금 만기일 기준 전전월 말일을 기준으로, 고객이 KB국민은행 주택청약종합 저축 계좌를 보유한 경우	연 0.2%p
나라사랑 카드	적금 신규월 초일부터 만기일 기준 전전월 말일까지 KB국민나라사랑카드(체크) 이용실적이 1회 이상 발생하고, 적금 만기일 기준 전전월 말일까지 KB국민 나라사랑카드(체크)를 보유한 경우	연 0.1%p
기초생활 수급자	적금 만기일 기준 전전월 말일을 기준으로 본인 명의 '수급자증명서' 또는 '사회 보장급여 중지통지서(중지사유 : 군입대)'를 영업점에 제출한 경우	연 3.0%p

| 이자지급 시기 | • 만기일시지급식 : 만기(후) 또는 중도해지 요청 시 이자를 지급 |

| 중도해지 이율 | • 신규가입일 당시 영업점 및 KB국민은행 홈페이지에 게시한 예치기간별 중도해지이율 적용
(단위 : 연 %) |

예치기간	이율
1개월 미만	0.1
1개월 이상 3개월 미만	기본이율×50%×경과월수/계약월수(단, 최저금리는 0.1)
3개월 이상 6개월 미만	기본이율×50%×경과월수/계약월수(단, 최저금리는 0.1)
6개월 이상 8개월 미만	기본이율×60%×경과월수/계약월수(단, 최저금리는 0.2)
8개월 이상 10개월 미만	기본이율×70%×경과월수/계약월수(단, 최저금리는 0.2)
10개월 이상 11개월 미만	기본이율×80%×경과월수/계약월수(단, 최저금리는 0.2)
11개월 이상	기본이율×90%×경과월수/계약월수(단, 최저금리는 0.2)

03 다음 중 KB장병내일준비적금에 대한 설명으로 적절하지 않은 것은?

① KB장병내일준비적금의 만기일은 임의로 변경할 수 없다.

② KB장병내일준비적금을 통해 받을 수 있는 최대이율은 연 8%이다.

③ 기초생활수급자가 24개월 만기해지한 경우 항상 최대이율을 받을 수 있다.

④ KB장병내일준비적금에 가입하기 위해서는 초회차에 1원 이상의 예금이 필요하다.

04 다음은 창구업무를 담당하는 A행원과 상담을 요청한 고객의 대화이다. 빈칸에 들어갈 이율로 옳은 것은?

> A행원 : 고객님 안녕하세요, 상담을 도와드릴 A입니다. 무엇을 도와드릴까요?
> 고 객 : 안녕하십니까? 예전에 신청했던 KB장병내일준비적금을 중도해지하고 싶어서 왔습니다.
> A행원 : 고객님, 신분증 한 번 보여주시겠어요?
>   (신분증 제출 및 고객 확인 완료)
> A행원 : 고객님, 가입정보를 확인해보니 12개월 계약에 6개월 동안 최대금액을 입금하셔서 총 180만 원이 입금이 되었네요. 맞으실까요?
> 고 객 : 네, 그랬던 것 같습니다. 만약 오늘 중도해지한다면 최대이율은 몇 %입니까? 적금을 가입한 이후로 KB국민나라사랑카드를 사용 중인데….
> A행원 : 오늘 중도해지하실 경우 고객님이 받으실 수 있는 중도해지이율은 연 _____입니다.

① 1.0%

② 1.2%

③ 1.5%

④ 1.7%

05 다음 글이 설명하는 것으로 옳은 것은?

> 하나의 IP 패킷이 분할된 IP 단편의 오프셋 값을 서로 중첩되도록 조작하여 이를 재조합하는 공격 대상 시스템에 에러와 부하를 유발하는 공격

① Qshing

② Smishing

③ TearDrop

④ LAND Attack

06 다음 중 지도·비지도학습에 대한 설명으로 옳지 않은 것은?

① 지도학습은 예측 결과에 대한 해석이 비교적 명확하다는 장점이 있다.

② 지도학습의 가장 큰 장점 중 하나는 학습과 평가가 매우 명확하다는 것이다.

③ 비지도학습은 정답이 명확하고 정확도가 지도학습에 비해 높아 학습 결과의 성능을 평가하기 용이하다.

④ 비지도학습은 데이터를 사전에 분류하거나 레이블을 지정할 필요가 없으므로 데이터 준비 과정이 상대적으로 간단하다.

07 다음 중 대칭키 암호 시스템에 대한 설명으로 옳지 않은 것은?

① DES(Data Encryption Standard) : 초기에 널리 사용되었던 대칭키 암호화 알고리즘으로, 56비트의 키를 사용하여 데이터를 64비트 블록 단위로 암호화한다.

② 3DES(Triple DES) : DES를 강화한 형태로, 같은 데이터에 대해 세 번의 DES 암호화를 수행하여 보안성을 향상시킨 방식이다.

③ Blowfish : 비교적 오래된 대칭키 암호화 알고리즘 중 하나로, 다양한 키 길이를 지원하며 블록 단위로 데이터를 암호화한다.

④ RC4 : 스트림 암호로서 주로 암호화된 데이터의 비트 단위를 처리하는 데 사용되고, 키스트림에 강점이 있어 권장된다.

08 다음 글이 설명하는 것으로 옳은 것은?

- API를 위한 쿼리 언어(Query Language)이며 타입 시스템을 사용하여 쿼리를 실행하는 서버사이드 런타임이다.
- 특정한 데이터베이스나 특정한 스토리지 엔진과 관계되어 있지 않으며 기존 코드와 데이터에 의해 대체된다.

① gRPC

② REST

③ Webhooks

④ GraphQL

01 다음 중 IRR(내부수익률)에 대한 설명으로 옳지 않은 것은?

① 불규칙한 현금흐름에는 적용이 어려운 단점이 있다.

② 화폐의 시간적 가치를 고려한 평균투자수익률 개념이다.

③ 투자규모와 관계없이 투자대안 간 수익률을 비교할 수 있다.

④ 내부수익률이 이자율보다 낮으면 투자가치가 없다고 할 수 있다.

02 다음 중 역선택과 도덕적 해이에 대한 설명으로 옳지 않은 것은?

① 역선택은 정보의 비대칭에 따른 거래 이후에 발생하는 문제이다.

② 역선택은 정보의 불균형에 따른 불리한 의사결정 상황을 의미한다.

③ 보험을 믿고 사고 예방 노력을 게을리 하는 것은 도덕적 해이에 해당한다.

④ 도덕적 해이는 불투명한 정보로 인해 상대방의 행동을 미리 예측하지 못함을 의미한다.

03 다음 중 디지털세에 대한 설명으로 옳지 않은 것은?

① 일정 금액 이상의 초과이익에 대한 과세 권한을 매출 발생국에 배분한다.

② 다국적기업이 사업장을 운영하지 않더라도 매출이 발생한 곳에 세금을 내도록 하는 조세이다.

③ Amount A는 연결매출액 100억 유로 이상, 영업이익률 10% 이상인 다국적기업이 대상이 된다.

④ OECD, G20 등이 논의를 통해 2023년 최종 합의에 이르렀으며, 2025년 발표를 목표로 하고 있다.

04 다음 중 예금자보호법에 대한 설명으로 옳지 않은 것은?

① 우리나라에서는 1995년부터 시행되었다.

② 시중은행의 예금자보호는 예금보험공사가 운영한다.

③ 원금과 이자를 합하여 최고 3,000만 원까지 보호받을 수 있다.

④ 증권사 CMA 계좌 중 RP형, MMF형은 예금자보호 대상에 해당하지 않는다.

05 다음 중 파레토 법칙에 해당하는 경우로 볼 수 없는 것은?

① 전체 영토의 20%에 80%의 국민이 거주한다.

② 가장 잘 팔리는 제품 20%가 전체 매출의 80%를 차지한다.

③ 주식시장의 상위 20% 기업이 전체 시가총액의 80%를 차지한다.

④ 음악차트 30위권 이내 음반CD의 판매량이 전체 판매량의 20%를 차지한다.

06 다음 〈보기〉 중 한계기업에 해당하지 않는 기업을 모두 고르면?

> **보기**
>
> • A기업 : 영업이익 10억 원, 이자비용 12억 원
> • B기업 : 영업이익 10억 원, 이자비용 15억 원
> • C기업 : 영업이익 20억 원, 이자비용 30억 원
> • D기업 : 영업이익 20억 원, 이자비용 20억 원
> • E기업 : 영업이익 30억 원, 이자비용 25억 원

① A기업, B기업 ② B기업, D기업

③ B기업, E기업 ④ D기업, E기업

07 다음 중 리스크 관리방안에서 긍정적 위험관리전략에 해당하는 것은?

① 회피   ② 공유

③ 전가   ④ 완화

08 다음 중 개인의 신용도를 평가하는 신용조사기관에 해당하지 않는 것은?

① 한국평가데이터   ② 코리아크레딧뷰로

③ 한국신용정보원   ④ 나이스평가정보

09 다음 중 한계기업에 대한 설명으로 옳지 않은 것은?

① 기준금리가 인상될 경우 한계기업의 수가 더욱 증가할 수 있다.

② 국내 상장사의 한계기업 비중은 2020년 이후 꾸준히 감소 추세에 있다.

③ 재무상태가 부실해 영업이익으로 이자비용조차 감당하지 못하는 기업을 의미한다.

④ 우리나라는 한계기업에 해당될 경우 기업회생제도를 통해 재기의 기회를 주고 있다.

10 다음 중 BCG 매트릭스에서 캐시카우 사업에 대한 설명으로 옳은 것은?

① 시장 점유율과 성장성이 모두 낮아 철수 대상인 사업이다.

② 시장 점유율은 낮으나 향후 높은 성장률이 기대되는 사업이다.

③ 시장 성장률과 시장 점유율이 모두 높아 투자를 계속 하는 유망한 사업이다.

④ 시장 점유율이 높아 꾸준한 현금창출이 가능하나 성장성은 높지 않은 사업이다.

01 직업기초능력

01	02	03	04	05	06	07	08	09	10	11	12	13	14	15					
③	③	④	①	④	①	③	④	①	③	①	②	④	②	③					

01

정답 ③

KB탄소관리시스템을 통해 기업의 내부 온실가스 배출량을 산정할 수 있어, 배출량 감축 목표 대비 얼마나 감축했는지 그 실적과 배출량을 파악할 수 있다.

오답분석

① KB탄소관리시스템은 기업을 대상으로 시행되는 서비스이다.
② KB탄소관리시스템이 금융권 최초로 시행한 것은 인공지능 광학 문자인식 기술 'KB AI-OCR'이다.
④ 계열사, 자회사 및 협력사에 한해 온실가스 배출량을 확인할 수 있으므로 경쟁사의 배출량은 확인할 수 없다.

02

정답 ③

제시문에 따르면 KB금융 거래 고객은 '포인트리'로 통신비를 결제할 수 있다고 하였다.

오답분석

① 제시문에 따르면 실질적 은퇴 시점인 60세부터 가입이 가능하다고 나와 있다.
② 제시문에 따르면 전국 영업점에서 상담 및 개통이 가능하다고 하였지만 인터넷으로도 가입할 수 있는지는 알 수 없다.
④ 제시문에 따르면 최대 할인을 적용할 경우 '국민 시니어 11' 요금제는 월 6,900원에 이용 가능하다.

03

정답 ④

마지막 문단에 따르면 KB스타뱅킹 요금제 이용 고객은 최대 24개월 동안 최대로 할인받을 경우 월 2만 200원에 통신 서비스를 이용할 수 있다.

오답분석

① 두 번째 문단의 'KB스타뱅킹은 KB금융그룹 계열사의 70여 개의 서비스를 한 번에 제공하고 있어'라는 내용을 통해 확인할 수 있다.
② 세 번째 문단에 따르면 기존에 사용하던 입출금계좌가 있다면 이를 모임통장으로 변환할 수 있다. 하지만, 신규고객인 경우 입출금계좌가 없기 때문에 이 방식을 이용할 수 없다.
③ 네 번째 문단에 따르면 KB스타뱅킹 홈화면 하단 KB모임통장 공간을 통해 모임원을 초대할 수 있음은 물론, 정기회비 설정과 거래내역 확인도 손쉽게 처리할 수 있다.

04

제시문의 핵심 내용은 일반 사업자(에너지 프로슈머)들의 분산형 전원 사용을 더욱 확대하려는 방안에 대한 것이다. 따라서 중앙집중형 전력 공급 방법인 한전의 생산 효율성과 생산 기술의 우수성 홍보는 제시문에 이어질 내용으로 적절하지 않다.

[오답분석]
② 태양광 발전이 왜 필요한지와 그에 대한 정부나 한전 차원의 육성책은 무엇이 있는지를 언급하는 것은 태양광 전력 거래 유인을 위한 유용한 자료가 될 수 있다.
③ 태양광 전력 거래 시의 에너지 프로슈머의 공급가가 일반 전력을 사용하는 것보다 얼마나 가격 경쟁력이 있는지를 소개하는 것은 전력 거래 활성화를 위한 가장 기본적인 조건이 될 것이므로 중요한 유인책이 될 수 있다.
④ 에너지 저장장치는 태양광 설치를 통한 잉여 전력 보관 및 판매에 필수적인 설비이므로 태양광 전력 거래 유인을 위해 필요한 내용으로 볼 수 있다.

05

정답 ④

[오답분석]
① 2천만 원의 차량 담보로도 진행할 수 있는 대출에 아파트라는 과도한 담보를 요구하고 있으므로 제5조 제2호에 어긋난다.
② 제6조 제2호에서 정한 취약한 금융소비자에 대한 이해수준 등을 파악하지 않고 일방적으로 상품 가입을 권유하고 있다.
③ 소비자가 충분히 고민하고 결정한 상품을 부정하고, 다른 상품을 강제로 권유하고 있으므로 제5조 제1호에 어긋난다.

06

정답 ①

치안 불안 해소를 위해 CCTV를 설치하는 것은 정부가 사회간접자본인 치안 서비스를 제공하는 것이지, 공공재·공공자원의 실패에 대한 해결책이라고 보기는 어렵다.

[오답분석]
②·④ 공공재·공공자원의 실패에 대한 해결책 중에서 사용 할당을 위한 정책이라고 볼 수 있다.
③ 공공재·공공자원의 실패에 대한 해결책 중에서 사용 제한을 위한 정책이라고 볼 수 있다.

07

정답 ③

먼저 공동주택 관리의 중요성을 언급하는 (다) 문단이 오는 것이 적절하며, 이러한 공동주택 관리 방식의 선택에 따른 영향을 설명하는 (라) 문단이 그 뒤에 오는 것이 적절하다. 이어서 두 가지 공동주택 관리인 자치관리 방식과 위탁관리 방식을 각각 설명하는 (마) 문단과 (나) 문단이 차례대로 오는 것이 적절하며, 마지막으로 공동주택 관리 방식에 대한 의사결정의 중요성이 증가하고 있다는 (가) 문단이 오는 것이 적절하다. 따라서 (다) - (라) - (마) - (나) - (가) 순서로 나열되어야 한다.

08

정답 ④

문의를 요청한 회사는 SB3 등급에 해당하므로, 1.5%의 보증료율을 적용받는다. 또한 일부 해지 기준 미충족에 해당하므로 0.4%p가 가산되며, 혁신형 중소기업에 지정되어 0.1%p를 차감받는다.

해당 조건을 적용하면 보증료는 $100억 \times (0.015 + 0.004 - 0.001) \times \frac{90}{365} \risingdotseq 4,438$만 원이다.

따라서 해당 회사의 보증료는 1백만 원 미만을 절사한 4,400만 원이다.

09

가. 최종 적용 보증료율은 $1.7+0.2+0.5=2.4\%$이지만, 대기업의 상한선 2.3%를 적용받는다.

따라서 보증료는 $150억 \times 0.023 \times \dfrac{365}{365} = 34,500$만 원이다.

나. 최종 적용 보증료율은 $1.7+0.4-0.2=1.9\%$를 적용받는다.

따라서 보증료는 $150억 \times 0.019 \times \dfrac{365}{365} = 28,500$만 원이다.

다. 최종 적용 보증료율은 $1.3-0.3-0.2=0.8\%$를 적용받는다.

따라서 보증료는 $100억 \times 0.008 \times \dfrac{219}{365} = 4,800$만 원이다.

따라서 보증료가 높은 순서대로 정렬하면 '가 - 나 - 다'이다.

10

甲은 사무실에 출근하여 근무하는 것을 선호하므로 원격근무제는 제외한다. 또한 주 5일 동안 40시간 근무할 예정이므로 주에 3.5 ~ 4일만 근무하는 집약근무형과 주 40시간보다 짧게 근무하는 시간제근무도 제외한다. 이틀은 12시간씩 근무하고 나머지는 5 ~ 6시간씩 근무할 계획이므로 1일 8시간 근무로 제한된 시차출퇴근형을 제외하면 甲에게 적절한 것은 근무시간선택형이다.

11

먼저 네 번째 명제에 따라 '민아가 도서관에 가고, 성환이는 수정과를 마신다.'가 성립한다. 그러므로 '민아가 도서관에 간다.'와 '성환이가 수정과를 마신다.'는 동시에 참이다. 세 번째 명제에 따라 '경호가 커피를 마시거나 성환이 수정과를 마신다.'가 성립하고, 네 번째 명제로부터 '성환이가 수정과를 마신다.'가 참이므로 '경호가 커피를 마시는 것'은 거짓이다. 또 두 번째 명제의 대우인 '경호가 커피를 마시면 시험기간이다.'는 참이다. 따라서 지금이 시험기간이라는 ①은 참일 수도 있고 거짓일 수도 있다.

[오답분석]
② 두 번째 명제의 대우이므로 참이다.
③ 두 번째 명제의 대우와 첫 번째 명제에 따라 참이다.
④ 시험기간이면 경호는 커피를 마신다. 시험기간이 아니면 경호는 커피를 마시지 않는다. 그러므로 두 진술은 어느 한쪽만 참이어도 되므로 참이다.

12

B의 진술이 참일 때 B는 3층에 살지만, D의 진술이 참일 때 B는 4층에 살게 되므로, 둘 중 하나는 거짓을 진술하고 있다. 각각의 경우로 나누어 살펴보면 다음과 같다.
ⅰ) B의 진술이 참일 경우(D가 거짓인 경우)
 1층은 E, 2층은 A, 3층은 B, 4층은 D, 5층은 C가 산다. 그러나 이 경우 D의 진술이 거짓이 되므로 모순이다.
ⅱ) D의 진술이 참일 경우(B가 거짓인 경우)
 1층은 E, 2층은 A, 3층은 D, 4층은 B, 5층은 C가 산다. 이 경우 B의 진술을 제외한 모든 진술이 참이 된다.
따라서 거짓을 말한 사람은 B이다.

13

매년 초에 물가상승률(r)이 적용된 연금을 n년 동안 받게 되는 총금액(S)은 다음과 같다(x는 처음 받는 연금액).

$$S = \frac{x(1+r)\{(1+r)^n - 1\}}{r}$$

올해 초에 500만 원을 받고 매년 연 10% 물가상승률이 적용되어 10년 동안 받는 총금액은 다음과 같다.

$$S = \frac{500 \times (1+0.1) \times \{(1+0.1)^{10} - 1\}}{0.1} = \frac{500 \times 1.1 \times (2.5-1)}{0.1}$$

$$= 8,250만 원$$

일시불로 받을 연금을 y만 원이라고 하자.

$$y(1.1)^{10} = 8,250$$

$$\therefore \ y = \frac{8,250}{2.5} = 3,300$$

따라서 A고객이 올해 초에 일시불로 받을 연금은 3,300만 원이다.

14

2020년 대비 2023년 국제소포 분야의 매출액 증가율은 $\frac{21,124-17,629}{17,629} \times 100 ≒ 19.8\%$이므로 10% 이상이다.

[오답분석]

① 제시된 자료를 통해 확인할 수 있다.

③ 2019년 대비 2023년 분야별 매출액 증가율은 다음과 같다.

- 국제통상 : $\frac{34,012-16,595}{16,595} \times 100 ≒ 105.0\%$

- 국제소포 : $\frac{21,124-17,397}{17,397} \times 100 ≒ 21.4\%$

- 국제특급 : $\frac{269,674-163,767}{163,767} \times 100 ≒ 64.7\%$

따라서 2019년 대비 2023년에 매출액 증가율이 가장 큰 분야는 국제통상 분야이다.

④ 2022년 총매출액에서 국제통상 분야 매출액이 차지하고 있는 비율은 $\frac{26,397}{290,052} \times 100 ≒ 9.1\%$이므로 10% 미만이다.

15

2021년 대비 2023년 시행기업 수와 참여직원 수의 증가율은 각각 다음과 같다.

- 시행기업 수 증가율 : $\frac{7,686-2,802}{2,802} \times 100 ≒ 174.3\%$

- 참여직원 수 증가율 : $\frac{21,530-5,517}{5,517} \times 100 ≒ 290.2\%$

따라서 2021년 대비 2023년 시행기업 수의 증가율이 참여직원 수의 증가율보다 낮다.

[오답분석]

① 연도별 시행기업당 참여직원 수는 각각 다음과 같다.

- 2020년 : $\frac{3,197}{2,079} ≒ 1.5$명
- 2021년 : $\frac{5,517}{2,802} ≒ 2.0$명
- 2022년 : $\frac{10,869}{5,764} ≒ 1.9$명
- 2023년 : $\frac{21,530}{7,686} ≒ 2.8$명

따라서 시행기업당 참여직원 수가 가장 많은 해는 2023년이다.

② 2023년 남성육아휴직제 참여직원 수는 2021년의 $\frac{21,530}{5,517} ≒ 3.9$배이므로 4배 미만이다.

④ 2020년부터 2023년까지 연간 참여직원 수 증가 인원의 평균은 $\frac{21,530-3,197}{3} = 6,111$명이다.

01	02	03	04	05	06	07	08												
③	②	④	②	③	③	④	④												

01

정답 ③

KB스타적금Ⅱ의 경우 1개월 이상을 예치하고 중도해지하는 경우 가입일 당시 기본이율에 해지일 기준 확정된 우대이율을 제공한다. 우대이율은 최고 연 6.0%p까지 받을 수 있으므로 1개월 이상을 예치했다면 중도해지를 하더라도 최고 연 8.0%의 이율을 받을 수 있다.

오답분석

① KB스타적금Ⅱ의 기본이율은 연 2.0%이고, 우대이율은 최고 연 6.0%p이므로 최고 이율은 연 8.0%이다.
② 가입채널을 보면 온라인 방식의 KB스타뱅킹과 오프라인 방식의 영업점을 통해 가입을 할 수 있다.
④ KB스타뱅킹 장기미사용 고객은 환영해요 우대이율을 통해 연 2.0%p를 받을 수 있고, KB스타뱅킹에서 스탬프 찍기를 한 경우 찍을 때마다 연 0.2%p를 추가로 받을 수 있다. 따라서 스탬프를 2회 찍었다면, 받을 수 있는 환영해요 우대이율은 2.4%p이다.

02

정답 ②

고객별 적용되는 이율을 구하여 비교하면 다음과 같다.

구분	환영해요 우대이율	함께해요 우대이율	중도해지 여부	최종 이율
A	(신규 고객)+(스탬프 4회) =2+(0.2×4)=2.8p	―	―	연 4.8%
B	(장기미사용 고객)+(스탬프 2회) =2+(0.2×2)=2.4p	3.0p	1개월 이상	연 7.4%
C	―	3.0p	―	연 5.0%
D	(신규 고객)+(스탬프 5회) =2+(0.2×5)=3.0p	3.0p	1개월 미만	연 0.1%

따라서 최종 이율이 가장 높은 사람은 B이다.

03

정답 ④

저축방법 및 저축금액 항목에서 초입금 최저금액은 0원 이상이므로 가입 시 별도의 예금이 필요하지 않다.

오답분석

① KB장병내일준비적금의 만기일은 고객의 전역예정일(소집해제예정일)이며 단축·연장할 수 없다. 따라서 만기일을 임의로 변경할 수 없다.
② 24개월 계약한 경우 기본이율은 연 5%이며, 우대이율은 최대 3%p까지 받을 수 있으므로 받을 수 있는 최대이율은 연 8%이다.
③ 기초생활수급자의 우대이율은 연 3.0%p이고, KB장병내일준비적금의 최고 우대이율은 연 3.0%p이므로 다른 우대이율을 적용받지 못해도 최대이율을 받을 수 있다.

04

정답 ②

상담을 요청한 고객의 경우 계약월수가 12개월이므로 기본이율은 연 4.0%이다. 경과월수가 6개월이므로 중도해지이율에 따라 이율을 계산하면 다음과 같다.

4.0×0.6×6÷12＝1.2%

상담을 요청한 고객이 KB국민나라사랑카드를 적금 가입 이후 계속 사용하고 있지만, 중도해지의 경우 우대이율 적용이 안 되므로 빈칸에 들어갈 이율은 1.2%이다.

05

정답 ③

TearDrop 공격은 IP 패킷의 단편화 과정에서 오프셋 값을 중첩되게 조작하여 수신 시스템의 재조립 과정에 혼란을 일으켜 시스템에 과부하 및 충돌을 발생시키는 공격이다. 현대의 운영체제들은 이러한 공격에 대비해 오프셋 불일치 시 해당 패킷을 폐기하는 방식으로 대응하지만, 일부 구형 시스템에서는 여전히 취약점이 존재할 수 있다.

06

정답 ③

비지도학습은 명확한 정답이 없기 때문에 학습 결과의 성능을 평가하기 어렵다. 또한 지도학습에 비해 정확도가 낮을 수 있으며, 이는 비지도학습을 통해 얻은 결과의 신뢰도에 영향을 줄 수 있다.

07

정답 ④

RC4는 스트림 암호로서 주로 암호화된 데이터의 비트 단위를 처리하는 데 사용된다. 하지만 RC4는 키스트림을 생성하는 방식에 약점이 있어 보안성이 낮다고 여겨져 권장되지 않는다.

08

정답 ④

GraphQL은 API를 위한 쿼리 언어로서 타입 시스템을 사용하여 쿼리를 실행하는 서버사이드 런타임이다. 특정 데이터베이스나 스토리지 엔진과 독립적으로 작동하며, 기존 코드와 데이터를 활용하여 구현된다. GraphQL은 클라이언트가 필요한 데이터를 정확히 요청할 수 있게 하여 효율적인 데이터 통신을 가능하게 한다. 그러나 캐싱 구현의 복잡성과 서버 부하 증가 등의 단점이 있어 모든 상황에 적합하지는 않다.

01	02	03	04	05	06	07	08	09	10									
①	①	③	③	④	④	②	③	②	④									

01
정답 ①

내부수익률은 복잡한 현금흐름을 고려할 수 있으므로 불규칙한 현금흐름에도 적용이 가능하다.

02
정답 ①

정보의 비대칭에 따른 거래 이후에 발생하는 문제는 도덕적 해이에 대한 설명이다. 역선택은 거래 이전에 발생하는 문제이다.

오답분석

② 역선택이란 감추어진 특성의 상황에서 정보 수준이 낮은 측이 사전적으로 바람직하지 않은 상대방을 만날 가능성이 높아지는 현상을 의미한다.
③ 도덕적 해이의 사례에 대한 설명이다.
④ 도덕적 해이는 상대방의 행동을 예측할 수 없거나 불완전한 정보로 인해 얻을 수 있는 혜택이 없을 때 발생한다.

03
정답 ③

Amount A는 연결매출액 200억 유로 이상의 다국적기업을 대상으로 하며, 우리나라의 경우 삼성전자, 하이닉스 등이 거론되고 있다.

04
정답 ③

원금과 이자를 합하여 최고 5,000만 원까지 보호받을 수 있다.

오답분석

① 1995년 예금보험공사가 설립되면서부터 시행되었다.
② 시중은행의 예금자보호는 예금보험공사가 운영하며, 지역농협은 농협중앙회, 새마을금고는 새마을금고중앙회 등이 운영하고 있다.
④ 증권사 CMA 계좌 중 종금형 외에 RP형, MMF형은 예금자보호 대상에 해당하지 않는다.

05
정답 ④

음악차트 30위권 이내 음반CD의 판매량이 전체 판매량의 20%를 차지하는 것은 롱테일 법칙에 해당하는 사례이다. 롱테일 법칙은 20%의 특별한 소수보다 80%의 사소한 다수가 더 큰 성과를 창출한다는 의미이다. 나머지는 전체 결과의 80%가 전체 원인의 20%에 의해 발생함을 의미하므로 파레토 법칙에 해당한다.

06
정답 ④

한계기업은 이자보상배율[(영업이익)÷(이자비용)]이 1 미만인 기업을 의미한다. 따라서 이자보상배율이 1 이상인 D기업과 E기업은 한계기업에 해당하지 않는다.

07

부정적 위험관리전략에는 회피, 전가, 완화, 수용이 해당된다. 공유는 긍정적 위험관리전략에 해당된다.

오답분석

① 회피 : 심각한 위험의 발생가능성을 원천적으로 제거하는 전략
③ 전가 : 위험에 대한 책임을 제3자에게 넘기고 그에 따른 비용을 지불하는 전략
④ 완화 : 위험의 발생가능성 또는 영향을 감소시키는 전략

08

정답 ③

한국신용정보원은 금융위원회의 허가를 받아 설립되었으며, 은행, 카드사, 보험사 등 금융기관의 신용정보를 관리하는 곳이다.

오답분석

① 한국평가데이터는 기업, 금융기관, 개인 등 다양한 분야의 신용평가를 제공한다.
②·④ 코리아크레딧뷰로와 나이스평가정보는 모두 금융기관에서 제공받은 정보를 분석하여 개인 신용도를 평가하는 신용조사기관이다.

09

정답 ②

산업은행의 조사에 따르면 코로나19 확산, 급격한 금리인상, 경기악화 등 여러 요인으로 인해 국내 상장사의 한계기업 비중은 2011년 이후 매년 증가 추세에 있다.

오답분석

① 기준금리가 인상될 경우 이자비용 부담이 커져 이자보상비율이 1이 안 되는 기업이 더욱 증가할 수 있다.
③ 이자보상배율[(영업이익)÷(이자비용)]이 1보다 작다는 것은 영업이익으로 이자비용을 감당할 수 없음을 의미한다.
④ 우리나라는 채무자 회생 및 파산에 관한 법률(통합도산법)에 의해 법원이 기업의 계속기업가치와 청산가치를 비교하여 계속기업가치가 청산가치를 초과하는 것으로 인정될 경우(기업의 단기적 유동성 부족의 경우 등) 기업회생절차를 개시하여 재기의 기회를 주고 있다.

10

정답 ④

BCG 매트릭스에서 캐시카우(Cash Cow) 사업은 시장 성장률은 낮지만, 시장 점유율이 높아 안정적인 수익을 창출하는 사업을 의미한다. 캐시카우 사업은 높은 수익성을 바탕으로 기업에 안정적인 현금을 제공하며 현 상황을 유지하는 데 초점을 맞추므로 일반적으로 대규모 추가 투자를 하지 않고, 캐시카우 사업에서 발생한 수익을 다른 성장 가능성이 있는 사업(스타 사업, 물음표 사업)에 투자하여 기업의 전체적인 성장을 지원하게 된다.

오답분석

① 시장 점유율과 성장률이 모두 낮은 사업은 도그(Dog) 사업으로, 최소한의 자원을 투입하거나 사업 정리를 고려해야 하는 사업이다.
② 시장 점유율이 낮지만 향후 높은 성장률이 기대되는 사업은 물음표(Question Mark) 사업으로, 낮은 시장 점유율을 높이기 위한 투자가 필요하다.
③ 시장 성장률과 점유율이 모두 높은 사업은 스타(Star) 사업으로, 계속적인 투자가 필요한 유망한 사업이다.

모든 전사 중 가장 강한 전사는 이 두 가지, 시간과 인내다.

– 레프 톨스토이 –

PART 1

직업기초능력

CHAPTER 01
의사소통능력

합격 CHEAT KEY

의사소통능력을 평가하지 않는 금융권이 없을 만큼 필기시험에서 중요도가 높은 영역이다. 또한, 의사소통능력의 문제 출제 비중은 가장 높은 편이다. 이러한 점을 볼 때, 의사소통능력은 NCS를 준비하는 수험생이라면 반드시 정복해야 하는 과목이다.

국가직무능력표준에 따르면 의사소통능력의 세부 유형은 문서이해, 문서작성, 의사표현, 경청, 기초외국어로 나눌 수 있다. 문서이해 · 문서작성과 같은 제시문에 대한 주제찾기, 내용일치 문제의 출제 비중이 높으며, 공문서 · 기획서 · 보고서 · 설명서 등 문서의 특성을 파악하는 문제도 출제되고 있다. 따라서 이러한 분석을 바탕으로 전략을 세우는 것이 매우 중요하다.

01 문제에서 요구하는 바를 먼저 파악하라!

의사소통능력에서 가장 중요한 것은 제한된 시간 안에 빠르고 정확하게 답을 찾아내는 것이다. 그러기 위해서는 우리가 의사소통능력을 공부하는 이유를 잊지 말아야 한다. 우리는 지식을 쌓기 위해 의사소통능력 지문을 보는 것이 아니다. 의사소통능력에서는 지문이 아니라 문제가 주인공이다! 지문을 보기 전에 문제를 먼저 파악해야 한다. 주제찾기 문제라면 첫 문장과 마지막 문장 또는 접속어를 주목하자! 내용일치 문제라면 지문과 문항의 일치 / 불일치 여부만 파악한 뒤 빠져나오자! 지문에 빠져드는 순간 소중한 시험 시간은 속절없이 흘러 버린다!

02 잠재되어 있는 언어능력을 발휘하라!

의사소통능력에는 끝이 없다! 의사소통의 방대함에 포기한 적이 있는가? 세상에 글은 많고 우리가 학습할 수 있는 시간은 한정적이다. 이를 극복할 수 있는 방법은 다양한 글을 접하는 것이다. 실제 시험장에서 어떤 내용의 지문이 나올지 아무도 예측할 수 없다. 따라서 평소에 신문, 소설, 보고서 등 여러 글을 접하는 것이 필요하다. 잠재되어 있는 글에 대한 안목이 시험장에서 빛을 발할 것이다.

03 상황을 가정하라!

업무 수행에 있어 상황에 따른 언어 표현은 중요하다. 같은 말이라도 상황에 따라 다르게 해석될 수 있기 때문이다. 그런 의미에서 자신의 의견을 효과적으로 전달할 수 있는 능력을 평가하는 것은 당연하다. 따라서 다양한 상황에서의 언어표현능력을 함양하기 위한 연습의 과정이 요구된다. 업무를 수행하면서 발생할 수 있는 여러 상황을 가정하고 그에 따른 올바른 언어표현을 정리하는 것이 필요하다. 의사표현 영역의 경우 출제 빈도가 높지는 않지만 상황에 따른 판단력을 평가하는 문항인 만큼 대비하는 것이 필요하다.

04 말하는 이의 입장에서 생각하라!

잘 듣는 것 또한 하나의 능력이다. 상대방의 이야기에 귀 기울이고 공감하는 태도는 업무를 수행하는 관계 속에서 필요한 요소이다. 그런 의미에서 다양한 상황에서의 듣는 능력을 평가하는 것이다. 말하는 이가 요구하는 듣는 이의 태도를 파악하고, 이에 따른 판단을 할 수 있도록 언제나 말하는 사람의 입장이 되는 연습이 필요하다.

05 반복만이 살길이다!

학창 시절 외국어를 공부하던 때를 떠올려 보자! 셀 수 없이 많은 표현들을 익히기 위해 얼마나 많은 반복의 과정을 거쳤는가? 의사소통능력 역시 그러하다. 하나의 문제 유형을 마스터하기 위해 가장 중요한 것은 바로 여러 번, 많이 풀어 보는 것이다.

| 유형분석 |

- 논리적인 흐름에 따라 글을 이해할 수 있는지 평가한다.
- 한 문장뿐 아니라 여러 개의 문장이나 문단을 삽입하는 문제가 출제될 가능성이 있다.

다음 글에서 〈보기〉의 문장이 들어갈 위치로 가장 적절한 곳은?

스마트시티란 ICT를 기반으로 주거·교통·편의 인프라를 완벽히 갖추고, 그 안에 사는 모두가 편리하고 쾌적한 삶을 누릴 수 있는 똑똑한 도시를 말한다. (가) 최근 세계 각국에서는 각종 도시 문제를 해결하고, 삶의 질을 개선할 수 있는 지속가능한 도시발전 모델로 스마트시티를 주목하고 있다. (나) 특히 IoT, 클라우드, 빅데이터, AI 등 4차 산업혁명 기술을 활용한 스마트시티 추진에 전방위적인 노력을 기울이고 있다. (다) K시는 행정중심복합도시 전체를 스마트시티로 조성하고자 다양한 시민 체감형 서비스를 도입하고 있으며, 특히 K시 중심의 일원 $2.7km^2$ 면적을 스마트시티 국가 시범도시로 조성하고 있다. (라) 각종 첨단 기술을 집약한 미래형 스마트시티 선도 모델인 K시티 국가 시범도시는 스마트 모빌리티 등 7대 혁신 요소를 도입하여 도시 공간을 조성하고 혁신적인 스마트인프라 및 서비스를 제공할 계획이다.

보기

이에 발맞춰 K시 역시 해외사업 지속 확대, 남북협력사업 수행 등과 함께 스마트시티를 주요 미래사업 분야로 정했다.

① (가)   ② (나)
③ (다)   ④ (라)

정답 ③

보기에서 K시는 '이에 발맞춰' 스마트시티를 주요 미래사업 분야로 정했으므로 '이'가 가리키는 내용은 스마트시티를 주요 미래사업 분야로 정하게 된 원인이 되어야 한다. 따라서 보기는 세계 각국에서 스마트시티 추진에 전방위적인 노력을 기울이고 있다는 내용의 뒤인 (다)에 위치하는 것이 가장 적절하다.

유형풀이 Tip

- 보기를 먼저 읽고, 선택지로 주어진 빈칸의 앞·뒤 문장을 읽어 본다. 그리고 빈칸 부분에 보기를 넣었을 때 그 흐름이 어색하지 않은 위치를 찾는다.
- 보기 문장의 중심이 되는 단어가 빈칸의 앞뒤에 언급되어 있는지 확인하도록 한다.

※ 다음 글에서 〈보기〉의 문장이 들어갈 위치로 가장 적절한 곳을 고르시오. **[1~3]**

01

오늘날 인류가 왼손보다 오른손을 선호하는 경향은 어디서 비롯되었을까? 오른손을 귀하게 여기고 왼손을 천대하는 현상은 어쩌면 산업화 이전 사회에서 배변 후 사용할 휴지가 없었다는 사실과 관련이 있을 법하다. **(가)**

맨손으로 배변 뒤처리를 하는 것은 불쾌할 뿐더러 병균을 옮길 위험을 수반하는 일이었다. 이런 위험의 가능성을 낮추는 간단한 방법은 음식을 먹거나 인사할 때 다른 손을 사용하는 것이었다. 기술 발달 이전의 사회는 대개 왼손을 배변 뒤처리에, 오른손을 먹고 인사하는 일에 사용했다.

나는 이런 배경이 인간 사회에 널리 나타나는 '오른쪽'에 대한 긍정과 '왼쪽'에 대한 반감을 어느 정도 설명해 줄 수 있으리라고 생각한다. 그러나 이 설명은 왜 애초에 오른손이 먹는 일에, 그리고 왼손이 배변 처리에 사용되었는지 설명해주지 못한다. 동서양을 막론하고, 왼손잡이 사회는 확인된 바 없다. **(나)**

한쪽 손을 주로 쓰는 경향은 뇌의 좌우반구의 기능 분화와 관련되어 있는 것으로 보인다. 보고된 증거에 따르면, 왼손잡이는 읽기와 쓰기, 개념적·논리적 사고 같은 좌반구 기능에서 오른손잡이보다 상대적으로 미약한 대신 상상력, 패턴 인식, 창의력 등 전형적인 우반구 기능에서는 상대적으로 기민한 경우가 많다. **(다)**

나는 이성 대 직관의 힘겨루기, 뇌의 두 반구 사이의 힘겨루기가 오른손과 왼손의 힘겨루기로 표면화된 것이 아닐까 생각한다. 즉, 오른손이 원래 왼손보다 더 능숙했기 때문이 아니라 뇌의 좌반구가 인간의 행동을 지배하는 권력을 갖게 되었기 때문에 오른손 선호에 이르렀다는 생각이다. **(라)**

보기

따라서 근본적인 설명은 다른 곳에서 찾아야 할 것 같다.

---

① (가)
③ (다)

② (나)
④ (라)

지구온난화가 세계적인 환경문제로 대두되면서 국제사회는 2015년 프랑스 파리에서 열린 제21차 유엔기구변화협약(UNFCCC) 당사국총회(COP21)에서 전 세계 195개 국가의 자발적 온실가스 감축 목표를 제시했다. (가) 이에 따라 정부는 2015년 12월 건설 산업의 풍부한 경험과 전문 인력을 보유한 K사를 '그린리모델링창조센터'로 지정했다. (나) 그린리모델링창조센터는 그린리모델링 대상 건축물을 지원·관리하는 기관으로 공공건축물에 대하여 그린리모델링 사업 기획 및 시공 지원, 노후 공공건축물 현황 파악과 현장 조사, 지자체 및 공공기관 사업 설명 개최를 수행한다. 또한 민간 건축물에 대한 그린리모델링 공사비 대출 알선 및 이자 지원과 그린리모델링 사업자 육성 등을 통해 민간과 공공건축물의 그린리모델링 활성화를 목표로 다양한 사업을 진행한다. (다) K사가 실시하고 있는 그린리모델링 사업은 건물 분야의 온실가스 감축을 위한 대표적인 사업으로 에너지 성능 향상이 필요한 노후화된 건축물을 개선해 에너지 효율을 높이고 쾌적한 거주환경을 만드는 리모델링이다. (라) 그린리모델링을 추진하면 주거환경이 개선되는 것은 물론 단열, 창호 등에 기술력을 더해 냉난방 비용이 절감되며 이로 인한 에너지 효율 향상, 건축물의 가치 상승 등 연쇄적인 긍정적 효과를 불러온다.

* BAU(Business As Usual) : 온실가스 감축을 위한 인위적인 조치를 취하지 않을 경우 배출이 예상되는 온실가스의 총량

보기

2030년 우리나라의 온실가스 감축 목표는 BAU* 대비 37%이며, 그중 건물 분야는 32.7%(64.5백만 톤) 감축을 목표로 하고 있다.

① (가)

② (나)

③ (다)

④ (라)

03

유럽, 특히 영국에서 가장 사랑받는 음료인 홍차의 기원은 16세기 중엽 중국에서 시작된 것으로 전해지고 있다. (가) 본래 홍차보다 덜 발효된 우롱차가 중국에서 만들어져 유럽으로 수출되기 시작했고, 그중에서도 강하게 발효된 우롱차가 환영을 받으면서 홍차가 탄생하게 되었다는 것이다. 이때 중국인들이 녹차와 우롱차의 차이를 설명하는 과정에서 쓴 영어 'Black Tea'가 홍차의 어원이 되었다는 것이 가장 강력한 가설로 꼽히고 있다. (나)

홍차는 1662년 찰스 2세가 포르투갈 출신의 캐서린 왕비와 결혼하면서 영국에 전해지게 되었는데, 18세기 초에 영국은 홍차의 최대 소비국가가 된다. 영국에서의 홍차 수요가 급증함과 동시에 홍차의 가격이 치솟아 무역적자가 심화되자, 영국 정부는 자국 내에서 직접 차를 키울 수는 없을까 고민했지만 별다른 방법을 찾지 못했고, 홍차의 고급화는 점점 가속화됐다. (다)

하지만 영국의 탐험가인 로버트 브루스 소령이 인도 아삼 지방에서 차나무의 존재를 발견하면서 홍차 산업의 혁명이 도래하는데, 아삼 지방에서 발견한 차는 찻잎의 크기가 중국종의 3배쯤이며 열대 기후에 강하고, 홍차로 가공했을 때 중국 차보다 뛰어난 맛을 냈다.

그러나 아이러니하게도 아삼 홍차는 3대 홍차에 꼽히지 않는데, 이는 19세기 영국인들이 지닌 차에 대한 인식 때문이다. (라) 당시 중국 차에 대한 동경과 환상을 지녔던 영국인들은 식민지에서 자생한 차나무가 중국의 차나무보다 우월할 것이라고 믿지 못했기에 아삼차를 서민적인 차로 취급한 것이었다.

> **보기**
>
> 이처럼 홍차가 귀한 취급을 받았던 이유는 중국이 차의 수출국이란 유리한 입지를 지키기 위하여 차의 종자, 묘목의 수출 등을 엄중하게 통제함과 동시에 차의 기술이나 제조법을 극단적으로 지켰기 때문이다.

① (가)　　　　　　　　　　② (나)

③ (다)　　　　　　　　　　④ (라)

04

스마트 그리드는 '발전 – 송전·배전 – 판매'의 단계로 이루어지던 기존의 단방향 전력망에 정보기술을 접목하여 전력 공급자와 소비자가 양방향으로 실시간 정보를 교환함으로써 에너지 효율을 최적화하는 '지능형 전력망'을 가리킨다. (가) 발전소와 송전·배전 시설과 전력 소비자를 정보통신망으로 연결하고 양방향으로 공유하는 정보를 통하여 전력시스템 전체가 한 몸처럼 효율적으로 작동하는 것이 기본 개념이다. (나) 전력 소비자는 전력 사용 현황을 실시간으로 파악함으로써 이에 맞게 요금이 비싼 시간대를 피하여 사용 시간과 사용량을 조절할 수 있으며, 태양광 발전이나 연료전지, 전기자동차의 전기에너지 등 가정에서 생산되는 전기를 판매할 수도 있게 된다. (다) 또한 자동조정 시스템으로 운영되므로 고장 요인을 사전에 감지하여 정전을 최소화하고, 기존 전력시스템과는 달리 다양한 전력 공급자와 소비자가 직접 연결되는 분산형 전원체제로 전환되면서 풍량과 일조량 등에 따라 전력 생산이 불규칙한 한계를 지닌 신재생에너지 활용도가 증대된다. (라) 이처럼 스마트 그리드는 많은 장점을 지니고 있어 세계 여러 나라에서 차세대 전력망으로 구축하기 위한 사업으로 추진하고 있다. (마) 한국도 2004년부터 산학연구 기관과 전문가들을 통하여 기초기술을 개발해 왔으며, 2008년 그린에너지산업 발전전략의 과제로 스마트 그리드를 선정하고 법적·제도적 기반을 마련하기 위하여 지능형전력망구축위원회를 신설하였다.

보기

㉠ 신재생에너지 활용도가 높아지면 화력발전소를 대체하여 온실가스와 오염물질을 줄일 수 있게 되어 환경문제를 해소하는 데도 도움이 된다.
㉡ 이를 활용하여 전력 공급자는 전력 사용 현황을 실시간으로 파악하여 공급량을 탄력적으로 조절할 수 있다.

	㉠	㉡		㉠	㉡
①	(나)	(마)	②	(다)	(가)
③	(라)	(나)	④	(라)	(마)

05

흔히 어떤 대상이 반드시 가져야만 하고 그것을 다른 대상과 구분해 주는 속성을 본질이라고 한다. X의 본질이 무엇인지 알고 싶으면 X에 대한 필요 충분한 속성을 찾으면 된다. 다시 말해서 모든 X에 대해 그리고 오직 X에 대해서만 해당하는 것을 찾으면 된다. 예컨대 모든 까투리가 그리고 오직 까투리만이 꿩이면서 동시에 암컷이므로, '암컷인 꿩'은 까투리의 본질이라고 생각된다. 그러나 암컷인 꿩은 애초부터 까투리의 정의라고 우리가 규정한 것이므로 그것을 본질이라고 말하기에는 허망하다. 다시 말해서 본질은 따로 존재하여 우리가 발견한 것이 아니라 까투리라는 낱말을 만들면서 사후적으로 구성된 것이다.

서로 다른 개체를 동일한 종류의 것이라고 판단하고 의사소통에 성공하기 위해서는 개체들이 공유하는 무엇인가가 필요하다. 본질주의는 그것이 우리와 무관하게 개체 내에 본질로서 존재한다고 주장한다. (가) 반면에 반(反)본질주의는 그런 본질이란 없으며, 인간이 정한 언어 약정이 본질주의에서 말하는 본질의 역할을 충분히 달성할 수 있다고 주장한다. (나)

'본질'이 존재론적 개념이라면 거기에 언어적으로 상관하는 것은 '정의'이다. 그런데 어떤 대상에 대해서 약정적이지 않으면서 완벽하고 정확한 정의를 내리기 어렵다는 사실은 반본질주의의 주장에 힘을 실어 준다. (다) 사람을 예로 들어 보자. '이성적 동물'은 사람에 대한 정의로 널리 알려져 있다. 그러면 이성적이지 않은 갓난아이를 사람의 본질에 대한 반례로 제시할 수 있다. 이번에는 '사람은 사회적 동물이다.'라고 정의를 제시할 수도 있다. 그러나 사회를 이루고 산다고 해서 모두 사람인 것은 아니다. 개미나 벌도 사회를 이루고 살지만 사람은 아니다.

서양의 철학사는 본질을 찾는 과정이라고 말할 수 있다. 본질주의는 사람뿐만 아니라 자유나 지식 등의 본질을 찾는 시도를 계속해 왔지만, 대부분의 경우 아직까지 본질적인 것을 명확히 찾는 데 성공하지 못했다. (라) 우리가 본질을 명확히 찾지 못하는 까닭은 우리의 무지 때문이 아니라 그런 본질이 있다는 잘못된 가정에서 출발했기 때문이라는 것이다. 사물의 본질이라는 것은 단지 인간의 가치가 투영된 것에 지나지 않는다는 것이 반본질주의의 주장이다.

> **보기**
>
> ㉠ 이른바 본질은 우리가 관습적으로 부여하는 의미를 표현한 것에 불과하다는 것이다.
> ㉡ 그래서 숨겨진 본질을 밝히려는 철학적 탐구는 실제로는 부질없는 일이라고 반본질주의로부터 비판을 받는다.

	㉠	㉡			㉠	㉡
①	(가)	(나)		②	(가)	(다)
③	(나)	(다)		④	(나)	(라)

| 유형분석 |

- 글의 전반적인 흐름을 파악하고 있는지 평가한다.
- 첫 문장, 마지막 문장 또는 글의 중간 등 다양한 위치에 빈칸이 주어질 수 있다.

다음 글의 빈칸에 들어갈 내용으로 가장 적절한 것은?

> 경기적 실업이란 경기 침체의 영향으로 기업 활동이 위축되고 이로 인해 노동에 대한 수요가 감소하여 고용량이 줄어들어 발생하는 실업이다. 다시 말해 경기적 실업은 노동 시장에서 노동의 수요와 공급이 균형을 이루고 있는 상태라고 가정할 때, 경기가 침체되어 물가가 하락하게 되면 ＿＿＿＿＿＿＿＿＿＿＿＿＿＿＿ 경기적 실업은 다른 종류의 실업에 비해 생산량 측면에서 경제적으로 큰 손실을 발생시킬 수 있기에 경제학자들은 이를 해결하기 위한 정부의 역할을 촉구한다.

① 기업은 생산량을 줄이게 되고 이로 인해 노동에 대한 공급이 감소하여 발생한다.
② 기업은 생산량을 늘리게 되고 이로 인해 노동에 대한 수요가 증가하여 발생한다.
③ 기업은 생산량을 늘리게 되고 이로 인해 노동에 대한 공급이 감소하여 발생한다.
④ 기업은 생산량을 줄이게 되고 이로 인해 노동에 대한 수요가 감소하여 발생한다.

정답 ④

첫 번째 문장에서 경기적 실업이란 '노동에 대한 수요가 감소하여 고용량이 줄어들어 발생하는 실업'이라고 하였으므로, 경기적 실업에 대해 다시 설명하는 빈칸에는 기업이 생산량을 줄임으로써 노동에 대한 수요가 감소한다는 내용이 들어가야 한다.

유형풀이 Tip

- 글을 모두 읽고 풀기에는 시간이 부족하다. 따라서 빈칸의 앞·뒤 문장만을 통해 내용을 파악할 수 있어야 한다.
- 주어진 문장을 각각 빈칸에 넣었을 때 그 흐름이 어색하지 않은지 확인하도록 한다.

※ 다음 글의 빈칸에 들어갈 내용으로 가장 적절한 것을 고르시오. [1~3]

Easy

01

> 서울의 청계광장에는 「스프링(Spring)」이라는 다슬기 형상의 대형 조형물이 설치돼 있다. 이것을 기획한 올덴버그는 공공장소에 작품을 설치하여 대중과 미술의 소통을 이끌어내려 했다. 이와 같이 대중과 미술의 소통을 위해 공공장소에 설치된 미술 작품 또는 공공영역에서 이루어지는 예술 행위 및 활동을 공공미술이라 한다.
>
> 1960년대 후반부터 1980년까지의 공공미술은 대중과 미술의 소통을 위해 작품이 설치되는 장소를 점차 확장하는 쪽으로 전개되었기 때문에 장소 중심의 공공미술이라 할 수 있다. 초기의 공공미술은 이전까지는 미술관에만 전시되던 작품을 사람들이 자주 드나드는 공공건물에 설치하기 시작했다. 하지만 이렇게 공공건물에 설치된 작품들은 건물의 장식으로 인식되어 대중과의 소통에 한계가 있었기 때문에, 작품이 설치되는 공간은 공원이나 광장 같은 공공장소로 확장되었다. 그러나 공공장소에 놓이게 된 작품들이 주변 공간과 어울리지 않거나, 미술가의 미학적 입장이 대중에게 수용되지 못하는 일들이 벌어졌다. 이는 소통에 대한 미술가의 반성으로 이어졌고, 시간이 지남에 따라 공공미술은 점차 주변의 삶과 조화를 이루는 방향으로 발전하였다.
>
> 1990년대 이후의 공공미술은 참된 소통이 무엇인가에 대해 진지하게 성찰하며, 대중을 작품 창작 과정에 참여시키는 쪽으로 전개되었기 때문에 참여 중심의 공공미술이라 할 수 있다. 이때의 공공미술은 대중들이 작품 제작에 직접 참여하게 하거나, 작품을 보고 만지며 체험하는 활동 속에서 작품의 의미를 완성할 수 있도록 하여 미술가와 대중, 작품과 대중 사이의 소통을 강화하였다. 즉 장소 중심의 공공미술이 이미 완성된 작품을 어디에 놓느냐에 주목하던 '결과 중심'의 수동적 미술이라면, 참여 중심의 공공미술은 '과정 중심'의 능동적 미술이라고 볼 수 있다.
>
> 그런데 공공미술에서는 대중과의 소통을 위해 누구나 쉽게 다가가 감상할 수 있는 작품을 만들어야 하므로, 미술가는 자신의 미학적 입장을 어느 정도 포기해야 한다고 우려할 수도 있다. 그러나 이러한 우려는 대중의 미적 감상 능력을 무시하는 편협한 시각이다. 왜냐하면 추상적이고 난해한 작품이라도 대중과의 소통의 가능성은 늘 존재하기 때문이다. 따라서 _____ 공공미술가는 예술의 자율성과 소통의 가능성을 높이기 위해 대중의 예술적 감성이 어떠한지, 대중이 어떠한 작품을 기대하는지 면밀히 분석하여 작품을 창작해야 한다.

① 공공미술은 대중과의 소통에 한계가 있으므로 대립되기 마련이다.

② 공공미술에서 예술의 자율성은 소통의 가능성과 대립하지 않는다.

③ 장소 중심의 공공미술은 결과 중심의 미술이기 때문에 소통의 가능성과 단절되어 있다.

④ 공공미술은 예술의 자율성이 보장되어야 하므로, 대중의 뜻이 미술작품에 반드시 반영되어야 한다.

02

한 존재가 가질 수 있는 욕망과 그 존재가 가졌다고 할 수 있는 권리 사이에는 모종의 개념적 관계가 있는 것 같다. 권리는 침해될 수 있는 것이며, 어떤 것에 대한 개인의 권리를 침해하는 것은 그것과 관련된 욕망을 좌절시키는 것이다. 예를 들어 당신이 차를 가지고 있다고 가정해 보자. 그럴 때 나는 우선 그것을 당신으로부터 빼앗지 말아야 한다는 의무를 가진다. 그러나 그 의무는 무조건적인 것이 아니다. 이는 부분적으로 당신이 그것과 관련된 욕망을 가지고 있는지 여부에 달려 있다. 만약 당신이 차를 빼앗기든지 말든지 관여치 않는다면, 내가 당신의 차를 빼앗는다고 해서 당신의 권리를 침해하는 것은 아닐 수 있다.

물론 권리와 욕망 간의 관계를 정확히 설명하는 것은 어렵다. 이는 졸고 있는 경우나 일시적으로 의식을 잃는 경우와 같은 특수한 상황 때문인데, 그러한 상황에서도 졸고 있는 사람이나 의식을 잃은 사람에게 권리가 없다고 말하는 것은 옳지 않을 것이다. 그러나 이와 같이 권리의 소유가 실제적인 욕망 자체와 연결되지는 않는다고 하더라도, 권리를 소유하려면 어떤 방식으로든 관련된 욕망을 가지는 능력이 있어야 한다. 어떤 권리를 소유할 수 있으려면 최소한 그 권리와 관련된 욕망을 가질 수 있어야 한다는 것이다.

이러한 관점을 '생명에 대한 권리'라는 경우에 적용해 보자. 생명에 대한 권리는 개별적인 존재의 생존을 지속시킬 권리이고, 이를 소유하는 데 관련되는 욕망은 개별존재로서 생존을 지속시키고자 하는 욕망이다. 따라서 자신을 일정한 시기에 걸쳐 존재하는 개별존재로서 파악할 수 있는 존재만이 생명에 대한 권리를 가질 수 있다. 왜냐하면 _____

① 자신을 일정한 시기에 걸쳐 존재하는 개별존재로서 파악할 수 있는 존재는 다른 존재자의 생명을 빼앗지 말아야 한다는 의무를 지니기 때문이다.

② 자신을 일정한 시기에 걸쳐 존재하는 개별존재로서 파악할 수 있는 존재만이 개별존재로서 생존을 지속시키고자 하는 욕망을 가질 수 있기 때문이다.

③ 개별존재로서 생존을 지속시키고자 하는 욕망을 가질 수 있는 존재만이 자신을 일정한 시기에 걸쳐 존재하는 개별존재로서 파악할 수 있기 때문이다.

④ 자신을 일정한 시기에 걸쳐 존재하는 개별존재로서 파악할 수 있는 존재는 어떤 실제적인 욕망을 가지지 않는다고 하여도 욕망을 가질 수 있는 능력이 있다고 파악되기 때문이다.

03

태양은 지구의 생명체가 살아가는 데 필요한 빛과 열을 공급해 준다. 어떻게 이런 막대한 에너지를 계속 내놓을 수 있을까?

16세기 이전까지는 태양을 포함한 별들이 지구상의 물질을 이루는 네 가지 원소와 다른 불변의 '제5원소'로 이루어졌다고 생각했다. 하지만 밝기가 변하는 신성(新星)이 별 가운데 하나라는 사실이 알려지면서 별이 불변이라는 통념은 무너지게 되었다. 또한, 태양의 흑점 활동이 관측되면서 태양 역시 불덩어리일지도 모른다고 생각하기 시작했다. 그 후 섭씨 5,500℃로 가열된 물체에서 노랗게 보이는 빛이 나오는 것을 알게 되면서 유사한 빛을 내는 태양의 온도도 비슷할 것이라고 추측하게 되었다.

19세기에는 에너지 보존 법칙이 확립되면서 새로운 에너지 공급이 없다면 태양의 온도가 점차 낮아져야 한다는 결론을 내렸다. 그렇다면 과거에는 태양의 온도가 훨씬 높았어야 했고, 지구의 바다가 펄펄 끓었어야 했을 것이다. 하지만 실제로는 그렇지 않았고, 사람들은 태양의 온도를 일정하게 유지해 주는 에너지원이 무엇인지에 대해 생각하게 되었다.

20세기 초 방사능이 발견되면서 방사능 물질의 붕괴에서 나오는 핵분열 에너지를 태양의 에너지원으로 생각하였다. 그러나 태양빛의 스펙트럼을 분석한 결과 태양에는 우라늄 등의 방사능 물질 대신 수소와 헬륨이 있다는 것을 알게 되었다. 즉, 방사능 물질의 붕괴에서 나오는 핵분열 에너지가 태양의 에너지원이 아니었던 것이다.

현재 태양의 에너지원은 수소 원자핵 네 개가 헬륨 원자핵 하나로 융합하는 과정의 질량 결손으로 인해 생기는 핵융합 에너지로 알려져 있다. 태양은 엄청난 양의 수소 기체가 중력에 의해 뭉쳐진 것으로, 그 중심으로 갈수록 밀도와 압력, 온도가 증가한다. 태양에서의 핵융합은 천만℃ 이상의 온도를 유지하는 중심부에서만 일어난다. 높은 온도에서만 원자핵들은 높은 운동 에너지를 가지게 되며, 그 결과로 원자핵들 사이의 반발력을 극복하고 융합되기에 충분히 가까운 거리로 근접할 수 있기 때문이다. 태양빛이 핵융합을 통해 나온다는 사실은 태양으로부터 온 중성미자가 관측됨으로써 더 확실해졌다.

중심부의 온도가 올라가 핵융합 에너지가 늘어나면 그 에너지로 인한 압력으로 수소를 밖으로 밀어내 중심부의 밀도와 온도를 낮추게 된다. 이렇게 온도가 낮아지면 방출되는 핵융합 에너지가 줄어들며, 그 결과 압력이 낮아져서 수소가 중심부로 들어오게 되고 중심부의 밀도와 온도를 다시 높인다. 이렇듯 태양 내부에서 중력과 핵융합 반응의 평형 상태가 유지되기 때문에 ＿＿＿＿＿＿＿＿＿＿ ＿＿＿＿＿＿＿＿ 태양은 이미 50억 년간 빛을 냈고, 앞으로도 50억 년 이상 더 빛날 것이다.

① 태양이 오랫동안 안정적으로 빛을 낼 수 있게 된다.

② 과거와 달리 태양이 일정한 온도를 유지할 수 있게 된다.

③ 태양의 핵융합 에너지가 폭발적으로 증가할 수 있게 된다.

④ 태양 외부의 밝기가 내부 상태에 따라 변할 수 있게 된다.

04 다음 글의 빈칸 (가) ~ (라)에 들어갈 내용으로 적절하지 않은 것은?

"언론의 잘못된 보도나 마음에 들지 않는 논조조차도 그것이 토론되는 과정에서 옳은 방향으로 흘러가게끔 하는 것이 옳은 방향이다." 야당 정치인 A씨가 서울외신기자클럽(SFCC) 토론회에 나와 마이크에 대고 밝힌 공개 입장이다. 언론은 ____(가)____ 해야 한다. 이것이 지역 신문이라 할지라도 언론이 표준어를 사용하는 이유이다.

이후, 언론중재법 개정안이 국회 본회의를 통과할 것이 확실시되었다. 정부는 침묵으로 일관해 왔다. 청와대 핵심 관계자들은 이 개정안에 대한 입장을 묻는 국내 일부 매체에 영어 표현인 "None of My Business"라는 답을 내놨다고 한다.

그사이 이 개정안에 대한 국제 사회의 ____(나)____ 은/는 높아지고 있다. 이 개정안이 시대착오적이며 나아가 아이들에게 좋지 않은 영향을 줄 수 있다는 것이 논란의 요지였다. 이후 SFCC는 이사회 전체 명의로 성명을 냈다. 그 내용을 그대로 옮기자면 다음과 같다. "언론의 자유를 심각하게 위축시킬 수 있는 내용을 담은 언론중재법 개정안을 국회에서 강행 처리하려는 움직임에 깊은 우려를 표한다."며 "이 법안이 국회에서 전광석화로 처리되기보다 '돌다리도 두들겨 보고 건너라.'는 한국 속담처럼 심사숙고하며 ____(다)____ 을/를 기대한다."고 밝혔다.

다만, 언론이 우리 사회에서 발생하는 다양한 전투만을 중계하는 것으로 기능하는 건 ____(라)____ 우리나라뿐만 아니라 일본 헌법, 독일 헌법 등에서 공통적으로 말하는 것처럼 언론이 자유를 가지고 대중에게 생각할 거리를 끊임없이 던져주어야 한다. 이러한 언론의 기능을 잘 수행하기 위해서는 언론의 힘과 언론에 가해지는 규제의 정도가 항상 적절하도록 절제하는 법칙이 필요하다.

① (가) : 모두가 읽기 쉬워야 하고 편향되지 않은 어조를 사용
② (나) : 규탄의 목소리
③ (다) : 보편화된 언어 사용
④ (라) : 바람직하지 않다.

05 다음 글의 빈칸 ㉠, ㉡에 들어갈 내용으로 가장 적절한 것은?

> 사람들은 모국어의 '음소'가 아닌 소리를 들으면, 그 소리를 변별적으로 인식하지 못한다. 가령, 물리적으로 다르지만 유사하게 들리는 음성 [x]와 [y]가 있다고 가정해 보자. 이때 우리는 [x]와 [y]가 서로 다르다고 인식할 수도 있고 다르다는 것을 인식하지 못할 수도 있다. [x]와 [y]가 다르다고 인식할 때 우리는 두 소리가 서로 변별적이라고 하고, [x]와 [y]가 다르다는 것을 인식하지 못할 때 두 소리가 서로 비변별적이라고 한다. 변별적으로 인식하는 소리를 음소라고 하고, 변별적으로 인식하지 못하는 소리를 이음 또는 변이음이라고 한다.
>
> 우리가 [x]와 [y]를 변별적으로 인식한다면, [x]와 [y]는 둘 다 음소로서의 지위를 갖는다. 반면 [x]와 [y] 가운데 하나는 음소이고 다른 하나가 음소가 아니라면, [x]와 [y]를 서로 변별적으로 인식하지 못한다. 다시 말해 _____㉠_____
>
> 여기서 변별적이라는 것은 달리 말하면 대립을 한다는 것을 뜻한다. 어떤 소리가 대립을 한다는 말은 그 소리가 단어의 뜻을 갈라내는 기능을 한다는 것을 의미한다. 비변별적이라는 것은 대립을 하지 못한다는 것을 뜻한다. 그러므로 대립을 하는 소리는 당연히 변별적이고, 대립을 하지 못하는 소리는 비변별적이다.
>
> 인간이 발성 기관을 통해 낼 수 있는 소리의 목록은 비록 언어가 다르더라도 동일하다고 가정하지만, 변별적으로 인식하는 소리, 즉 음소의 수와 종류는 언어마다 다르다. 언어가 문화적 산물이라는 사실을 이해하면 이는 당연한 일이다. 나라마다 문화가 다르듯이 언어 역시 문화적 산물이므로 차이가 나는 것은 당연하고, 언어를 구성하는 가장 작은 단위인 음소의 수와 종류에도 차이가 나는 것은 당연하다. 우리가 다른 문화권의 사람이라는 것을 인지하는 가장 기본적인 요소 중의 하나가 언어라면, 언어가 다르다고 인지하는 가장 핵심적인 요소 중의 하나가 바로 음소 목록의 차이이다. 그렇기 때문에 모국어의 음소 목록에 포함되어 있지 않은 소리를 들었다면, _____㉡_____

① ㉠ : [x]를 들어도 [y]로 인식한다면 [x]는 음소이다.
　 ㉡ : 소리는 들리지만 그 소리가 무슨 소리인지 알 수 없다.
② ㉠ : [y]를 들어도 [x]로 인식한다면 [y]는 음소이다.
　 ㉡ : 그 소리를 모국어에 존재하는 음소 중의 하나로 인식하게 된다.
③ ㉠ : [x]를 들어도 [y]로 인식한다면 [x]는 [y]의 변이음이다.
　 ㉡ : 그 소리를 모국어에 존재하는 음소 중의 하나로 인식하게 된다.
④ ㉠ : [x]를 들어도 [y]로 인식한다면 [x]는 [y]의 변이음이다.
　 ㉡ : 그 소리를 듣고 모국어에 존재하는 유사한 음소들의 중간음으로 인식하게 된다.

03 내용일치

| 유형분석 |

- 짧은 시간 안에 글의 내용을 정확하게 이해할 수 있는지 평가한다.
- 은행 금융상품 관련 글을 읽고 이해하기, 고객 문의에 답변하기 등의 유형이 빈번하게 출제된다.

다음 글의 내용으로 적절하지 않은 것은?

물가 상승률은 일반적으로 가격 수준의 상승 속도를 나타내며 소비자 물가지수(CPI)와 같은 지표를 사용하여 측정된다. 물가 상승률이 높아지면 소비재와 서비스의 가격이 상승하고, 돈의 구매력이 감소한다. 이는 소비자들이 더 많은 돈을 지출하여 물가 상승에 따른 가격 상승을 감수해야 함을 의미한다.

물가 상승률은 경제에 다양한 영향을 미친다. 먼저 소비자들의 구매력이 저하되므로 가계소득의 실질 가치가 줄어든다. 이는 소비 지출의 감소와 경기 둔화를 초래할 수 있다. 또한 물가 상승률은 기업의 의사결정에도 영향을 준다. 높은 물가 상승률은 이자율의 상승과 함께 대출 조건을 악화시키므로 기업은 생산 비용 상승과 이로 인한 이윤 감소에 직면하게 되는 것이다.

정부와 중앙은행은 물가 상승률을 통제하기 위해 다양한 금융 정책을 사용하며 대표적으로 세금 조정, 통화량 조절, 금리 조정 등이 있다. 물가 상승률은 경제 활동에 큰 영향을 주는 중요한 요소이므로 정부, 기업, 투자자 및 개인은 이를 주의 깊게 모니터링하고 경제 전망을 평가하는 데 활용해야 한다. 또한 소비자의 구매력과 경기 상황에 직·간접적인 영향을 주므로 경제 주체들은 물가 상승률의 변동에 대응하기 위하여 적절한 전략을 수립해야 한다.

① 지나친 물가 상승은 소비 심리를 위축시킨다.
② 중앙은행의 금리 조정으로 지나친 물가 상승을 진정시킬 수 있다.
③ 정부와 중앙은행이 실행하는 금융 정책의 목적은 물가 안정성을 유지하는 것이다.
④ 소비재와 서비스의 가격이 상승하므로 기업의 입장에서는 물가 상승률이 커질수록 이득이다.

정답 ④

두 번째 문단에 따르면 높은 물가 상승률은 이자율의 상승과 함께 대출 조건을 악화시키므로 기업은 생산 비용 상승과 이로 인한 이윤 감소에 직면하게 된다.

오답분석
① 높은 물가는 가계의 실질 소비력을 약화시키므로 소비 심리를 위축시켜 경기 둔화를 초래할 수 있다.
②·③ 세금 조정, 통화량 조절, 금리 조정 등 여러 금융 정책의 목적은 물가 상승률을 통제하여 안정성을 확보하는 것이다.

유형풀이 Tip

- 글을 읽기 전에 문제와 선택지를 먼저 읽어보고 글의 주제를 대략적으로 파악해야 한다.
- 선택지를 통해 글에서 찾아야 할 정보가 무엇인지 먼저 인지한 후 글을 읽어야 문제 풀이 시간을 단축할 수 있다.

01 다음 글의 내용으로 적절하지 않은 것은?

컴퓨터로 작업을 하다가 전원이 꺼져 작업하던 데이터가 사라져 낭패를 본 경험이 한 번쯤은 있을 것이다. 이는 현재 컴퓨터에서 주 메모리로 D램을 사용하기 때문이다. D램은 전기장의 영향을 받으면 극성을 띠게 되는 물질을 사용하는데 극성을 띠면 1, 그렇지 않으면 0이 된다. 그런데 D램에 사용되는 물질의 극성은 지속적으로 전원을 공급해야만 유지된다. 그래서 D램은 읽기나 쓰기 작업을 하지 않아도 전력이 소모되며, 전원이 꺼지면 데이터가 모두 사라진다는 문제점을 안고 있다.

이러한 D램의 문제를 해결할 수 있는 차세대 램 메모리로 가장 주목을 받고 있는 것은 M램이다. M램은 두 장의 자성 물질 사이에 얇은 절연막을 끼워 넣어 접합한 구조로 되어 있다. 절연막은 일반적으로 전류의 흐름을 막는 것이지만 M램에서는 절연막이 매우 얇아 전류가 통과할 수 있다. 그리고 자성 물질은 자석처럼 일정한 자기장 방향을 가지는데, 아래위 자성 물질의 자기장 방향에 따라 저항이 달라진다. 자기장 방향이 반대일 경우 저항이 커져 전류가 약해지지만 자기장 방향이 같을 경우 저항이 약해져 상대적으로 강한 전류가 흐르게 된다. M램은 이 전류의 강도 차이를 감지해 전류가 상대적으로 약할 때 0, 강할 때 1로 읽게 된다. 자성 물질은 강한 전기 자극을 가하면 자기장 방향이 바뀌는데 이를 이용해 한쪽 자성 물질의 자기장 방향만 바꿈으로써 쓰기 작업도 할 수 있다.

자성 물질의 자기장 방향은 전기 자극을 가해주지 않는 이상 변하지 않기 때문에 M램에서는 D램에서처럼 지속적으로 전원을 공급할 필요가 없다. 그렇기 때문에 D램에 비해 훨씬 적은 양의 전력을 사용하면서도 속도가 빠르며, 전원이 꺼져도 데이터를 잃어버릴 염려가 없다. 이런 장점들로 인해 M램이 일반화되면 컴퓨터뿐만 아니라 스마트폰이나 태블릿 PC와 같은 모바일 기기들의 성능은 크게 향상될 것이다.

그러나 M램이 일반화되기 위해서는 기술적 과제들도 많다. M램은 매우 얇은 막들을 쌓은 구조이기 때문에 이러한 얇은 막들이 원하는 기능을 하도록 제어하는 것은 기존의 반도체 공정으로는 매우 어렵다. 그리고 현재 사용하고 있는 자성 물질을 고도로 집적할 경우 자성 물질의 자기장이 인접한 자성 물질에 영향을 주는 문제도 있다. 이러한 문제를 해결할 수 있는 새로운 재료의 개발과 제조 공정의 개선이 이루어진다면 세계 반도체 시장의 판도도 크게 바뀔 것으로 보인다.

① D램과 M램 모두 0 또는 1로 정보를 기록한다.
② M램은 자성 물질의 자기장이 강할수록 성능이 우수하다.
③ M램에서는 전류의 강도 차이를 감지해 데이터를 읽는다.
④ D램은 전원을 공급해주지 않으면 0의 값을 가지게 된다.

다음 기사를 읽고 이해한 내용으로 적절하지 않은 것은?

> K은행이 모바일 전문은행 B뱅크를 통해 은행 방문 없이 스마트폰으로 간편하게 전세대출을 신청할
> 수 있는 'B뱅크 전월세보증금대출'을 출시했다. B뱅크 전월세보증금대출은 스마트폰에서 대출 신청
> 정보를 입력하면 스크래핑 기술을 통해 대출 필요서류가 자동으로 수집되어 별도의 서류 제출 없이
> 도 대출 한도와 금리 등을 실시간으로 확인할 수 있다. 대출 대상자는 1년 이상 재직 중인 근로소득
> 자로 공인중개사를 통해 공동주택(아파트, 연립 / 다세대 주택) 임대차계약을 체결하고 계약금 5%
> 이상을 지급한 개인고객이다. 대출 심사기간을 최소화해 대출 신청 후 10일 만에 대출금 지급이 가
> 능하며 A시 협약 청년 임차보증금 지원제도인 '머물자리론'도 B뱅크를 통해 신청이 가능하다. 대출
> 금리는 금융권 최저 금리 수준인 최저 연 2.74%이며, A시에서 추천한 청년 및 사회초년생의 경우
> 최저 연 0.99%까지 지원된다.
> K은행은 지역주민의 주거 안정에 기여하기 위해 영업점에서 취급하고 있는 전세자금대출 상품 금리
> 도 인하한다고 밝혔다. 전세자금대출 상품 금리를 은행 거래실적에 따라 최대 0.4% 인하하여 최저
> 연 2.84%에 지원 가능하다.
> 또한 전세자금대출 상품 금리에서 최대 0.2% 추가 금리 우대를 받을 수 있는 '전세자금대출 특별펀
> 드'도 시행한다. 전세자금대출 특별펀드는 1,000세대 이상의 대단지 아파트 및 현재 입주 중인 신규
> 아파트에 대한 전세자금대출 수요고객을 타깃으로 한 펀드이다.
> K은행 영업본부장은 "이번 B뱅크 전월세보증금대출 출시로 지역을 넘어서 전국적인 영업망을 갖춘
> 은행으로 한 단계 성장하는 계기가 될 것으로 예상한다."며 "향후에도 정부가 추진 중인 포용적 금
> 융 실천은 물론 항상 고객의 관점에서 서비스를 개선해 나가는 고객 중심경영을 위해 최선의 노력을
> 다하겠다."고 전했다.

① K은행은 전세자금대출 상품 금리도 인하할 예정이다.

② B뱅크 전월세보증금대출은 은행 방문을 통해 간편하게 전세대출을 신청할 수 있다.

③ K은행의 전세자금대출 특별펀드는 대단지 아파트 및 신규 아파트의 수요고객을 타깃으로 한 펀드
이다.

④ B뱅크 전월세보증금대출은 스크래핑 기술을 통해 대출 한도와 금리를 실시간으로 확인할 수
있다.

03 다음은 K은행의 A직원이 판매하는 보험 상품 안내서 내용의 일부이다. 2024년 5월 1일 이 상품에 가입한 B고객과의 상담 내용 중 적절하지 않은 것은?(단, B고객은 보험 증권을 5월 2일 수령하였고, 상담일은 5월 18일이다)

> ■ 상품 가입 시 알아두실 사항
> • 계약 전 알릴 의무를 준수하여야 하며 반드시 자필 서명을 하셔야 합니다.
> • 청약 시에는 보험 계약의 기본 사항을 반드시 확인하시기 바랍니다.
> • 계약자는 보험 증권을 받은 날부터 15일 이내에 청약을 철회할 수 있으며, 이 경우 회사는 철회 접수일로부터 3일 이내에 납입한 보험료를 돌려드리나, 청약을 한 날부터 30일을 초과한 경우 청약을 철회할 수 없습니다.
> • 이 보험 계약은 예금자보호법에 따라 예금보험공사가 보호하되, 1인당 최고 5천만 원이며, 이를 초과하는 금액은 보호하지 않습니다.
> • 이 보험의 보험료 산출 시 적용되는 이율은 연 복리 3%이며, 이 이율은 적립액 및 해지환급금을 보증하는 이율이 아닙니다. 보험료 산출 기초가 되는 이율, 위험률, 계약체결 및 관리비용은 상품 요약서에 보다 자세히 나와 있습니다.
> • 청약서상에 자필 서명, 계약자 보관용 청약서 및 약관 전달과 약관의 주요 내용 설명 등을 이행하지 않은 계약에 대하여는 계약자가 계약이 성립한 날부터 3개월 이내에 계약을 취소할 수 있습니다.
> • 이 보험의 보험료는 세액공제혜택이 없으며, 보험차익에 대한 이자소득세는 관련 세법에서 정하는 요건에 부합하는 경우에 비과세가 가능합니다.

① B : 이 보험 상품은 예금자보호법이 적용되나요?

　 A : 네, 적용됩니다. 하지만 적용 한도는 1인당 최고 5천만 원이며, 이를 초과하는 금액은 제외됩니다.

② B : 제가 보험 증권을 수령했는데, 약관이 동봉되어 있지 않네요. 계약을 취소하고 싶습니다.

　 A : 죄송하지만 보험 청약의 철회는 증권을 받아보신 날로부터 15일 이내에만 가능합니다.

③ B : 계약할 때 받은 보험료 산출 금액은 금리 변동에 영향을 받지 않나요?

　 A : 보험료는 연 복리 3%의 이율을 적용하여 산출한 것으로, 이 이율은 실제 적립액 및 해지환급금을 보증하는 것이 아닙니다.

④ B : 저는 지금 이자소득세에 대한 비과세 혜택 가능자인데, 보험 만기 시에도 동일하게 적용되나요?

　 A : 아닙니다. 비과세 혜택의 경우 관련 세법의 제·개정이나 폐지에 따라 변경될 수 있습니다.

04 다음 글에서 '최적통화지역 이론'과 관련하여 고려하지 않은 것은?

최적통화지역은 단일 통화가 통용되거나 여러 통화들의 환율이 고정되어 있는 최적의 지리적인 영역을 지칭한다. 여기서 최적이란 대내외 균형이라는 거시 경제의 목적에 의해 규정되는데, 대내 균형은 물가 안정과 완전 고용, 대외 균형은 국제수지 균형을 의미한다.

최적통화지역 개념은 고정환율 제도와 변동환율 제도의 상대적 장점에 대한 논쟁 속에서 발전하였다. 최적통화지역 이론은 어떤 조건에서 고정환율 제도가 대내외 균형을 효과적으로 이룰 수 있는지 고려했다.

초기 이론들은 최적통화지역을 규정하는 가장 중요한 경제적 기준을 찾으려 하였다. 먼델은 노동의 이동성을 제시했다. 노동의 이동이 자유롭다면 외부 충격이 발생할 때 대내외 균형 유지를 위한 임금 조정의 필요성이 크지 않을 것이고 결국 환율 변동의 필요성도 작을 것이라고 하였다. 잉그램은 금융시장 통합을 제시하였다. 금융시장이 통합되어 있으면 지역 내 국가들 사이에 경상수지 불균형이 발생했을 때 자본 이동이 쉽게 일어날 수 있을 것이며 이에 따라 조정의 압력이 줄어들게 되므로 지역 내 환율 변동의 필요성이 감소하게 된다는 것이다. 이러한 주장들은 결국 고정환율 제도 아래에서도 대내외 균형을 달성할 수 있는 조건들을 말해 주고 있는 것이다.

이후 최적통화지역 이론은 위의 조건들을 종합적으로 판단하여 단일 통화 사용에 따른 비용 – 편익 분석을 한다. 비용보다 편익이 크다면 최적통화지역의 조건이 충족되며 단일 통화를 형성할 수 있다. 단일 통화 사용의 편익은 화폐의 유용성이 증대된다는 데 있다. 단일 화폐의 사용은 시장 통합에 따른 교환의 이익을 증대시킨다는 것이다. 반면에 통화정책 독립성의 상실이 단일 통화 사용에 따른 주요 비용으로 간주된다. 단일 통화의 유지를 위해 대내 균형을 포기해야 하는 경우가 발생하기 때문이다. 이 비용은 가격과 임금이 경직될수록, 전체 통화지역 중 일부 지역들 사이에 서로 다른 효과를 일으키는 비대칭적 충격이 클수록 증가한다. 가령 한 국가에는 실업이 발생하고 다른 국가에는 인플레이션이 발생하면, 한 국가는 확대 통화정책을, 다른 국가는 긴축 통화정책을 원하게 되는데, 양국가가 단일 화폐를 사용한다면 서로 다른 통화정책의 시행이 불가능하기 때문이다. 물론 여기서 노동 이동 등의 조건이 충족되면 비대칭적 충격을 완화하기 위한 독립적 통화정책의 필요성은 감소한다. 반대로 두 국가에 유사한 충격이 발생한다면 서로 다른 통화정책을 택할 필요가 줄어든다. 이 경우에는 독립적 통화정책을 포기하는 비용이 감소한다.

① 시장 통합으로 인한 편익의 계산 방식
② 환율 변동을 배제한 경상수지 조정 방식
③ 화폐의 유용성과 시장 통합 사이의 관계
④ 단일 화폐 사용에 따른 비용을 증가시키는 조건

05 다음은 K은행 국군희망준비적금 특약 안내의 일부이다. 이에 대한 내용으로 적절하지 않은 것은?

〈K은행 국군희망준비적금 특약〉

제1조 적용범위
"K은행 국군희망준비적금(이하 '이 적금'이라 합니다)" 거래는 이 특약을 적용하며, 이 특약에서 정하지 않은 사항은 예금거래 기본약관 및 적립식 예금약관을 적용합니다.

제2조 가입대상
이 적금의 가입대상은 실명의 개인인 군 의무복무병(현역병, 상근예비역, 훈련병) 및 대체복무자로 하며, 1인 1계좌만 가능합니다.

제3조 예금과목
이 적금의 예금과목은 정기적금으로 합니다.

제4조 계약기간
이 적금의 계약기간은 6 ~ 24개월 이내 일 단위 또는 월 단위로 합니다.

제5조 저축방법
이 적금은 회차별 1천 원 이상 원 단위로, 매월(월 초일부터 말일까지) 10만 원 이내에서 만기 1개월 전까지 자유롭게 저축할 수 있습니다.

제6조 이율적용
이 적금의 이율은 신규가입일 당시 영업점에 고시한 이 적금의 계약기간별 이율(이하 '기본이율'이라 합니다)을 적용합니다.

제7조 우대이율
① 이 적금은 신규가입일 당시 영업점에 게시된 제2항의 '급여 이체 우대이율'을 기본이율에 더하여 적용합니다. 단, 우대이율은 만기해지 계좌에 대하여 계약기간 동안 적용합니다.
② '급여이체 우대이율'은 신규일로부터 3개월 이내에 1회 이상의 급여이체 실적이 있는 고객의 계좌에 연 0.3%p 적용합니다.
③ 급여이체 실적이란 A은행과 급여이체 또는 대량이체 계약에 따른 급여성 선일자, 탑라인, 기업 인터넷뱅킹 등에 의한 이체를 말하며, 국군재정관리단을 통한 급여이체 실적을 포함합니다.

제8조 중도해지이율 및 만기 후 이율
① 이 적금의 가입자가 만기일 전에 지급 청구한 때에는 월저축금마다 입금일부터 지급일 전날까지의 기간에 대해 신규가입일 당시 영업점에 게시한 중도해지이율로 셈한 이자를 원금에 더하여 지급합니다.
② 이 적금의 가입자가 만기일 후 지급청구한 때에는 만기지급액에 만기일부터 지급일 전날까지 기간에 대해 신규가입일 당시 영업점에 게시한 만기 후 이율로 셈한 이자를 더하여 지급합니다.

---

① 우대이율은 만기해지 계좌에 대하여 계약기간 동안 적용된다.
② 훈련병도 이 적금의 가입대상이 될 수 있다.
③ 만기 1개월 전까지 매월 10만 원 이내에서 저축 가능하다.
④ 급여이체 우대이율은 1개월 이내에 1회 이상의 급여이체 실적이 있어야 한다.

04 나열하기

| 유형분석 |

- 글의 논리적인 전개 구조를 파악할 수 있는지 평가한다.
- 첫 문단(단락)이 제시되지 않은 문제가 출제될 가능성이 있다.

다음 제시된 문단을 논리적 순서대로 바르게 나열한 것은?

> (가) 초연결사회란 사람, 사물, 공간 등 모든 것들이 인터넷으로 서로 연결돼, 모든 것에 대한 정보가 생성 및 수집되고 공유·활용되는 것을 말한다. 즉, 모든 사물과 공간에 새로운 생명이 부여되고 이들의 소통으로 새로운 사회가 열리고 있는 것이다.
>
> (나) 최근 '초연결사회(Hyper Connected Society)'란 말을 주위에서 심심치 않게 들을 수 있다. 인터넷을 통해 사람 간의 연결은 물론 사람과 사물, 심지어 사물 간의 연결 등 말 그대로 '연결의 영역 초월'이 이뤄지고 있다.
>
> (다) 나아가 초연결사회는 단지 기존의 인터넷과 모바일 발전의 맥락이 아닌 우리가 살아가는 방식 전체, 즉 사회의 관점에서 미래사회의 새로운 패러다임으로 큰 변화를 가져올 전망이다.
>
> (라) 초연결사회에서는 인간 대 인간은 물론, 기기와 사물 같은 무생물 객체끼리도 네트워크를 바탕으로 상호 유기적인 소통이 가능해진다. 컴퓨터, 스마트폰으로 소통하던 과거와 달리 초연결 네트워크로 긴밀히 연결되어 오프라인과 온라인이 융합되고, 이를 통해 새로운 성장과 가치 창출의 기회가 증가할 것이다.

① (가) - (나) - (다) - (라)　　　　② (가) - (나) - (라) - (다)
③ (나) - (가) - (다) - (라)　　　　④ (나) - (가) - (라) - (다)

정답　④

최근 대두되고 있는 '초연결사회'에 대해 언급하는 (나) 문단이 가장 먼저 오는 것이 적절하며, 그다음으로는 초연결사회의 개념에 대해 설명하는 (가) 문단이 적절하다. 그 뒤를 이어 초연결 네트워크를 통해 긴밀히 연결되는 초연결사회의 특징을 설명한 (라) 문단이, 마지막으로는 이러한 초연결사회가 가져올 변화에 대한 전망을 설명한 (다) 문단 순서로 나열되어야 한다.

유형풀이 Tip

- 각 문단에 위치한 지시어와 접속어를 살펴본다. 문두에 접속어가 오거나 문장 중간에 지시어가 나오는 경우 글의 첫 번째 문단이 될 수 없다.
- 각 문단의 첫 문장과 마지막 문장에 집중하면서 글의 순서를 하나씩 맞춰 나간다.
- 선택지를 참고하여 문단의 순서를 생각해 보는 것도 시간을 단축하는 좋은 방법이 될 수 있다.

대표기출유형 04 기출응용문제

※ 다음 제시된 문단을 논리적 순서대로 바르게 나열한 것을 고르시오. [1~3]

Easy

01

(가) 지금까지 살펴본 것처럼 전 세계 국가의 마시는 물은 같지 않다. 비록 석회수라도 수도 시설이 잘 정비된 국가에서는 수돗물을 안심하고 음용할 수 있다. 반면 수돗물을 마시고 싶어도 마실 수 없는 국가도 있다. 그렇다면 우리나라는 어떨까? 다행스럽게 우리나라는 석회수가 아니다. 게다가 우리나라 수돗물은 UN이 발표한 국가별 수질 지수에서 세계 8위를 차지했다. '2012년 세계 물맛 대회'에서는 7위에 오를 정도로 맛과 수질에서 높은 평가를 받았다. 하지만 아이러니하게도 수돗물 음용률은 5%로 하위권에 머물고 있다.

(나) 최근 물의 음용에 있어 대륙은 대륙별로 서로 다른 물을 마시고 있음을 알 수 있다. 유럽 대륙의 대부분은 석회질 성분의 지질로 형성되어 유럽의 수돗물에는 석회질이 많이 들어 있다. 그럼에도 유럽의 수돗물 음용률은 70%에 이른다. 대신 유럽인은 몸에 축적된 석회질 성분을 빨리 배출하기 위해 맥주를 많이 마신다. 하지만 유럽에서도 깨끗한 수질을 보이는 곳은 있다. 북극의 청정수가 흘러드는 핀란드, 스웨덴, 노르웨이다.

(다) 그렇다면 오세아니아 대륙은 어떨까? 호주도 물에 석회질이 섞여 있지만, 함유량이 적어 큰 문제가 되지는 않는다. 한편 뉴질랜드 수돗물은 세계 최고 수준을 자랑한다. 마지막으로 북아프리카는 석회질이 많은 데다가 대다수 국가가 수도 시설을 제대로 갖추지 못한 탓에서 수돗물을 음용하기가 어렵다. 하지만 남아프리카공화국은 수도 시설을 잘 갖춰 깨끗한 수돗물을 마실 수 있다.

(라) 두 번째로 아시아 대륙으로 넘어가보자. 강은 오염되고, 수돗물에는 피임약 성분이 들어 있다는 소문이 떠도는 중국의 영향을 받아서일까? 동남아시아의 수돗물은 비위생적이라는 인식이 퍼져 있다. 그리고 일부 동남아시아, 서남아시아, 중앙아시아 국가의 물에는 석회질이 함유돼 있고, 중동은 수자원이 부족해 해수를 담수화해서 식수로 사용하고 있다. 하지만 깨끗한 수돗물을 마실 수 있는 곳이 있다. 바로 싱가포르다. 싱가포르는 말레이시아에서 물을 수입하지만 세계 최고 수준의 수도 시설과 정수 처리 기술을 갖추고 국민에게 깨끗한 수돗물을 제공한다.

① (나) – (다) – (라) – (가)
② (나) – (라) – (다) – (가)
③ (라) – (나) – (가) – (다)
④ (라) – (나) – (다) – (가)

02

(가) 세조가 왕이 된 후 술자리에 관한 최초의 기록은 1455년 7월 27일의 "왕이 노산군에게 문안을 드리고 술자리를 베푸니 종친 영해군 이상과 병조판서 이계전 그리고 승지 등이 모셨다. 음악을 연주하니 왕이 이계전에게 명하여 일어나 춤을 추게 하고, 지극히 즐긴 뒤에 파하였다. 드디어 영응대군 이염의 집으로 거둥하여 자그마한 술자리를 베풀고 한참 동안 있다가 환궁하였다."는 기록이다. 술자리에서 음악과 춤을 즐기고, 1차의 아쉬움 때문에 2차까지 가지는 모습은 세조의 술자리에서 거의 공통적으로 나타나는 특징이다.

(나) 세조(1417~1468, 재위 1455~1468)하면 어린 조카를 죽이고 왕위에 오른 비정한 군주로 기억하는 경우가 많다. 1453년 10월 계유정난의 성공으로 실질적으로 권력의 1인자가 된 수양대군은 2년 후인 1455년 6월 단종을 압박하여 세조가 되어 왕위에 오른다. 불법적인 방식으로 권력을 잡은 만큼 세조에게는 늘 정통성에 대한 시비가 따라 붙게 되었다. 이후 1456년에 성삼문, 박팽년 등이 중심이 되어 단종 복위운동을 일으킨 것은 세조에게는 정치적으로 큰 부담이 되었다. 이로 인해 세조는 왕이 된 후 문종, 단종 이후 추락된 왕권 회복을 정치적 목표로 삼고, 육조 직계제를 부활시키는가 하면 경국대전과 동국통감 같은 편찬 사업을 주도하여 왕조의 기틀을 잡아 갔다.

(다) 이처럼 세조실록의 기록에는 세조가 한명회, 신숙주, 정인지 등 공신들과 함께 자주 술자리를 마련하고 대화는 물론이고 흥이 나면 함께 춤을 추거나 즉석에서 게임을 하는 등 신하들과 격의 없이 소통하는 장면이 자주 나타난다. 이는 당시에도 칼로 권력을 잡은 이미지가 강하게 남았던 만큼 최대한 소탈하고 인간적인 모습을 보임으로써 자신의 강한 이미지를 희석시켜 나간 것으로 풀이된다. 또한 자신을 왕으로 만들어준 공신 세력을 양날의 검으로 인식했기 때문으로도 보인다. 자신을 위해 목숨을 바친 공신들이지만, 또 다른 순간에는 자신에게 칼끝을 겨눌 위험성을 인식했던 세조는 잦은 술자리를 통해 그들의 기분을 최대한 풀어주고 자신에게 충성을 다짐하도록 했던 것이다.

(라) 세조가 왕권 강화를 바탕으로 자신만의 정치를 펴 나가는 과정에서 특히 주목되는 점은 자주 술자리를 베풀었다는 사실이다. 이것은 세조실록에 '술자리'라는 검색어가 무려 467건이나 나타나는 것에서도 단적으로 확인할 수가 있다. 조선의 왕 중 최고의 기록일 뿐만 아니라 조선왕조실록의 '술자리' 검색어 974건의 거의 절반에 달하는 수치이다. 술자리의 횟수에 관한 한 세조는 조선 최고의 군주라 불릴 만하다.

① (나) – (가) – (다) – (라) 　　　② (나) – (라) – (가) – (다)
③ (라) – (가) – (다) – (나) 　　　④ (라) – (나) – (가) – (다)

03

(가) 대부분의 반딧불이는 빛을 사랑의 도구로 사용하지만, 어떤 반딧불이는 번식 목적이 아닌 적대적 목적으로 사용하기도 한다. 포투루스(Photurus)라는 반딧불이의 암컷은 아무렇지 않게 상대 반딧불이를 잡아먹는다. 이 무시무시한 작업을 벌이기 위해 암컷 포투루스는 포티너스(Photinus) 암컷의 불빛을 흉내 낸다. 이를 자신과 같은 종으로 생각한 수컷 포티너스가 사랑이 가득 찬 마음으로 암컷 포투루스에게 달려들지만, 정체를 알았을 때는 이미 너무 늦었다는 것을 알게 된다.

(나) 먼저 땅에 사는 반딧불이 한 마리가 60마리 정도의 다른 반딧불이들과 함께 일렬로 빛을 내뿜는 경우가 있다. 수많은 반딧불이가 기차처럼 한 줄을 지어 마치 리더의 지시에 따르듯 한 반딧불이의 섬광을 따라 불빛을 내는 모습은 마치 작은 번개처럼 보인다. 이처럼 반딧불이는 집단으로 멋진 작품을 연출하는데 그중 가장 유명한 것은 동남아시아에 서식하는 반딧불이다. 이들은 공동으로 동시에 그리고 완벽하게 발광함으로써 크리스마스트리의 불빛을 연상시키기도 한다. 그러다 암컷을 발견한 반딧불이는 무리에서 빠져나와 암컷을 향해 직접 빛을 번쩍거리기도 한다.

(다) 이렇게 다른 종의 불빛을 흉내 내는 반딧불이는 북아메리카에서 흔히 찾아볼 수 있다. 그러므로 짝을 찾아 헤매는 수컷 반딧불이에게 황혼이 찾아드는 하늘은 유혹의 무대인 동시에 위험한 장소이기도 하다. 성욕을 채우려 연인을 찾다 그만 식욕만 왕성한 암컷을 만나게 되는 비운을 맞을 수 있기 때문이다.

(라) 사랑과 관련하여 반딧불이의 섬광은 여러 가지 형태의 신호가 있으며, 빛 색깔의 다양성, 밝기, 빛을 내는 빈도, 빛의 지속성 등에서 반딧불이 자신만의 특징을 가지기도 한다. 예를 들어 황혼 무렵에 사랑을 나누고 싶어 하는 반딧불이는 오렌지색을 선호하며, 그래도 역시 사랑엔 깊은 밤이 최고라는 반딧불이는 초록계열의 색을 선호한다. 발광 장소도 땅이나 공중, 식물 등 그 선호도가 다양하다. 반딧불이는 이런 모든 요소를 결합하여 다양한 모습을 보여주는데 이런 다양성이 조화를 이루거나 또는 동시에 이루어지게 되면 말 그대로 장관을 이루게 된다.

(마) 이처럼 혼자 행동하기를 좋아하는 반딧불이는 빛을 번쩍거리면서 서식지를 홀로 돌아다니기도 한다. 대표적인 뉴기니 지역의 반딧불이는 짝을 찾아 좁은 해안선과 근처 숲 사이를 반복적으로 왔다 갔다 한다. 반딧불이 역시 달이 빛나고 파도가 철썩이는 해변을 사랑을 나누기에 최적인 로맨틱한 장소로 여기는 것이다.

① (가) – (나) – (다) – (라) – (마)   ② (가) – (다) – (라) – (나) – (마)
③ (라) – (가) – (다) – (마) – (나)   ④ (라) – (나) – (마) – (가) – (다)

Hard

04

자유 무역과 시장 개방이 크게 확대되고 있지만, 여전히 많은 국가들은 국내 산업 보호를 위해 노력을 기울이고 있다. 특히 세계적으로 경쟁이 치열해지고 거대 다국적 기업의 위협이 커지면서 최근 들어 세계 각국의 국내 산업 보호를 위한 움직임이 강화되고 있다. 일반적으로 정부가 국내 산업 보호를 위해 사용할 수 있는 조치들은 크게 관세 조치와 비관세 조치로 나누어 볼 수 있다.

(가) 관세 조치는 같은 수입품이라도 수입품의 종류와 가격, 수량 등에 따라 관세 부과 방법을 선택적으로 사용함으로써 관세 수입을 늘려 궁극적으로 국내 산업을 보호할 수 있다. 관세의 부과 방법에는 크게 종가세 방식과 종량세 방식이 있다. 먼저 종가세란 가격을 기준으로 세금을 부과하는 관세를 말한다. 즉, 종가세는 수입 상품 하나하나에 세금을 부과하는 것이 아니라 수입품 가격이 설정된 기준 가격을 넘을 때마다 정해진 세금을 부과하는 것이다. 따라서 종가세 방식은 상품의 종류에 따라 기준 가격을 달리함으로써 관세 부담을 조절할 수 있고, 수입품의 가격 변동에 대한 대응이 용이하다는 장점이 있다. 그래서 종가세는 주로 고가의 상품이나 사치품들의 수입을 억제하고 관련 제품을 제조하는 국내 산업을 보호하는 효과가 있다.

(나) 먼저 관세 조치는 국경을 통과하는 재화에 대해 부과하는 조세인 관세를 조절하여 국내 산업을 보호하는 방식이다. 일반적으로 수입품에 관세를 부과하면 그 수입품은 수입 시 부과된 관세만큼 가격이 인상되기 때문에 국내에서 생산된 제품에 비해 가격 경쟁력이 낮아져 수입이 억제된다. 반면에 국내에서 생산된 제품은 가격 경쟁력이 상승하게 되어 판매량이 유지되거나 늘어나고 결과적으로 관련 국내 산업이 보호된다.

(다) 이에 비해 종량세는 수입품의 중량, 용적, 면적 또는 개수 등 재화의 수량을 기준으로 세율을 화폐액으로 명시해 부과하는 관세이다. 종량세 방식은 수입품 단위당 일정 금액의 관세를 부과하므로 세액 결정이 용이하고, 수입품 하나하나에 관세를 부과함으로써 수입품의 양을 직접적으로 규제할 수 있는 장점이 있다. 그래서 종량세는 주로 외국으로부터 저가에 대량 유입되는 공산품이나 농수산물의 수입을 억제하여 해당 분야의 국내 산업을 보호하는 효과가 있다.

(라) 국내 산업 보호를 위해 사용되는 또 다른 조치로 비관세 조치를 들 수 있다. 전 세계적으로 자유 무역 협정이 확대되면서 무역 상대국 간의 관세가 철폐되거나 매우 낮은 수준에 머물러 관세를 통한 국내 산업 보호 기능이 약화되고 있다. 그래서 최근에는 국내 산업 보호를 위한 비관세 조치가 정교화되거나 강화되고 있는 추세이다. 국내 산업 보호를 위해 활용되고 있는 비관세 조치로는 위생 및 식물 검역 조치와 기술 장벽, 통관 지연 등이 있다. 먼저 위생 및 식물 검역 조치는 식음료나 식물 수입 시 국민의 건강 보호라는 명분을 내세워 검역 기준이나 조건을 까다롭게 함으로써 수입을 제한하는 조치를 말한다. 또 기술 장벽은 제품의 기술 표준을 국내산 제품에 유리하게 설정하거나 기술 적합성 평가 절차 등을 까다롭게 하여 수입을 제한하거나 수입품의 제조비용을 상승시켜 가격 경쟁력을 낮추는 조치이다. 마지막으로 통관 지연은 수입품에 대한 통관 절차와 서류 등을 복잡하게 하고 선적 검사나 전수 조사 등의 까다로운 검사 방법 등을 통해 수입품의 통관을 지연하는 것으로 수입품의 판매시기를 늦춰 수입품의 경쟁력을 저하시키는 기능을 한다.

(마) 또 종가세와 종량세를 혼합 적용하여 두 가지 세금 부과 방식의 장점을 동시에 추구하는 복합
세 부과 방식도 있다. 일반적으로 관세 수입이 클수록 수입품의 가격 경쟁력이 낮아져 국내
산업을 보호하는 효과도 커진다. 그런데 종량세는 수입품의 가격이 낮은 경우에, 종가세는 수
입품의 가격이 높은 경우에 관세 수입이 늘어나는 효과가 있으므로, 수입품의 가격이 일정 수
준에 이르기까지는 종량세를 부과하고 가격이 일정 수준을 넘어서는 경우에는 종가세를 부과
하여 관세 수입을 극대화하기도 한다. 또 가격이 비싼 제품의 경우 종가세를 먼저 적용한 후
수입품의 가격이 하락할 경우 종량세를 적용하여 관세 수입을 극대화하기도 하는데, 이러한
관세 부과의 방법을 복합세 부과 방식이라고 한다.

① (가) – (다) – (나) – (마) – (라) ② (가) – (라) – (나) – (마) – (다)
③ (나) – (가) – (다) – (마) – (라) ④ (나) – (다) – (라) – (마) – (가)

05

먼저 고전학파에서는 시장에서 임금이나 물가 등의 가격 변수가 완전히 탄력적으로 작용하기 때문
에 경기적 실업을 자연스럽게 해소될 수 있는 일시적 현상으로 본다.

(가) 이렇게 실질임금이 상승하게 되면 경기적 실업으로 인해 실업 상태에 있던 노동자들은 노동
시장에서 일자리를 적극적으로 찾으려고 하고, 이로 인해 노동의 초과공급이 발생하게 된다.
그래서 노동자들은 노동 시장에서 경쟁하게 되고 이러한 경쟁으로 인해 명목임금은 탄력적으
로 하락하게 된다. 명목임금의 하락은 실질임금의 하락으로 이어지게 되고 실질임금은 경기가
침체되기 이전과 동일한 수준으로 돌아간다.

(나) 이들에 의하면 노동자들이 받는 화폐의 액수를 의미하는 명목임금이 변하지 않은 상태에서 경
기 침체로 인해 물가가 하락하게 되면 명목임금을 물가로 나눈 값, 즉 임금의 실제 가치를 의미
하는 실질임금은 상승하게 된다. 예를 들어 물가가 10% 정도 하락하게 되면 명목임금으로 구
매할 수 있는 재화의 양이 10% 정도 늘어날 수 있고, 이는 물가가 하락하기 전보다 실질임금이
10% 정도 상승했다는 의미이다.

(다) 결국 기업에서는 명목임금이 하락한 만큼 노동의 수요량을 늘릴 수 있게 되므로 노동의 초과공
급은 사라지고 실업이 자연스럽게 해소된다. 따라서 고전학파에서는 인위적 개입을 통해 경기
적 실업을 감소시키려는 정부의 역할에 반대한다.

① (가) – (나) – (다) ② (가) – (다) – (나)
③ (나) – (가) – (다) ④ (다) – (가) – (나)

05 주제·제목찾기

| 유형분석 |

- 글의 목적이나 핵심 주장을 정확하게 구분할 수 있는지 평가한다.
- 문단별 주제·화제, 글쓴이의 주장·생각, 표제와 부제 등 다양한 유형으로 출제될 수 있다.

다음 글의 제목으로 가장 적절한 것은?

많은 경제학자는 제도의 발달이 경제 성장의 중요한 원인이라고 생각해 왔다. 예를 들어 재산권 제도가 발달하면 투자나 혁신에 대한 보상이 잘 이루어져 경제 성장에 도움이 된다는 것이다. 그러나 이를 입증하기는 쉽지 않다. 제도의 발달 수준과 소득 수준 사이에 상관관계가 있다 하더라도, 제도는 경제 성장에 영향을 줄 수 있지만 경제 성장으로부터 영향을 받을 수도 있으므로 그 인과관계를 판단하기 어렵기 때문이다.

① 경제 성장과 소득 수준
② 경제 성장과 제도 발달
③ 경제 성장과 투자 혁신
④ 소득 수준과 제도 발달

정답 ②

제시문은 재산권 제도의 발달에 따른 경제 성장을 예로 들어 제도의 발달과 경제 성장의 상관관계에 대해 설명하고 있다. 더불어 제도가 경제 성장에 영향을 줄 수는 있지만 동시에 경제 성장으로부터 영향을 받을 수도 있다는 점에서 그 인과관계를 판단하기 어렵다는 한계점을 제시하고 있다. 따라서 제목으로 가장 적절한 것은 '경제 성장과 제도 발달'이다.

유형풀이 Tip

- 글의 중심이 되는 내용은 주로 글의 맨 앞이나 맨 뒤에 위치한다. 따라서 글의 첫 문단과 마지막 문단을 먼저 확인한다.
- 첫 문단과 마지막 문단에서 실마리가 잡히지 않은 경우 그 문단을 뒷받침해주는 부분을 읽어가면서 제목이나 주제를 파악해 나간다.

대표기출유형 05 기출응용문제

01 다음 기사에서 (가) ~ (라) 문단의 핵심 화제로 적절하지 않은 것은?

> (가) 최근 대출금리는 큰 폭으로 상승한 반면, 예금금리는 낮아 청년층이 안정적으로 목돈을 마련할 수 있는 고금리 금융상품이 부족하다. 이로 인해 청년층의 안정적 주거를 위한 주택구입 및 전월세 자금 마련에 어려움이 있어 청년층이 목돈을 마련할 수 있는 금융상품이 절실한 상황이다. 청년 우대형 청약통장은 이를 위해 기존의 청약기능은 그대로 유지하면서 우대금리와 이자소득 비과세 혜택을 통해, 청약통장의 재형기능을 대폭 강화하여 청년층의 주거안정 및 목돈 마련 기회를 제공하기 위한 것이다.
>
> (나) 이미 주택청약종합저축에 가입한 사람도 가입요건을 충족하면 청년 우대형 청약통장으로 전환·가입 가능하다. 청년 우대형 청약통장으로 전환·가입하는 경우 기존 주택청약종합저축의 납입기간, 납입금액은 인정된다. 다만, 전환·가입으로 인한 전환원금은 우대금리 적용에서 제외된다.
>
> (다) 현재 주택청약종합저축은 누구나 가입이 가능한 반면, 청년 우대형 청약통장은 일정 요건(나이, 소득, 무주택 등)을 충족 시 가입이 가능해 이에 대한 확인이 필요하다. 가입 시 주민등록등본 및 무주택확약서 등으로 확인하고, 해지 시 지방세 세목별 과세증명서 및 주택소유시스템 등으로 가입기간에 대한 무주택 여부를 확인한다. 또한 ISA 가입용 소득확인증명서 및 소득원천징수 영수증 등으로 직전년도 소득을 확인하며, 이밖에도 병역기간은 병적증명서를 통해 확인한다.
>
> (라) 그리고 청년 우대형 청약통장은 주택청약종합저축의 일종으로 재형기능 강화를 위해 우대금리와 이자소득 비과세 혜택을 제공하는 상품으로 주택청약종합저축의 하위 상품이라 할 수 있다. 따라서 현재 주택청약종합저축에서 제공하고 있는 소득공제 조건(조세특례제한법 제87조)을 그대로 적용받게 된다. 연소득 7,000만 원 이하 무주택세대주로 무주택확인서를 제출하는 경우 연간 납입액 240만 원 한도로 40%까지 소득공제가 가능하다.

① (가) : 청년 우대형 청약통장의 출시 목적
② (나) : 청년 우대형 청약통장의 문제점
③ (다) : 청년 우대형 청약통장의 가입요건 확인 방법
④ (라) : 청년 우대형 청약통장의 소득공제 혜택

※ 다음 글의 논지로 가장 적절한 것을 고르시오. [2~3]

02

독일 통일을 지칭하는 '흡수 통일'이라는 용어는 동독이 일방적으로 서독에 흡수되었다는 인상을 준다. 그러나 통일 과정에서 동독 주민들이 보여준 행동을 고려하면 흡수 통일은 오해의 여지를 주는 용어일 수 있다.

1989년에 동독에서는 지방선거 부정 의혹을 둘러싼 내부 혼란이 발생했다. 그 과정에서 체제에 환멸을 느낀 많은 동독 주민들이 서독으로 탈출했고, 동독 곳곳에서 개혁과 개방을 주장하는 시위의 물결이 일어나기 시작했다. 초기 시위에서 동독 주민들은 여행·신앙·언론의 자유를 중심에 둔 내부 개혁을 주장했지만 이후 "우리는 하나의 민족이다!"라는 구호와 함께 동독과 서독의 통일을 요구하기 시작했다. 그렇게 변화하는 사회적 분위기 속에서 1990년 3월 18일에 동독 최초이자 최후의 자유총선거가 실시되었다.

동독 자유총선거를 위한 선거운동 과정에서 서독과 협력하는 동독 정당들이 생겨났고, 이들 정당의 선거운동에 서독 정당과 정치인들이 적극적으로 유세 지원을 하기도 했다. 초반에는 서독 사민당의 지원을 받으며 점진적 통일을 주장하던 동독 사민당이 우세했지만, 실제 선거에서는 서독 기민당의 지원을 받으며 급속한 통일을 주장하던 독일동맹이 승리하게 되었다. 동독 주민들이 자유총선거에서 독일동맹을 선택한 것은 그들 스스로 급속한 통일을 지지한 것이라고 할 수 있다. 이후 동독은 서독과 1990년 5월 18일에 「통화·경제·사회보장동맹의 창설에 관한 조약」을, 1990년 8월 31일에 「통일조약」을 체결했고, 마침내 1990년 10월 3일에 동서독 통일을 이루게 되었다.

이처럼 독일 통일의 과정에서 동독 주민들의 주체적인 참여를 확인할 수 있다. 독일 통일을 단순히 흡수 통일이라고 부른다면, 통일 과정에서 중요한 역할을 담당했던 동독 주민들을 배제한다는 오해를 불러일으킬 수 있다. 독일 통일의 과정을 온전히 이해하기 위해서는 동독 주민들의 활동에도 주목할 필요가 있다.

① 독일 통일의 과정에서 동독 주민들의 주체적 참여가 큰 역할을 하였다.
② 독일 통일 전부터 서독의 정당은 물론 개인도 동독의 선거에 개입할 수 있었다.
③ 독일 통일은 분단국가가 합의된 절차를 거쳐 통일을 이루었다는 점에서 의의가 있다.
④ 자유총선거에서 동독 주민들은 점진적 통일보다 급속한 통일을 지지하는 모습을 보여주었다.

물리학의 근본 법칙들은 실재 세계의 사실들을 정확하게 기술하는가? 이 질문에 확신을 가지고 그렇다고 대답할 사람은 많지 않을 것이다. 사실 다양한 물리 현상들을 설명하는 데 사용되는 물리학의 근본 법칙들은 모두 이상적인 상황만을 다루고 있는 것 같다. 정말로 물리학의 근본 법칙들이 이상적인 상황만을 다루고 있다면 이 법칙들이 실재 세계의 사실들을 정확히 기술한다는 생각에는 문제가 있는 듯하다.

가령 중력의 법칙을 생각해 보자. 중력의 법칙은 "두 개의 물체가 그들 사이 거리의 제곱에 반비례하고 그 둘의 질량의 곱에 비례하는 힘으로 서로 당긴다."는 것이다. 이 법칙은 두 물체의 운동을 정확하게 설명할 수 있는가? 그렇지 않다는 것은 분명하다. 만약 어떤 물체가 질량뿐만이 아니라 전하를 가지고 있다면 그 물체들 사이에 작용하는 힘은 중력의 법칙만으로 계산된 것과 다를 것이다. 즉, 위의 중력의 법칙은 전하를 가지고 있는 물체의 운동을 설명하지 못한다.

물론 사실을 정확하게 기술하는 형태로 중력의 법칙을 제시할 수 있다. 가령, 중력의 법칙은 "중력 이외에 다른 어떤 힘도 없다면, 두 개의 물체가 그들 사이 거리의 제곱에 반비례하고 그 둘의 질량의 곱에 비례하는 힘으로 서로 당긴다."로 수정될 수 있다. 여기서 '중력 이외에 다른 어떤 힘도 없다면' 이라는 구절이 추가된 것에 주목하자. 일단, 이렇게 바뀐 중력의 법칙이 참된 사실을 표현한다는 것은 분명해 보인다. 그러나 이렇게 바꾸면 한 가지 중요한 문제가 발생한다.

어떤 물리 법칙이 유용한 것은 물체에 작용하는 힘들을 통해 다양하고 복잡한 현상을 설명할 수 있기 때문이다. 물리 법칙은 어떤 특정한 방식으로 단순한 현상만을 설명하는 것을 목표로 하지 않는다. 중력의 법칙 역시 마찬가지다. 그것이 우리가 사는 세계를 지배하는 근본적인 법칙이라면 중력이 작용하는 다양한 현상들을 설명할 수 있어야 한다. 하지만 '중력 이외에 다른 어떤 힘도 없다면' 이라는 구절이 삽입되었을 때, 중력의 법칙이 설명할 수 있는 영역은 무척 협소해진다. 즉, 그것은 오로지 중력만이 작용하는 아주 특수한 상황만을 설명할 수 있을 뿐이다. 결과적으로 참된 사실들을 진술하기 위해 삽입된 구절은 설명력을 현저히 감소시킨다. 이 문제는 거의 모든 물리학의 근본 법칙들이 가지고 있다.

① 물리학의 근본 법칙은 그 영역을 점점 확대하는 방식으로 발전해 왔다.

② 물리적 자연 현상이 점점 복잡하고 다양해짐에 따라 물리학의 근본 법칙도 점점 복잡해진다.

③ 더 많은 실재 세계의 사실들을 기술하는 물리학의 법칙이 그렇지 않은 법칙보다 뛰어난 설명력을 가진다.

④ 참된 사실을 정확하게 기술하려고 물리 법칙에 조건을 추가하면 설명 범위가 줄어 다양한 물리 현상을 설명하기 어려워진다.

04 다음은 K은행 홈페이지에 게시된 금융소비자 보호의 의미를 설명하는 자료이다. 빈칸 (가) ~ (라)에 들어갈 소제목으로 적절하지 않은 것은?

금융소비자 보호란?

소비자의 권익을 보호하고 금융거래에서 불이익을 받지 않도록 하기 위한 전반적인 활동을 말한다.

(가)	(나)
• 정보보호 표준관리체계 마련 • 전산시스템 및 데이터 보호를 위한 보안 조치 및 위험 관리	• 상품판매 절차와 운영기준 마련 • 판매직원에 대한 모니터링, 교육 등 예방 활동 • 상품개발 및 마케팅 등 금융소비자 권익 침해요소 점검
(다)	**(라)**
• 전자금융사기 방어장치 마련 • 각종 사기유형 대고객 안내 • 대포통장 발생 방지 • 전화사기 피해금 환급	• 신속한 민원처리 및 개선 • 원활한 금융소비자 피해구제를 위한 분쟁조정심의회 운영 • 금융소비자 중심의 적극적 제도개선을 위한 금융소비자 보호 협의회 운영

---

① 불완전판매 예방

② 재무현황 안내

③ 개인정보 보호

④ 금융사기로부터 보호

05 다음 글의 주제로 가장 적절한 것은?

유전학자들의 최종 목표는 결함이 있는 유전자를 정상적인 유전자로 대체하는 것이다. 이렇게 가장 기본적인 세포 내 차원에서 유전병을 치료하는 것을 '유전자 치료'라 일컫는다. 유전자 치료를 하기 위해서는 이상이 있는 유전자를 찾아야 한다. 이를 위해 과학자들은 DNA의 특성을 이용한다. DNA는 두 가닥이 나선형으로 꼬여 있는 이중 나선 구조로 이루어진 분자이다. 그런데 이 두 가닥에 늘어서 있는 염기들은 임의적으로 배열되어 있는 것이 아니다. 한쪽에 늘어선 염기에 따라 다른 쪽 가닥에 늘어선 염기들의 배열이 결정되는 것이다. 즉, 한쪽에 A염기가 존재하면 거기에 연결되는 반대쪽에는 반드시 T염기가 그리고 C염기에 대응해서는 반드시 G염기가 존재하게 된다. 염기들이 짝을 지을 때 나타나는 이러한 선택적 특성을 이용하여 유전병을 일으키는 유전자를 찾아낼 수 있다. 유전자를 찾기 위해 사용하는 첫 번째 도구는 DNA 한 가닥 중 극히 일부이다. '프로브(Probe)'라 불리는 이 DNA 조각은 염색체상의 위치가 알려져 있는 이십여 개의 염기들로 이루어진다. 한 가닥으로 이루어져 있는 특성으로 인해 프로브는 자신의 염기 배열에 대응하는 다른 쪽 가닥의 DNA 부분에 가서 결합할 것이다. 대응하는 두 가닥의 DNA가 이렇게 결합하는 것을 '교잡'이라고 일컫는다. 조사 대상인 염색체로부터 추출한 많은 한 가닥의 염색체 조각들과 프로브를 섞어 놓았을 때 프로브는 신비스러울 정도로 자신의 짝을 정확하게 찾아 교잡한다. 두 번째 도구는 '겔 전기영동'이라는 방법이다. 생물을 구성하고 있는 단백질·핵산 등 많은 분자들은 전하를 띠고 있어서 전기장 속에서 분자마다 독특하게 이동을 한다. 이러한 성질을 이용해 생물을 구성하고 있는 물질의 분자량, 각 물질의 전하량이나 형태의 차이를 이용하여 물질을 분리하는 것이 전기영동법이다. 이를 활용하여 DNA를 분리하려면 우선 DNA 조각들을 전기장에서 이동시키고, 이것을 젤라틴 판을 통과하게 함으로써 분리하면 된다.

이러한 조사 도구들을 갖추고서, 유전학자들은 유전병을 일으키는 유전자를 추적하는 데 나섰다. 유전학자들은 먼저 겔 전기영동법으로 유전병을 일으키는 유전자로 의심되는 부분과 동일한 부분에 존재하는 프로브를 건강한 사람에게서 떼어내었다. 그리고 건강한 사람에게서 떼어낸 프로브에 방사성이나 형광성을 띠게 하였다. 그 후에 유전병 환자들에게서 채취한 DNA 조각들과 함께 교잡 실험을 반복하였다. 유전병과 관련된 유전 정보가 담긴 부분의 염기 서열이 정상인과 다르므로 이 부분은 프로브와 교잡하지 않는다는 점을 이용하는 것이다. 교잡이 일어난 후 프로브가 위치하는 곳은 X선 필름을 통해 쉽게 찾아낼 수 있고, 이로써 DNA의 특정 조각은 염색체상에서 프로브와 같은 위치에 존재한다는 것을 알 수 있다.

언뜻 보기에는 대단한 진보를 이룬 것 같지 않지만, 유전자 치료는 최근 들어 공상 과학을 방불케 하는 첨단 의료 기술의 대표적인 주자로 부각되고 있다. DNA 연구 결과로 인해 우리는 지금까지 절망적이라고 여겨 온 질병들을 치료할 수 있다는 희망을 갖게 되었다.

① 유전자 추적의 도구와 방법
② 유전자 치료의 의의와 한계
③ 유전자 치료의 상업적 가치
④ 유전 질환의 종류와 발병 원인

06 비판·반박하기

| 유형분석 |

- 글의 주장과 논점을 파악하고, 이에 대립하는 내용을 판단할 수 있는지 평가한다.
- 서로 상반되는 주장 두 개를 제시하고, 하나의 관점에서 다른 하나를 비판·반박하는 문제 유형이 출제될 수 있다.

다음 글에서 주장하는 정보화 사회의 문제점에 대한 반대 입장으로 적절하지 않은 것은?

> 정보화 사회에서 지식과 정보는 부가가치의 원천이다. 지식과 정보에 접근할 수 없는 사람들은 소득을 얻는 데 불리할 수밖에 없다. 고급 정보에 대한 접근이 용이한 사람들은 부를 쉽게 축적하고, 그 부를 바탕으로 고급 정보 획득에 많은 비용을 투입할 수 있다. 이렇게 벌어진 정보 격차는 시간이 갈수록 심화될 가능성이 높아지고 있다. 정보나 지식이 독점되거나 진입 장벽을 통해 이용이 배제되는 경우도 문제이다. 특히 정보가 상품화됨에 따라 정보를 둘러싼 불평등은 더욱 심화될 것이다.

① 정보 기기의 보편화로 인한 정보 격차 완화
② 인터넷이나 컴퓨터 유지비 측면에서의 격차 발생
③ 인터넷의 발달에 따라 전 계층의 고급 정보 접근 용이
④ 정보의 확산으로 기존의 자본주의에 의한 격차 완화 가능성

정답 ②

제시문에서 정보화 사회의 문제점으로 다루고 있는 것은 '정보 격차'로, 지식과 정보에 접근할 수 없는 사람들이 소득을 얻는 데 불리할 수밖에 없다고 주장한다. 또한 정보가 상품화됨에 따라 정보를 둘러싼 불평등은 더욱 심화될 것이라고 전망하고 있다. 따라서 인터넷이나 컴퓨터 유지비 측면에서의 격차 발생은 글의 주장을 강화시키는 것으로, 이 문제에 대한 반대 입장이 될 수 없다.

유형풀이 Tip

- 대립하는 두 의견의 쟁점을 찾은 후, 제시문 또는 보기에서 양측 주장의 근거를 찾아 각 주장에 연결하며 답을 찾는다.
- 문제의 난도를 높이기 위해 글의 후반부에 주장을 뒷받침할 수 있는 근거를 제시하고 선택지에 그 근거에 대한 반박을 실어 놓는 경우도 있다. 하지만 주의할 점은 제시문의 '주장'에 대한 반박을 찾는 것이지, 이를 뒷받침하기 위해 제시된 '근거'에 대한 반박을 찾는 것이 아니라는 것이다.

Hard

01 다음 글의 ㉠의 관점에서 ㉡의 관점을 비판한 내용으로 가장 적절한 것은?

> 사람들은 누구나 정의로운 사회에 살기를 원한다. 그렇다면 정의로운 사회란 무엇일까?
> ㉠ 롤스는 개인의 자유를 보장하면서도 사회적 약자를 배려하는 사회가 정의로운 사회라고 말한다.
> 롤스는 정의로운 사회가 되기 위해서는 세 가지 조건을 만족해야 한다고 주장한다. 첫 번째 조건은
> 사회 원칙을 정하는 데 있어서 사회 구성원 간의 합의 과정이 있어야 한다는 것이다. 이러한 합의를
> 통해 정의로운 세계의 규칙 또는 기준이 만들어진다고 보았다. 두 번째 조건은 사회적 약자의 입장
> 을 고려해야 한다는 것이다. 롤스는 인간의 출생, 신체, 지위 등에는 우연의 요소가 많은 영향을
> 미칠 수 있다고 본다. 따라서 누구나 우연에 의해 사회적 약자가 될 수 있기 때문에 사회적 약자를
> 차별하는 것은 정당하지 못한 것이 된다. 마지막 조건은 개인이 정당하게 얻은 소유일지라도 그 이
> 익의 일부는 사회적 약자에게 돌아가야 한다는 것이다. 왜냐하면 사회적 약자가 될 가능성은 누구에
> 게나 있으므로 자발적 기부나 사회적 제도를 통해 사회적 약자의 처지를 최대한 배려하는 것이 사회
> 전체로 볼 때 공정하고 정의로운 것이기 때문이다. 롤스는 개인의 자유를 중시하는 한편 사람들이
> 공정한 규칙에 합의하는 과정도 중시하며, 자연적·사회적 불평등을 복지를 통해 보완해야 한다고
> 주장한다.
> 공리주의자인 ㉡ 벤담은 최대 다수의 최대 행복이 정의로운 것이라 주장했다. 따라서 다수의 최대
> 행복이 보장된다면 소수의 불행은 정당한 것이 되고, 반대로 다수의 불행이 나타나는 상황은 정의롭
> 지 못한 것이 된다. 벤담은 걸인과 마주치는 대다수의 사람들은 부정적 감정을 느끼기 때문에 거리
> 에서 걸인을 사라지게 해야 한다며, 걸인들을 모두 모아 한곳에서 생활시키는 강제 수용소 설치를
> 제안했다.

① 개인의 자유를 침해하는 것은 정의롭지 않다.
② 사회적 재화의 불균등한 분배는 정의롭지 않다.
③ 개인을 위해 다수가 희생하는 것은 정의롭지 않다.
④ 다수의 처지를 배려할 때 사회 전체의 행복이 증가한다.

02

고대 그리스 시대의 사람들은 신에 의해 우주가 운행된다고 믿는 결정론적 세계관 속에서 신에 대한 두려움이나 신이 야기한다고 생각되는 자연재해 또는 천체 현상 등에 대한 두려움을 떨치지 못했다. 에피쿠로스는 당대의 사람들이 이러한 잘못된 믿음에서 벗어나도록 하는 것이 중요하다고 보았고, 이를 위해 인간이 행복에 이를 수 있도록 자연학을 바탕으로 자신의 사상을 전개하였다.

에피쿠로스는 신의 존재는 인정하나 신의 존재 방식이 인간이 생각하는 것과는 다르다고 보고, 신은 우주들 사이의 중간 세계에 살며 인간사에 개입하지 않는다는 이신론적(理神論的) 관점을 주장한다. 그는 불사의 존재인 신이 최고로 행복한 상태이며, 다른 어떤 것에도 고통을 주지 않고, 모든 고통은 물론 분노와 호의와 같은 것으로부터 자유롭다고 말한다. 따라서 에피쿠로스는 인간의 세계가 신에 의해 결정되지 않으며, 인간의 행복도 자율적 존재인 인간 자신에 의해 완성된다고 본다.

한편 에피쿠로스는 인간의 영혼도 육체와 마찬가지로 미세한 입자로 구성된다고 본다. 영혼은 육체와 함께 생겨나고 육체와 상호작용하며 육체가 상처를 입으면 영혼도 고통을 받는다. 더 나아가 육체가 소멸하면 영혼도 함께 소멸하게 되어 인간은 사후(死後)에 신의 심판을 받지 않으므로, 살아있는 동안 인간은 사후에 심판이 있다고 생각하여 두려워 할 필요가 없게 된다. 이러한 생각은 인간으로 하여금 죽음에 대한 모든 두려움에서 벗어나게 하는 근거가 된다.

① 인간은 신을 믿지 않기 때문에 두려움도 느끼지 않는다.

② 신은 우리가 생각하는 것처럼 인간 세계에 대해 그다지 관심이 많지 않다.

③ 신은 인간 세계에 개입하지 않으므로 신의 섭리에 따라 인간의 삶을 이해하려 해서는 안 된다.

④ 인간이 아픔 때문에 죽음에 대해 두려움을 느낀다면, 사후에 대한 두려움을 떨쳐버리는 것만으로 두려움은 해소될 수 없다.

03

사회 현상을 볼 때는 돋보기로 세밀하게 그리고 때로는 멀리 떨어져서 전체 속에 어떻게 위치하고 있는가를 동시에 봐야 한다. 숲과 나무는 서로 다르지만 따로 떼어 생각할 수 없기 때문이다. 현대 사회 현상의 최대 쟁점인 과학 기술에 대해 평가할 때도 마찬가지이다. 로봇 탄생의 숲을 보면, 그 로봇 개발에 투자한 사람과 로봇을 개발한 사람들의 의도가 드러난다. 그리고 나무인 로봇을 세밀히 보면, 그 로봇이 생산에 이용되는지 아니면 감옥의 죄수들을 감시하기 위한 것인지 그 용도를 알 수가 있다. 이 광범한 기술의 성격을 객관적이고 물질적이어서 가치관이 없다고 쉽게 생각하면 로봇에 당하기 십상이다.

자동화는 자본주의의 실업을 늘려 실업자에 대해 생계의 위협을 가하는 측면뿐 아니라, 기존 근로자에 대한 감시를 더욱 효율적으로 해내는 역할도 수행한다. 자동화를 적용하는 기업 측에서는 자동화가 인간의 삶을 증대시키는 이미지로 일반 사람들에게 인식되기를 바란다. 그래야 자동화 도입에 대한 노동자의 반발을 무마하고 기업가의 구상을 관철시킬 수 있기 때문이다. 그러나 자동화나 기계화 도입으로 인해 실업을 두려워하고, 업무 내용이 바뀌는 것을 탐탁해 하지 않았던 유럽의 노동자들은 자동화 도입에 대해 극렬히 반대했던 경험들을 갖고 있다.

지금도 자동화 · 기계화는 좋은 것이라는 고정관념을 가진 사람들이 많고, 현실에서 이러한 고정관념이 가져오는 파급 효과는 의외로 크다. 예를 들어 은행에 현금을 자동으로 세는 기계가 등장하면서 은행원들이 현금을 세는 작업량은 줄어들었다. 손님들도 기계가 현금을 재빨리 세는 것을 보고 감탄해 하면서 행원이 세는 것보다 더 많은 신뢰를 보냈다. 그러나 현금 세는 기계의 도입에는 이익 추구라는 의도가 숨어 있다. 현금 세는 기계는 행원의 수고를 덜어 준다. 그러나 현금 세는 기계를 들여옴으로써 실업자가 생기고 만다. 사람이 잘만 이용하면 잘 써먹을 수 있을 것만 같은 기계가 엄청나게 혹독한 성품을 지닌 프랑켄슈타인으로 돌변하는 것이다.

자동화와 정보화를 추진하는 핵심 조직이 기업이란 것에서도 알 수 있듯이 기업은 이윤 추구에 도움이 되지 않는 행위는 무가치하다고 판단한다. 그러므로 자동화는 그 계획 단계에서부터 기업의 의도가 스며들어 탄생된다. 또한 그 의도대로 자동화나 정보화가 진행되면 다른 한편으로 의도하지 않은 결과를 초래한다. 자동화와 같은 과학 기술이 풍요를 생산하는 수단이라고 생각하는 것은 하나의 고정관념에 불과하다.

채플린이 제작한 영화 「모던 타임즈」에 나타난 것처럼 초기 산업화 시대에는 기계에 종속된 인간의 모습이 가시적으로 드러날 수밖에 없었다. 그래서 이러한 종속에 저항하고자 하는 인간의 노력도 적극적인 모습을 보였다. 그러나 현대의 자동화기기는 그 첨병이 정보 통신기기로 바뀌면서 문제는 질적으로 달라진다. 무인 생산까지 진전된 자동화나 정보 통신화는 인간에게 단순 노동을 반복시키는 모습을 보이지 않는다. 그래서인지는 몰라도 정보 통신은 별 무리 없이 어느 나라에서나 급격하게 개발 · 보급되고 보편화되어 있다. 그런데 문제는 이 자동화기기가 생산에만 이용되는 것이 아니라 노동자를 감시하거나 관리하는 데도 이용될 수 있다는 것이다. 오히려 정보 통신의 발달로 사람들은 이전보다 더 많은 감시와 통제를 받게 되었다.

① 기계화 · 정보화가 인간의 삶의 질 개선에 기여하고 있음을 경시하고 있다.

② 기계화를 비판하는 주장만 되풀이할 뿐, 구체적인 근거를 제시하지 않고 있다.

③ 화제의 부분적 측면에 관계된 이론을 소개하여 편향적 시각을 갖게 하고 있다.

④ 현대의 기술 문명이 가져다 줄 수 있는 긍정적인 측면을 과장하여 강조하고 있다.

다음 글의 '나'의 입장에서 비판할 수 있는 것을 〈보기〉에서 모두 고르면?

> 어떤 사람이 내게 말했다.
> "어제 저녁, 어떤 사람이 몽둥이로 개를 때려죽이는 것을 보았네. 그 모습이 불쌍해 마음이 너무 아팠네. 그래서 이제부터는 개고기나 돼지고기를 먹지 않을 생각이네."
> 그 말을 듣고, 내가 말했다.
> "어제 저녁, 어떤 사람이 화로 옆에서 이를 잡아 태워 죽이는 것을 보고 마음이 무척 아팠네. 그래서 다시는 이를 잡지 않겠다고 맹세를 하였네."
> 그러자 그 사람은 화를 내며 말했다.
> "이는 하찮은 존재가 아닌가? 나는 큰 동물이 죽는 것을 보고 불쌍한 생각이 들어 말한 것인데, 그대는 어찌 그런 사소한 것이 죽는 것과 비교하는가? 그대는 지금 나를 놀리는 것인가?"
> 나는 좀 구체적으로 설명할 필요를 느꼈다.
> "무릇 살아 있는 것은 사람으로부터 소, 말, 돼지, 양, 곤충, 개미에 이르기까지 모두 사는 것을 원하고 죽는 것을 싫어한다네. 어찌 큰 것만 죽음을 싫어하고 작은 것은 싫어하지 않겠는가? 그렇다면 개와 이의 죽음은 같은 것이겠지. 그래서 이를 들어 말한 것이지, 어찌 그대를 놀리려는 뜻이 있었겠는가? 내 말을 믿지 못하거든, 그대의 열손가락을 깨물어 보게나. 엄지손가락만 아프고 나머지 손가락은 안 아프겠는가? 우리 몸에 있는 것은 크고 작은 마디를 막론하고 그 아픔은 모두 같은 것일세. 더구나 개나 이나 각기 생명을 받아 태어났는데, 어찌 하나는 죽음을 싫어하고 하나는 좋아하겠는가? 그대는 눈을 감고 조용히 생각해 보게. 그리하여 달팽이의 뿔을 소의 뿔과 같이 보고, 메추리를 큰 붕새와 동일하게 보도록 노력하게나. 그런 뒤에야 내가 그대와 더불어 도(道)를 말할 수 있을 걸세."
>
> – 이규보, 『슬견설』

보기

㉠ 중동의 분쟁에는 관심을 집중하지만, 아프리카에서 굶주림으로 죽어가는 아이들에게는 침묵하는 세계 여론
㉡ 우리의 역사를 객관적인 관점에서 평가해야 한다고 주장하는 한 대학의 교수
㉢ 집안일은 전통적으로 여자들이 해야 하는 일이므로, 남자는 집안일을 할 필요가 없다고 생각하는 우리 아빠
㉣ 외국인 노동자들에게 적절한 임금과 근로조건을 제공해주지 않으려 하는 한 기업의 대표
㉤ 구체적인 자료를 통해 범죄 사실을 입증하려는 검사

① ㉠, ㉡, ㉣
② ㉠, ㉢, ㉣
③ ㉡, ㉢, ㉣
④ ㉡, ㉣, ㉤

05 다음 글에 나타난 '벤야민'의 주된 논지에 대한 비판으로 가장 적절한 것은?

오늘날 영화 한 편에 천만 명의 관객이 몰릴 정도로 영화는 우리 시대의 대표적인 예술 장르로 인정받고 있다. 그런데 영화 초창기인 1930년대에 발터 벤야민(W. Benjamin)이 영화를 비판적으로 조망하고 있어 흥미롭다. 그에 따르면 영화는 전통적인 예술 작품이 지니는 아우라(Aura)를 상실하고 있다는 것이다.

아우라는 비인간화되고 사물화된 의식과 태도를 버리고, 영혼의 시선으로 대상과 교감할 수 있는 아름다운 향기 내지 살아 숨 쉬는 듯한 생명력과 같은 것이다. 그것은 우리들 가까이 있으면서도 저 멀리 있는데, 대상과 영혼의 교감을 통해 몰입할 때 어느 한 순간 일회적으로 나타난다. 예술 작품은 심연에 있는 아우라를 불러내는 것이고, 수용자는 그런 예술 작품과의 교감을 통해 아우라를 경험한다. 그런데 사진이나 카메라 등과 같은 기계적·기술적 장치들이 예술의 영역에 침투하면서 예술 작품의 아우라는 파괴되는데, 벤야민은 그 대표적인 예로 영화를 든다.

벤야민은 영화의 가장 중요한 특징으로 관객의 자리에 카메라가 대신 들어선다는 점을 지적하고 있다. 연극의 경우 배우와 관객은 직접적으로 교감하면서 배우는 자기 자신이 아닌 다른 인물을 연출해 보이고 관중의 호흡에 맞추어 연기를 할 수 있다. 관객은 연극의 주인공을 둘러싸고 있는 아우라를 그 주인공 역할을 하는 배우를 통해 경험할 수 있다. 그러나 영화의 경우 배우와 관객 사이에 카메라가 개입된다. 배우는 카메라 앞에서 연기를 하지만, 카메라라는 기계가 갖는 비인간적 요소로 인해 시선의 교감을 나눌 수 없게 된다. 관객은 스크린에 비친 영상만을 접하기 때문에 배우와 교감할 수 없고, 다만 카메라와 일치감을 느낄 때만 배우와 일치감을 느낄 수 있다. 이로 인해, 관객은 카메라처럼 배우를 시각적으로 시험하고 비평하는 태도를 취한다. 그 결과 배우는 모든 교감의 관계가 차단된 유배지 같은 곳에서 카메라를 앞에 두고 재주를 부리는 것으로 만족해야 한다. 배우를 감싸고 있는 아우라도, 배우가 그려내는 인물의 아우라도 사라질 수밖에 없다.

영화배우의 연기는 하나의 통일된 작업이 아니라 여러 개의 개별적 작업이 합쳐져서 이루어진다. 이는 연기자의 연기를 일련의 조립할 수 있는 에피소드로 쪼개어 놓는 카메라의 특성에서 비롯된다. 카메라에 의해 여러 측면에서 촬영되고 편집된 한 편의 완성된 영화에 담긴 동작의 순간들은 카메라 자체의 그것일 뿐이다. 영화배우는 각 동작의 순간순간에 선별적으로 배치된 여러 소도구 중의 하나에 불과하다. 따라서 카메라에 의해 조립된 영상들에 아우라가 개입할 여지는 없다.

이런 점들을 들어, 벤야민은 전통적인 예술이 피어날 수 있는 유일한 영역으로 간주되어 온 아름다운 가상(假像)의 왕국으로부터 예술과 그 수용층이 멀어지고 있음을 영화가 가장 극명하게 보여 준다고 비판한다. 영화 초창기에 대두된 벤야민의 이러한 비판이 오늘날 문화의 총아로 각광받는 영화에 전면적으로 적용될 수 있을지는 미지수이다.

① 벤야민이 살던 시대의 영화배우들은 연기를 못했던 것 같다. 요즘 영화배우들은 연기를 정말 잘한다.

② 우리나라 영화 규모는 매우 증가했다. 제작비만 하더라도 몇 십억 원이 든다. 그리고 영화관에 몰리는 관객 수도 매우 많다.

③ 요즘 카메라 촬영 기법이 아주 좋아졌다. 배우들의 섬세한 표정은 물론이고 세밀한 행동 하나하나를 그대로 화면으로 옮겨 놓는다.

④ 영화를 두고 예술인지 아닌지를 가르는 기준이 하나만 있는 것은 아니다. 사람에 따라 여러 가지가 있을 수 있다. 그리고 시대가 변하면 기준도 변한다.

07 추론하기

| 유형분석 |

- 문맥을 통해 글에 명시적으로 드러나 있지 않은 내용을 유추할 수 있는지 평가한다.
- 글 뒤에 이어질 내용 찾기, 글을 뒷받침할 수 있는 근거 찾기 등 다양한 유형으로 출제될 수 있다.

다음 글의 밑줄 친 ㉠의 사례로 적절하지 않은 것은?

> ㉠ 닻내림 효과란 닻을 내린 배가 크게 움직이지 않듯 처음 접한 정보가 기준점이 돼 판단에 영향을 미치는 일종의 편향(왜곡) 현상을 말한다. 즉, 사람들이 어떤 판단을 하게 될 때 초기에 접한 정보에 집착해, 합리적 판단을 내리지 못하는 현상을 일컫는 행동경제학 용어이다. 대부분의 사람은 제시된 기준을 그대로 받아들이지 않고, 기준점을 토대로 약간의 조정 과정을 거치기는 하나, 그런 조정 과정이 불완전하므로 최초 기준점에 영향을 받는 경우가 많다.

① 연봉 협상 시 본인의 적정 기준보다 더 높은 금액을 제시한다.
② 원래 1만 원이던 상품에 2만 원의 가격표를 붙이고 50% 할인한 가격에 판매한다.
③ 홈쇼핑에서 '이번 시즌 마지막 세일', '오늘 방송만을 위한 한정 구성', '매진 임박' 등의 표현을 사용하여 판매한다.
④ 명품 매장에서 최고가 상품들의 가격표를 보이게 진열하여 다른 상품들이 그다지 비싸지 않은 것처럼 느끼게 만든다.

정답 ③

③은 밴드왜건 효과(편승효과)의 사례이다.
밴드왜건 효과란 유행에 따라 상품을 구입하는 소비현상을 뜻하는 경제용어로 기업은 이러한 현상을 충동구매 유도 마케팅 전략으로 활용하고, 정치계에서는 특정 유력 후보를 위한 선전용으로 활용한다.

유형풀이 Tip

글에 명시적으로 드러나 있지 않은 부분을 추론하여 답을 도출해야 하는 유형이기 때문에 자신의 주관적인 판단보다는 제시된 글에 대한 이해를 기반으로 문제를 풀어야 한다.
추론하기 문제는 다음 두 가지 유형으로 구분할 수 있다.
1) 세부적인 내용을 추론하는 유형 : 주어진 선택지를 먼저 읽고 지문을 읽으면서 답이 아닌 선택지를 지워나가는 방법이 효율적이다.
2) 글쓴이의 주장 / 의도를 추론하는 유형 : 글에 나타난 주장·근거·논증 방식을 파악하는 유형으로, 주장의 타당성을 평가하여 글쓴이의 관점을 이해하며 읽는다.

01 다음은 예금보험공사의 금융부실관련자 책임추궁에 대한 자료이다. 이를 읽고 추론한 내용으로 적절하지 않은 것은?

〈금융부실관련자 책임추궁〉

공사는 자금이 투입된 금융회사에 대하여 예금자보호법 제21조 2에 따라 부실에 책임이 있는 금융회사 전·현직 임직원 등에 대한 책임추궁과 금융회사에 빌린 돈을 갚지 아니함으로써 금융회사 부실의 부분적인 원인을 제공한 부실채무기업의 기업주와 임직원 등에 대하여도 책임추궁을 위한 조사를 실시하고 있습니다.

• 금융부실책임조사본부 운영
부실금융회사 및 부실채무기업에 대한 부실책임조사는 부실을 초래한 관련자들에게 민사상 책임을 묻기 위한 것으로, 업무처리과정에서 법령, 정관 위반 등으로 해당 금융회사 또는 해당 기업에 손실을 끼친 행위를 찾아내고 그 내용과 행위자 등 구체적인 사실관계와 입증자료 등을 확보하는 것입니다. 공사는 지난 2008년 3월 검찰과 협조하여 부실금융회사와 부실채무기업에 대한 조사를 총괄하는 '금융부실책임조사본부'를 발족하였으며, 2013년 3월에는 부실저축은행에서 빌린 돈을 갚지 않은 부실채무기업의 수가 3천여 개가 넘어감에 따라 전담조직(조사2국)을 신설하여 부실채무 기업에 대한 조사를 강화하고 있습니다.

• 외부 전문가 위주의 금융부실책임심의위원회 운영
공사는 부실책임조사 결과에 대한 객관적이고 공정한 심의를 위하여 변호사 등 전문가 위주로 「금융부실책임심의위원회」를 구성하여 운영하고 있으며, 객관적이고도 철저한 부실책임심의를 통해 부실관련자 책임 내용과 범위, 책임금액 등을 심의하고 있습니다.

• 금융부실관련자에 대한 재산조사 실시
공사는 부실관련자에 대한 손해배상청구에 따른 책임재산을 확보하기 위해 부실관련자에 대한 철저한 재산조사를 실시하고 있으며, 부실책임조사결과 및 부실관련자 재산조사 결과를 토대로 해당 금융회사 등을 통하여 손해배상청구소송 및 채권보전조치 등 필요한 법적조치를 취하고 있습니다.

이와 같이 공사는 부실관련자에 대한 철저한 책임추궁을 통하여 기존의 잘못된 경영관행을 혁신하여 건전한 책임경영 풍토를 정착시키고, 투입된 자금을 한푼이라도 더 회수하여 국민부담을 최대한 경감시키고자 최선을 다하고 있습니다.

---

① 금융부실관련자에 대한 예금보험공사의 책임추궁은 법률에 근거한다.
② 예금보험공사는 타 기관과 협조하여 부실채무기업에 대해 조사를 수행하고 있다.
③ 예금보험공사는 부실채무기업의 증가에 대해 전담조직 신설을 통해 대응하고 있다.
④ 금융회사 부실에 대해 핵심 원인을 제공한 인물만 예금보험공사의 조사 대상이 된다.

02 다음은 압류재산 공매입찰 참가자 준수규칙의 일부이다. 이에 대한 설명으로 적절하지 않은 것을 〈보기〉에서 모두 고르면?

〈압류재산 공매입찰 참가자 준수규칙〉

제3조(공매참가자 자격제한)

다음 각호의 어느 하나에 해당하는 자는 입찰에 참가할 수 없다. 다만, 제1호부터 제3호까지의 경우에는 그 사실이 있은 후 2년이 경과되지 아니한 자에 한한다.

1. 입찰을 하고자 하는 자의 공매참가, 최고가격 입찰자의 결정 또는 매수자의 매수대금 납부를 방해한 사실이 있는 자
2. 공매에 있어 부당하게 가격을 떨어뜨릴 목적으로 담합한 사실이 있는 자
3. 허위명의로 매수신청한 사실이 있는 자
4. 입찰 장소 및 그 주위에서 소란을 피우는 자와 입찰을 실시하는 담당직원의 업무집행을 방해하는 자
5. 체납자 및 공단직원

제4조(입찰방법)

입찰은 공매물건의 입찰번호단위로 입찰하기로 한다. 다만, 별도선언이 있을 때에는 그러하지 아니하다.

제5조(입찰서 기재방법)

① 입찰하고자 하는 자는 입찰서에 입찰일 현재 주민등록부상의 주소(법인은 법인등기부상의 본점 소재지)와 성명, 매수하고자 하는 재산의 입찰번호, 입찰가격, 입찰보증금, 기타 필요한 사항을 기재하여 기명날인하여야 하며 2명 이상의 공동명의로 입찰에 참가할 시는 연명으로 기명날인한 후 공동입찰자명부를 입찰서에 첨부하여야 한다.

② 입찰서에 기재할 금액은 총계금액으로서 금액의 표시는 한글로, ( ) 안은 아라비아숫자로 기재하여야 하며 금액이 불분명한 것은 무효로 한다. 다만, 오기된 경우에는 두 줄을 긋고 정정 날인 후 다시 기입하여야 한다.

③ 입찰자가 법인인 경우에는 입찰자 성명란에 법인의 이름과 대표자의 지위 및 성명을, 주민등록번호란에는 법인등록번호를 기재하고 법인인감을 날인한 후 대표자의 자격을 증명하는 서류(법인등기부등본 또는 초본과 인감증명서)를 입찰서에 첨부하여야 한다.

④ 날인란에는 반드시 도장을 찍어야 하며 손도장(무인)을 찍는 것은 인정하지 아니한다.

제6조(입찰보증금)

① 입찰보증금은 입찰금액의 1할 해당액의 현금 또는 당일 결제 가능한 금융기관(우체국 포함) 발행 자기앞수표로서 입찰서와 함께 납부하여야 한다. 단, 추심료가 소요되는 자기앞수표는 결제에 필요한 추심료를 별도로 납부하여야 한다.

② 입찰보증금을 납부하지 아니하거나 입찰보증금이 입찰금액의 1할에 미달할 때에는 입찰을 무효로 한다.

⊙ 450만 원에 입찰하고자 하는 A가 당일 결제 가능한 금융기관이 발행하였고 4만 원의 추심료가 소요되는 자기앞수표로 입찰보증금을 납부하는 경우, A는 총 45만 4천 원을 입찰서와 함께 납부해야 한다.

ⓒ 2021년 4월 1일에 있었던 입찰에서 사기 피해사실을 호소하며 소란을 피운 B는 2023년 4월 9일에 있는 입찰에 참여할 수 없다.

ⓒ 2020년 11월 20일에 있었던 입찰에서 공매가격을 낮추기 위해 담합하였던 C는 2023년 1월 5일에 있는 입찰에 참여할 수 없다.

ⓔ E와 함께 공동명의로 입찰에 참가하는 D는 둘 중 대표자를 정하여 대표 명의로 입찰서를 작성하여 기명날인하면 된다.

① ⓒ

② ⊙, ⓒ

③ ⓒ, ⓔ

④ ⊙, ⓒ, ⓔ

Easy

03 다음은 신문기사의 일부이다. 이 신문을 본 사람들의 반응으로 적절하지 않은 것은?

〈1달러＝1,089.1원 …. 원貨, 브레이크 없는 강세〉

원화 가치가 브레이크 없이 치솟고 있다. 22일 달러화에 대한 원화 환율은 전날보다 6.7원 하락한 1,089.1원으로 마감(원화 가치 절상)하며 2015년 5월 이후 최저를 기록했다. 10월 이후 원화가 '나 홀로 초(超)강세'를 보이며 수출 기업에 비상이 걸렸지만, 외환 당국은 뾰족한 대응 수단이 없는 형편이다. 심리적 저지선으로 여겨졌던 1,090원 선이 이날 무너지면서 수출 기업들의 환율 마지노선으로 여겨지는 1,050원 선도 위험하다는 전망이 나오고 있다.

① 수입 재료를 많이 쓰는 음식점들에게는 나쁜 소식이군.

② 우리나라는 수출지향경제인데 수출에 악영향이 오겠구나.

③ 10월 이후 외국인 투자자들이 국내 주식을 사들이고 있네.

④ 한국은행의 기본금리 인상 시사가 원인 중 하나가 되었겠네.

04 다음 글에 제시된 실험 결과를 통해 추론할 수 있는 것은?

> 연구자 K는 동물의 뇌 구조 변화가 일어나는 방식을 규명하기 위해 다음의 실험을 수행했다. 실험용 쥐를 총 세 개의 실험군으로 나누었다. 실험군 1의 쥐에게는 운동은 최소화하면서 학습을 시키는 '학습 위주 경험'을 하도록 훈련시켰다. 실험군 2의 쥐에게는 특별한 기술을 학습할 필요 없이 수행할 수 있는 쳇바퀴 돌리기를 통해 '운동 위주 경험'을 하도록 훈련시켰다. 실험군 3의 쥐에게는 어떠한 학습이나 운동도 시키지 않았다.
>
> 〈실험 결과〉
> - 뇌 신경세포 한 개당 시냅스의 수는 실험군 1의 쥐에서 크게 증가했고 실험군 2와 3의 쥐에서는 거의 변하지 않았다.
> - 뇌 신경세포 한 개당 모세혈관의 수는 실험군 2의 쥐에서 크게 증가했고 실험군 1과 3의 쥐에서는 거의 변하지 않았다.
> - 실험군 1의 쥐에서는 대뇌 피질의 지각 영역에서 구조 변화가 나타났고, 실험군 2의 쥐에서는 대뇌 피질의 운동 영역과 더불어 운동 활동을 조절하는 소뇌에서 구조 변화가 나타났다. 실험군 3의 쥐에서는 뇌 구조 변화가 거의 나타나지 않았다.

① 대뇌 피질의 구조 변화는 학습 위주 경험보다 운동 위주 경험에 더 큰 영향을 받는다.
② 학습 위주 경험은 뇌의 신경세포당 시냅스의 수에, 운동 위주 경험은 뇌의 신경세포당 모세혈관의 수에 영향을 미친다.
③ 학습 위주 경험과 운동 위주 경험은 뇌의 특정 부위에 있는 신경세포의 수를 늘려 그 부위의 뇌 구조를 변하게 한다.
④ 특정 형태의 경험으로 인해 뇌의 특정 영역에 발생한 구조 변화가 뇌의 신경세포당 모세혈관 또는 시냅스의 수를 변화시킨다.

05 다음 글에 나타난 A ~ C에 대한 판단으로 가장 적절한 것은?

> 정책 네트워크는 다원주의 사회에서 정책 영역에 따라 실질적인 정책 결정권을 공유하고 있는 집합체이다. 정책 네트워크는 구성원 간의 상호 의존성, 외부로부터 다른 사회 구성원들의 참여 가능성, 의사결정의 합의 효율성, 지속성의 특징을 고려할 때 다음 세 가지 모형으로 분류될 수 있다.
>
> | 특징
모형 | 상호 의존성 | 외부 참여 가능성 | 합의 효율성 | 지속성 |
> | --- | --- | --- | --- | --- |
> | A | 높음 | 낮음 | 높음 | 높음 |
> | B | 보통 | 보통 | 보통 | 보통 |
> | C | 낮음 | 높음 | 낮음 | 낮음 |
>
> A는 의회의 상임위원회, 행정 부처, 이익집단이 형성하는 정책 네트워크로서 안정성이 높아 마치 소정부와 같다. 행정부 수반의 영향력이 작은 정책 분야에서 집중적으로 나타나는 형태이다. A에서는 참여자 간의 결속과 폐쇄적 경계를 강조하며, 배타성이 매우 강해 다른 이익집단의 참여를 철저하게 배제하는 것이 특징이다.
> B는 특정 정책과 관련해 이해관계를 같이하는 참여자들로 구성된다. B가 특정 이슈에 대해 유기적인 연계 속에서 기능하면, 전통적인 관료제나 A의 방식보다 더 효과적으로 정책 목표를 달성할 수 있다. B의 주요 참여자는 정치인, 관료, 조직화된 이익집단, 전문가 집단이며, 정책 결정은 주요 참여자 간의 합의와 협력에 의해 일어난다.
> C는 특정 이슈를 중심으로 이해관계나 전문성을 가진 이익집단, 개인, 조직으로 구성되고, 참여자는 매우 자율적이고 주도적인 행위자이며 수시로 변경된다. 배타성이 강한 A만으로 정책을 모색하면 정책 결정에 영향을 미칠 수 있는 C와 같은 개방적 참여자들의 네트워크를 놓치기 쉽다. C는 관료제의 영향력이 작고 통제가 약한 분야에서 주로 작동하는데, 참여자가 많아 합의가 어려워 결국 정부가 위원회나 청문회를 활용하여 의견을 조정하려는 경우가 종종 발생한다.

① 합의 효율성이 높은 모형이 가장 효과적으로 정책 목표를 달성할 수 있다.

② 외부 참여 가능성이 높은 모형은 관료제의 영향력이 작고 통제가 약한 분야에서 나타나기 쉽다.

③ 상호 의존성이 보통인 모형에서는 배타성이 강해 다른 이익집단의 참여를 철저하게 배제한다.

④ A에 참여하는 이익집단의 정책 결정 영향력이 B에 참여하는 이익집단의 정책 결정 영향력보다 크다.

CHAPTER 02
문제해결능력

합격 CHEAT KEY

문제해결능력은 업무를 수행하면서 여러 가지 문제 상황이 발생하였을 때, 창의적이고 논리적인 사고를 통하여 이를 올바르게 인식하고 적절히 해결하는 능력을 말한다. 하위능력으로는 사고력과 문제처리능력이 있다.

문제해결능력은 NCS 기반 채용을 진행하는 대다수의 금융권에서 채택하고 있으며, 문항 수는 평균 24% 정도로 상당히 많이 출제되고 있다. 하지만 많은 수험생들은 더 많이 출제되는 다른 영역에 몰입하고 문제해결능력은 집중하지 않는 실수를 하고 있다. 다른 영역보다 더 많은 노력이 필요할 수는 있지만 그렇기에 차별화를 할 수 있는 득점 영역이므로 포기하지 말고 꾸준하게 노력해야 한다.

01 질문의 의도를 정확하게 파악하라!

문제해결능력은 문제에서 무엇을 묻고 있는지 정확하게 파악하여 먼저 풀이 방향을 설정하는 것이 가장 효율적인 방법이다. 특히, 조건이 주어지고 답을 찾는 창의적·분석적인 문제가 주로 출제되고 있기 때문에 처음에 정확한 풀이 방향이 설정되지 않는다면 시간만 허비하고 결국 문제도 풀지 못하게 되므로 첫 번째로 출제의도 파악에 집중해야 한다.

02 중요한 정보는 반드시 표시하라!

위에서 말한 출제의도를 정확히 파악하기 위해서는 문제의 중요한 정보는 반드시 표시나 메모를 하여 하나의 조건, 단서도 잊고 넘어가는 일이 없도록 해야 한다. 실제 시험에서는 시간의 압박과 긴장감으로 정보를 잘못 적용하거나 잊어버리는 실수가 많이 발생하므로 사전에 충분한 연습이 필요하다.
가령 명제 문제의 경우 주어진 명제와 그 명제의 대우를 본인이 한눈에 파악할 수 있도록 기호화, 도식화하여 메모하면 흐름을 이해하기가 더 수월하다. 이를 통해 자신만의 풀이 순서와 방향, 기준 또한 생길 것이다.

03 반복 풀이를 통해 취약 유형을 파악하라!

길지 않은 한정된 시간 동안 모든 문제를 다 푸는 것은 조금은 어려울 수도 있다. 따라서 고득점을 할 수 있는 효율적인 문제 풀이 방법을 찾아야 한다. 이때, 반복적인 문제 풀이를 통해 자신이 취약한 유형을 파악하는 것이 중요하다. 취약 유형 파악은 종료 시간이 임박했을 때 빛을 발할 것이다. 풀 수 있는 문제부터 빠르게 풀고 취약한 유형은 나중에 푸는 효율적인 문제 풀이를 통해 최대한의 고득점을 하는 것이 중요하다. 그러므로 본인의 취약 유형을 파악하기 위해서는 많은 문제를 풀어 봐야 한다.

04 타고나는 것이 아니므로 열심히 노력하라!

대부분의 수험생들이 문제해결능력은 공부해도 실력이 늘지 않는 영역이라고 생각한다. 하지만 그렇지 않다. 문제해결능력이야말로 노력을 통해 충분히 고득점이 가능한 영역이다. 정확한 질문 의도 파악, 취약한 유형의 반복적인 풀이, 빈출유형 파악 등의 방법으로 충분히 실력을 향상시킬 수 있다. 자신감을 갖고 공부하기 바란다.

| 유형분석 |

• 연역추론을 활용해 주어진 문장을 치환하여 성립하거나 성립하지 않는 내용을 찾는 문제이다.

제시된 명제가 모두 참일 때, 빈칸에 들어갈 명제로 가장 적절한 것은?

• 아이스크림을 좋아하면 피자를 좋아하지 않는다.
• 갈비탕을 좋아하지 않으면 피자를 좋아한다.
• _____
• 그러므로 아이스크림을 좋아하면 짜장면을 좋아한다.

① 피자를 좋아하면 짜장면을 좋아한다.
② 짜장면을 좋아하면 갈비탕을 좋아한다.
③ 갈비탕을 좋아하면 짜장면을 좋아한다.
④ 짜장면을 좋아하지 않으면 피자를 좋아하지 않는다.

정답 ③

'아이스크림을 좋아한다.'를 p, '피자를 좋아한다.'를 q, '갈비탕을 좋아한다.'를 r, '짜장면을 좋아한다.'를 s라 하면, 첫 번째, 두 번째, 네 번째 명제는 각각 $p \rightarrow \sim q$, $\sim r \rightarrow q$, $p \rightarrow s$이다. 두 번째 명제의 대우와 첫 번째 명제에 따라 $p \rightarrow \sim q \rightarrow r$이 되어 $p \rightarrow r$이 성립하고, 결론이 $p \rightarrow s$가 되기 위해서는 $r \rightarrow s$가 추가로 필요하다. 따라서 빈칸에 들어갈 명제로 '갈비탕을 좋아하면 짜장면을 좋아한다.'가 적절하다.

유형풀이 Tip

• 명제 유형의 문제에서는 항상 '명제의 역은 성립하지 않지만, 대우는 항상 성립한다.'
• 단어의 첫 글자나 알파벳을 이용하여 명제를 도식화한 후 명제의 대우를 활용하여 각 명제를 연결하여 답을 찾는다.
  예 채식주의자라면 고기를 먹지 않을 것이다.
    → (역) 고기를 먹지 않으면 채식주의자이다.
    → (이) 채식주의자가 아니라면 고기를 먹을 것이다.
    → (대우) 고기를 먹는다면 채식주의자가 아닐 것이다.

명제의 역, 이, 대우

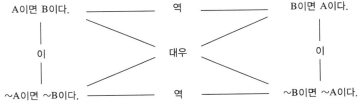

※ 제시된 명제가 모두 참일 때, 빈칸에 들어갈 명제로 가장 적절한 것을 고르시오. [1~2]

01

> • 밤에 잠을 잘 못자면 낮에 피곤하다.
> • _____
> • 업무효율이 떨어지면 성과급을 받지 못한다.
> • 밤에 잠을 잘 못자면 성과급을 받지 못한다.

① 낮에 피곤하면 업무효율이 떨어진다.
② 밤에 잠을 잘 자면 성과급을 받는다.
③ 성과급을 받지 못하면 낮에 피곤하다.
④ 성과급을 받으면 밤에 잠을 잘 못 잔다.

Easy

02

> • 회의에 참석하는 어떤 회사원은 결근을 한다.
> • _____
> • 출장을 가는 어떤 회사원은 회의에 참석한다.

① 결근을 하는 회사원은 출장을 간다.
② 결근을 하는 회사원은 회의에 참석한다.
③ 출장을 가는 어떤 회사원은 결근을 한다.
④ 회의에 참석하는 어떤 회사원은 출장을 간다.

※ 제시된 명제가 모두 참일 때, 다음 중 반드시 참인 명제를 고르시오. [3~4]

03

> • 정직한 사람은 이웃이 많을 것이다.
> • 성실한 사람은 외롭지 않을 것이다.
> • 이웃이 많은 사람은 외롭지 않을 것이다.

① 성실한 사람은 정직할 것이다.
② 정직한 사람은 외롭지 않을 것이다.
③ 외롭지 않은 사람은 정직할 것이다.
④ 외로운 사람은 이웃이 많지 않지만 성실하다.

04

> • A가 외근을 나가면 B도 외근을 나간다.
> • A가 외근을 나가면 D도 외근을 나간다.
> • D가 외근을 나가면 E도 외근을 나간다.
> • C가 외근을 나가지 않으면 B도 외근을 나가지 않는다.
> • D가 외근을 나가지 않으면 C도 외근을 나가지 않는다.

① A가 외근을 나가면 E도 외근을 나간다.
② B가 외근을 나가면 A도 외근을 나간다.
③ D가 외근을 나가면 C도 외근을 나간다.
④ C가 외근을 나가지 않으면 D도 외근을 나가지 않는다.

05 A ~ E 5명은 K시에서 개최하는 마라톤에 참가하였다. 이들이 현재 〈조건〉과 같이 달리고 있을 때, 다음 중 참이 아닌 것은?

> **조건**
> - A는 B와 C보다 앞서 달리고 있다.
> - D는 A보다 뒤에 달리고 있지만, B보다는 앞서 달리고 있다.
> - C는 D보다 뒤에 달리고 있지만, B보다는 앞서 달리고 있다.
> - E는 C보다 뒤에 달리고 있지만, 5명 중 꼴찌는 아니다.

① 현재 1등은 A이다.
② 현재 꼴찌는 B이다.
③ E는 C와 B 사이에서 달리고 있다.
④ 현재 순위에 변동 없이 결승점까지 달린다면 C가 4등을 할 것이다.

06 K사의 여섯 개의 A ~ F팀은 월요일부터 토요일까지 하루에 두 팀씩 함께 회의를 진행한다. 〈조건〉에 따라 회의를 진행할 때, 다음 중 반드시 참인 것은?(단, 월요일부터 토요일까지 각 팀의 회의 진행 횟수는 서로 같다)

> **조건**
> - 오늘은 목요일이고 A팀과 F팀이 함께 회의를 진행했다.
> - B팀은 A팀과 연이은 요일에 회의를 진행하지 않는다.
> - B팀은 오늘을 포함하여 이번 주에는 더 이상 회의를 진행하지 않는다.
> - C팀은 월요일에 회의를 진행했다.
> - D팀과 C팀은 이번 주에 B팀과 한 번씩 회의를 진행한다.
> - A팀과 F팀은 이번 주에 이틀을 연이어 함께 회의를 진행한다.

① C팀과 E팀은 함께 회의를 진행하지 않는다.
② E팀은 수요일과 토요일 하루 중에만 회의를 진행한다.
③ F팀은 목요일과 금요일에 회의를 진행한다.
④ 화요일에 회의를 진행한 팀은 B팀과 E팀이다.

02 참 · 거짓

| 유형분석 |

- 주어진 문장을 토대로 논리적으로 추론하여 참 또는 거짓을 구분하는 문제이다.

어느 호텔 라운지에 둔 화분이 투숙자 중 1명에 의해 깨진 사건이 발생했다. 이 호텔에는 A ~ D 4명의 투숙자가 있었으며, 각 투숙자는 다음과 같이 3가지 사실을 진술하였다. 4명의 투숙자 중 3명은 진실을 말하고, 1명이 거짓을 말하고 있다면 화분을 깬 사람은 누구인가?

- A : 나는 깨지 않았다. B도 깨지 않았다. C가 깨뜨렸다.
- B : 나는 깨지 않았다. C도 깨지 않았다. D도 깨지 않았다.
- C : 나는 깨지 않았다. D도 깨지 않았다. A가 깨뜨렸다.
- D : 나는 깨지 않았다. B도 깨지 않았다. C도 깨지 않았다.

① A   ② B

③ C   ④ D

정답 ①

투숙자별로 거짓말을 했을 경우를 보면 다음과 같다.
- A가 거짓말을 한다면 A가 깨뜨린 것이 된다.
- B가 거짓말을 한다면 1명은 C가 깼다고 말하고, 2명은 깨지 않았다고 말한 것이 된다.
- C가 거짓말을 한다면 1명은 C가 깼다고 말하고, 2명은 깨지 않았다고 말한 것이 된다.
- D가 거짓말을 한다면 1명은 C가 깼다고 말하고, 1명은 깨지 않았다고 말한 것이 된다.

그러므로 A가 거짓말을 하였고, A가 화분을 깨뜨렸다.

유형풀이 Tip

참 · 거짓 유형의 90% 이상은 다음 두 가지 방법으로 풀 수 있다.

주어진 진술을 빠르게 훑으며 다음 두 가지 중 어떤 경우에 해당하는지 확인한 후 문제를 풀어나간다.

1) 2명 이상의 발언 중 한쪽이 진실이면 다른 한쪽이 거짓인 경우
    ① A가 진실이고 B가 거짓인 경우, B가 진실이고 A가 거짓인 경우 두 가지로 나눌 수 있다.
    ② 두 가지 경우에서 각 발언의 진위 여부를 판단한다.
    ③ 주어진 조건과 비교한다(범인의 숫자가 맞는지, 진실 또는 거짓을 말한 인원수가 조건과 맞는지 등).
2) 2명 이상의 발언 중 한쪽이 진실이면 다른 한쪽도 진실인 경우와 한쪽이 거짓이면 다른 한쪽도 거짓인 경우
    ① A와 B가 모두 진실인 경우, A와 B가 모두 거짓인 경우 두 가지로 나눌 수 있다.
    ② 두 가지 경우에서 각 발언의 진위 여부를 판단한다.
    ③ 주어진 조건과 비교한다(범인의 숫자가 맞는지, 진실 또는 거짓을 말한 인원수가 조건과 맞는지 등).

01   K사의 기획팀에서 근무하고 있는 직원 A ~ D 4명은 서로의 프로젝트 참여 여부에 관하여 다음과 같이 진술하였고, 단 1명만이 진실을 말하였다. 이들 중 반드시 프로젝트에 참여하는 사람은?

- A : 나는 프로젝트에 참여하고, B는 프로젝트에 참여하지 않는다.
- B : A와 C 중 적어도 1명은 프로젝트에 참여한다.
- C : 나와 B 중 적어도 1명은 프로젝트에 참여하지 않는다.
- D : B와 C 중 1명이라도 프로젝트에 참여한다면, 나도 프로젝트에 참여한다.

① A
② B
③ C
④ D

Hard

02   국내 유명 감독의 영화가 이번에 개최되는 국제 영화 시상식에서 작품상, 감독상, 각본상, 편집상의 총 4개 후보에 올랐고, 4명의 심사위원이 해당 작품의 수상 가능성에 대해 다음과 같이 진술하였다. 이들 중 3명의 진술은 모두 참이고, 나머지 1명의 진술은 거짓이라면, 해당 작품이 수상할 수 있는 상의 최대 개수는?

- A심사위원 : 편집상을 받지 못한다면 감독상도 받지 못하며, 대신 각본상을 받을 것이다.
- B심사위원 : 작품상을 받는다면 감독상도 받을 것이다.
- C심사위원 : 감독상을 받지 못한다면 편집상도 받지 못한다.
- D심사위원 : 편집상과 각본상은 받지 못한다.

① 1개
② 2개
③ 3개
④ 4개

03 A~E사원이 강남, 여의도, 상암, 잠실, 광화문 다섯 지역에 각각 출장을 간다. 다음 대화에서 A~E 중 1명은 거짓말을 하고 나머지 4명은 진실을 말하고 있을 때, 다음 중 반드시 거짓인 것은?

- A : B는 상암으로 출장을 가지 않는다.
- B : D는 강남으로 출장을 간다.
- C : B는 진실을 말하고 있다.
- D : C는 거짓말을 하고 있다.
- E : C는 여의도, A는 잠실로 출장을 간다.

① A는 광화문으로 출장을 가지 않는다.
② B는 여의도로 출장을 가지 않는다.
③ C는 강남으로 출장을 가지 않는다.
④ E는 상암으로 출장을 가지 않는다.

04 K은행은 A~D 각 부서에 1명씩 신입사원을 선발하였다. 지원자는 총 5명이었으며, 선발 결과에 대해 다음과 같이 진술하였다. 이 중 1명의 진술만 거짓으로 밝혀졌을 때, 다음 중 항상 옳은 것은?

- 지원자 1 : 지원자 2가 A부서에 선발되었다.
- 지원자 2 : 지원자 3은 A 또는 D부서에 선발되었다.
- 지원자 3 : 지원자 4는 C부서가 아닌 다른 부서에 선발되었다.
- 지원자 4 : 지원자 5는 D부서에 선발되었다.
- 지원자 5 : 나는 D부서에 선발되었는데, 지원자 1은 선발되지 않았다.

① 지원자 1은 B부서에 선발되었다.
② 지원자 2는 A부서에 선발되었다.
③ 지원자 3은 D부서에 선발되었다.
④ 지원자 4는 B부서에 선발되었다.

05 A ~ D국의 각 기상청은 최근 태평양에서 발생한 태풍의 이동 경로를 다음과 같이 예측하였고, 이들 중 단 두 국가의 예측만이 실제 태풍의 이동 경로와 일치했다. 다음 중 실제 태풍의 이동 경로를 바르게 예측한 나라를 모두 고르면?(단, 예측이 틀린 국가는 모든 예측에 실패했다)

> • A국 : 8호 태풍 바비는 일본에 상륙하고, 9호 태풍 마이삭은 한국에 상륙할 것입니다.
> • B국 : 9호 태풍 마이삭이 한국에 상륙한다면, 10호 태풍 하이선은 중국에 상륙할 것입니다.
> • C국 : 8호 태풍 바비의 이동 경로와 관계없이 10호 태풍 하이선은 중국에 상륙하지 않을 것입니다.
> • D국 : 10호 태풍 하이선은 중국에 상륙하지 않고, 8호 태풍 바비는 일본에 상륙하지 않을 것입니다.

① A국, B국　　　　　　　　　　　② A국, C국
③ B국, C국　　　　　　　　　　　④ C국, D국

Hard

06 다섯 사람이 이야기를 하고 있는데, 이 중 두 사람은 진실만을 말하고 세 사람은 거짓만을 말하고 있다. 다음 중 지훈이가 거짓을 말할 때, 진실만을 말하는 사람끼리 짝지은 것은?

> • 동현 : 정은이는 지훈이와 영석이를 싫어해.
> • 정은 : 아니야. 난 둘 중 한 사람은 좋아해.
> • 선영 : 동현이는 정은이를 좋아해.
> • 지훈 : 선영이는 거짓말만 해.
> • 영석 : 선영이는 동현이를 싫어해.
> • 선영 : 맞아. 그런데 정은이는 지훈이와 영석이 둘 다 좋아해.

① 선영, 영석　　　　　　　　　　② 정은, 영석
③ 동현, 영석　　　　　　　　　　④ 정은, 선영

03 순서추론

| 유형분석 |

- 조건을 토대로 순서·위치 등을 추론하여 배열·배치하는 문제이다.
- 방·숙소 배정하기, 부서 찾기, 날짜 찾기, 테이블 위치 찾기 등 다양한 유형의 문제가 출제된다.

A~E 5명이 〈조건〉과 같이 일렬로 나란히 자리에 앉는다고 할 때, 다음 중 바르게 추론한 것은?(단, 자리의 순서는 왼쪽을 기준으로 첫 번째 자리로 한다)

조건

- D는 A의 바로 왼쪽에 있다.
- B와 D 사이에 C가 있다.
- A는 마지막 자리가 아니다.
- A와 B 사이에 C가 있다.
- B는 E의 바로 오른쪽에 앉는다.

① C는 E의 오른쪽에 앉을 수 있다.
② C는 두 번째 자리에 앉을 수 있다.
③ D는 두 번째 자리에 앉을 수 있다.
④ E는 네 번째 자리에 앉을 수 있다.

정답 ④

첫 번째 조건에서 D는 A의 바로 왼쪽에 앉으며, 마지막 조건에서 B는 E의 바로 오른쪽에 앉으므로 D-A, E-B를 각각 한 묶음으로 생각할 수 있다. 두 번째 조건에서 C는 세 번째 자리에 앉아야 하며, 세 번째 조건에 의해 D-A는 각각 첫 번째, 두 번째 자리에 앉아야 한다. 이를 정리하면 다음과 같다.

첫 번째 자리	두 번째 자리	세 번째 자리	네 번째 자리	다섯 번째 자리
D	A	C	E	B

오답분석

① C는 E의 왼쪽에 앉는다.
② C는 세 번째 자리에 앉는다.
③ D는 첫 번째 자리에 앉는다.

유형풀이 Tip

- 주어진 명제를 자신만의 방법으로 도식화하여 빠르게 문제를 해결한다.
- 경우의 수가 여러 개인 명제보다 1~2개인 명제를 먼저 도식화하면, 그만큼 경우의 수가 줄어 문제를 빠르게 해결할 수 있다.

01 K은행의 사내 체육대회에서 A ~ F 6명은 키가 큰 순서에 따라 2명씩 1팀, 2팀, 3팀으로 나뉘어 배치된다. 다음 〈조건〉에 따라 배치된다고 할 때, 키가 가장 큰 사람은?

> **조건**
> • A, B, C, D, E, F의 키는 서로 다르다.
> • 2팀의 B는 A보다 키가 작다.
> • D보다 키가 작은 사람은 4명이다.
> • A는 1팀에 배치되지 않는다.
> • E와 F는 한 팀에 배치된다.

① A   ② B
③ C   ④ E

02 어떤 지역의 교장 선생님 5명 가 ~ 마는 올해 각기 다른 고등학교 5곳 A ~ E학교로 배정받는다고 한다. 다음 〈조건〉에 따라 배정된다고 할 때, 반드시 참인 것은?

> **조건**
> • 하나의 고등학교에는 한 명의 교장 선생님이 배정받는다.
> • 이전에 배정받았던 학교로는 다시 배정되지 않는다.
> • 가와 나는 C학교와 D학교에 배정된 적이 있다.
> • 다와 라는 A학교와 E학교에 배정된 적이 있다.
> • 마가 배정받은 학교는 B학교이다.
> • 다가 배정받은 학교는 C학교이다.

① 가는 확실히 A학교에 배정될 것이다.

② 나는 E학교에 배정된 적이 있다.

③ 다는 D학교에 배정된 적이 있다.

④ 라가 배정받은 학교는 D학교일 것이다.

A ~ E 5명의 직원이 원탁에 앉아 저녁을 먹기로 했다. 다음 〈조건〉에 따라 원탁에 앉을 때, C가 앉는 자리를 첫 번째로 하여 시계 방향으로 세 번째 자리에 앉는 사람은 누구인가?

> **조건**
> • C 바로 옆 자리에 E가 앉고, B는 앉지 못한다.
> • D가 앉은 자리와 B가 앉은 자리 사이에 1명 이상 앉아 있다.
> • A가 앉은 자리의 바로 오른쪽은 D가 앉는다.
> • 좌우 방향은 원탁을 바라보고 앉은 상태를 기준으로 한다.

① A   ② B
③ C   ④ D

04 K필라테스 센터에서 평일에는 바렐, 체어, 리포머의 3가지 수업이 동시에 진행되며, 토요일에는 리포머 수업만 진행된다. 센터 회원은 전용 어플을 통해 자신이 원하는 수업을 선택하여 일주일간의 운동 스케줄을 등록할 수 있다. 센터 회원인 A씨가 월요일부터 토요일까지 〈조건〉에 따라 운동 스케줄을 등록할 때, 다음 중 참이 아닌 것은?

> **조건**
> • 바렐 수업은 일주일에 1회 참여한다.
> • 체어 수업은 일주일에 2회 참여하되, 금요일에 1회 참여한다.
> • 리포머 수업은 일주일에 3회 참여한다.
> • 동일한 수업은 연달아 참여하지 않는다.
> • 월요일부터 토요일까지 하루에 1개의 수업을 듣는다.

① 월요일에 리포머 수업을 선택한다면, 화요일에는 체어 수업을 선택할 수 있다.
② 월요일에 체어 수업을 선택한다면, 수요일에는 바렐 수업을 선택할 수 있다.
③ 화요일에 체어 수업을 선택한다면, 수요일에는 바렐 수업을 선택할 수 있다.
④ 화요일에 바렐 수업을 선택한다면, 수요일에는 리포머 수업을 선택할 수 있다.

05 K기업의 사내 기숙사 3층에는 다음과 같이 크기가 동일한 10개의 방이 일렬로 나열되어 있다. 〈조건〉에 따라 5명의 신입사원 A ~ E를 10개의 방 중 5개의 방에 각각 배정하였을 때, 다음 중 항상 참인 것은?(단, 신입사원이 배정되지 않은 방은 모두 빈방이다)

1	2	3	4	5	6	7	8	9	10

조건

- A와 B의 방 사이에 빈방이 아닌 방은 하나뿐이다.
- B와 C의 방 사이의 거리는 D와 E의 방 사이의 거리와 같다.
- C와 D의 방은 나란히 붙어 있다.
- B와 D의 방 사이에는 3개의 방이 있다.
- D는 7호실에 배정되었다.

① 4호실은 빈방이다.
② 9호실은 빈방이다.
③ C는 6호실에 배정되었다.
④ E는 10호실에 배정되었다.

06 K금융에 재직 중인 김대리는 〈조건〉에 따라 10월에 1박 2일로 할머니댁을 방문하려고 한다. 다음 중 김대리가 시골로 내려가는 날짜로 가능한 날은?

조건

- 10월은 1일부터 31일까지이며, 1일은 목요일, 9일은 한글날이다.
- 10월 1일은 추석이며, 추석 다음 날부터 5일간 제주도 여행을 가고, 돌아오는 날이 휴가 마지막 날이다.
- 김대리는 휴가 외에 연차를 이틀까지 더 쓸 수 있다.
- 제주도 여행에서 돌아오는 휴가 마지막 날이 있는 주를 첫째 주로 간주한다.
- 김대리는 셋째 주 화요일부터 4일간 외부출장이 있으며, 그다음 주 수요일과 목요일은 프로젝트 발표가 있다.
- 주말 및 공휴일에는 할머니댁에 가지 않는다.
- 휴가에는 할머니댁에 가지 않고 따로 연차를 쓰고 방문할 것이다.

① 3 ~ 4일
② 6 ~ 7일
③ 12 ~ 13일
④ 21 ~ 22일

| 유형분석 |

- 상황과 정보를 토대로 조건에 적절한 것을 찾는 문제이다.
- 자원관리능력 영역과 결합한 계산 문제가 출제될 가능성이 있다.

다음은 K은행에서 진행하고 있는 이벤트 포스터이다. K은행의 행원인 귀하가 해당 이벤트를 고객에게 추천하기 전 사전에 확인해야 할 사항으로 적절하지 않은 것은?

〈K은행 가족사랑 패키지 출시 기념 이벤트〉

▲ 이벤트 기간 : 2025년 3월 1일(토) ~ 31일(월)
▲ 세부내용

대상	응모요건	경품
가족사랑 통장·적금·대출 신규 가입고객	① 가족사랑 통장 신규 ② 가족사랑 적금 신규 ③ 가족사랑 대출 신규	가입고객 모두에게 OTP 또는 보안카드 무료 발급
가족사랑 고객	가족사랑 통장 가입 후 다음 중 1가지 이상 충족 ① 급여이체 신규 ② 가맹점 결제대금 이체 신규 ③ 신용(체크)카드 결제금액 20만 원 이상 ④ 가족사랑 대출 신규(1천만 원 이상)	• 여행상품권(200만 원, 1명) • 최신 핸드폰(3명) • 한우세트(300명) • 연극 티켓 2매(전 고객)
국민행복카드 가입고객	국민행복카드 신규＋당행 결제계좌 등록 (동 카드로 임신 출산 바우처 결제 1회 이상 사용)	어쩌다 엄마(도서, 500명)

▲ 당첨자 발표 : 2025년 4월 중순, 홈페이지 공지 및 영업점 통보
 − 제세공과금은 K은행이 부담하며 본 이벤트는 당행의 사정으로 변경 또는 중단될 수 있습니다.
 − 당첨고객은 추첨일 현재 대상상품 유지고객에 한하며, 당첨자 명단은 추첨일 기준 금월 중 K은행 홈페이지에서 확인하실 수 있습니다.
 − 기타 자세한 내용은 인터넷 홈페이지(www.Kbank.com)를 참고하시거나 가까운 영업점, 고객센터(0000−0000)에 문의하시기 바랍니다.
 ※ 유의사항 : 상기이벤트 당첨자 중 핸드폰 등 연락처 불능, 수령 거절 등의 고객 사유로 1개월 이상 경품 미수령 시 당첨이 취소될 수 있습니다.

① 가족사랑 패키지 출시 기념 이벤트는 3월 한 달 동안 진행되는구나.

② 가족사랑 대출을 신규로 가입했을 경우에 OTP나 보안카드를 무료로 발급받을 수 있구나.

③ 가족사랑 통장을 신규로 가입한 후, 급여이체를 설정하면 OTP가 무료로 발급되고 연극 티켓도 받을 수 있구나.

④ 2025년 4월에 이벤트 당첨자를 발표하는데, 별도의 통보가 없으니 영업점을 방문하시라고 설명해야 겠구나.

정답 ④

이벤트 포스터에 당첨자 명단은 홈페이지에서 확인할 수 있다고 명시되어 있다.

오답분석

① '이벤트 기간'에서 확인할 수 있다.

② '세부내용' 내 '가족사랑 통장·적금·대출 신규 가입고객'의 '경품'란에서 확인할 수 있다.

③ '세부내용' 내 '가족사랑 통장·적금·대출 신규 가입고객'과 '가족사랑 고객'의 '경품'란에서 확인할 수 있다.

유형풀이 Tip

• 문제에서 묻는 것을 파악한 후, 필요한 상황과 정보를 활용하여 문제를 풀어간다.

• 전체적으로 적용되는 공통 조건과 추가로 적용되는 조건이 동시에 제시될 수 있다. 따라서 공통 조건이 무엇인지 먼저 판단한 후 경우에 따라 추가 조건을 고려하여 풀이한다.

• 추가 조건은 표 하단에 작은 글자로 제시될 수 있으며, 문제를 해결하는 데 중요한 변수가 될 수 있으므로 유의한다.

01   K사는 직원들의 여가를 위해 하반기 동안 다양한 프로그램을 운영하고자 한다. 운영할 프로그램은 수요도 조사 결과를 통해 결정된다. 다음 〈조건〉에 따라 프로그램을 선정할 때, 운영될 프로그램끼리 바르게 짝지어진 것은?

〈프로그램 후보별 수요도 조사 결과〉

분야	프로그램명	인기 점수	필요성 점수
운동	강변 자전거 타기	6	5
진로	나만의 책 쓰기	5	7
여가	자수 교실	4	2
운동	필라테스	7	6
교양	독서 토론	6	4
여가	볼링 모임	8	3

※ 수요도 조사에는 전 직원이 참여하였음

조건

- 수요도는 인기 점수와 필요성 점수에 가점을 적용한 후 2 : 1의 가중치에 따라 합산하여 판단한다.
- 각 프로그램의 인기 점수와 필요성 점수는 10점 만점으로 하여 전 직원이 부여한 점수의 평균값이다.
- 운영 분야에 하나의 프로그램만 있는 경우, 그 프로그램의 필요성 점수에 2점을 가산한다.
- 운영 분야에 복수의 프로그램이 있는 경우, 분야별로 필요성 점수가 가장 낮은 프로그램은 후보에서 탈락한다.
- 수요도 점수가 가장 높은 2개의 프로그램을 선정한다.
- 수요도 점수가 동점일 경우, 인기 점수가 높은 프로그램을 우선시한다.

① 필라테스, 볼링 모임   ② 자수 교실, 독서 토론
③ 나만의 책 쓰기, 필라테스   ④ 강변 자전거 타기, 볼링 모임

02 다음은 아이돌봄 서비스 종류 중 하나인 시간제 돌봄(일반형) 서비스에 대한 내용이다. 자료를 참고할 때, 〈보기〉 중 가장 많은 본인부담금을 납부하는 사람은?(단, 서비스 이용요금은 하루를 기준으로 하고, 갑 ~ 정은 모두 가족 구성원이 4인 이상이며 정부지원 대상이다)

〈시간제 돌봄(일반형) 서비스〉

- 이용대상 : 만 3개월 이상 만 12세 이하 아동
- 이용시간 : 1회 2시간 이상 사용
  - 양육공백이 발생하는 가정(한부모, 장애부모, 맞벌이 가정, 다자녀 가정, 기타 양육부담 가정)은 연 600시간 내에서 정부지원
  - 양육공백이 발생하지 않은 정부미지원 가정(전업주부 등) 및 정부지원시간을 다 사용한 가정은 전액 본인부담으로 서비스 이용 가능
- 서비스 내용(가사활동은 제외)
  - 부모가 올 때까지 임시 보육, 놀이활동, 준비된 식사 및 간식 챙겨주기, 보육시설 및 학교 등·하원, 준비물 보조 등(영아를 대상으로 시간제 돌봄을 제공할 경우 영아종일제 업무 병행)
- 서비스 이용요금 : 시간당 7,800원
  - 야간(오후 10시 ~ 오전 6시)·휴일에는 시간당 3,900원의 본인부담금 추가
  - 한 가정에 돌봄 아동이 2명일 경우 총 금액의 15% 할인, 돌봄 아동이 3명일 경우 총 금액의 33.3% 할인

구분	소득기준 (4인 가족 기준 중위소득)	시간제(시간당 7,800원)			
		A형(2015. 01. 01. 이후 출생 아동)		B형(2014. 12. 31. 이전 출생 아동)	
		정부지원	본인부담	정부지원	본인부담
가형	60% 이하	6,240원 (80%)	1,560원 (20%)	5,460원 (70%)	2,340원 (30%)
나형	85% 이하	3,900원 (50%)	3,900원 (50%)	–	7,800원
다형	120% 이하	2,340원 (30%)	5,460원 (70%)	–	7,800원
라형	120% 초과	–	7,800원	–	7,800원

※ 본인부담금 계산 시 원 단위 이하는 절사함

보기

구분	소득기준	신청시간	돌봄대상
갑	130%	오전 10시 ~ 오후 4시	2015년생 남아 1명
을	84%	오후 4시 ~ 오후 9시	2016년생 여아 1명, 2018년생 남아 2명
병	100%	오후 6시 ~ 오후 11시	2013년생 여아 1명
정	50%	오후 3시 ~ 자정	2012년생 남아 1명, 2015년생 여아 1명

① 갑   ② 을
③ 병   ④ 정

CHAPTER 02 문제해결능력 · **63**

※ 다음은 K은행에서 제공하는 적금상품에 대한 설명이다. 이어지는 질문에 답하시오. [3~5]

〈적금상품별 세부사항〉

구분	상품내용	기본금리	우대금리	기간	중도해지 시 적용금리
처음 적금	사회초년생을 대상으로 하는 적금 (만 20 ~ 29세)	3.8%	• 자사 예금통장 있을 시 0.5%p • 월 급여통장 보유 1.3%p • 자동이체 건당 0.2%p(최대 3건) • 자사 주택청약 보유 1.2%p	2년 이상	기본금리
가족 적금	등본상 가족이 본인포함 2명 이상인 사람을 대상으로 하는 적금 (부모, 배우자, 자녀 관계만 해당)	2.4%	• 등본상 가족이 자사 상품 이용 시 1인당 1.1%p(최대 4명) • 자사 예금통장 있을 시 0.8%p • 자동이체 건당 0.2%p(최대 5건) • 자사 주택청약 보유 2.1%p	3년 이상	기본금리

생활 적금	오랜 기간 유지 시 높은 이자를 제공해 주는 적금	4.4%	• 자사 예금통장 있을 시 0.5%p
			• 자동이체 건당 0.3%p(최대 3건)
			• 적금 기간별 우대금리
			  – 10년 이상 12년 미만 0.8%p
			  – 12년 이상 15년 미만 1.5%p
			  – 15년 이상 20년 미만 2.1%p
			  – 20년 이상 3.3%p
				10년 이상	• 3년 미만 : 1.3%
					• 5년 미만 : 2.1%
					• 10년 미만 : 3.3%
					• 10년 이상 : 기본금리 · 우대금리 모두 적용

든든 적금	1인 가구를 대상으로 하는 적금	3.5%	• 자사 예금통장 있을 시 1.1%p • 자동이체 건당 0.2%p(최대 2건)	3년 이상	2.5% 적용
우수 적금	방문고객을 전용으로 하는 적금	2.8%	• 자사 예금통장 있을 시 1.5%p • 자동이체 건당 0.4%p	1년 이상	• 1년 이상 : 기본금리 · 우대금리 모두 적용 • 1년 미만 : 기본금리만 적용

03 다음 고객문의 내용을 보고 이 고객에게 추천해 줄 상품으로 가장 적절한 것은?

〈고객문의〉

안녕하세요? 저는 만 26세 자녀 두 명을 혼자 키우고 있는 한부모입니다. 제가 나중에 아이들을 위해 기간 상관없이 적금을 하나 가입하려고 하는데요, 어떤 상품이 좋을지 몰라서 문의드려요. 현재 K은행에 예금통장을 하나 가지고 있고요, 공과금과 아파트관리비 아이들 두 명 각각 학원비, 제 핸드폰 요금이 자동이체 되고 있어요. 아, 월급도 그 통장으로 받고 있어요. 저는 최대한 금리가 높았으면 좋겠지만, 급할 때는 1년도 유지하지 못하고 적금을 해지할 수도 있으니 중도해지를 해도 금리가 2.5% 이상인 상품이었으면 좋겠어요. 어떤 상품이 가장 이득일까요?

① 가족적금   ② 생활적금
③ 든든적금   ④ 우수적금

04 다음은 K은행에 방문한 고객과 나눈 대화 내용이다. 직원이 이 고객에게 추천해 준 상품은?

> 직원 : 안녕하세요, 무슨 일로 오셨나요?
> 고객 : 안녕하세요, 적금을 하나 가입하고 싶어서 왔어요.
> 직원 : 저희 적금상품에 대해서 알고 계신 것이 있으신가요?
> 고객 : 아니요 딱히 없어요. 부모님 권유로 월급받는 예금통장 하나랑 주택청약 하나만 가지고 있다가 어느 정도는 저축해야겠다는 생각에 오게 되었어요.
> 직원 : 그러시군요. 상품 추천을 위해 간단한 정보 여쭤볼게요. 혹시 나이가 어떻게 되시나요?
> 고객 : 아 저는 만 30세예요. 늦었지만 이제 막 독립해서 혼자 살고 있어요.
> 직원 : 그럼 혹시 공과금 같은 자동이체도 저희 K은행에서 하고 있나요?
> 고객 : 음, 현재는 공과금만 하고 있는데, 학자금대출과 핸드폰요금도 곧 여기로 바꿀 예정이에요.
> 직원 : 혹시 생각하시는 적금 기간이 있으신가요?
> 고객 : 음, 저는 10년 정도 생각 중이에요.
> 직원 : 그렇다면 이 적금상품이 고객님께 가장 높은 이율이 적용될 것 같아요.

① 처음적금
② 생활적금
③ 든든적금
④ 우수적금

05 04번 고객의 적금 기간이 4년이 남았으며, 개인사정으로 중도해지를 하게 되었다. 이 고객에게 적용되는 금리는 몇 %인가?

① 1.3%
② 2.1%
③ 3.3%
④ 4.4%

| 유형분석 |

- 상황에 대한 환경분석을 통해 주요 과제 및 해결방안을 도출하는 문제이다.
- SWOT 분석뿐 아니라 3C 분석을 활용하는 문제가 출제될 수 있으므로, 해당 분석 도구에 대한 사전 학습이 요구된다.

국내 K금융그룹의 SWOT 분석 결과가 다음과 같을 때, 분석 결과에 대응하는 전략과 그 내용이 바르게 짝지어진 것은?

〈국내 K금융그룹 SWOT 분석 결과〉

S(강점)	W(약점)
• 탄탄한 국내시장 지배력 • 뛰어난 위기관리 역량 • 우수한 자산건전성 지표 • 수준 높은 금융 서비스	• 은행과 이자수익에 편중된 수익구조 • 취약한 해외 비즈니스와 글로벌 경쟁력 • 낙하산식 경영진 교체와 관치금융 우려 • 외화 자금 조달 리스크
O(기회)	T(위협)
• 해외 금융시장 진출 확대 • 기술 발달에 따른 핀테크의 등장 • IT 인프라를 활용한 새로운 수익 창출 • 계열사 간 협업을 통한 금융 서비스	• 새로운 금융 서비스의 등장 • 은행의 영향력 약화 가속화 • 글로벌 금융사와의 경쟁 심화 • 비용 합리화에 따른 고객 신뢰 저하

① SO전략 : 해외 비즈니스 TF팀 신설로 상반기 해외 금융시장 진출 대비
② ST전략 : 금융 서비스를 다방면으로 확대해 글로벌 경쟁사와의 경쟁에서 우위 차지
③ WO전략 : 국내의 탄탄한 시장점유율을 기반으로 핀테크 사업 진출
④ WT전략 : 국내 금융사의 우수한 자산건전성 지표를 홍보하여 고객 신뢰 회복

정답 ②
수준 높은 금융 서비스를 통해 글로벌 경쟁에서 우위를 차지하는 것은 강점을 이용해 글로벌 금융사와의 경쟁 심화라는 위협을 극복하는 ST전략이다.

오답분석
① 해외 비즈니스 TF팀을 신설해 해외 금융시장 진출을 확대하는 것은 글로벌 경쟁력이 낮다는 약점을 극복하고 해외 금융시장 진출 확대라는 기회를 활용하는 WO전략이다.
③ 탄탄한 국내 시장점유율이 국내 금융그룹의 핀테크 사업 진출의 기반이 되는 것은 강점을 통해 기회를 살리는 SO전략이다.
④ 우수한 자산건전성 지표를 홍보하여 고객 신뢰를 회복하는 것은 강점으로 위협을 극복하는 ST전략이다.

SWOT 분석

기업의 내부환경과 외부환경을 분석하여 강점(Strength), 약점(Weakness), 기회(Opportunity), 위협(Threat) 요인을 규정하고 이를 토대로 경영전략을 수립하는 기법으로, 미국의 경영컨설턴트인 알버트 험프리(Albert Humphrey)에 의해 고안되었다. SWOT 분석의 가장 큰 장점은 기업의 내·외부환경 변화를 동시에 파악할 수 있다는 것이다. 기업의 내부환경을 분석하여 강점과 약점을 찾아내며, 외부환경 분석을 통해서는 기회와 위협을 찾아낸다. SWOT 분석은 외부로부터의 기회는 최대한 살리고 위협은 회피하는 방향으로 자신의 강점은 최대한 활용하고 약점은 보완한다는 논리에 기초를 두고 있다. SWOT 분석에 의한 경영전략은 다음과 같이 정리할 수 있다.

Strength 강점 기업 내부환경에서의 강점	S	W	Weakness 약점 기업 내부환경에서의 약점
Opportunity 기회 기업 외부환경으로부터의 기회	O	T	Threat 위협 기업 외부환경으로부터의 위협

3C 분석

자사(Company)	고객(Customer)	경쟁사(Competitor)
• 자사의 핵심역량은 무엇인가? • 자사의 장단점은 무엇인가? • 자사의 다른 사업과 연계되는가?	• 주 고객군은 누구인가? • 그들은 무엇에 열광하는가? • 그들의 정보 습득 / 교환은 어디에서 　일어나는가?	• 경쟁사는 어떤 회사가 있는가? • 경쟁사의 핵심역량은 무엇인가? • 잠재적인 경쟁사는 어디인가?

01 다음은 어느 1인 미용실에 대한 SWOT 분석 결과이다. 이에 대한 대응 방안으로 가장 적절한 것은?

〈SWOT 분석 결과〉

S(강점)	W(약점)
• 뛰어난 실력으로 미용대회에서 여러 번 우승한 경험이 있다. • 인건비가 들지 않아 비교적 저렴한 가격에 서비스를 제공한다.	• 한 명이 운영하는 가게라 동시에 많은 손님을 받을 수 없다. • 홍보가 미흡하다.
O(기회)	T(위협)
• 바로 옆에 유명한 프랜차이즈 레스토랑이 생겼다. • 미용실을 위한 소셜 네트워크 예약 서비스가 등장했다.	• 소셜 커머스를 활용하여 주변 미용실들이 열띤 가격경쟁을 펼치고 있다. • 대규모 프랜차이즈 미용실들이 잇따라 등장하고 있다.

① ST전략 : 여러 번 대회에서 우승한 경험을 가지고 가맹점을 낸다.

② WO전략 : 유명한 프랜차이즈 레스토랑과 연계하여 홍보물을 비치한다.

③ WT전략 : 여러 명의 직원을 고용해 오히려 가격을 올리는 고급화 전략을 펼친다.

④ SO전략 : 소셜 네트워크 예약 서비스를 이용해 방문한 사람들에게만 저렴한 가격에 서비스를 제공한다.

02 B금융기업에 지원하여 최종 면접을 앞둔 K씨는 성공적인 PT 면접을 위해 회사에 대한 정보를 파악하고 그에 따른 효과적인 전략을 알아보고자 한다. K씨가 분석한 B금융기업의 SWOT 결과가 다음과 같을 때, 분석 결과에 대응하기 위한 전략과 그 내용의 연결이 적절하지 않은 것은?

〈SWOT 분석 결과〉

강점(Strength)	약점(Weakness)
• 우수한 역량의 인적자원 보유 • 글로벌 네트워크 보유 • 축적된 풍부한 거래 실적	• 고객 니즈 대응에 필요한 특정 분야별 전문성 미흡 • 신흥시장 진출 증가에 따른 경영 리스크
기회(Opportunity)	위협(Threat)
• 융·복합화를 통한 정부의 일자리 창출 사업 • 해외사업을 위한 협업 수요 확대 • 수요자 맞춤식 서비스 요구 증대	• 타사와의 경쟁 심화 • 정부의 예산 지원 감소 • 금융시장에 대한 일부 부정적 인식 존재

① SO전략 – 우수한 인적자원을 활용한 융·복합 사업 추진

② WO전략 – 분야별 전문 인력 충원을 통한 고객 맞춤형 서비스 제공 확대

③ ST전략 – 글로벌 네트워크를 통한 해외시장 진출

④ WT전략 – 리스크 관리를 통한 안정적 재무역량 확충

03 S사에 근무하는 B사원은 국내 원자력 산업에 대한 SWOT 분석 결과 자료를 바탕으로 SWOT 분석에 의한 경영전략에 맞춰서 〈보기〉와 같이 분석하였다. SWOT 분석에 의한 경영전략으로 적절하지 않은 것을 〈보기〉에서 모두 고르면?

〈국내 원자력 산업에 대한 SWOT 분석 결과〉

구분	분석 결과
강점(Strength)	• 우수한 원전 운영 기술력 • 축적된 풍부한 수주 실적
약점(Weakness)	• 낮은 원전해체 기술 수준 • 안전에 대한 우려
기회(Opportunity)	• 해외 원전수출 시장의 지속적 확대 • 폭염으로 인한 원전 효율성 및 필요성 부각
위협(Threat)	• 현 정부의 강한 탈원전 정책 기조

〈SWOT 분석에 의한 경영전략〉

• SO전략 : 강점을 살려 기회를 포착하는 전략
• ST전략 : 강점을 살려 위협을 회피하는 전략
• WO전략 : 약점을 보완하여 기회를 포착하는 전략
• WT전략 : 약점을 보완하여 위협을 회피하는 전략

보기

㉠ 뛰어난 원전 기술력을 바탕으로 동유럽 원전수출 시장에서 우위를 점하는 것은 SO전략으로 적절하겠어.
㉡ 안전성을 제고하여 원전 운영 기술력을 향상시키는 것은 WO전략으로 적절하겠어.
㉢ 우수한 기술력과 수주 실적을 바탕으로 국내 원전 사업을 확장하는 것은 ST전략으로 적절하겠어.
㉣ 안전에 대한 우려가 있는 만큼, 안전점검을 강화하고 당분간 정부의 탈원전 정책 기조에 협조하는 것은 WT전략으로 적절하겠어.

① ㉠, ㉡   ② ㉠, ㉢
③ ㉡, ㉢   ④ ㉢, ㉣

04 다음 수제 초콜릿에 대한 분석 기사를 읽고 〈보기〉에서 설명하는 SWOT 분석에 의한 마케팅 전략을 진행하고자 할 때, 다음 중 적절하지 않은 것은?

> 오늘날 식품 시장을 보면 원산지와 성분이 의심스러운 제품들이 넘쳐 납니다. 이로 인해 소비자들은 고급스럽고 안전한 먹거리를 찾고 있습니다. 우리의 수제 초콜릿은 이러한 요구를 완벽하게 충족시켜주고 있습니다. 풍부한 맛, 고급 포장, 모양, 건강상의 혜택, 강력한 스토리텔링 모두 높은 품질을 원하는 소비자들의 요구를 충족시키는 요인들입니다. 사실 수제 초콜릿을 만드는 데에는 비용이 많이 듭니다. 각종 장비 및 유지 보수에서부터 값비싼 포장, 유통업체의 높은 수익을 보장해주다 보면 초콜릿을 생산하는 업체에게 남는 이익은 많지 않습니다. 또한 수제 초콜릿의 존재 자체를 많은 사람들이 알지 못하는 상황입니다. 하지만 보다 좋은 식품에 대한 인기가 높아짐에 따라 더 많은 업체들이 수제 초콜릿을 취급하기를 원하고 있습니다. 따라서 수제 초콜릿은 일반 초콜릿보다 더 높은 가격으로 판매될 수 있을 것입니다. 현재 초콜릿을 대량으로 생산하는 대형 기업들은 자신들의 일반 초콜릿과 수제 초콜릿의 차이를 줄이는 데 최선을 다하고 있습니다. 그리고 직접 맛을 보기 전에는 일반 초콜릿과 수제 초콜릿의 차이를 알 수 없기 때문에 소비자들은 굳이 초콜릿에 더 많은 돈을 지불해야 하는 이유를 알지 못할 수 있습니다. 따라서 수제 초콜릿의 효과적인 마케팅 전략이 필요한 시점입니다.

보기

〈SWOT 분석에 의한 마케팅 전략〉

- SO전략(강점 – 기회전략) : 강점을 살려 기회를 포착
- ST전략(강점 – 위협전략) : 강점을 살려 위협을 회피
- WO전략(약점 – 기회전략) : 약점을 보완하여 기회를 포착
- WT전략(약점 – 위협전략) : 약점을 보완하여 위협을 회피

---

① 수제 초콜릿의 값비싸고 과장된 포장을 바꾸고, 그 비용으로 안전하고 맛있는 수제 초콜릿을 홍보하면 어떨까.
② 수제 초콜릿을 고급 포장하여 수제 초콜릿의 스토리텔링을 더 살려보는 것은 어떨까.
③ 수제 초콜릿의 스토리텔링을 포장에 명시한다면 소비자들이 믿고 구매할 수 있을 거야.
④ 수제 초콜릿의 마케팅을 강화하는 방법으로 수제 초콜릿의 차이를 알려 대기업과의 경쟁에서 이겨야겠어.

05 다음은 레저용 차량을 생산하는 A기업에 대한 SWOT 분석 결과이다. 이를 참고할 때 각 전략에 따른 대응으로 적절한 것을 〈보기〉에서 모두 고르면?

〈A기업의 SWOT 분석 결과〉

강점(Strength)	약점(Weakness)
• 높은 브랜드 이미지·평판 • 훌륭한 서비스와 판매 후 보증수리 • 확실한 거래망, 딜러와의 우호적인 관계 • 막대한 R&D 역량 • 자동화된 공장 • 대부분의 차량 부품 자체 생산	• 한 가지 차종에만 집중 • 고도의 기술력에 대한 과도한 집중 • 생산설비에 막대한 투자 → 차량모델 변경의 어려움 • 한 곳의 생산 공장만 보유 • 전통적인 가족형 기업 운영
기회(Opportunity)	위협(Threat)
• 소형 레저용 차량에 대한 수요 증대 • 새로운 해외시장의 출현 • 저가형 레저용 차량에 대한 선호 급증	• 휘발유의 부족 및 가격의 급등 • 레저용 차량 전반에 대한 수요 침체 • 다른 회사들과의 경쟁 심화 • 차량 안전 기준의 강화

보기

㉠ ST전략 – 기술개발을 통해 연비를 개선한다.
㉡ SO전략 – 대형 레저용 차량을 생산한다.
㉢ WO전략 – 규제 강화에 대비하여 보다 안전한 레저용 차량을 생산한다.
㉣ WT전략 – 생산량 감축을 고려한다.
㉤ WO전략 – 국내 다른 지역이나 해외에 공장들을 분산 설립한다.
㉥ ST전략 – 경유용 레저 차량 생산을 고려한다.
㉦ SO전략 – 해외시장 진출보다는 내수 확대에 집중한다.

① ㉠, ㉡, ㉤, ㉥
② ㉠, ㉣, ㉤, ㉥
③ ㉡, ㉣, ㉤, ㉥
④ ㉡, ㉣, ㉥, ㉦

CHAPTER 03
수리능력

합격 CHEAT KEY

수리능력은 사칙연산·통계·확률의 의미를 정확하게 이해하고 이를 업무에 적용하는 능력으로, 기초연산과 기초통계, 도표분석 및 작성의 문제 유형으로 출제된다. 수리능력 역시 채택하지 않는 금융권이 거의 없을 만큼 필기시험에서 중요도가 높은 영역이다.

수리능력은 NCS 기반 채용을 진행한 거의 모든 기업에서 다루었으며, 문항 수는 전체의 평균 16% 정도로 많이 출제되었다. 특히, 난이도가 높은 금융권의 시험에서는 도표분석, 즉 자료해석 유형의 문제가 많이 출제되고 있고, 응용수리 역시 꾸준히 출제하는 기업이 많기 때문에 기초연산과 기초통계에 대한 공식의 암기와 자료해석능력을 기를 수 있는 꾸준한 연습이 필요하다.

01 응용수리능력의 공식은 반드시 암기하라!

응용수리능력은 지문이 짧지만, 풀이 과정은 긴 문제도 자주 볼 수 있다. 그렇기 때문에 응용수리능력의 공식을 반드시 암기하여 문제의 상황에 맞는 공식을 적절하게 적용하여 답을 도출해야 한다. 따라서 문제에서 묻는 것을 정확하게 파악하여 그에 맞는 공식을 적절하게 적용하는 꾸준한 노력과 공식을 암기하는 연습이 필요하다.

02 통계에서의 사건이 동시에 발생하는지 개별적으로 발생하는지 구분하라!

통계에서는 사건이 개별적으로 발생했을 때, 경우의 수는 합의 법칙, 확률은 덧셈정리를 활용하여 계산하며, 사건이 동시에 발생했을 때, 경우의 수는 곱의 법칙, 확률은 곱셈정리를 활용하여 계산한다. 특히, 기초통계능력에서 출제되는 문제 중 순열과 조합의 계산 방법이 필요한 문제도 다수이므로 순열(순서대로 나열)과 조합(순서에 상관없이 나열)의 차이점을 숙지하는 것 또한 중요하다. 통계 문제에서의 사건 발생 여부만 잘 판단하여도 계산과 공식을 적용하기가 수월하므로 문제의 의도를 잘 파악하는 것이 중요하다.

03 자료의 해석은 자료에서 즉시 확인할 수 있는 지문부터 확인하라!

대부분의 수험생들이 어려워 하는 영역이 수리영역 중 도표분석, 즉 자료해석능력이다. 자료는 표 또는 그래프로 제시되고, 쉬운 지문은 증가 혹은 감소 추이, 간단한 사칙연산으로 풀이가 가능한 문제 등이 있고, 자료의 조사기간 동안 전년 대비 증가율 혹은 감소율이 가장 높은 기간을 찾는 문제들도 있다. 따라서 일단 증가·감소 추이와 같이 눈으로 확인이 가능한 지문을 먼저 확인한 후 복잡한 계산이 필요한 지문을 확인하는 방법으로 문제를 풀이한다면, 시간을 조금이라도 아낄 수 있다. 특히, 그래프와 같은 경우에는 그래프에 대한 특징을 알고 있다면, 그래프의 길이 혹은 높낮이 등으로 대강의 수치를 빠르게 확인이 가능하므로 이에 대한 숙지도 필요하다. 또한, 여러 가지 보기가 주어진 문제 역시 지문을 잘 확인하고 문제를 풀이한다면 불필요한 계산을 생략할 수 있으므로 항상 지문부터 확인하는 습관을 들이기를 바란다.

04 도표작성능력에서 지문에 작성된 도표의 제목을 반드시 확인하라!

도표작성은 하나의 자료 혹은 보고서와 같은 수치가 표현된 자료를 도표로 작성하는 형식으로 출제되는데, 대체로 표보다는 그래프를 작성하는 형태로 많이 출제된다. 지문을 살펴보면 각 지문에서 주어진 도표에도 소제목이 있는 경우가 대부분이다. 이때, 자료의 수치와 도표의 제목이 일치하지 않는 경우 함정이 존재하는 문제일 가능성이 높으므로 도표의 제목을 반드시 확인하는 것이 중요하다. 도표작성의 경우 대부분 비율 계산이 많이 출제되는데, 도표의 제목과는 다른 수치로 작성된 도표가 존재하는 경우가 있다. 그렇기 때문에 지문에서 작성된 도표의 소제목을 먼저 확인하는 연습을 하여 간단하지 않은 비율 계산을 두 번 하는 일이 없도록 해야 한다.

| 유형분석 |

- (거리)=(속력)×(시간), (속력)=$\frac{(거리)}{(시간)}$, (시간)=$\frac{(거리)}{(속력)}$
- 기차와 터널의 길이, 물과 같이 속력이 있는 장소 등 추가적인 거리 · 속력 · 시간에 대한 조건과 결합하여 난도 높은 문제로 출제된다.

A사원은 회사 근처 카페에서 거래처와 미팅을 갖기로 했다. 처음에는 4km/h로 걸어가다가 약속 시간에 늦을 것 같아서 10km/h로 뛰어서 24분 만에 미팅 장소에 도착했다. 회사에서 카페까지의 거리가 2.5km일 때, A사원이 뛴 거리는?

① 0.6km

② 0.9km

③ 1.2km

④ 1.5km

정답 ④

총거리와 총시간이 주어져 있으므로 걸은 거리와 뛴 거리 또는 걸은 시간과 뛴 시간을 미지수로 잡을 수 있다.

미지수를 잡기 전에 문제에서 묻는 것을 정확하게 파악해야 나중에 답을 구할 때 헷갈리지 않는다.

문제에서는 A사원이 뛴 거리를 물어보았으므로 거리를 미지수로 놓는다.

A사원이 회사에서 카페까지 걸어간 거리를 $x$km, 뛴 거리를 $y$km라고 하면,

회사에서 카페까지의 거리는 2.5km이므로 걸어간 거리 $x$km와 뛴 거리 $y$km를 합하면 2.5km이다.

$x+y=2.5 \cdots$ ㉠

A사원이 회사에서 카페까지 24분이 걸렸으므로 걸어간 시간$\left(\frac{x}{4} 시간\right)$과 뛰어간 시간$\left(\frac{y}{10} 시간\right)$을 합치면 24분이다.

이때 속력은 시간 단위이므로 '분'으로 바꾸어 계산한다.

$\frac{x}{4} \times 60 + \frac{y}{10} \times 60 = 24 \rightarrow 5x+2y=8 \cdots$ ㉡

㉠과 ㉡을 연립하여 ㉡−(2×㉠)을 하면 $x=1$이고, 구한 x의 값을 ㉠에 대입하면 $y=1.5$이다.

따라서 A사원이 뛴 거리는 $y$km이므로 1.5km이다.

유형풀이 Tip

- 미지수를 정할 때에는 문제에서 묻는 것을 정확하게 파악해야 한다.
- 속력과 시간의 단위를 처음부터 정리하여 계산하면 실수 없이 풀이할 수 있다.
   예 1시간=60분=3,600초
   예 1km=1,000m=100,000cm

01   A는 집에서 1.5km 떨어진 학원을 가는데 15분 안에 도착해야 한다. 처음에는 분속 40m로 걷다가 지각하지 않기 위해 남은 거리는 분속 160m로 달렸다. A가 걸어간 거리는?

① 280m

② 290m

③ 300m

④ 310m

`Easy`

02   일정한 속력으로 달리는 기차가 400m 길이의 터널을 완전히 통과하는 데 10초, 800m 길이의 터널을 완전히 통과하는 데 18초가 걸렸다. 이 기차의 속력은?

① 50m/s

② 55m/s

③ 60m/s

④ 65m/s

03   철수와 영희가 5 : 3 비율의 속력으로 A지점에서 출발하여 B지점으로 향했다. 영희가 30분 먼저 출발했을 때 철수가 영희를 따라잡은 시간은 철수가 출발하고 나서 몇 분 만인가?

① 30분

② 35분

③ 40분

④ 45분

| 유형분석 |

- (농도)$=\dfrac{\text{(용질의 양)}}{\text{(용액의 양)}}\times 100$
- (소금물의 양)=(물의 양)+(소금의 양)이라는 것에 유의하고, 더해지거나 없어진 것을 미지수로 두고 풀이한다.

소금물 500g이 있다. 이 소금물에 농도가 3%인 소금물 200g을 온전히 섞었더니 소금물의 농도는 7%가 되었다. 500g의 소금물에 녹아 있던 소금의 양은?

① 31g

② 37g

③ 43g

④ 49g

정답 ③

500g의 소금물에 녹아 있던 소금의 양을 xg이라고 하자.

농도가 3%인 소금물 200g에 녹아 있던 소금의 양은 $\dfrac{3}{100}\times 200=6$g이다.

소금물 500g에 농도가 3%인 소금물 200g을 섞었을 때 소금물의 농도가 주어졌으므로 농도를 기준으로 식을 세우면 다음과 같다.

$\dfrac{x+6}{500+200}\times 100=7$

→ $(x+6)\times 100=7\times(500+200)$

→ $(x+6)\times 100=4,900$

→ $100x+600=4,900$

→ $100x=4,300$

∴ $x=43$

따라서 500g의 소금물에 녹아 있던 소금의 양은 43g이다.

유형풀이 Tip

- 숫자의 크기를 최대한 간소화해야 한다. 특히, 농도의 경우 분수와 정수가 같이 제시되고, 최근에는 비율을 활용한 문제가 많이 출제되고 있으므로 통분이나 약분을 통해 수를 간소화시켜 계산 실수를 줄일 수 있도록 한다.
- 항상 미지수를 구해서 그 값을 계산하여 풀이해야 하는 것은 아니다. 문제에서 원하는 값은 정확한 미지수를 구하지 않아도 풀이 과정에서 답이 제시되는 경우가 있으므로 문제에서 묻는 것을 명확히 해야 한다.

01 농도가 10%인 소금물 500g을 끓여 물을 증발시킨 후 농도가 2%인 소금물 250g을 더 넣었더니 농도가 8%인 소금물이 만들어졌다. 증발시킨 물의 양은?

① 55g
② 57.5g
③ 60g
④ 62.5g

Hard

02 농도가 15%인 소금물을 5% 증발시킨 후 농도가 30%인 소금물 200g을 섞어서 농도가 20%인 소금물을 만들었다. 증발 전 농도가 15%인 소금물의 양은?

① 350g
② 400g
③ 450g
④ 500g

03 농도가 10%인 A소금물 200g과 농도가 20%인 B소금물 300g이 있다. A소금물에는 ag의 물을 첨가하고, B소금물에서는 bg을 버렸다. 늘어난 A소금물과 줄어든 B소금물을 합친 결과, 농도가 10%인 500g의 소금물이 되었을 때, A소금물에 첨가한 물의 양은?

① 100g
② 120g
③ 150g
④ 180g

| 유형분석 |

- (일률)$=\dfrac{(작업량)}{(작업기간)}$, (작업기간)$=\dfrac{(작업량)}{(일률)}$, (작업량)$=$(일률)$\times$(작업기간)
- 전체 일의 양을 1로 두고 풀이하는 유형이다.
- 분이나 초 단위 계산이 가장 어려운 유형으로 출제되고 있다.

한 공장에서는 기계 2대를 운용하고 있다. 이 공장의 전체 작업을 수행할 때 A기계로는 12시간이 걸리며, B기계로는 18시간이 걸린다. 이미 절반의 작업이 수행된 상태에서 A기계로 4시간 동안 작업하다가 이후로는 A, B 두 기계를 모두 동원해 작업을 수행했다고 할 때 A, B 두 기계를 모두 동원해 작업을 수행하는 데 소요된 시간은?

① 1시간
② 1시간 12분
③ 1시간 20분
④ 1시간 30분

정답 ②

전체 일의 양을 1이라고 하면, A기계가 한 시간 동안 작업할 수 있는 일의 양은 $\dfrac{1}{12}$이고, B기계가 한 시간 동안 작업할 수 있는 일의 양은 $\dfrac{1}{18}$이다. 이미 절반의 작업이 수행되었으므로 남은 일의 양은 $1-\dfrac{1}{2}=\dfrac{1}{2}$이다.

이 중 A기계로 4시간 동안 작업을 수행했으므로 A기계와 B기계가 함께 작업해야 하는 일의 양은 $\dfrac{1}{2}-\left(\dfrac{1}{12}\times4\right)=\dfrac{1}{6}$이다.

따라서 A, B 두 기계를 모두 동원해 남은 $\dfrac{1}{6}$을 수행하는 데는 $\dfrac{\dfrac{1}{6}}{\left(\dfrac{1}{12}+\dfrac{1}{18}\right)}=\dfrac{\dfrac{1}{6}}{\dfrac{5}{36}}=\dfrac{6}{5}$시간, 즉 1시간 12분이 걸린다.

유형풀이 Tip

- 전체의 값을 모르는 상태에서 비율을 묻는 문제의 경우 전체를 1이라고 하면 쉽게 풀이할 수 있다.

  예 1개의 일을 끝내는 데 3시간이 걸린다. 1개의 일을 1이라고 하면, 1시간에 $\dfrac{1}{3}$만큼의 일을 끝내는 것이다.

- 난도가 높은 문제의 경우 전체 일의 양을 막대 그림으로 표현하면서 풀이하면 한눈에 파악할 수 있다.

예

$\dfrac{1}{2}$ 수행됨	A기계로 4시간 동안 작업	A, B 두 기계를 모두 동원해 작업

01 화물 운송 트럭 A ~ C 3대는 하루 2회 운행하며 192톤을 옮겨야 한다. A트럭만 운행하였을 때 12일이 걸렸고, A트럭과 B트럭을 동시에 운행하였을 때 8일이 걸렸으며, B트럭과 C트럭을 동시에 운행하였을 때 16일이 걸렸다. 이때, C트럭의 적재량은?

① 1톤
② 2톤
③ 3톤
④ 4톤

Easy

02 K은행 김행원은 이틀간 일하고 하루 쉬기를 반복하고, 박행원은 월 ~ 금요일 닷새간 일하고 토 ~ 일요일 이틀간 쉬기를 반복한다. 김행원이 7월에 일한 날이 20일이라면, 김행원과 박행원이 7월에 함께 일한 날은 며칠인가?(단, 7월 1일은 목요일이며, K은행은 주 7일제이다)

① 15일
② 16일
③ 17일
④ 18일

03 정대리는 박주임보다 일을 처리하는 시간이 20% 적게 걸린다. 박주임이 프로젝트 A를 혼자 처리할 때 10일 걸린다면, 프로젝트 A를 정대리와 함께 처리하면 며칠이 걸리는가?

① $\frac{38}{9}$ 일
② $\frac{40}{9}$ 일
③ $\frac{42}{9}$ 일
④ $\frac{44}{9}$ 일

04 금액

| 유형분석 |

- (정가)=(원가)+(이익), (이익)=(정가)−(원가)

  a원에서 $b\%$ 할인한 가격$=a \times \left(1 - \dfrac{b}{100}\right)$

- 원가, 정가, 할인가, 판매가 등의 개념을 명확히 한다.
- 난이도가 어려운 편은 아니지만 비율을 활용한 계산 문제이기 때문에 실수하기 쉽다.

원가의 20%를 추가한 금액을 정가로 하는 제품을 15% 할인해서 50개를 판매한 금액이 127,500원일 때, 이 제품의 원가는?

① 1,500원   ② 2,000원
③ 2,500원   ④ 3,000원

정답 ③

제품의 원가를 x원이라고 하면, 제품의 정가는 $(1+0.2)x=1.2x$원이고 판매가는 $1.2x(1-0.15)=1.02x$원이다.
50개를 판매한 금액이 127,500원이므로 다음과 같은 식이 성립한다.
$1.02x \times 50=127,500$
$\rightarrow 1.02x=2,550$
$\therefore x=2,500$
따라서 제품의 원가는 2,500원이다.

유형풀이 Tip

- 전체 금액을 구하는 것이 아니라 할인된 금액을 구하면 수의 크기도 작아지고, 풀이 과정을 단축시킬 수 있다.
- 난이도가 어려운 편은 아니지만, 비율을 활용한 계산 문제이기 때문에 실수하지 않도록 유의한다.

01 K씨는 저가항공을 이용하여 비수기에 제주도 출장을 가려고 한다. 1인 기준으로 작년에 비해 비행기 왕복 요금은 20% 내렸고, 1박 숙박비는 15% 올라서 올해의 비행기 왕복 요금과 1박 숙박비 합계는 작년보다 10% 증가한 금액인 308,000원이라고 한다. 이때 1인 기준으로 올해의 비행기 왕복 요금은?

① 31,000원
② 32,000원
③ 33,000원
④ 34,000원

02 원래 가격이 a원인 물건이 있다. 이 물건은 단체로 10개를 구매하면 9개의 가격을 받고, 100개 이상 구매하면 전체 가격의 5%를 추가로 할인해 준다. 한 단체에서 이 물건 385개를 주문했을 때, 지불해야 하는 가격은?

① $\dfrac{6,591}{20}a$원
② $\dfrac{6,593}{20}a$원
③ $\dfrac{6,597}{20}a$원
④ $\dfrac{6,599}{20}a$원

Hard

03 세계 4대 테마파크로 꼽히는 K랜드는 회원제 시스템을 운영 중이다. 비회원은 매표소에서 자유이용권 1장을 20,000원에 구매할 수 있고, 회원은 자유이용권 1장을 20% 할인된 가격에 구매할 수 있다. 회원가입비가 50,000원이라 할 때, K랜드를 최소 몇 회 이용해야 회원가입한 것이 이익인가?(단, 회원 1인당 1회 방문 시 자유이용권 1장을 구매할 수 있다)

① 11회
② 12회
③ 13회
④ 14회

05 날짜·요일

| 유형분석 |

- 1일=24시간=1,440(=24×60)분=86,400(=1,440×60)초
- 월별 일수 : 31일 – 1, 3, 5, 7, 8, 10, 12월
    - 30일 – 4, 6, 9, 11월
    - 28일 또는 29일(윤년, 4년에 1회) – 2월
- 날짜·요일 단위별 기준이 되는 숫자가 다르므로 실수하지 않도록 유의한다.

어느 해의 3월 2일이 금요일일 때, 한 달 후인 4월 2일은 무슨 요일인가?

① 월요일　　　　　　　　　　　② 화요일
③ 수요일　　　　　　　　　　　④ 목요일

정답　①

3월은 31일까지 있고 일주일은 7일이므로, 31÷7=4 … 3이다.
따라서 4월 2일은 금요일부터 3일이 지난 월요일이다.

유형풀이 Tip

- 일주일은 7일이므로 전체 일수를 구한 뒤 7로 나누면 빠르게 해결할 수 있다.
- 날짜와 요일의 단위를 처음부터 정리하여 계산하면 실수 없이 풀이할 수 있다.

01 K공원에서 A는 강아지와 함께 2일마다 산책하고, B는 혼자 3일마다 산책한다. A는 월요일에, B는 그다음 날에 산책했다면 처음으로 A와 B가 만나는 날은 무슨 요일인가?

① 수요일   ② 목요일
③ 금요일   ④ 토요일

02 A회사와 B회사의 휴무 간격은 각각 5일, 7일이다. 일요일인 오늘 두 회사가 함께 휴일을 맞았다면, 앞으로 4번째로 함께하는 휴일은 무슨 요일인가?

① 수요일   ② 목요일
③ 금요일   ④ 토요일

Hard

03 K은행은 주 5일 평일에만 근무하는 것이 원칙이며, 재작년의 휴일 수는 105일이었다. 작년은 재작년과 같은 날만큼 쉬었으며 윤년이었다고 한다. 올해 K은행의 휴일 수는 며칠인가?(단, 휴일은 주말을 뜻한다)

① 103일   ② 104일
③ 105일   ④ 106일

| 유형분석 |

- $_n\mathrm{P}_m = n \times (n-1) \times \cdots \times (n-m+1)$

  $_n\mathrm{C}_m = \dfrac{_n\mathrm{P}_m}{m!} = \dfrac{n \times (n-1) \times \cdots \times (n-m+1)}{m!}$

- 벤 다이어그램을 활용한 문제가 출제되기도 한다.

K은행은 토요일에 2명의 사원이 당직 근무를 서도록 사칙으로 규정하고 있다. K은행의 B팀에는 8명의 사원이 있고 앞으로 3주 동안 B팀이 토요일 당직 근무를 선다고 할 때, 가능한 모든 경우의 수는?(단, 모든 사원은 당직 근무를 2번 이상 서지 않는다)

① 1,520가지

② 2,520가지

③ 5,040가지

④ 10,080가지

정답 ②

8명을 2명씩 3개의 그룹으로 나누는 경우의 수는 $_8\mathrm{C}_2 \times {}_6\mathrm{C}_2 \times {}_4\mathrm{C}_2 \times \dfrac{1}{3!} = 28 \times 15 \times 6 \times \dfrac{1}{6} = 420$가지이다.

3개의 그룹을 각각 A, B, C라 하면, 3주 동안 토요일에 근무자를 배치하는 경우의 수는 A, B, C를 일렬로 배열하는 방법의 수와 같으므로 3개의 그룹을 일렬로 나열하는 경우의 수는 $3 \times 2 \times 1 = 6$가지이다.

따라서 가능한 모든 경우의 수는 $420 \times 6 = 2,520$가지이다.

유형풀이 Tip

경우의 수의 합의 법칙과 곱의 법칙 등에 관해 명확히 한다.
1) 합의 법칙
   ① 두 사건 A, B가 동시에 일어나지 않을 때, A가 일어나는 경우의 수를 m, B가 일어나는 경우의 수를 n이라고 하면, 사건 A 또는 B가 일어나는 경우의 수는 $m+n$이다.
   ② '또는', '~이거나'라는 말이 나오면 합의 법칙을 사용한다.
2) 곱의 법칙
   ① A가 일어나는 경우의 수를 m, B가 일어나는 경우의 수를 n이라고 하면, 사건 A와 B가 동시에 일어나는 경우의 수는 $m \times n$이다.
   ② '그리고', '동시에'라는 말이 나오면 곱의 법칙을 사용한다.

01 사내 체육대회의 응원단장 투표를 홈페이지에서 진행하려고 한다. 응원단장 후보는 부서별로 1명씩 선출하여 총 8명이다. 이들 중 3명을 선출하는 경우의 수는?

① 56가지   ② 58가지
③ 60가지   ④ 62가지

Easy
02 0 ~ 9까지의 숫자가 적힌 카드를 세 장 뽑아서 홀수인 세 자리의 수를 만들려고 할 때, 가능한 경우의 수는?

① 280가지   ② 300가지
③ 320가지   ④ 340가지

03 K은행의 마케팅부, 영업부, 영업지원부에서 2명씩 대표로 회의에 참석하기로 하였다. 원탁 테이블에 같은 부서 사람이 옆자리에 앉는 방식으로 자리배치를 한다고 할 때, 6명이 앉을 수 있는 경우의 수는 모두 몇 가지인가?

① 15가지   ② 16가지
③ 17가지   ④ 18가지

| 유형분석 |

- 순열(P)과 조합(C)을 활용한 문제가 많다.
- 조건부 확률 문제가 출제되기도 한다.

주머니에 1부터 10까지의 숫자가 적힌 카드 10장이 들어있다. 주머니에서 카드를 세 번 뽑는다고 할 때, 1, 2, 3이 적힌 카드 중 하나 이상을 뽑을 확률은?(단, 꺼낸 카드는 다시 넣지 않는다)

① $\dfrac{7}{24}$

② $\dfrac{5}{8}$

③ $\dfrac{17}{24}$

④ $\dfrac{5}{6}$

정답 ③

(1, 2, 3이 적힌 카드 중 하나 이상을 뽑을 확률)=1−(세 번 모두 4 ~ 10이 적힌 카드를 뽑을 확률)

세 번 모두 4 ~ 10이 적힌 카드를 뽑을 확률은 $\dfrac{7}{10} \times \dfrac{6}{9} \times \dfrac{5}{8} = \dfrac{7}{24}$ 이다.

따라서 1, 2, 3이 적힌 카드 중 하나 이상을 뽑을 확률은 $1 - \dfrac{7}{24} = \dfrac{17}{24}$ 이다.

유형풀이 Tip

1) 확률의 덧셈

   두 사건 A, B가 동시에 일어나지 않을 때, A가 일어날 확률을 p, B가 일어날 확률을 q라고 하면, 사건 A 또는 B가 일어날 확률은 $p+q$이다.

2) 확률의 곱셈

   A가 일어날 확률을 p, B가 일어날 확률을 q라고 하면, 사건 A와 B가 동시에 일어날 확률은 $p \times q$이다.

3) 여사건 확률

   ① 사건 A가 일어날 확률이 p일 때, 사건 A가 일어나지 않을 확률은 $(1-p)$이다.

   ② '적어도'라는 말이 나오면 주로 사용한다.

4) 조건부 확률

   ① 확률이 0이 아닌 두 사건 A, B에 대하여 사건 A가 일어났다는 조건하에 사건 B가 일어날 확률로, A 중에서 B인 확률을 의미한다.

   ② $P(B \mid A) = \dfrac{P(A \cap B)}{P(A)}$ 또는 $P_A(B)$로 나타낸다.

01 3글자가 적힌 카드 7장, 1글자가 적힌 카드 5장이 있다. 이 중에서 3장의 카드를 고를 때 3장 모두 3글자가 적힌 카드일 확률은?

① $\dfrac{7}{110}$

② $\dfrac{7}{55}$

③ $\dfrac{7}{44}$

④ $\dfrac{1}{4}$

Hard

02 흰색 탁구공 7개와 노란색 탁구공 5개가 들어 있는 주머니에서 4개의 탁구공을 동시에 꺼낼 때, 흰색 탁구공이 노란색 탁구공보다 많을 확률은?

① $\dfrac{10}{33}$

② $\dfrac{14}{33}$

③ $\dfrac{17}{33}$

④ $\dfrac{20}{33}$

03 다음과 같은 정오각형 모양의 탁자에 남학생 5명과 여학생 5명이 앉고자 할 때, 각 변에 남학생과 여학생이 이웃하여 앉을 확률은?

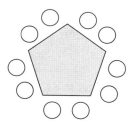

① $\dfrac{2}{63}$

② $\dfrac{4}{63}$

③ $\dfrac{6}{63}$

④ $\dfrac{8}{63}$

08 환율

| 유형분석 |

- $(환율) = \dfrac{(자국\ 화폐\ 가치)}{(외국\ 화폐\ 가치)}$
- $(자국\ 화폐\ 가치) = (환율) \times (외국\ 화폐\ 가치)$
- $(외국\ 화폐\ 가치) = \dfrac{(자국\ 화폐\ 가치)}{(환율)}$

수인이는 베트남 여행을 위해 환전하기로 하였다. 다음은 K환전소의 환전 당일 환율 및 수수료에 대한 자료이다. 수인이가 한국 돈으로 베트남 현금 1,670만 동을 환전한다고 할 때, 수수료까지 포함하여 필요한 금액은?(단, 모든 계산 과정에서 구한 값은 일의 자리에서 버림한다)

〈K환전소 환율 및 수수료〉

- 베트남 환율 : 483원/만 동
- 수수료 : 0.5%
- 우대사항 : 50만 원 이상 환전 시 70만 원까지 수수료 0.4%로 인하 적용
  100만 원 이상 환전 시 총금액 수수료 0.4%로 인하 적용

---

① 808,840원　　　　　　　　　　　② 808,940원
③ 809,840원　　　　　　　　　　　④ 809,940원

정답 ④

베트남 현금 1,670만 동을 환전하기 위해 필요한 한국 돈은 수수료를 제외하고 1,670만 동×483원/만 동=806,610원이다. 우대사항에 따르면 50만 원 이상 환전 시 70만 원까지 수수료가 0.4%로 낮아지므로, 70만 원에는 수수료가 0.4% 적용되고 나머지는 0.5%가 적용된다. 그러므로 총수수료를 구하면 $700,000 \times 0.004 + (806,610 - 700,000) \times 0.005 = 2,800 + 533.05 \fallingdotseq 3,330$원이다($\because$ 일의 자리에서 버림).

따라서 수수료를 포함하여 수인이가 원하는 금액을 환전하는 데 필요한 총금액은 $806,610 + 3,330 = 809,940$원이다.

유형풀이 Tip

- 우대사항 등 문제에서 요구하는 조건을 놓치지 않도록 주의한다.

01 A씨는 일본으로 여행을 가기 전 K은행에서 9.13원/엔의 환율로 250만 원을 엔화로 환전하였다. 일본에서 150,000엔을 사용하고 귀국한 날 엔화 환율이 10.4원/엔으로 변동되었을 때, 이날 남은 엔화를 원화로 환전하면 얼마인가?(단, 환전수수료는 고려하지 않으며, 소수점 둘째 자리에서 반올림한다)

① 1,287,755원   ② 1,396,187원

③ 1,517,684원   ④ 1,737,486원

`Easy`

02 A씨는 태국에서 신용카드로 1만 5천 바트의 기념품을 구매하였다. 카드사에서 적용하는 환율 및 수수료가 다음과 같을 때, A씨가 기념품 비용으로 내야 할 카드 금액은 얼마인가?(단, 환전수수료는 고려하지 않는다)

〈적용 환율 및 수수료〉

• 태국 환율 : 38.1원/바트
• 해외서비스 수수료 : 0.2%
※ 십 원 미만은 절사

---

① 584,720원   ② 572,640원

③ 566,230원   ④ 558,110원

03 A씨는 구매대행사인 K사에서 신용카드를 사용하여 청소기와 영양제를 직구하려고 한다. 이 직구 사이트에서 청소기와 영양제의 가격은 각각 540달러, 52달러이다. 각각 따로 주문하였을 때 원화로 낼 금액은 얼마인가?

• 200달러 초과 시 20% 관세 부과
• 배송비 : 30,000원
• 구매 당일 환율(신용카드 사용 시 매매기준율을 적용) : 1,128원/달러

---

① 845,600원   ② 846,400원

③ 848,200원   ④ 849,600원

09 금융상품 활용

| 유형분석 |

- 금융상품을 정확하게 이해하고 문제에서 요구하는 답을 도출해 낼 수 있는지 평가한다.
- 단리식, 복리식, 이율, 우대금리, 중도해지, 만기해지 등 조건에 유의해야 한다.

K은행은 '더 커지는 적금'을 새롭게 출시하였다. A씨는 이 적금의 모든 우대금리 조건을 만족하여 이번 달부터 이 상품에 가입하려고 한다. 만기 시 A씨가 받을 수 있는 이자는 얼마인가?(단, 이자 소득에 대한 세금은 고려하지 않으며, $1.025^{\frac{1}{12}} = 1.002$로 계산한다)

〈더 커지는 적금〉

- 가입기간 : 12개월
- 가입금액 : 매월 초 200,000원 납입
- 적용금리 : 기본금리(연 2.1%)+우대금리(최대 연 0.4%p)
- 저축방법 : 정기적립식
- 이자지급방식 : 만기일시지급, 연복리식
- 우대금리 조건
  - 당행 입출금통장 보유 시 : +0.1%p
  - 연 500만 원 이상의 당행 예금상품 보유 시 : +0.1%p
  - 급여통장 지정 시 : +0.1%p
  - 이체실적이 20만 원 이상 시 : +0.1%p

---

① 105,000원
② 107,000원
③ 108,000원
④ 111,000원

모든 우대금리 조건을 만족하므로 최대 연 0.4%p가 기본금리에 적용되어 $2.1+0.4=2.5\%$가 된다.

n개월 후 연복리 이자는 (월납입금)$\times\dfrac{(1+r)^{\frac{1}{12}}\left\{(1+r)^{\frac{n}{12}}-1\right\}}{(1+r)^{\frac{1}{12}}-1}$ $-$ (적립원금)이므로, 다음과 같은 식이 성립한다.

$$200,000\times\dfrac{1.025^{\frac{1}{12}}(1.025-1)}{\left(1.025^{\frac{1}{12}}-1\right)}-200,000\times12$$

$$=200,000\times1.002\times\dfrac{(1.025-1)}{0.002}-2,400,000$$

$$=2,505,000-2,400,000=105,000원$$

유형풀이 Tip

1) 단리
   ① 개념 : 원금에만 이자가 발생
   ② 계산 : 이율이 $r\%$인 상품에 원금 a를 총 n번 이자가 붙는 동안 예치한 경우 $a(1+nr)$
2) 복리
   ① 개념 : 원금과 이자에 모두 이자가 발생
   ② 계산 : 이율이 $r\%$인 상품에 원금 a를 총 n번 이자가 붙는 동안 예치한 경우 $a(1+r)^n$
3) 이율과 기간
   ① (월이율)$=\dfrac{(연이율)}{12}$

   ② n개월$=\dfrac{n}{12}$년
4) 예치금의 원리합계
   원금 a원, 연이율 $r\%$, 예치기간 n개월일 때,
   • 단리 예금의 원리합계 : $a\left(1+\dfrac{r}{12}n\right)$

   • 월복리 예금의 원리합계 : $a\left(1+\dfrac{r}{12}\right)^n$

   • 연복리 예금의 원리합계 : $a(1+r)^{\frac{n}{12}}$
5) 적금의 원리합계
   월초 a원씩, 연이율 $r\%$일 때, n개월 동안 납입한다면
   • 단리 적금의 n개월 후 원리합계 : $an+a\times\dfrac{n(n+1)}{2}\times\dfrac{r}{12}$

   • 월복리 적금의 n개월 후 원리합계 : $\dfrac{a\left(1+\dfrac{r}{12}\right)\left\{\left(1+\dfrac{r}{12}\right)^n-1\right\}}{\left(1+\dfrac{r}{12}\right)-1}$

   • 연복리 적금의 n개월 후 원리합계 : $\dfrac{a(1+r)^{\frac{1}{12}}\left\{(1+r)^{\frac{n}{12}}-1\right\}}{(1+r)^{\frac{1}{12}}-1}=\dfrac{a\left\{(1+r)^{\frac{n+1}{12}}-(1+r)^{\frac{1}{12}}\right\}}{(1+r)^{\frac{1}{12}}-1}$

01 K씨는 연 3%인 연복리 예금상품에 4,300만 원을 예치하고자 한다. K씨가 만기 시 금액으로 원금의 2배를 받는 것은 몇 년 후인가?(단, $\log 1.03 = 0.01$, $\log 2 = 0.3$으로 계산한다)

① 18년 후　　　　　　　　　　　　② 20년 후
③ 26년 후　　　　　　　　　　　　④ 30년 후

02 성호는 가격이 100만 원인 컴퓨터를 이달 초에 20만 원을 지불하고 구매했으며, 남은 금액은 6개월 할부로 지불하고자 한다. 이자는 월이율 3%로 1개월마다 복리로 적용할 때 남은 금액을 한 달 후부터 일정한 금액으로 갚는다면, 매달 얼마씩 갚아야 하는가?(단, $1.03^6 = 1.2$로 계산한다)

① 12.6만 원　　　　　　　　　　　② 14.4만 원
③ 16.2만 원　　　　　　　　　　　④ 18만 원

Easy

03 A고객은 K은행 정기예금을 만기 납입했다. A고객의 가입정보가 다음과 같을 때, A고객이 받을 금액의 이자는 얼마인가?(단, 천의 자리에서 반올림한다)

> • 상품명 : K은행 정기예금
> • 가입자 : 본인
> • 계약기간 : 24개월(만기)
> • 저축방법 : 거치식
> • 저축금액 : 2,000만 원
> • 이자지급방식 : 만기일시지급 - 단리식
> • 기본금리 : 연 0.5%
> • 우대금리 : 거치금액 1,000만 원 이상 시 0.3%p

① 320,000원　　　　　　　　　　② 325,000원
③ 328,500원　　　　　　　　　　④ 330,000원

04 K씨는 퇴직하여 2009년부터 매년 말에 연금 2,000만 원을 받았다. 연금은 매년 8%씩 증가하여 나온다. K씨는 저축을 위해 매년 말에 받은 연금으로 그다음 해 연초에 연 3% 복리예금 비과세 상품 1개를 들었다. 2024년 말에 K씨가 모은 돈은 얼마인가?(단, 2024년에 받는 연금까지 합산하며, $\dfrac{1.08}{1.03}=1.05$, $1.03^{15}=1.6$, $1.08^{15}=1.6$, $1.05^{16}=2.2$로 계산한다)

① 2억 3,600만 원   ② 5억 2,700만 원

③ 6억 5,800만 원   ④ 7억 6,800만 원

05 A대리는 새 자동차 구입을 위해 적금상품에 가입하고자 하며, 후보 적금상품에 대한 정보는 다음과 같다. 후보 적금상품 중 만기환급금이 더 큰 적금상품에 가입한다고 할 때, A대리가 가입할 적금상품과 상품의 만기환급금이 바르게 연결된 것은?

〈후보 적금상품 정보〉

구분	직장인사랑적금	미래든든적금
가입자	개인실명제	개인실명제
가입기간	36개월	24개월
가입금액	매월 1일 100,000원 납입	매월 1일 150,000원 납입
적용금리	연 2.0%	연 1.5%
저축방법	정기적립식, 비과세	정기적립식, 비과세
이자지급방식	만기일시지급식, 단리식	만기일시지급식, 단리식

	적금상품	만기환급금		적금상품	만기환급금
①	직장인사랑적금	3,656,250원	②	직장인사랑적금	3,711,000원
③	미래든든적금	3,656,250원	④	미래든든적금	3,925,000원

| 유형분석 |

- 제시된 자료를 통해 문제에서 주어진 특정한 값을 찾고, 자료의 변동량을 구할 수 있는지 평가하는 유형이다.
- 자료상에 주어진 공식을 활용하는 계산문제와 증감률, 비율, 합, 차 등을 활용한 문제가 출제된다.
- 많은 문제가 출제되지는 않지만, 숫자가 큰 경우가 많으므로 정확한 수치와 제시된 조건을 꼼꼼히 확인하여 실수하지 않는 것이 중요하다.

다음은 시·군지역의 성별 비경제활동 인구 조사에 대한 자료이다. 빈칸 (가), (다)에 들어갈 수가 바르게 연결된 것은?(단, 인구수는 백의 자리에서 반올림하고, 비중은 소수점 첫째 자리에서 반올림한다)

〈성별 비경제활동 인구〉

(단위 : 천 명, %)

구분	합계	남성	비중	여성	비중
시지역	7,800	2,574	(가)	5,226	(나)
군지역	1,149	(다)	33.5	(라)	66.5

	(가)	(다)			(가)	(다)
①	30	385		②	30	392
③	33	378		④	33	385

정답 ④

- (가) : $\dfrac{2,574}{7,800} \times 100 = 33\%$
- (다) : $1,149 \times 0.335 ≒ 385$천 명

유형풀이 Tip

주요 통계 용어
1) 평균 : 자료 전체의 합을 자료의 개수로 나눈 값
2) 분산 : 변량이 평균으로부터 떨어져 있는 정도를 나타낸 값
3) 표준편차 : 통계집단의 분배정도를 나타내는 수치, 자료의 값이 얼마나 흩어져 분포되어 있는지 나타내는 산포도 값의 한 종류
4) 상대도수 : 도수분포표에서 도수의 총합에 대한 각 계급의 도수의 비율
5) 최빈값 : 자료의 분포 중에서 가장 많은 빈도로 나타나는 변량
6) 중앙값 : 자료를 크기 순서대로 배열했을 때 중앙에 위치하게 되는 값

01 다음은 연도별 A ~ C동에 있는 벚꽃나무 수에 대한 자료이다. 빈칸에 들어갈 수치로 옳은 것은? (단, 각 수치는 매년 일정한 규칙으로 변화한다)

〈연도별 벚꽃나무 수 변화 추이〉

(단위 : 그루)

구분	A동	B동	C동
2018년	60	110	35
2019년	66	120	19
2020년	60	103	42
2021년	56	105	44
2022년	55	97	53
2023년		112	50
2024년	48	116	41

① 50
② 48
③ 47
④ 43

02 다음은 K기업의 신용등급이 변화될 가능성에 대한 자료이다. 2023년에 C등급을 받은 K기업이 2025년에도 C등급을 유지할 가능성은?

〈K기업 신용등급 변화 비율〉

구분		$(n+1)$년		
		A등급	B등급	C등급
n년	A등급	0.6	0.3	0.1
	B등급	0.2	0.47	0.33
	C등급	0.1	0.22	0.68

※ 신용등급은 매년 1월 1일 0시에 산정되며, 'A등급 – B등급 – C등급' 순서로 높은 등급임
※ 신용등급 변화 비율은 매년 동일함

① 0.545
② 0.572
③ 0.584
④ 0.622

03 갑순이는 백화점에서 60만 원짜리 코트를 7개월 할부로 구매하였다. 할부수수료 및 조건이 다음과 같을 때, 갑순이의 할부수수료 총액은?(단, 매월 내는 할부금액은 동일한 것으로 가정한다)

〈신용카드 할부수수료〉

(단위 : 연 %)

할부기간	3개월 미만	3 ~ 5개월	6 ~ 9개월	10 ~ 12개월
수수료율	11	13	15	16

※ (할부수수료)=(할부잔액)×(할부수수료율)÷12

※ (할부잔액)=(이용원금)−(기결제원금)

※ (총할부수수료)=(할부원금)×(수수료율)×$\left[\dfrac{(\text{할부 개월 수})+1}{2}\right]$÷12

① 20,000원　　　　　　　　　② 25,000원

③ 30,000원　　　　　　　　　④ 35,000원

04 2025년 상반기 K은행 상품기획팀 입사자 수는 2024년 하반기에 비해 20% 감소하였으며, 2025년 상반기 인사팀 입사자 수는 2024년 하반기 마케팅팀 입사자 수의 2배이고, 영업팀 입사자는 2024년 하반기보다 30명이 늘었다. 2025년 상반기 마케팅팀의 입사자 수는 2025년 상반기 인사팀의 입사자 수와 같다. 2025년 상반기 전체 입사자가 2024년 하반기 대비 25% 증가했을 때, 2024년 하반기 대비 2025년 상반기 인사팀 입사자의 증감률은?

〈K은행 입사자 수〉

(단위 : 명)

구분	마케팅	영업	상품기획	인사	합계
2024년 하반기 입사자 수	50		100		320

① −15%　　　　　　　　　② 0%

③ 15%　　　　　　　　　④ 25%

05 다음은 실업자 및 실업률 추이에 대한 자료이다. 2023년 11월의 실업률은 2024년 2월 대비 얼마나 증감했는가?(단, 소수점 첫째 자리에서 반올림한다)

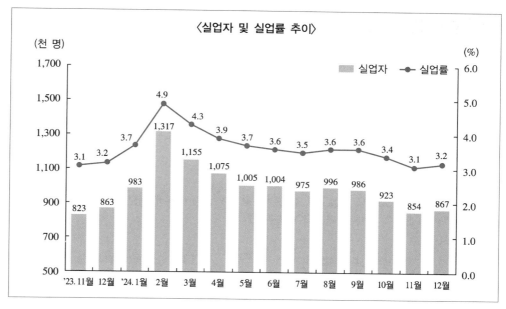

① −37%

② −36%

③ −35%

④ +37%

| 유형분석 |

- 문제에 주어진 상황과 정보를 적절하게 활용하여 잘못된 내용을 찾아낼 수 있는지 평가한다.
- 비율·증감폭·증감률·수익(손해)율 등의 계산을 요구하는 문제가 출제된다.

다음은 K은행 행원 250명을 대상으로 조사한 독감 예방접종 여부에 대한 자료이다. 이에 대한 설명으로 옳은 것은?(단, 소수점 첫째 자리에서 버림한다)

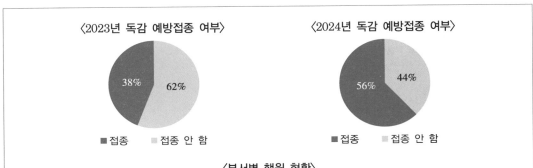

〈2023년 독감 예방접종 여부〉
38% 62%
■ 접종 ■ 접종 안 함

〈2024년 독감 예방접종 여부〉
56% 44%
■ 접종 ■ 접종 안 함

〈부서별 행원 현황〉

(단위 : %)

구분	총무부서	회계부서	영업부서	제조부서	합계
비율	16	12	28	44	100

※ 제시된 것 외의 부서는 없음
※ 2023년과 2024년 부서별 행원 현황은 변동이 없음

① 2023년의 독감 예방접종자가 모두 2024년에도 예방접종을 했다면, 2023년에는 예방접종을 하지 않았지만 2024년에 예방접종을 한 행원은 총 54명이다.
② 2023년 대비 2024년에 예방접종을 한 행원의 수는 49% 이상 증가했다.
③ 위의 2024년 독감 예방접종 여부 그래프가 2023년의 예방접종을 하지 않은 행원들을 대상으로 2024년의 독감 예방접종 여부를 조사한 자료라고 한다면, 2023년과 2024년 모두 예방접종을 하지 않은 행원은 총 65명이다.
④ 위의 2023년과 2024년 독감 예방접종 여부 그래프가 총무부서에 대한 자료라고 한다면, 총무부서 행원 중 예방접종을 한 행원은 2023년 대비 2024년에 7명 증가했다.

정답 ④

총무부서 행원은 총 250×0.16=40명이다. 2023년과 2024년의 독감 예방접종 여부 그래프가 총무부서에 대한 자료라고 한다면, 총무부서 행원 중 2023년과 2024년의 예방접종자 수의 비율 차는 56-38=18%p이다. 따라서 2023년 대비 2024년에 40×0.18 ≒7명 증가했다.

오답분석

① 2023년 독감 예방접종자 수는 250×0.38=95명, 2024년 독감 예방접종자 수는 250×0.56=140명이므로, 2023년에는 예방접종을 하지 않았지만, 2024년에는 예방접종을 한 행원은 총 140-95=45명이다.

② 2023년의 예방접종자 수는 95명이고, 2024년의 예방접종자 수는 140명이다. 따라서 $\frac{140-95}{95}\times100$≒47% 증가했다.

③ 2024년의 독감 예방접종 여부 그래프가 2023년의 예방접종을 하지 않은 행원들을 대상으로 2024년의 독감 예방접종 여부를 조사한 자료라고 한다면, 2023년과 2024년 모두 예방접종을 하지 않은 행원은 총 250×0.62×0.44≒68명이다.

■ 유형풀이 Tip

[증감률(%)] : $\frac{(비교값)-(기준값)}{(기준값)}\times100$

예 K은행의 작년 신입행원 수는 500명이고, 올해는 700명이다. K은행의 전년 대비 올해 신입행원 수의 증가율은?

$\frac{700-500}{500}\times100=\frac{200}{500}\times100=40\%$ → 전년 대비 40% 증가하였다.

예 K은행의 올해 신입행원 수는 700명이고, 내년에는 350명을 채용할 예정이다. K은행의 올해 대비 내년 신입행원 수의 감소율은?

$\frac{350-700}{700}\times100=-\frac{350}{700}\times100=-50\%$ → 올해 대비 50% 감소할 것이다.

Easy

01 다음은 분기별 모바일 뱅킹 서비스 이용 실적에 대한 자료이다. 이에 대한 설명으로 옳지 않은 것은?

<모바일 뱅킹 서비스 이용 실적>

(단위 : 천 건, %)

구분	2023년				2024년
	1/4분기	2/4분기	3/4분기	4/4분기	1/4분기
조회 서비스	817	849	886	1,081	1,106
자금 이체 서비스	25	16	13	14	25
합계	842(18.6)	865(2.7)	899(3.9)	1,095(21.8)	1,131(3.3)

※ ( )는 전 분기 대비 증가율임

① 조회 서비스 이용 실적은 매 분기 계속 증가하였다.

② 자금 이체 서비스 이용 실적은 2023년 2/4분기에 감소하였다가 다시 증가하였다.

③ 2023년 4/4분기의 조회 서비스 이용 실적은 자금 이체 서비스 이용 실적의 약 77배이다.

④ 모바일 뱅킹 서비스 이용 실적의 전 분기 대비 증가율이 가장 높은 분기는 2023년 4/4분기이다.

02 다음은 5년 동안의 발전원별 발전량 추이에 대한 자료이다. 이에 대한 설명으로 옳지 않은 것은?

<2020 ~ 2024년 발전원별 발전량 추이>

(단위 : GWh)

구분	2020년	2021년	2022년	2023년	2024년
원자력	127,004	138,795	140,806	155,360	179,216
석탄	247,670	226,571	221,730	200,165	198,367
가스	135,072	126,789	138,387	144,976	160,787
신재생	36,905	38,774	44,031	47,831	50,356
유류·양수	6,605	6,371	5,872	5,568	5,232
합계	553,256	537,300	550,826	553,900	593,958

① 전체 발전량의 전년 대비 증가폭이 가장 큰 해는 2024년이다.

② 석탄 자원 발전량의 전년 대비 감소폭이 가장 큰 해는 2023년이다.

③ 매년 유류·양수 자원 발전량은 전체 발전량의 1% 이상을 차지한다.

④ 신재생 자원 발전량 대비 가스 자원 발전량이 가장 큰 해는 2020년이다.

03 다음은 A기업의 금융 구조조정 자금 총지원 현황에 대한 자료이다. 이에 대한 설명으로 옳은 것을 〈보기〉에서 모두 고르면?

〈금융 구조조정 자금 총지원 현황〉

(단위 : 억 원)

구분	은행	증권사	보험사	제2금융	저축은행	협동조합	소계
출자	222,039	99,769	159,198	26,931	1	0	507,938
출연	139,189	4,143	31,192	7,431	4,161	0	186,116
부실자산 매입	81,064	21,239	3,495	0	0	0	105,798
보험금 지급	0	113	0	182,718	72,892	47,402	303,125
대출	0	0	0	0	5,969	0	5,969
합계	442,292	125,264	193,885	217,080	83,023	47,402	1,108,946

보기

㉠ 출자 부문에서 은행이 지원받은 금융 구조조정 자금은 증권사가 지원받은 금융 구조조정 자금의 3배 이상이다.

㉡ 보험금 지급 부문에서 지원된 금융 구조조정 자금 중 저축은행이 지원받은 금액의 비중은 20%를 초과한다.

㉢ 제2금융에서 지원받은 금융 구조조정 자금 중 보험금 지급 부문으로 지원받은 금액이 차지하는 비중은 80% 이상이다.

㉣ 부실자산 매입 부문에서 지원된 금융 구조조정 자금 중 은행이 지급받은 금액의 비중은 보험사가 지급받은 금액 비중의 20배 이상이다.

① ㉠, ㉡

② ㉡, ㉣

③ ㉠, ㉢, ㉣

④ ㉡, ㉢, ㉣

04 다음은 환율 변동에 대한 자료이다. A ~ C시점에 대한 설명으로 옳은 것을 〈보기〉에서 모두 고르면?(단, 환율 이외의 사항은 고려하지 않는다)

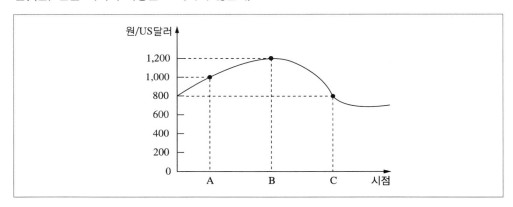

보기

㉠ A시점보다 B시점에 원화 가치가 높다.
㉡ A시점보다 B시점에 미국에 대한 외채 상환 부담이 크다.
㉢ B시점보다 C시점에 원화를 US달러로 환전하는 것이 유리하다.
㉣ A시점에 환전한 US달러를 C시점에 원화로 환전하는 경우 환차익이 발생한다.

---

① ㉠, ㉡   ② ㉡, ㉢
③ ㉡, ㉣   ④ ㉢, ㉣

05 다음은 K은행에서 판매하고 있는 보험상품과 적금상품에 대한 자료이다. K은행 이용자 123만 명 중 25%는 보험상품에 가입했고 40%는 적금상품에 가입했다. 보험상품과 적금상품에 중복으로 가입한 사람은 없으며, 보험상품 가입자의 10%, 적금상품 가입자의 20% 그리고 두 상품 모두 가입하지 않은 K은행 이용자의 30%가 예금상품에 가입했다고 할 때, 이에 대한 설명으로 옳은 것을 〈보기〉에서 모두 고르면?(단, 소수점 둘째 자리에서 반올림한다)

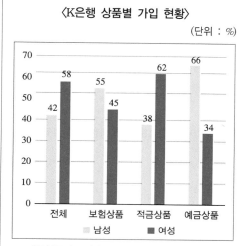
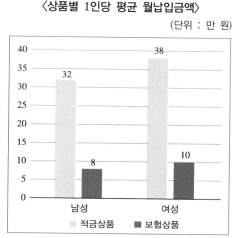

〈K은행 상품별 가입 현황〉 (단위 : %)

〈상품별 1인당 평균 월납입금액〉 (단위 : 만 원)

※ 예금상품의 1인당 평균 예치금은 남성 2,000만 원, 여성 2,200만 원임
※ 적금상품과 예금상품은 5년 만기, 보험상품은 20년 만기임

보기

㉠ K은행 이용자 중 예금상품 가입자가 차지하는 비율은 20% 이하이다.
㉡ 예금상품에 가입한 여성 중에는 보험상품 또는 적금상품에 가입한 여성이 없을 때, 예금상품만 가입한 남성이 K은행 남성 이용자 전체에서 차지하는 비율은 8%이다.
㉢ 보험·적금·예금상품 전체 가입건수에서 남성 가입건수와 여성 가입건수의 차이는 5,000건 이하이다.
㉣ 남성과 여성의 1인당 평균 총 납입금액의 차액이 가장 적은 상품은 예금상품이다.

① ㉠, ㉢   ② ㉡, ㉣
③ ㉠, ㉡, ㉣   ④ ㉡, ㉢, ㉣

| 유형분석 |

- 그래프의 형태별 특징을 파악하고, 다양한 종류로 변환하여 표현할 수 있는지 평가한다.
- 수치를 일일이 확인하기보다 증감 추이를 먼저 판단한 후 그래프 모양이 크게 차이 나는 곳의 수치를 확인하는 것이 효율적이다.

다음은 2020 ~ 2024년 K기업의 매출표에 대한 자료이다. 이를 참고하여 작성한 그래프로 옳은 것은?(단, 비율은 소수점 둘째 자리에서 반올림한다)

<K기업 매출표>

(단위 : 억 원)

구분	2020년	2021년	2022년	2023년	2024년
매출액	1,485	1,630	1,410	1,860	2,055
매출원가	1,360	1,515	1,280	1,675	1,810
판관비	30	34	41	62	38

※ (영업이익)=(매출액)-[(매출원가)+(판관비)]
※ (영업이익률)=(영업이익)÷(매출액)×100

① 2020 ~ 2024년 영업이익

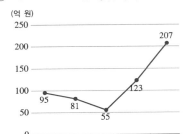

② 2020 ~ 2024년 영업이익

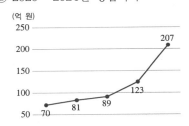

③ 2020 ~ 2024년 영업이익률

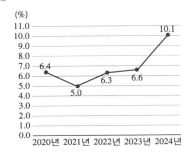

④ 2020 ~ 2024년 영업이익률

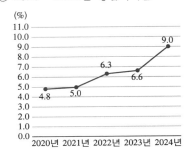

③

연도별 영업이익과 영업이익률은 각각 다음과 같다.

(단위 : 억 원)

구분	2020년	2021년	2022년	2023년	2024년
매출액	1,485	1,630	1,410	1,860	2,055
매출원가	1,360	1,515	1,280	1,675	1,810
판관비	30	34	41	62	38
영업이익	95	81	89	123	207
영업이익률	6.4%	5.0%	6.3%	6.6%	10.1%

유형풀이 Tip

그래프의 종류

종류	내용
선 그래프	시간적 추이(시계열 변화)를 표시하고자 할 때 적합 예 연도별 매출액 추이 변화
막대 그래프	수량 간의 대소관계를 비교하고자 할 때 적합 예 영업소별 매출액
원 그래프	내용의 구성비를 분할하여 나타내고자 할 때 적합 예 제품별 매출액 구성비
층별 그래프	합계와 각 부분의 크기를 백분율로 나타내고 시간적 변화를 보고자 할 때 적합 예 상품별 매출액 추이
점 그래프	지역분포를 비롯한 기업 등의 평가나 위치, 성격을 표시하고자 할 때 적합 예 광고비율과 이익률의 관계
방사형 그래프	다양한 요소를 비교하고자 할 때 적합 예 매출액의 계절변동

01 다음은 연도별 당뇨병 유병률에 대한 자료이다. 이를 참고하여 작성한 그래프로 옳은 것은?(단, 모든 그래프의 단위는 %이다)

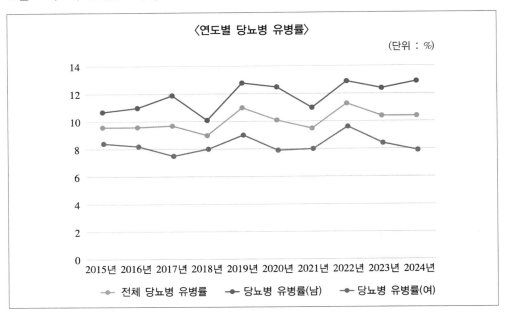

① 연도별 남녀 당뇨병 유병률

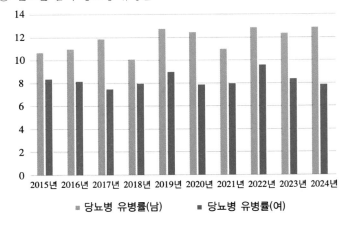

② 2016 ~ 2022년 연도별 전체 당뇨병 유병률

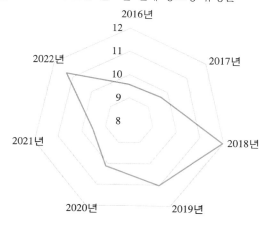

③ 2017 ~ 2024년 연도별 당뇨병 유병률

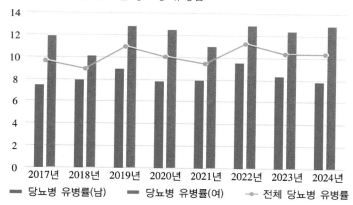

④ 2017 ~ 2024년 연도별 당뇨병 유병률

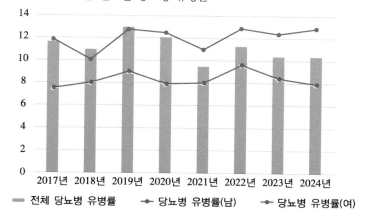

02 다음은 국가별 가계 금융자산에 대한 자료이다. 이를 변환한 그래프로 옳지 않은 것은?

〈각국의 연도별 가계 금융자산 비율〉

구분	2019년	2020년	2021년	2022년	2023년	2024년
A국	0.24	0.22	0.21	0.19	0.17	0.16
B국	0.44	0.45	0.48	0.41	0.40	0.45
C국	0.39	0.36	0.34	0.29	0.28	0.25
D국	0.25	0.28	0.26	0.25	0.22	0.21

※ 가계 총자산은 가계 금융자산과 가계 비금융자산으로 이루어지며, 가계 금융자산 비율은 가계 총자산 대비
   가계 금융자산이 차지하는 비율임

〈2024년 각국의 가계 금융자산 구성비〉

구분	예금	보험	채권	주식	투자신탁	기타
A국	0.62	0.18	0.10	0.07	0.02	0.01
B국	0.15	0.30	0.10	0.31	0.12	0.02
C국	0.35	0.27	0.11	0.09	0.14	0.04
D국	0.56	0.29	0.03	0.06	0.02	0.04

① 연도별 B국과 C국 가계 비금융자산 비율

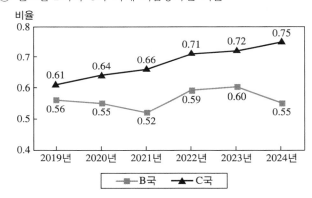

② 2021년 각국의 가계 총자산 구성비

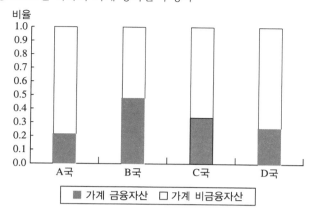

③ 2024년 C국의 가계 금융자산 구성비

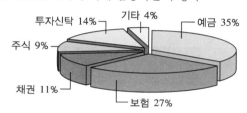

④ 2024년 각국의 가계 총자산 대비 예금 구성비

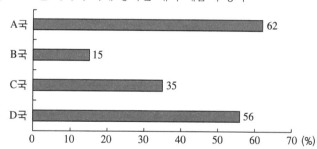

Hard

03 다음은 만 3세부터 초등학교 취학 전까지 유아를 교육하는 방법에 대한 자료이다. 이를 참고하여 작성한 그래프로 옳지 않은 것은?(단, 교육방법에 중복은 없다)

〈유치원 유아 수 현황〉

(단위 : 명, %)

구분	전체		만 3세		만 4세		만 5세 이상	
	유아 수	비율	유아 수	비율	유아 수	비율	유아 수	비율
합계	704,138	100.0	174,907	24.8	253,076	35.9	276,155	39.2
국립	258	100.0	49	19.0	88	34.1	121	46.9
공립	170,091	100.0	27,813	16.4	57,532	33.8	84,746	49.8
사립	533,789	100.0	147,045	27.5	195,456	36.6	191,288	35.8

※ 모든 비율은 소수점 둘째 자리에서 반올림함
※ 비율의 합은 ±0.1 오차가 있을 수 있음

〈어린이집 유아 수 현황〉

(단위 : 명, %)

구분	합계	만 3세	만 4세	만 5세 이상
합계	605,231	263,652	180,255	161,324
비율	100.0	43.6	29.8	26.7
국·공립	108,032	39,560	35,265	33,207
사회복지법인	59,423	23,824	17,897	17,702
법인·단체 등	29,210	10,766	8,993	9,451
민간	374,720	173,991	107,757	92,972
가정	3,410	2,356	630	424
부모협동	2,527	1,017	768	742
직장	27,909	12,138	8,945	6,826

※ 모든 비율은 소수점 둘째 자리에서 반올림함
※ 비율의 합은 ±0.1 오차가 있을 수 있음

〈가정양육 유아 수 현황〉

(단위 : 명, %)

구분	합계		만 3세		만 4세		만 5세 이상	
	유아 수	비율	유아 수	비율	유아 수	비율	유아 수	비율
유아 수	146,762	100.0	47,840	32.6	34,711	23.7	64,211	43.8

※ 모든 비율은 소수점 둘째 자리에서 반올림함
※ 비율의 합은 ±0.1 오차가 있을 수 있음

① 국립·공립·사립 유치원에서 교육받는 유아의 비율

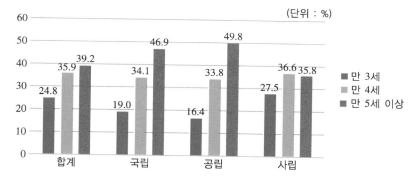

② 어린이집 중 나이별 국·공립, 사회복지법인, 법인·단체 등의 교육기관 유아 수 현황

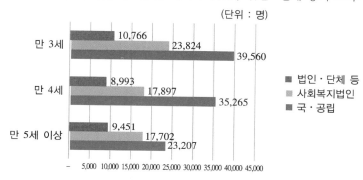

③ 교육기관별 유아 수의 비율

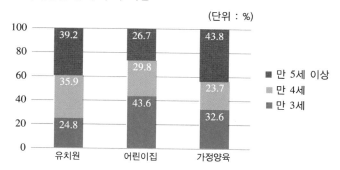

④ 민간 어린이집 유아 나이별 현황

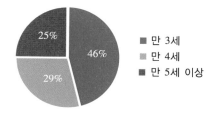

침묵은 다른 방식으로 펼친 주장이다.

– 체 게바라 –

PART 2

직무심화지식

※ 다음은 K은행에서 판매하는 대출상품에 대한 안내 자료이다. 이어지는 질문에 답하시오. **[1~3]**

〈K은행 대출상품 안내〉

구분	내용 및 조건	금리

A상품	• 대학생, 취업준비생, 사회초년생 대상 저금리 대출상품
	 – 대학생 : 4년제 이상의 국내 대학 재학생
	 – 취업준비생 : 4년제 이상의 국내 대학 졸업 후 3년 이내
	  (단, 기간 내 1년 이상의 재직 경력이 있을 경우 제외)
	 – 사회초년생 : 4년제 이상의 국내 대학 졸업 후 3년 이내로
	  대출 당시 재직연수 1년 미만
		• 기본금리 : 2.9%
		• 우대금리
		 – 현재 재학생일 경우 : 0.2%p
		 – 수도권 소재 대학일 경우 : 0.3%p

B상품	• 대학생, 사회초년생(만 24세 이상 33세 이하) 대상 저금리
	 대출상품
	 – 대학생 : 잔여 재학연수가 1년 이상
	 – 사회초년생 : 재직 중일 경우 4대보험이 적용되는 곳이어
	  야 하며, 월급 통장에 급여내역이 3개월 이상
		• 기본금리 : 2.8%
		• 우대금리
		 – 현재 재직 중일 경우 재직연수에 따라 차등 적용
		  (1년 이내 : 0.1%p, 1년 초과 3년 이내 : 0.3%p,
		  3년 초과 : 0.5%p)
		 – 신차 구매 관련 대출금일 경우 : 0.4%p

C상품	• 방문고객 전용 대출상품 – 직접 K은행에 방문해야 하며, 본인 명의의 K은행 통장을 개설한 지 1년 이상으로 이용 건수 5건 이상	• 기본금리 : 3.0% • 우대금리 – 다자녀가구(자녀 2명 이상) : 0.2%p – 한부모가구 : 0.2%p – 자영업자 : 0.3%p
D상품	• 스마트폰 사용 고객 대출상품 – 대출자 명의의 스마트폰 요금을 K은행을 통해 계좌이체 및 K은행 카드로 납부한 내역이 6개월 이상	• 기본금리 : 3.3% • 우대금리(납부방법에 따라 차등 적용) – K은행 카드로 납부 시 : 0.2%p – K은행 계좌로 자동이체 시 : 0.5%p

※ 상품별 우대금리는 조건 충족 시 중복하여 적용될 수 있음

01 다음은 K은행에 근무 중인 행원이 받은 고객의 문의 내용이다. 행원이 해당 고객에게 추천할 상품과 적용되는 금리로 가장 적절한 것은?

> 안녕하세요? 저는 만 26세 사회초년생입니다. 제가 최근 이혼을 하여 아이 둘을 혼자 키우고 있어요. 이번에 이사를 하게 되어 급하게 대출을 받으려 하는데요. 어떤 상품이 좋은지 몰라서요. 저는 국내 수도권 소재의 4년제 대학을 졸업한 지 이제 2년이 지났는데 졸업하자마자 취업해서 현재 2년째 재직 중이에요. 저희 회사는 4대보험이 적용되는 회사고 급여는 K은행 통장으로 받고 있어요. 스마트폰을 사용하고 있긴 하지만 요금은 다른 은행의 계좌에서 자동이체하고 있어요. 4시 이후에 은행을 방문하려고 하는데 그 전에 문의 먼저 하려고요.

① A상품, 2.6% ② B상품, 2.5%

③ B상품, 2.7% ④ C상품, 2.6%

Easy

02 다음 K은행의 행원과 고객의 통화 내용을 참고할 때, 행원이 해당 고객에게 추천할 상품과 적용되는 금리로 가장 적절한 것은?

> 행원 : 안녕하세요. 고객님, 무엇을 도와드릴까요?
> 고객 : 안녕하세요. 제가 차가 필요해서요. 방문하지 않고 대출을 받고 싶은데요.
> 행원 : 실례지만, 나이와 직업이 어떻게 되시는지요?
> 고객 : 만 25세이며, 현재 지방 소재 4년제 대학의 2학년으로 재학 중입니다.
> 행원 : 혹시 결혼은 하셨는지요?
> 고객 : 아니요. 미혼입니다.
> 행원 : 혹시 저희 은행을 이용 중이신가요?
> 고객 : 네, 대학교 입학 당시 부모님께서 제 명의의 입출금통장을 만들어주셨고 이 통장으로 매달 생활비와 등록금을 받고 있습니다. 또한 이 통장을 통해 스마트폰 요금을 자동이체하고 있고요.
> 행원 : 아, 그러시군요. 그럼 제일 낮은 금리의 상품으로 알려드리겠습니다.

① A상품, 2.4% ② A상품, 2.7%

③ B상품, 2.4% ④ B상품, 2.8%

03 02번의 고객이 신차 구매가 아닌 다른 목적으로 대출을 받는다면, 행원이 해당 고객에게 추천할 상품과 적용되는 금리로 가장 적절한 것은?

① A상품, 2.4% ② A상품, 2.7%

③ B상품, 2.4% ④ B상품, 2.8%

※ 다음은 자동차 구매 관련 대출상품인 K은행의 오토론에 대한 자료이다. 이어지는 질문에 답하시오.
[4~5]

<K은행 오토론>

대출 대상	• 신차 구입자금 : 신차 구매를 목적으로 자동차 판매회사와 자동차 매매계약을 체결한 만 19세 이상이며, 8개월 이상 재직 및 소득 증빙이 가능한 사람 • 신차 대환자금 : 은행을 제외한 금융회사(캐피탈 등)에서 신차 구입 대출을 이용하고 있는 만 19세 이상이며, 4개월 이상 재직 및 소득 증빙이 가능한 사람 • 중고차 구입자금 : 중고자동차 구매를 목적으로 자동차 매매업자와 자동차매매계약을 체결한 만 19세 이상이며, 5개월 이상 재직 및 소득 증빙이 가능한 사람 • 중고차 대환자금 : 은행을 제외한 금융회사(캐피탈 등)에서 중고차 구입 대출을 이용하고 있는 만 19세 이상이며, 4개월 이상 재직 및 소득 증빙이 가능한 사람
대출 한도	최대 1.5억 원(단, 최저 취급금액은 4백만 원 이상) ※ 차량판매가격 또는 자동차 할부대출 상환액 이내 ※ 각 개인의 신용등급 및 연 소득 기준으로 산출된 서울보증보험의 보증한도 내에서 대출 가능
대상 차량	• 신차 구입자금 : 승용차(전차종), 승합차(전차종), 화물차(1.5톤 이하), 대형이륜차(260cc 초과), 캠핑용 차량 • 신차 대환자금 / 중고차 구입자금 / 중고차 대환자금 : 승용차(전차종), 승합차(전차종), 화물차(1.5톤 이하)
대출 기간	2 ~ 120개월 ※ 신차 구입자금 : 대출실행일로부터 최장 4개월 ※ 신차 대환자금 / 중고차 구입자금 / 중고차 대환자금 : 없음
중도상환 해약금	[(중도상환 대출 금액)×(중도상환 해약금률 0.9%)×(중도상환약정 잔여일수)÷(중도상환약정기간)]으로 하며, 최초 대출일로부터 3년까지 적용합니다(단, 대출 잔여기간 3개월 이내 상환 시 면제).
유의사항	• 신차 / 중고차 구입자금의 경우 대출 실행 후 본인 명의로 소유권 이전해야 함 • 신차 / 중고차 대환자금의 경우 대출 실행 후 완제영수증 제출해야 함 • 중고차의 경우 최근 5개월 이내 오토론 대출이 취급된 동일차량 구매자금 신청 시 진행 불가 • 대출 실행 후 5개월 내에 자동차를 제3자에게 매도 시 대출금 상환 필요 • 대출계약 철회권이 인정되지 않는 상품으로 매매계약 취소 시 대출금 상환에 따른 중도상환수수료가 발생함
인지세	<table><tr><th>대출 금액</th><th>인지세</th></tr><tr><td>5천만 원 이하</td><td>비과세</td></tr><tr><td>5천만 원 초과 1억 원 이하</td><td>7만 원</td></tr><tr><td>1억 원 초과 10억 원 이하</td><td>15만 원</td></tr><tr><td>10억 원 초과</td><td>35만 원</td></tr></table>※ 인지세법에 의해 대출약정 체결 시 납부하는 세금으로 대출 금액에 따라 세액이 차등 적용되며, 은행과 고객이 각각 50%씩 부담함

■ 필요 서류 : 재직증명서(급여소득자) / 사업자등록증(사업소득자) / 자동차매매계약서 / 자동차등록원부 / 소득증빙서류 / 신분증(상담 시 추가 제출서류가 있을 수 있음)

■ 기본 금리 : 단리식 적용

기간	기본 금리(%)
3개월	5.630
6개월	5.629
1년	5.618
COFIx(신규취급액, 잔액)-6개월	5.629

04 다음 중 K은행 오토론 상품에 대한 설명으로 적절하지 않은 것은?

① 만 18세가 되는 학생이 신차를 구매하여 오토론을 이용할 수는 없겠군.

② 한 중고차에서 다른 오토론을 이미 받았다면, 최소 5개월이 지나야 위 상품을 이용할 수 있겠군.

③ 돈이 부족하여 부모님 돈을 빌려 어머님 명의로 차를 사고 난 이후에 위의 대출을 이용할 수는 없겠군.

④ 캠핑용 차량을 구매하려는 사람이 은행을 제외한 타 금융권에서 미리 대출을 받았다면 위의 상품은 이용하지 못하겠군.

Hard

05 신입사원 A씨는 K은행 오토론을 이용하여 3천만 원인 승용차(신차)를 구매하려고 한다. A씨는 현재 연봉 2천만 원 정도의 소득을 증빙할 수 있는 자료를 가지고 있다. 24개월로 계약을 진행하려고 할 때, 다음 중 적절하지 않은 것은?

① A씨는 인지세를 부담하지 않아도 된다.

② A씨는 차량 전체 가격 전부를 대출받지 못할 수도 있다.

③ 만일 A씨가 입사한 지 4개월밖에 되지 않았고 본 상품을 이용하고 싶다면, 위의 상품을 포함하여 최소 두 번 이상의 대출을 받아야 차를 구매할 수 있다.

④ A씨가 차를 계약하고 인도받은 후 본 대출을 이용하고, 3개월이 채 안 되어 마음이 바뀌어 차를 제3자에게 팔려고 한다. 이때 A씨는 중도상환수수료를 부담하지 않아도 된다.

※ 비과세 절세상품을 알아보던 직장인 K는 최근 조합 예탁금 및 적금이라는 상품을 알게 되었다. 다음은 해당 상품에 대해 K가 조사한 내용이다. 이어지는 질문에 답하시오. **[6~8]**

〈조합 예탁금 · 적금〉

■ 세부정보

조합 예탁금 가입 금융기관	A은행, B은행, C은행, D은행
특징	• 이자소득세 · 농특세 부분 또는 전체 면제 • 예금과 적금 모두 가능
1인당 예탁금 한도	합산 3,000만 원
대상	제한 없음

세율 안내	• 세금우대저축(단계별 적용)
	  – 2025년까지 발생하는 소득 : 이자소득세 0%, 농특세 1.4%
	  – 2026년에 발생하는 소득 : 이자소득세 5%, 농특세 0.9%
	  – 2027년부터 발생하는 소득 : 이자소득세 9%, 농특세 0.5%
	• 비과세종합저축(2020 ~ 2024년에 가입한 경우)
	  이자소득세 0%, 농특세 0%
	• 생계형저축(2019년 12월 31일 이전에 가입한 경우)
	  이자소득세 0%, 농특세 0%

주의사항	• 일반통장의 이자소득세 면제 혜택을 보기 위해서는 출자금통장이 필요
	• 출자금통장은 조합원인 경우에만 발급 가능
	• 조합원의 요건
	  – 금고 업무 구역 내에 주소나 거소가 있는 자 또는 생업에 종사하는 자
	  – 출자금 납입(3 ~ 5만 원)
	※ 출자금통장은 정해진 이율이 없으며 영업실적에 따라서 매년 배당을 해주며, 현재 다른 조건
	  이 없으면 2.5%로 계산함
	※ 출자금통장에 납부한 출자금은 나중에 다시 돌려받을 수 있음

■ 예탁금(예금) – 단리(세전)

(단위 : 연 %)

가입기간	1개월 이상	3개월 이상	6개월 이상	12개월 이상	24개월 이상	36개월 이상
금리	1.2	1.4	1.5	2.05	2.1	2.1

■ 정기적금 – 단리(세전)

(단위 : 연 %)

가입기간	1개월 이상	3개월 이상	6개월 이상	12개월 이상	24개월 이상	36개월 이상
금리	1.5	2.1	2.2	2.5	2.6	2.6

Easy

06 다음 중 조합 예탁금·적금에 대한 설명으로 옳지 않은 것은?

① 이자소득세 면제, 농특세 비면제 상품이다.

② 1인당 예탁금 한도는 총 3,000만 원이다.

③ 비과세종합저축의 경우 2020~2024년 가입자라면 이자소득세, 농특세 모두 면제이다.

④ 조합원인 경우 이자소득세를 면제받을 수 있다.

Hard

07 다음은 K가 현재까지 가입한 상품 및 앞으로의 계획이다. 조합원 자격을 획득한 K는 모두 일반 예적금에 넣었을 때보다 이자에 과세되는 세금을 얼마만큼 절세할 수 있는가?(단, 일반 예적금의 이자소득세는 15.4%이며, 최종 금액의 천 원 단위에서 반올림한다)

〈K의 가입 정보〉

상품	가입 기간	납입액
세금우대저축용 정기적금	2022. 3. 2. ~ 2024. 3. 1.	월초 20만 원
세금우대저축용 예금	2023. 5. 1. ~ 2027. 2. 28.	예치금 2,000만 원
생계형저축 정기적금	2020. 5. 3. ~ 2021. 7. 2.	월초 15만 원
비과세종합저축 예금	2023. 1. 1. ~ 2023. 12. 31.	예치금 300만 원

※ 정기적금은 처음 개설일 일자를 기준으로 매달 납입함

① 19만 원   ② 23만 원

③ 25만 원   ④ 28만 원

08 K와 그의 동료들은 다음과 같은 〈조건〉으로 조합 예탁금·적금 상품에 가입 후 납입하였다. 만기 시 받을 수 있는 이자가 가장 많은 사람부터 적은 사람 순으로 바르게 나열한 것은?(단, 조합 적금은 모두 비과세 저축용 상품으로 가정한다)

조건

• X : 집 근처에 C은행이 있고 해외에서 근무하며, 출자금 5만 원을 납입하고 출자금통장을 만들었다. 2022년 2월 1일부터 2년 동안 매월 1일에 20만 원씩 납입하는 조합 적금에 가입했다.

• Y : 기존 조합원의 자격을 가지고 있으며 출자금통장을 보유하고 있다. 2022년 1월부터 4년 동안 매월 1일에 5만 원씩 납입하는 조합 적금에 가입했다.

• Z : 농사를 짓고 있으며 근처 B은행에서 출자금 3만 원을 내고 출자금통장을 만들었다. 2023년 1월부터 1년 동안 매월 1일에 40만 원씩 납입하는 조합 적금에 가입했다.

① X - Y - Z   ② X - Z - Y

③ Y - Z - X   ④ Z - Y - X

※ 다음은 KB 국민첫재테크예금에 대한 자료이다. 이어지는 질문에 답하시오. [9~11]

〈KB 국민첫재테크예금〉

구분	내용		
가입자격	만 18세 이상 만 38세 이하 개인		
가입기간	6개월, 12개월		
가입금액	100만 원 이상 2,000만 원 이하 ※ 1인 다계좌 가입 가능하나, 1인당 가입 한도 2,000만 원 이하		
기본이율	계약기간	6개월	12개월
	기본이율	연 0.6%	연 0.7%

우대이율

아래 항목 4개 중 최대 2개까지 적용(항목당 0.1%p)

구분	제공 조건	비고
첫예금 우대이율	KB국민은행 적립식예금을 만기해지하고 1개월 내에 이 예금에 가입하는 경우	최초계약기간(6개월 또는 1년) 동안만 제공
패키지 우대이율	① KB국민은행 입출금통장, KB국민첫재테크적금, KB국민카드를 모두 보유한 경우 ② KB樂star통장과 樂star체크카드를 모두 보유한 경우	–
급여이체 우대이율	신규일이 속한 달의 초일부터 3개월이 경과한 날이 속한 달의 말일까지 KB국민은행으로 급여이체 실적이 1회 이상 있는 경우	–
재예치 우대이율	이 예금이 자동재예치되는 경우	재예치 계좌부터 적용

구분	내용
이자계산방법	월복리식(단, 중도해지이율 및 만기 후 이율은 단리 계산)

중도해지이율

기본이율을 단리로 적용

(단위 : 연 %)

예치기간	이율
1개월 미만	0.1
1개월 이상 6개월 미만	기본이율×50%×경과월수/계약월수
6개월 이상 8개월 미만	기본이율×60%×경과월수/계약월수
8개월 이상 10개월 미만	기본이율×70%×경과월수/계약월수
10개월 이상 11개월 미만	기본이율×80%×경과월수/계약월수
11개월 이상	기본이율×90%×경과월수/계약월수

※ 1개월 미만은 절상하고, 원 미만 절사

만기 후 이율

(단위 : 연 %)

경과기간	이율
만기 후 1개월 이내	기본이율×50%
만기 후 1개월 초과 3개월 이내	기본이율×30%
만기 후 3개월 초과	0.1

구분	내용
재예치	자동재예치 신청 시 제세금을 공제한 해지원금과 이자를 당초 계약기간과 동일하게 최장 3년(최초 계약기간 포함)까지 자동재예치 (단, 재예치시점에 압류, 사고신고, 질권설정 등 법적지급제한 사유가 있는 경우 재예치 대상에서 제외) ※ 자동재예치 시 재예치 통지를 요청한 고객에게만 고객이 신청한 방법(SMS 또는 이메일)으로 통지(재예치 통지신청은 재예치 전영업일까지 가능)
분할해지	자동재예치된 계좌만 계약기간 중 만기(또는 중도)해지를 포함하여 총 3회까지 가능(인출금액에 제한은 없으나, 예금 일부인출 후 잔액 1백만 원 이상 유지)

09 직원 A ~ D는 KB 국민첫재테크예금 상품에 대해 다음과 같이 이야기하였다. 잘못된 내용을 이야기하고 있는 사람은?

> A대리 : 나는 올해로 만 39세가 되면서 더 이상 해당 상품에 가입할 수 없게 되었어.
> B사원 : 아쉽네요. 저는 6개월 상품보다 이율이 조금 더 높은 12개월 상품으로 계약하려 합니다.
> C사원 : 어? 가입 한도만 지키면 6개월 상품과 12개월 상품 둘 다에 가입할 수 있던데요?
> D주임 : 맞아요. 그래서 저는 500만 원은 6개월로, 나머지 2,500만 원은 12개월로 계약하려고요.

① A대리　　　　　　　　　　　　　② B사원
③ C사원　　　　　　　　　　　　　④ D주임

10 다음 고객 가입 정보를 참고할 때, 만기 시 해당 고객이 받게 되는 이자는 얼마인가?

> 〈고객 가입 정보〉
> • 가입금액 : 2,000만 원
> • 가입기간 : 12개월
> • 해당 상품 만기 시 자동재예치 신청
> • 1년 전부터 KB국민은행을 통해 급여이체를 받고 있음
> • KB樂star통장과 체크카드를 모두 보유하고 있음

① $2,000 \times \left(1 + \dfrac{0.007}{12}\right)^{11}$ 만 원　　　② $2,000 \times \left(1 + \dfrac{0.007}{12}\right)^{12}$ 만 원

③ $2,000 \times \left(1 + \dfrac{0.009}{12}\right)^{11}$ 만 원　　　④ $2,000 \times \left(1 + \dfrac{0.009}{12}\right)^{12}$ 만 원

11 10번의 고객이 계약금액을 9개월 동안 예치한 후 해당 상품을 중도해지하였다면, 받을 수 있는 이자는 얼마인가?

① 72,000원　　　　　　　　　　　② 73,000원
③ 73,500원　　　　　　　　　　　④ 75,000원

※ 다음은 포디 예금에 대한 자료이다. 이어지는 질문에 답하시오. [12~13]

〈포디 예금〉

오픈뱅킹 거래 실적에 따라 우대금리를 제공하며, 기금을 출연하여 디지털 소외계층을 위한 사업에 지원하는 비대면 전용 상품

- 가입대상 : 개인(1인 1계좌)
- 가입기간 : 12개월
- 가입금액 : 1백만 원 이상 1억 원 이내(원 단위)
- 적립방법 : 거치식
- 기본금리(연 %)

이자지급방식	금리
만기일시지급식	1.3
월이자지급식	1.2

- 우대금리(연 %p)

아래 우대조건을 만족하는 경우 가입일 현재 기본금리에 가산하여 만기해지 시 적용(최고 0.5%p 우대)

우대조건	우대금리
비대면 가입 특별 금리	0.2
당행에서 오픈뱅킹 서비스에 계좌 등록 후 해당 서비스를 이용하여 타행 계좌로부터 당행 계좌로 이체 실적이 5회(최대 월 1회 인정) 이상인 경우 1) 실적 인정 기준일 : 상품 가입일로부터 만기가 속한 달의 전월 말 이내에 오픈뱅킹 이체 실적이 있는 경우(오픈뱅킹 등록은 상품 가입 이전 계좌 등록분도 인정) 2) 이체 실적은 최대 월 1회만 인정	0.3

- 중도해지금리(연 %)

경과기간	적용금리 / 적용률
1개월 미만	0.1
3개월 미만	0.2
6개월 미만	(중도해지 기준금리)×40%
9개월 미만	(중도해지 기준금리)×60%
12개월 미만	(중도해지 기준금리)×80%

※ 중도해지 기준금리 : 가입일 당시 기본금리

- 이자지급방식

만기일시지급식	(신규금액)×(약정금리)×(예치일수)/365
월이자지급식	[(신규금액)×(약정금리)×(예치일수)/365]/(개월 수)

- 유의사항

이 예금은 별도의 판매 한도(총 3천억 원)를 정하여 판매하는 상품으로 한도 소진 시 조기 판매 종료될 수 있습니다.

12 다음 중 포디 예금 상품에 대한 설명으로 적절하지 않은 것은?

① 해당 상품은 비대면 전용 상품이다.

② 해당 상품에 가입하는 사람들의 가입금액에 따라 상품의 판매가 종료되는 시점이 달라질 수 있다.

③ 월이자지급식의 이자지급방식을 선택한 경우 만기에 받을 수 있는 총이자를 개월 수로 나누어 매월 지급받으므로, 같은 금액이면 만기일시지급식을 선택한 경우의 이자금액과 차이가 없다.

④ 계약 시 저축 기간과 금리를 미리 정하고 맡긴 돈을 만기에 찾는 방식이므로 만기 전에는 자유롭게 출금할 수 없다.

`Hard`

13 5개월 전 A씨는 '포디 예금'에 6,000만 원을 월이자지급식으로 비대면 가입하였다. B씨는 8개월 전 4,000만 원을 만기일시지급식으로 비대면 가입하였으며, 오픈뱅킹 서비스에 계좌 등록 후 해당 서비스를 이용하여 지금까지 타행 계좌로부터 당행 계좌로의 이체 실적이 6회였다. 하지만 A씨와 B씨는 부득이한 사정으로 현재 예금을 중도해지하려고 한다. 각각 받을 수 있는 총이자의 차액은 얼마인가?(단, 한 달은 30일이며, 예치일수는 각각 5개월과 8개월이고, 이자는 백 원 단위에서 반올림한다)

① 87,000원

② 85,000원

③ 83,000원

④ 80,000원

※ 다음은 N은행의 비즈택스 플래티늄 카드에 대한 자료이다. 이어지는 질문에 답하시오. **[14~15]**

〈비즈택스 플래티늄 카드〉

부가세 환급 지원 서비스 제공	
가입대상	법인 및 개인사업자
후불 교통카드	신청 가능
연회비	국내·외 겸용 15,000원

부가세 환급 업무 지원 서비스를 이용하려면?

① 나이스데이타(주) 홈페이지에 회원 가입 / 로그인
② '부가세 환급 지원 – 신용카드 매입' 메뉴에서 조회
③ 부가세 공제 대상, 비대상을 확정
④ 직접 다운로드 또는 세무 대리인에게 E-mail로 발송
⑤ 직접 신고 또는 세무 대리인을 통해 신고
※ 나이스데이타(주) 고객센터 : 0000-0000

주요 서비스

• 전국 모든 주유소·충전소 청구 할인(3%)
 - 월 4회, 회당 할인 한도 3천 원
• 농협판매장 청구 할인(5%)
 - 월 2회, 회당 할인 한도 5천 원
 - 농협판매장 : 하나로클럽·마트, 파머스클럽, 신토불이매장, NH여행, 한삼인 체인점, 목우촌 체인점, 안성팜랜드 등
• 커피전문점 청구 할인(10%)
 - 월 2회, 회당 할인 한도 5천 원
 - 스타벅스, 커피빈, 탐앤탐스
 - 상품권 구매 및 백화점·할인점 입점 점포 할인 제외

주요 서비스 이용 조건

• 주유소·농협판매장·커피전문점 할인은 해당 카드로 전월(1일 ~ 말일) 일시불 / 할부 이용 금액이 30만 원 이상 시 제공(단, 주유 할인은 영업용 차량 주유 금액을 제외한 이용 금액이 30만 원 이상 시 제공됩니다)
• 최초 발급 시 카드발급일로부터 다음 달 말일까지는 이용 금액에 관계없이 서비스 제공
• 월간 할인 횟수가 제한된 서비스는 매월 해당 카드 이용 실적 기준으로 순차적 할인 적용
• 이용 금액 산정 시 상품권, 보험료, 제세공과금(국세, 지방세, 우체국우편요금) 등의 이용 금액은 제외

14 다음 중 비즈택스 플래티늄 카드를 법인카드로 사용하는 A ~ D법인에 대한 설명으로 옳은 것은?

① 지난달 카드를 처음 발급받아 현재 사용 내역이 없는 A법인은 모든 청구 할인 서비스를 받을 수 있다.

② 세 달째 이용 중인 카드로 지난달 영업용 차량의 주유비 총 35만 원을 결제한 B법인은 이번 달 주유소 청구 할인 서비스를 받을 수 있다.

③ 1년째 이용 중인 카드로 지난달 선물용 상품권을 40만 원 이상 구매한 C법인은 이번 달 모든 청구 할인 서비스를 받을 수 있다.

④ D법인이 지난달 카드 이용 실적을 모두 채웠다면, S백화점 내 스타벅스를 방문하여 결제할 경우 이번 달 총 2번의 청구 할인을 받을 수 있다.

15 개인사업자 A씨는 '비즈택스 플래티늄 카드'를 두 달 전부터 사용 중이다. 이번 달 A씨가 비즈택스 플래티늄 카드로 결제한 내역이 다음과 같을 때, 청구 할인받은 금액은 총 얼마인가?(단, A씨는 지난달 카드실적을 달성했다)

〈5월 카드사용 내역〉

- 주유소(영업용 차량 주유 ✕) : 2회 이용, 합계 50,000원
- 하나로마트 : 1회 사용, 130,000원
- 안성팜랜드 : 1회 사용, 55,000원
- 커피전문점 영수증

```
           STARBUCKS
          현금(소득공제)
      Q백화점 지점
      ------------------------
           주문번호 A-99
      ------------------------
      아메리카노      2     4,100
      카페라테        1     4,600
      자몽블랙티      2     6,300
      ------------------------
           결제금액 _____
      ------------------------
      카드 종류 :          BIZ****
      회원 번호 :        9845***7
      승인 번호 :     20548963100
```

```
           COFFEE BEAN
          현금(소득공제)
      C시내점
      ------------------------
      진동기번호 : 07
      ------------------------
      아이스 커피      1     5,000
      Ice 카페라테     2     5,300
      블랙슈가라테     1     7,200
      ------------------------
           총액 _____
           합계 _____
      ------------------------
      카드 종류 : 7777-****-****-83
      할부 개월 : 일시불
      승인 번호 : 4789621
```

① 11,530원
② 14,070원
③ 14,430원
④ 15,570원

CHAPTER 02 디지털

정답 및 해설 p.039

01 다음 중 다른 토큰과 대체 · 교환할 수 없는 가상화폐를 이르는 용어는?

① USDT
② ICO
③ 핫월렛
④ NFT

02 다음 중 컴퓨터 시스템의 보안 예방책을 침입하여 시스템에 무단 접근하기 위해 사용되는 일종의 비상구는?

① 클리퍼 칩
② 백 도어
③ 부인 봉쇄
④ 스트라이핑

03 다음 중 나이팅게일이 처음 만든 그래프로, 군인들이 병원에서 죽는 원인을 통계한 다이어그램은?

① 트리 다이어그램
② 파인만 다이어그램
③ ACF 다이어그램
④ 로즈 다이어그램

04 다음 글이 설명하는 기술로 가장 적절한 것은?

> 빠른 온라인 인증을 위한 기술로 ID나 비밀번호를 입력하지 않고, 생체인식 기술을 통해 개인 인증을 할 수 있는 기술이다.

① RPA
② FIDO
③ 오픈API
④ OCR

05 다음 중 인공지능이 데이터를 스스로 학습할 수 있도록 재가공하는 것은?

① 데이터 버스

② 데이터 마이닝

③ 데이터 라벨링

④ 브로드 데이터

06 다음 중 최신 정보로의 변경이 잦은 웹사이트에서 사용자들의 이해를 쉽게 하기 위해 변경된 정보를 간략하게 정리하여 제공하는 것을 지칭하는 용어는?

① API

② CSS

③ RSS

④ Hoax

07 다음 중 데이터 처리속도를 향상시킨 기술과 가장 거리가 먼 것은?

① 포그 컴퓨팅(Fog Computing)

② 에지 컴퓨팅(Edge Computing)

③ 그리드 컴퓨팅(Grid Computing)

④ 분산 컴퓨팅(Distributed Computing)

`Hard`

08 다음 글이 설명하는 것으로 가장 적절한 것은?

- 인터넷과 같은 공개된 네트워크상에서 전자상거래를 위한 신용 카드 거래를 안전하게 하기 위한 표준 프로토콜이다.
- RSA 암호화 기술에 기초를 두고 있다.
- 이용 고객, 전자 상점 및 금융 기관 모드가 암호화 통신을 하므로 고객 신용 정보가 노출될 우려가 없다.

① SSL

② SET

③ SSH

④ SMTP

09 다음 중 사람과 컴퓨터를 가려내기 위한 웹 보안 기술은?

① 캡차(CAPTCHA)
② 포트 포워딩(Port Forwarding)
③ 스테가노그래피(Steganography)
④ 튜링 테스트(Turing Test)

10 다음 중 데이터를 관련 정보나 주제를 중심으로 분류하는 전통적인 방법과는 달리 사람 또는 인공지능에 의해 키워드별로 분류한 방법을 지칭하는 용어는?

① 태그(Tag)
② 시소러스(Thesaurus)
③ 폭소노미(Folksonomy)
④ 택소노미(Taxonomy)

11 다음 중 사람뿐만 아니라 모든 사물이 흩어져 있는 데이터를 수집하고 정리하여 이를 온라인상의 콘텐츠를 이용하여 확산시키는 것은?

① 스플로그(Splog)
② 블로그젝트(Blogject)
③ 링크 블로그(Link Blog)
④ 메타 블로그(Meta Blog)

12 다음 중 제로 에너지 건축물(Zero Energy Building)에 대한 설명으로 옳지 않은 것을 모두 고르면?

ㄱ. 기후위기에 대처하기 위한 건축물로, 건물 내 에너지 사용량을 0으로 하는 것이 목적이다.
ㄴ. 제로 에너지 건축물에 접목된 패시브 기술에는 태양광 발전장치가 있다.
ㄷ. 한국은 제로 에너지 건축물 인증제인 ZEB의 도입을 준비하고 있다.
ㄹ. ZEB 인증 평가는 각 건축물에서 에너지 생산량의 수준을 측정하여 1등급에서 5등급까지 나누어 구분하는 평가제도이다.

① ㄱ, ㄷ
② ㄴ, ㄷ
③ ㄴ, ㄷ, ㄹ
④ ㄱ, ㄴ, ㄷ, ㄹ

13 다음 중 디지털 매체에서 여러 개의 시안이 있을 때, 이에 대한 소비자의 선호도를 파악하기 위해 실제 해당 매체를 사용하는 소비자들로 구성된 집단을 두 개로 나누어 진행하는 선호도 조사는?

① 퍼즈 테스팅(Fuzz Testing)
② 배럴 테스팅(Barrel Tasting)
③ 에이비 테스팅(A/B Testing)
④ 블라인드 테스팅(Blind Testing)

14 다음 글의 밑줄 친 페이지랭크(Pagerank)와 가장 관련 있는 링크는?

> <u>페이지랭크</u>란 일정한 기준에 따라 웹사이트들의 등수를 측정하는 프로그램을 말한다. 이때의 기준이란 타 사이트에서 해당 사이트로의 접속이 이어질 수 있도록 하는 링크가 얼마나 많이 언급되었는지, 또 얼마나 많이 해당 링크가 클릭되었는지이다. 단, 링크의 언급 횟수가 적더라도 검색 순위가 높은 사이트에서 언급된 경우에는 그렇지 않을 때보다 더 많은 점수를 얻게 되며, 이에 따라 총점이 가장 높은 순서대로 <u>페이지랭크</u>에서의 등수가 결정되게 된다.

① 핫링크(Hot Link)
② 퍼머링크(Permalink)
③ 아웃링크(Ountlink)
④ 인바운드 링크(Inbound Link)

Hard
15 다음 중 마이데이터(MyData)에 대한 설명으로 옳은 것을 모두 고르면?

> ㉠ 분산되어 있는 개인데이터를 정보 객체를 주축으로 통합하고 처리하는 행위를 말한다.
> ㉡ 개인이 자신과 관련된 데이터의 제거를 일방적으로 요구하더라도 개인데이터 보유자는 이를 따라야 한다.
> ㉢ 제3자는 개인의 데이터를 활용하고자 할 때 매번 개인의 동의를 얻어야 할 의무가 있다.
> ㉣ 마이데이터에서 개인은 자신과 관련된 데이터의 공개범위 및 이용범위에 대해 제3자에게 결정하도록 위임한다.

① ㉠, ㉢
② ㉠, ㉣
③ ㉡, ㉢
④ ㉡, ㉣

미래는 자신이 가진 꿈의 아름다움을 믿는 사람들의 것이다.

– 엘리노어 루즈벨트 –

PART 3

상식

CHAPTER 01 경제 / 금융상식

빈출키워드 1   수요와 공급의 법칙, 탄력성

다음 중 수요의 탄력성에 대한 설명으로 옳은 것은?

① 수요의 소득탄력성이 비탄력적인 재화는 열등재이다.

② 수요의 가격탄력성이 탄력적이라면 가격인하는 총수입을 증가시키는 좋은 전략이다.

③ 가격이 올랐을 때, 시간이 경과될수록 적응이 되기 때문에 수요의 가격탄력성은 작아진다.

④ 수요곡선의 기울기가 − 1인 직선일 경우 수요곡선상의 어느 점에서나 가격탄력성은 동일하다.

정답 ②

수요의 가격탄력성이 1보다 크다면 가격이 1% 하락할 때, 판매량은 1%보다 크게 증가하므로 판매자의 총수입은 증가한다.
따라서 수요의 가격탄력성이 탄력적이라면 가격인하는 총수입을 증가시키는 좋은 전략이다.

오답분석

① 열등재는 수요의 소득탄력성이 1보다 작은 재화가 아니라 수요의 소득탄력성이 음수(−)인 재화이다.

③ 장기가 될수록 대체재가 생겨날 가능성이 크기 때문에 수요의 가격탄력성이 커진다.

④ 수요곡선이 우하향하는 직선이면 수요곡선상에서 우하방으로 이동할수록 수요의 가격탄력성이 점점 작아진다.

수요의 법칙
수요의 법칙이란 가격이 상승하면 수요량이 감소하는 것을 말한다. 수요의 법칙이 성립하는 경우 수요곡선은 우하향한다. 단, 기펜재의 경우와 베블런 효과가 존재하는 경우는 성립하지 않는다.

수요량의 변화와 수요의 변화
① 수요량의 변화 : 당해 재화가격의 변화로 인한 수요곡선상의 이동을 의미한다.
② 수요의 변화 : 당해 재화가격 이외의 다른 요인의 변화로 수요곡선 자체가 이동하는 것을 의미한다. 수요가 증가하면 수요곡선이 우측으로 이동하고, 수요가 감소하면 수요곡선이 좌측으로 이동한다.

공급의 법칙
다른 조건이 일정할 때 가격이 상승하면 공급량이 증가하는 것을 말한다.

공급량의 변화와 공급의 변화
① 공급량의 변화 : 당해 재화가격의 변화로 인한 공급곡선상의 이동을 의미한다.
② 공급의 변화 : 당해 재화가격 이외의 다른 요인의 변화로 공급곡선 자체가 이동하는 것을 의미한다. 공급이 증가하면 공급곡선이 우측으로 이동하고, 공급이 감소하면 공급곡선이 좌측으로 이동한다.

수요의 가격탄력성
① 의의 : 수요량이 가격에 얼마나 민감하게 반응하는지를 나타낸다.
② 가격탄력성의 도출

$$\varepsilon_P = \frac{(\text{수요량의 변화율})}{(\text{가격의 변화율})} = \frac{\dfrac{\triangle Q}{Q}}{\dfrac{\triangle P}{P}} = \left(\frac{\triangle Q}{\triangle P}\right)\left(\frac{P}{Q}\right)$$ (단, △은 변화율, Q는 수요량, P는 가격)

③ 가격탄력성과 판매수입

구분	$\varepsilon_P > 1$ (탄력적)	$\varepsilon_P = 1$ (단위탄력적)	$0 < \varepsilon_P < 1$ (비탄력적)	$\varepsilon_P = 0$ (완전 비탄력적)
가격 상승	판매수입 감소	판매수입 변동 없음	판매수입 증가	판매수입 증가
가격 하락	판매수입 증가	판매수입 변동 없음	판매수입 감소	판매수입 감소

공급의 가격탄력성
① 의의 : 공급량이 가격에 얼마나 민감하게 반응하는지를 나타낸다.
② 가격탄력성의 도출

$$\varepsilon_P = \frac{(\text{공급량의 변화율})}{(\text{가격의 변화율})} = \frac{\dfrac{\triangle Q}{Q}}{\dfrac{\triangle P}{P}} = \left(\frac{\triangle Q}{\triangle P}\right)\left(\frac{P}{Q}\right)$$ (단, △은 변화율, Q는 공급량, P는 가격)

③ 공급의 가격탄력성 결정요인 : 생산량 증가에 따른 한계비용 상승이 완만할수록, 기술수준 향상이 빠를수록, 유휴설비가 많을수록, 측정시간이 길어질수록 공급의 가격탄력성은 커진다.

01 경제학자 밀턴 프리드먼은 '공짜 점심은 없다(There is no such thing as a free lunch).'라는 말을 즐겨했다고 한다. 다음 중 이 말을 설명할 수 있는 경제 원리는?

① 규모의 경제   ② 긍정적 외부성

③ 기회비용   ④ 수요공급의 원리

02 다음 글의 밑줄 친 ㉠ ∼ ㉢에 대한 설명으로 옳은 것을 〈보기〉에서 모두 고르면?

> 우리나라에 거주 중인 광성이는 ㉠ 여름휴가를 앞두고 휴가 동안 발리로 서핑을 갈지, 빈 필하모닉 오케스트라의 3년 만의 내한 협주를 들으러 갈지 고민하다가 ㉡ 발리로 서핑을 갔다. 그러나 화산폭발의 위험이 있어 안전의 위협을 느끼고 ㉢ 환불이 불가능한 숙박비를 포기한 채 우리나라로 돌아왔다.

> **보기**
> 가. ㉠의 고민은 광성이의 주관적 희소성 때문이다.
> 나. ㉠의 고민을 할 때는 기회비용을 고려한다.
> 다. ㉡의 기회비용은 빈 필하모닉 오케스트라 내한 협주이다.
> 라. ㉡은 경제재이다.
> 마. ㉢은 비합리적 선택 행위의 일면이다.

① 가, 나, 마   ② 가, 다, 라

③ 나, 다, 마   ④ 가, 나, 다, 라

01

정답 ③

'공짜 점심은 없다.'라는 의미는 무엇을 얻고자 하면 보통 그 대가로 무엇인가를 포기해야 한다는 뜻으로 해석할 수 있다. 즉, 어떠한 선택에는 반드시 포기하게 되는 다른 가치가 존재한다는 의미이다. 시간이나 자금의 사용은 다른 활동에의 시간 사용, 다른 서비스나 재화의 구매를 불가능하게 만들어 기회비용을 유발한다. 정부의 예산배정, 여러 투자상품 중 특정 상품의 선택, 경기활성화와 물가안정 사이의 상충관계 등이 기회비용의 사례가 될 수 있다.

02

정답 ④

오답분석

마. 환불 불가한 숙박비는 회수 불가능한 매몰비용이므로 선택 시 고려하지 않은 ㉢의 행위는 합리적 선택 행위의 일면이다.

경제재와 자유재

경제재(Economic Goods)	자유재(Free Goods)
• 경제재란 희소성을 가지고 있는 자원으로, 합리적인 의사결정으로 선택을 해야 하는 재화를 말한다. • 우리가 일상생활에서 돈을 지불하고 구입하는 일련의 재화 또는 서비스를 모두 포함한다.	• 자유재란 희소성을 가지고 있지 않아 값을 지불하지 않고도 누구나 마음대로 쓸 수 있는 물건을 말한다. • 공기나 햇빛같이 우리의 욕구에 비해 자원의 양이 풍부해서 경제적 판단을 요구하지 않는 재화를 모두 포함한다.

기회비용(Opportunity Cost)

① 개념
  • 여러 선택 대안들 중 한 가지를 선택함으로써 포기해야 하는 다른 선택 대안 중에서 가장 가치가 큰 것을 의미한다.
  • 경제학에서 사용하는 비용은 전부 기회비용 개념이며, 합리적인 선택을 위해서는 항상 기회비용의 관점에서 의사결정을 내려야 한다.
  • 기회비용은 객관적으로 나타난 비용(명시적 비용) 외에 포기한 대안 중 가장 큰 순이익(암묵적 비용)까지 포함한다.
  • 편익(매출액)에서 기회비용을 차감한 이윤을 경제적 이윤이라고 하는데, 이는 기업 회계에서 일반적으로 말하는 회계적 이윤과 다르다. 즉, 회계적 이윤은 매출액에서 명시적 비용(회계적 비용)만 차감하고 암묵적 비용(잠재적 비용)은 차감하지 않는다.

경제적 비용 (기회비용)	명시적 비용 (회계적 비용)	기업이 생산을 위해 타인에게 실제적으로 지불한 비용 예 임금, 이자, 지대
	암묵적 비용 (잠재적 비용)	기업 자신의 생산 요소에 대한 기회비용 예 귀속 임금, 귀속 이자, 귀속 지대

② 경제적 이윤과 회계적 이윤

경제적 이윤	회계적 이윤
• 매출액에서 기회비용을 차감한 이윤을 말한다. • 사업주가 자원배분이 합리적인지 판단하기 위한 지표이다. • 경제적 이윤은 경제적 부가가치(EVA)로 나타내기도 한다. • 경제학에서 장기적으로 기업의 퇴출 여부 판단의 기준이 된다.	• 매출액에서 명시적 비용만 차감한 이윤을 말한다. • 사업주가 외부 이해관계자(채권자, 주주, 금융기관 등)에게 사업성과를 보여주기 위한 지표이다. • 회계적 이윤에는 객관적으로 측정 가능한 명시적 비용만을 반영한다.

매몰비용(Sunk Cost)

이미 투입된 비용으로, 사업을 중단하더라도 회수할 수 없는 비용이다. 사업을 중단하더라도 회수할 수 없기 때문에 사업 중단에 따른 기회비용은 0이다. 그러므로 합리적인 선택을 위해서는 이미 지출되었으나 회수가 불가능한 매몰비용은 고려하지 않는다.

01　다음 중 최고가격제에 대한 설명으로 옳은 것을 〈보기〉에서 모두 고르면?

> **보기**
> ㉠ 암시장을 출현시킬 가능성이 있다.
> ㉡ 초과수요를 야기한다.
> ㉢ 사회적 후생을 증대시킨다.
> ㉣ 최고가격은 시장의 균형가격보다 높은 수준에서 설정되어야 한다.

① ㉠, ㉡　　　　　　　　　　　　　② ㉠, ㉢
③ ㉡, ㉣　　　　　　　　　　　　　④ ㉢, ㉣

02　가격이 10% 상승할 때 수요량이 12% 감소하는 재화에 최저가격제가 적용되어 가격이 10% 상승하였다. 다음 중 매출의 변화가 바르게 짝지어진 것은?

	매출량	매출액
①	증가	증가
②	증가	감소
③	감소	증가
④	감소	감소

01

정답 ①

오답분석
㉢·㉣ 최고가격은 시장의 균형가격보다 낮은 수준에서 설정되어야 하며, 최고가격제가 실시되면 사회적 후생손실이 발생한다.

02

정답 ④

수요의 가격탄력성은 가격의 변화율에 대한 수요량의 변화율이므로 1.2이다. 이는 탄력적이라는 것을 암시하며, 최저가격제는 가격의 상승을 가져오므로 매출량과 판매수입이 감소한다.

최고가격제(가격상한제)
① 개념 : 물가를 안정시키고, 소비자를 보호하기 위해 시장가격보다 낮은 수준에서 최고가격을 설정하는 규제이다.
　　예 아파트 분양가격, 금리, 공공요금
② 특징

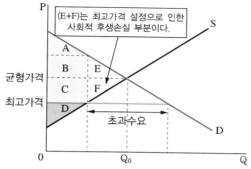

- 소비자들은 시장가격보다 낮은 가격으로 재화를 구입할 수 있다.
- 초과수요가 발생하기 때문에 암시장이 형성되어 균형가격보다 높은 가격으로 거래될 위험이 있다.
- 재화의 품질이 저하될 수 있다.
- 그래프에서 소비자 잉여는 A+B+C, 생산자 잉여는 D, 사회적 후생손실은 E+F만큼 발생한다.
- 공급의 가격탄력성이 탄력적일수록 사회적 후생손실이 커진다.

최저가격제(최저임금제)
① 개념 : 최저가격제란 공급자를 보호하기 위하여 시장가격보다 높은 수준에서 최저가격을 설정하는 규제를 말한다.
　　예 최저임금제
② 특징

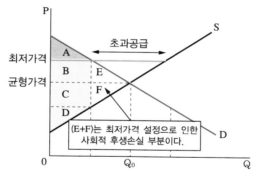

- 최저가격제를 실시하면 생산자는 균형가격보다 높은 가격을 받을 수 있다.
- 소비자의 지불가격이 높아져 소비자의 소비량을 감소시키기 때문에 초과공급이 발생하고, 실업, 재고 누적 등의 부작용이 발생한다.
- 그래프에서 소비자 잉여는 A, 생산자 잉여는 B+C+D, 사회적 후생손실은 E+F만큼 발생한다.
- 수요의 가격탄력성이 탄력적일수록 사회적 후생손실이 커진다.

01 두 재화 X와 Y를 소비하여 효용을 극대화하는 소비자 A의 효용함수는 U=X+2Y이고, X재 가격이 2, Y재 가격이 1이다. 다음 중 X재 가격이 1로 하락할 때 소비량의 변화로 가장 적절한 것은?

	X재 소비량	Y재 소비량
①	불변	불변
②	증가	증가
③	감소	증가
④	증가	감소

02 다음 중 재화의 성질 및 무차별곡선에 대한 설명으로 옳지 않은 것은?

① 모든 기펜재(Giffen Goods)는 열등재이다.
② 두 재화가 완전보완재인 경우 무차별곡선은 L자 모형이다.
③ X축에는 홍수를, Y축에는 쌀을 나타내는 경우 무차별곡선은 우하향한다.
④ 두 재화가 대체재인 경우 두 재화 간 교차탄력성은 양(+)의 값을 가진다.

01

정답 ①

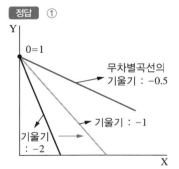

가격이 변하기 전 예산선의 기울기는 −2, 무차별곡선의 기울기는 −0.5이므로 소비자 A는 자신의 소득 전부를 Y재를 구매하는 데에 사용한다. 그런데 X재 가격이 1로 하락하더라도 예산선의 기울기는 −1이므로 여전히 Y재만을 소비하는 것이 효용을 극대화한다. 따라서 가격이 변하더라도 X재와 Y재의 소비량은 변화가 없다.

02

정답 ③

X재가 한계효용이 0보다 작은 비재화이고 Y재가 정상재인 경우 X재의 소비가 증가할 때 효용이 동일한 수준으로 유지되기 위해서는 Y재의 소비가 증가하여야 한다. 따라서 무차별곡선은 우상향의 형태로 도출된다.

효용함수(Utility Function)

재화소비량과 효용 간의 관계를 함수형태로 나타낸 것을 의미한다.

무차별곡선(Indifference Curve)

① 개념 : 동일한 수준의 효용을 가져다주는 모든 상품의 묶음을 연결한 궤적을 말한다.

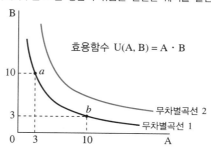

효용함수 $U(A, B) = A \cdot B$

무차별곡선 2

무차별곡선 1

② 무차별곡선의 성질

• A재와 B재 모두 재화라면 무차별곡선은 우하향하는 모양을 갖는다(대체가능성).
• 원점에서 멀어질수록 높은 효용수준을 나타낸다(강단조성).
• 두 무차별곡선은 서로 교차하지 않는다(이행성).
• 모든 점은 그 점을 지나는 하나의 무차별곡선을 갖는다(완비성).
• 원점에 대하여 볼록하다(볼록성).

③ 예외적인 무차별곡선

구분	두 재화가 완전 대체재인 경우	두 재화가 완전 보완재인 경우	두 재화가 모두 비재화인 경우
그래프			
효용함수	$U(X, Y) = aX + bY$	$U(X, Y) = \min\left(\dfrac{X}{a}, \dfrac{Y}{b}\right)$	$U(X, Y) = \dfrac{1}{X^2 + Y^2}$
특징	한계대체율(MRS)이 일정하다.	두 재화의 소비비율이 $\dfrac{b}{a}$로 일정하다.	X재와 Y재 모두 한계효용이 0보다 작다. ($MU_X < 0$, $MU_Y < 0$)
사례	(X, Y) = (10원짜리 동전, 50원짜리 동전)	(X, Y) = (왼쪽 양말, 오른쪽 양말)	(X, Y) = (매연, 소음)

소비자균형

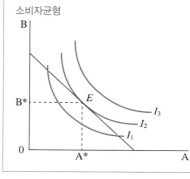

무차별곡선 기울기의 절댓값인 MRS_{AB}, 즉 소비자의 A재와 B재의 주관적인 교환비율과 시장에서 결정된 A재와 B재의 객관적인 교환비율인 상대가격 $\dfrac{P_A}{P_B}$ 가 일치하는 점에서 소비자균형이 달성된다(E).

다음 〈보기〉의 사례를 역선택(Adverse Selection)과 도덕적 해이(Moral Hazard)의 개념에 따라 바르게 구분한 것은?

보기

㉠ 자동차 보험 가입 후 더 난폭하게 운전한다.

㉡ 건강이 좋지 않은 사람이 민간 의료보험에 더 많이 가입한다.

㉢ 실업급여를 받게 되자 구직 활동을 성실히 하지 않는다.

㉣ 사망 확률이 낮은 건강한 사람이 주로 종신연금에 가입한다.

㉤ 의료보험제도가 실시된 이후 사람들의 의료수요가 현저하게 증가하였다.

	역선택	도덕적 해이
①	㉠, ㉡	㉢, ㉣, ㉤
②	㉡, ㉣	㉠, ㉢, ㉤
③	㉢, ㉤	㉠, ㉡, ㉣
④	㉡, ㉢, ㉣	㉠, ㉤

정답 ②

역선택이란 감추어진 특성의 상황에서 정보 수준이 낮은 측이 사전적으로 바람직하지 않은 상대방을 만날 가능성이 높아지는 현상을 의미한다. 반면, 도덕적 해이는 감추어진 행동의 상황에서 어떤 거래 이후에 정보를 가진 측이 바람직하지 않은 행동을 하는 현상을 의미한다.

역선택(Adverse Selection)

① 개념 : 거래 전에 감추어진 특정한 상황에서 정보가 부족한 구매자가 바람직하지 못한 상대방과 품질이 낮은 상품을 거래하게 되는 가격왜곡현상을 의미한다.

② 사례

- 중고차를 판매하는 사람은 그 차량의 결점에 대해 알지만 구매자는 잘 모르기 때문에 성능이 나쁜 중고차만 거래된다. 즉, 정보의 비대칭성으로 인해 비효율적인 자원 배분 현상이 나타나며, 이로 인해 사회적인 후생손실이 발생한다.
- 보험사에서 평균적인 사고확률을 근거로 보험료를 산정하면 사고 발생 확률이 높은 사람이 보험에 가입할 가능성이 큰 것을 의미한다. 이로 인해 평균적인 위험을 기초로 보험금과 보험료를 산정하는 보험회사는 손실을 보게 된다.

③ 해결방안

- 선별(Screening) : 정보를 갖지 못한 사람이 상대방의 정보를 알기 위해 노력하는 것이다.
- 신호 발송(Signaling) : 정보를 가진 측에서 정보가 없는 상대방에게 자신을 알림으로써 정보의 비대칭을 해결하는 것이다.
- 정부의 역할 : 모든 당사자가 의무적으로 수행하게 하는 강제집행과 정보흐름을 촉진할 수 있는 정보정책 수립 등이 있다.

도덕적 해이(Moral Hazard)

① 개념 : 어떤 계약 거래 이후에 대리인의 감추어진 행동으로 인해 정보격차가 존재하여 상대방의 향후 행동을 예측할 수 없거나 본인이 최선을 다한다 해도 자신에게 돌아오는 혜택이 별로 없는 경우에 발생한다.

② 사례

- 화재보험에 가입하고 나면 화재예방노력에 따른 편익이 감소하므로 노력을 소홀히 하는 현상이 발생한다.
- 의료보험에 가입하면 병원 이용에 따른 한계비용이 낮아지므로 그 전보다 병원을 더 자주 찾는 현상이 발생한다.
- 금융기관에서 자금을 차입한 이후에 보다 위험이 높은 투자 상품에 투자하는 현상이 발생한다.

③ 해결방안

- 보험회사가 보험자 손실의 일부만을 보상해 주는 공동보험제도를 채택한다.
- 금융기관이 기업의 행동을 주기적으로 감시한다(예 사회이사제도, 감사제도).
- 금융기관은 대출 시 담보를 설정하여 위험이 높은 투자를 자제하도록 한다.

역선택과 도덕적 해이 비교

구분	역선택	도덕적 해이
정보의 비대칭 발생시점	계약 이전	계약 이후
정보의 비대칭 유형	숨겨진 특성	숨겨진 행동
해결 방안	선별, 신호 발송, 신용할당, 효율성임금, 평판, 표준화, 정보정책, 강제집행 등	유인설계(공동보험, 기초공제제도, 성과급 지급 등), 효율성 임금, 평판, 담보설정 등

PART 3

다음 중 밑줄 친 ㉠, ㉡이 나타내는 용어가 바르게 연결된 것은?

> 국방은 한 국가가 현존하는 적국이나 가상의 적국 또는 내부의 침략에 대응하기 위하여 강구하는 다양한 방위활동을 말하는데, 이러한 국방은 ㉠ 많은 사람들이 누리더라도 다른 사람이 이용할 수 있는 몫이 줄어들지 않는다. 또한 국방비에 대해 ㉡ 가격을 지급하지 않는 사람들이 이용하지 못하게 막기가 어렵다. 따라서 국방은 정부가 담당하게 된다.

	㉠	㉡
①	공공재	외부효과
②	배제성	경합성
③	무임승차	비배제성
④	비경합성	비배제성

정답   ④

㉠ 경합성이란 재화나 용역을 한 사람이 사용하게 되면 다른 사람의 몫은 그만큼 줄어든다는 것으로, 희소성의 가치에 의해 발생하는 경제적인 성격의 문제이다. 일반적으로 접하는 모든 재화나 용역이 경합성이 있으며, 반대로 한 사람이 재화나 용역을 소비해도 다른 사람의 소비를 방해하지 않는다면 비경합성에 해당한다.

㉡ 배제성이란 어떤 특정한 사람이 재화나 용역을 사용하는 것을 막을 수 있는 가능성을 말하며, 반대의 경우는 비배제성이 있다고 한다.

비경합성과 비배제성 모두 동시에 가지고 있는 재화나 용역에는 제시문의 국방, 치안 등 공공재가 있다.

재화의 종류

구분	배제성	비배제성
경합성	사유재 예 음식, 옷, 자동차	공유자원 예 산에서 나는 나물, 바닷속의 물고기
비경합성	클럽재(자연 독점 재화) 예 케이블 TV방송, 전력, 수도	공공재 예 국방, 치안

공공재
① 개념 : 모든 사람들이 공동으로 이용할 수 있는 재화 또는 서비스로 비경합성과 비배제성이라는 특징을 갖는다.
② 성격
  • 비경합성 : 소비하는 사람의 수에 관계없이 모든 사람이 동일한 양을 소비한다. 비경합성에 기인하여 1인 추가 소비에 따른 한계비용은 0이다. 공공재의 경우 양의 가격을 매기는 것은 바람직하지 않음을 의미한다.
  • 비배제성 : 재화 생산에 대한 기여 여부에 관계없이 소비가 가능한 특성을 의미한다.
③ 종류
  • 순수 공공재 : 국방, 치안 서비스 등
  • 비순수 공공재 : 불완전한 비경합성을 가진 클럽재(혼합재), 지방공공재

무임승차자 문제
① 공공재는 배제성이 없으므로 효율적인 자원 분배가 이루어지지 않는 현상이 발생할 수 있다. 이로 인해 시장실패가 발생하게 되는데 구체적으로 두 가지 문제를 야기시킨다.
  • 무임승차자의 소비로 인한 공공재나 공공 서비스의 공급부족 현상
  • 공유자원의 남용으로 인한 사회문제 발생으로 공공시설물 파괴, 환경 오염
② 기부금을 통해 공공재를 구입하거나, 공공재를 이용하는 사람에게 일정의 요금을 부담시키는 방법, 국가가 강제로 조세를 거두어 무상으로 공급하는 방법 등으로 해결 가능하다.

공유자원
① 개념 : 소유권이 어느 개인에게 있지 않고, 사회 전체에 속하는 자원이다.
② 종류
  • 자연자본 : 공기, 하천, 국가 소유의 땅
  • 사회간접자본 : 공공의 목적으로 축조된 항만, 도로

공유지의 비극(Tragedy of Commons)
경합성은 있지만 비배제성은 없는 공유자원의 경우, 공동체 구성원이 자신의 이익에만 따라 행동하여 결국 공동체 전체가 파국을 맞이하게 된다는 이론이다.

01 국내총생산(GDP)에 대한 설명으로 옳은 것을 〈보기〉에서 모두 고르면?

> **보기**
> ㉠ 여가가 주는 만족은 삶의 질에 매우 중요한 영향을 미치므로 GDP에 반영된다.
> ㉡ 환경오염으로 파괴된 자연을 치유하기 위해 소요된 지출은 GDP에 포함된다.
> ㉢ 우리나라의 지하경제 규모는 엄청나기 때문에 한국은행은 이를 포함하여 GDP를 측정한다.
> ㉣ 가정주부의 가사노동은 GDP에 불포함되지만, 가사도우미의 가사노동은 GDP에 포함된다.

① ㉠, ㉢　　　　　　　　　　　　　② ㉡, ㉢
③ ㉡, ㉣　　　　　　　　　　　　　④ ㉢, ㉣

02 다음 중 국민총소득(GNI), 국내총생산(GDP), 국민총생산(GNP)에 대한 설명으로 옳지 않은 것은?

① 명목GNI는 명목GNP와 명목 국외순수취요소소득의 합이다.
② GNI는 한 나라 국민이 국내외 생산활동에 참여한 대가로 받은 소득의 합계이다.
③ 국외수취 요소소득이 국외지급 요소소득보다 크면 명목GNI가 명목GDP보다 크다.
④ 원화표시 GNI에 아무런 변동이 없더라도 환율변동에 따라 달러화표시 GNI는 변동될 수 있다.

01

 ③

오답분석
㉠ 여가, 자원봉사 등의 활동은 생산활동이 아니므로 GDP에 포함되지 않는다.
㉢ GDP는 마약밀수 등의 지하경제를 반영하지 못한다는 한계점이 있다.

02

정답 ①

과거에는 국민총생산(GNP)이 소득지표로 사용되었으나, 수출품과 수입품의 가격변화에 따른 실질소득의 변화를 제대로 반영하지 못했기 때문에 현재는 국민총소득(GNI)을 소득지표로 사용한다.
반면, 명목GNP는 명목GDP에 국외순수취소소득을 더하여 계산하는데, 명목GDP는 당해 연도 생산량에 당해 연도의 가격을 곱하여 계산하므로 수출품과 수입품의 가격변화에 따른 실질소득 변화가 모두 반영된다. 즉, 명목으로 GDP를 집계하면 교역조건 변화에 따른 실질무역손익이 0이 된다. 따라서 명목GNP는 명목GNI와 동일하다.

GDP(국내총생산)

① 정의 : GDP(국내총생산)란 일정기간 동안 한 나라의 국경 안에서 생산된 모든 최종 재화와 서비스의 시장가치를 시장가격으로 평가하여 합산한 것이다.

② GDP의 계산 : [가계소비(C)]+[기업투자(I)]+[정부지출(G)]+[순수출(NX)]

　　※ 순수출(NX) : (수출)−(수입)

③ 명목GDP와 실질GDP

명목GDP	• 당해의 생산량에 당해 연도 가격을 곱하여 계산한 GDP이다. • 명목GDP는 물가가 상승하면 상승한다. • 당해 연도의 경제활동 규모와 산업구조를 파악하는 데 유용하다.
실질GDP	• 당해의 생산량에 기준연도 가격을 곱하여 계산한 GDP이다. • 실질GDP는 물가의 영향을 받지 않는다. • 경제성장과 경기변동 등을 파악하는 데 유용하다.

④ GDP디플레이터 : $\dfrac{(명목GDP)}{(실질GDP)} \times 100$

⑤ 실재GDP와 잠재GDP

실재GDP	• 한 나라의 국경 안에서 실제로 생산된 모든 최종 생산물의 시장가치를 의미한다.
잠재GDP	• 한 나라에 존재하는 노동과 자본 등 모든 생산요소를 정상적으로 사용할 경우 달성할 수 있는 최대 GDP를 의미한다. • (잠재GDP)=(자연산출량)=(완전고용산출량)

GNP(국민총생산)

① 개념 : GNP(국민총생산)란 일정기간 동안 한 나라의 국민이 소유하는 노동과 자본으로 생산된 모든 최종 생산물의 시장가치를 의미한다.

② GNP의 계산 : (GDP)+(대외순수취요소소득)=(GDP)+(대외수취요소소득)−(대외지급요소소득)

　　※ 대외수취요소소득 : 우리나라 기업이나 근로자가 외국에서 일한 대가

　　※ 대외지급요소소득 : 외국의 기업이나 근로자가 우리나라에서 일한 대가

GNI(국민총소득)

① 개념 : 한 나라의 국민이 국내외 생산 활동에 참가하거나 생산에 필요한 자산을 제공한 대가로 받은 소득의 합계이다.

② GNI의 계산 : (GDP)+(교역조건 변화에 따른 실질무역손익)+(대외순수취요소소득)

　　　　　　＝(GDP)+(교역조건 변화에 따른 실질무역손익)+(대외수취요소소득)−(대외지급요소소득)

비교우위

다음은 A국과 B국의 2016년과 2024년 자동차와 TV 생산에 대한 생산가능곡선을 나타낸 것이다. 이에 대한 설명으로 가장 적절한 것은?

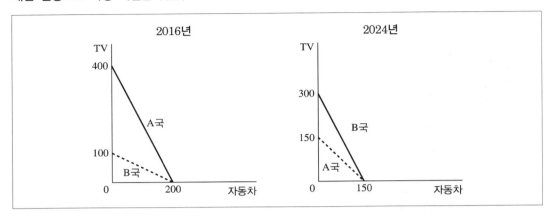

① 2016년의 자동차 수출국은 A국이다.
② B국의 자동차 1대 생산 기회비용은 감소하였다.
③ 두 시점의 생산가능곡선 변화 원인은 생산성 향상 때문이다.
④ 2024년에 자동차 1대가 TV 2대와 교환된다면 무역의 이익은 B국만 갖게 된다.

정답 ③

오답분석
① 2016년에 A국이 자동차 1대를 생산하기 위한 기회비용은 TV 2대이며, B국이 자동차 1대를 생산하기 위한 기회비용은 TV $\frac{1}{2}$ 대이므로 상대적으로 자동차 생산에 대한 기회비용이 적은 B국에서 자동차를 수출해야 한다.

② 2016년 B국의 자동차 1대 생산에 대한 기회비용은 TV $\frac{1}{2}$ 대인 반면, 2024년 B국의 자동차 1대 생산에 대한 기회비용은 TV 2대이므로 기회비용은 증가하였다.

④ 2024년에 A국은 비교우위가 있는 자동차 생산에 특화하고, B국은 비교우위가 있는 TV 생산에 특화하여 교환한다. 이 경우 교환 비율이 자동차 1대당 TV 2대이면, B국은 아무런 무역이익을 가지지 못하고, A국만 무역의 이익을 갖는다.

애덤 스미스의 절대우위론

절대우위론이란 각국이 절대적으로 생산비가 낮은 재화생산에 특화하여 그 일부를 교환함으로써 상호이익을 얻을 수 있다는 이론이다.

리카도의 비교우위론

① 개념

- 비교우위란 교역 상대국보다 낮은 기회비용으로 생산할 수 있는 능력으로 정의된다.
- 비교우위론이란 한 나라가 두 재화생산에 있어서 모두 절대우위에 있더라도 양국이 상대적으로 생산비가 낮은 재화생산에 특화하여 무역을 할 경우 양국 모두 무역으로부터 이익을 얻을 수 있다는 이론을 말한다.
- 비교우위론은 절대우위론의 내용을 포함하고 있는 이론이다.

② 비교우위론의 사례

구분	A국	B국
X재	4명	5명
Y재	2명	5명

→ A국이 X재와 Y재 생산에서 모두 절대우위를 갖는다.

구분	A국	B국
X재 1단위 생산의 기회비용	Y재 2단위	Y재 1단위
Y재 1단위의 기회비용	X재 $\frac{1}{2}$ 단위	X재 1단위

→ A국은 Y재에, B국은 X재에 비교우위가 있다.

헥셔 – 오린 정리모형(Heckscher – Ohlin Model, H – O Model)

① 개념

- 각국의 생산함수가 동일하더라도 각 국가에서 상품 생산에 투입된 자본과 노동의 비율이 차이가 있으면 생산비의 차이가 발생하게 되고, 각국은 생산비가 적은 재화에 비교우위를 갖게 된다는 정리이다.
- 노동풍부국은 노동집약재, 자본풍부국은 자본집약재 생산에 비교우위가 있다.

② 내용

- A국은 B국에 비해 노동풍부국이고, X재는 Y재에 비해 노동집약재라고 가정할 때 A국과 B국의 생산가능곡선은 다음과 같이 도출된다.

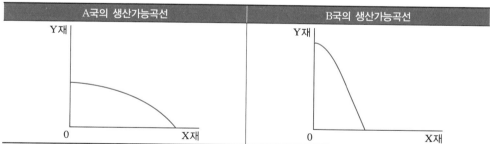

A국의 생산가능곡선	B국의 생산가능곡선

- 헥셔 – 오린 정리에 따르면 A국은 노동이 B국에 비해 상대적으로 풍부하기 때문에 노동집약재인 X재에 비교우위를 가지고 X재를 생산하여 B국에 수출하고 Y재를 수입한다.
- 마찬가지로 B국은 자본이 A국에 비해 상대적으로 풍부하기 때문에 자본집약재인 Y재에 비교우위를 가지고 Y재를 생산하여 A국에 수출하고 X재를 수입한다.

01 다음 중 소득격차를 나타내는 지표가 아닌 것은?

① 십분위분배율   ② 로렌츠 곡선

③ 지니계수   ④ 엥겔지수

02 어느 나라 국민의 50%는 소득이 전혀 없고, 나머지 50%는 모두 소득 100을 균등하게 가지고 있다면 지니계수의 값은 얼마인가?

① 0   ② 1

③ $\dfrac{1}{2}$ ④ $\dfrac{1}{4}$

01

정답 ④

엥겔지수는 전체 소비지출 중에서 식료품비가 차지하는 비중을 표시하는 지표로, 특정 계층의 생활 수준만을 알 수 있다.

02

정답 ③

국민의 50%가 소득이 전혀 없고, 나머지 50%에 해당하는 사람들의 소득은 완전히 균등하게 100씩 가지고 있으므로 로렌츠 곡선은 아래 그림과 같다. 따라서 지니계수는 다음과 같이 계산한다.

$$(지니계수) = \frac{A}{A+B} = \frac{1}{2}$$

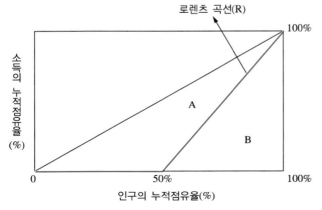

로렌츠 곡선(Lorenz Curve)
① 개념 및 측정방법
- 인구의 누적점유율과 소득의 누적점유율 간의 관계를 나타내는 곡선이다.
- 로렌츠 곡선은 소득분배가 균등할수록 대각선에 가까워진다. 즉, 로렌츠 곡선이 대각선에 가까울수록 평등한 분배상태이며, 직각에 가까울수록 불평등한 분배상태이다.
- 로렌츠 곡선과 대각선 사이의 면적의 크기가 불평등도를 나타내는 지표가 된다.

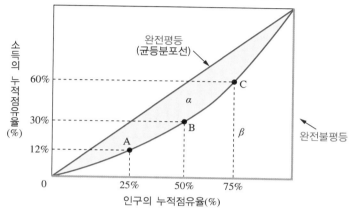

- 로렌츠 곡선상의 점 A는 소득액 하위 25% 인구가 전체 소득의 12%를, 점 B는 소득액 하위 50% 인구가 전체 소득의 30%를, 점 C는 소득액 하위 75% 인구가 전체 소득의 60%를 점유하고 있음을 의미한다.
② 평가
- 로렌츠 곡선이 서로 교차하는 경우에는 소득분배상태를 비교할 수 없다.
- 소득별 분배상태를 한눈에 볼 수 있으나, 비교하고자 하는 수만큼 그려야 하는 단점이 있다.

지니계수
① 개념 및 측정방법
- 지니계수란 로렌츠 곡선이 나타내는 소득분배상태를 하나의 숫자로 나타낸 것을 말한다.
- 지니계수는 완전균등분포선과 로렌츠 곡선 사이에 해당하는 면적(α)을 완전균등분포선 아래의 삼각형 면적($\alpha + \beta$)으로 나눈 값이다.
- 지니계수는 0 ~ 1 사이의 값을 나타내며, 그 값이 작을수록 소득분배가 균등함을 의미한다.
- 즉, 소득분배가 완전히 균등하면 $\alpha = 0$이므로 지니계수는 0이 되고, 소득분배가 완전히 불균등하면 $\beta = 0$이므로 지니계수는 1이 된다.
② 평가
- 지니계수는 전 계층의 소득분배를 하나의 숫자로 나타내므로 특정 소득계층의 소득분배상태를 나타내지 못한다는 한계가 있다.
- 또한 특정 두 국가의 지니계수가 동일하더라도 소득구간별 소득격차의 차이가 모두 동일한 것은 아니며, 전반적인 소득분배의 상황만을 짐작하게 하는 한계가 있다.

상품시장을 가정할 때, 다음 중 완전경쟁시장의 균형점이 파레토 효율적인 이유로 옳지 않은 것은?

① 완전경쟁시장 균형점에서 가장 사회적 잉여가 크기 때문이다.

② 완전경쟁시장 균형점에서 사회적 형평성이 극대화되기 때문이다.

③ 완전경쟁시장 균형점에서 소비자는 효용 극대화, 생산자는 이윤 극대화를 달성하기 때문이다.

④ 완전경쟁시장 균형점에서 재화 한 단위 생산에 따른 사회적 한계편익과 사회적 한계비용이 같기 때문이다.

정답 ②

파레토 효율성이란 하나의 자원배분 상태에서 다른 사람에게 손해가 가지 않고서는 어떤 한 사람에게 이득이 되는 변화를 만들어내는 것이 불가능한 배분 상태를 의미한다. 즉, 파레토 효율성은 현재보다 더 효율적인 배분이 불가능한 상태를 의미한다. 따라서 완전경쟁시장의 균형점에서는 사회적 효율이 극대화되지만, 파레토 효율적이라고 하여 사회 구성원 간에 경제적 후생을 균등하게 분배하는 것은 아니기 때문에 사회적 형평성이 극대화되지는 않는다.

파레토 효율성

파레토 효율(＝파레토 최적)이란 하나의 자원배분 상태에서 다른 어떤 사람에게 손해가 가도록 하지 않고서는 어떤 한 사람에게 이득이 되는 변화를 만들어 내는 것이 불가능한 상태, 즉 더 이상의 파레토 개선이 불가능한 자원배분 상태를 말한다.

소비에서의 파레토 효율성

① 생산물시장이 완전경쟁시장이면 개별소비자들은 가격수용자이므로 두 소비자가 직면하는 예산선의 기울기$\left(-\dfrac{P_X}{P_Y}\right)$는 동일하다.
② 예산선의 기울기가 동일하므로 두 개인의 무차별곡선 기울기도 동일하다.

$$\text{MRS}^A_{XY} = \text{MRS}^B_{XY}$$

③ 그러므로 생산물시장이 완전경쟁이면 소비에서의 파레토 효율성 조건이 충족된다.
④ 계약곡선상의 모든 점에서 파레토 효율이 성립하고, 효용곡선상의 모든 점에서 파레토 효율이 성립한다.

생산에서의 파레토 효율성

① 생산요소시장이 완전경쟁이면 개별생산자는 가격수용자이므로 두 재화가 직면하는 등비용선의 기울기$\left(-\dfrac{w}{r}\right)$가 동일하다.
② 등비용선의 기울기가 동일하므로 두 재화의 등량곡선의 기울기도 동일하다.

$$\text{MRS}^X_{LK} = \text{MRS}^Y_{LK}$$

③ 그러므로 생산요소시장이 완전경쟁이면 생산에서의 파레토 효율성 조건이 충족된다.
④ 생산가능곡선이란 계약곡선을 재화공간으로 옮겨 놓은 것으로 생산가능곡선상의 모든 점에서 파레토 효율이 이루어진다.
⑤ 한계변환율은 X재의 생산량을 1단위 증가시키기 위하여 감소시켜야 하는 Y재의 수량으로, 생산가능곡선 접선의 기울기이다.

종합적인 파레토 효율성

시장구조가 완전경쟁이면 소비자의 효용극대화와 생산자의 이윤극대화 원리에 의해 종합적인 파레토 효율성 조건이 성립한다.

$$\text{MRS}_{xy} = \frac{M_X}{M_Y} = \frac{P_X}{P_Y} = \frac{MC_X}{MC_Y} = \text{MRT}_{xy}$$

파레토 효율성의 한계

① 파레토 효율성 조건을 충족하는 점은 무수히 존재하기 때문에 그중 어떤 점이 사회적으로 가장 바람직한지 판단하기 어렵다.
② 파레토 효율성은 소득분배의 공평성에 대한 기준을 제시하지 못한다.

01 다음 대화에서 밑줄 친 부분에 해당하는 사례로 가장 적절한 것은?

> 선생님 : 실업에는 어떤 종류가 있는지 한 번 말해볼까?
> 학 생 : 네, 선생님. 실업은 발생하는 원인에 따라 <u>경기적 실업</u>과 계절적 실업 그리고 구조적 실업
> 과 마찰적 실업으로 분류할 수 있습니다.

① 총수요의 부족으로 발생하는 실업이 증가했다.
② 더 나은 직업을 탐색하기 위해 기존에 다니던 직장을 그만두었다.
③ 남해바다 해수욕장의 수영 강사들이 겨울에 일자리가 없어서 쉬고 있다.
④ 산업구조가 제조업에서 바이오기술산업으로 재편되면서 대량실업이 발생하였다.

02 다음 중 빈칸 ㉠ ~ ㉢에 들어갈 용어가 바르게 연결된 것은?

> • __㉠__ : 구직활동 과정에서 일시적으로 실업 상태에 놓이는 것을 의미한다.
> • __㉡__ : 한 나라의 산출량과 실업 사이에서 관찰되는 안정적인 음(−)의 상관관계가 존재한다는
> 것을 의미한다.
> • __㉢__ : 실업이 높은 수준으로 올라가고 나면 경기확장정책을 실시하더라도 다시 실업률이 감소
> 하지 않는 경향을 의미한다.
> • __㉣__ : 경기침체로 인한 총수요의 부족으로 발생하는 실업이다.

	㉠	㉡	㉢	㉣
①	마찰적 실업	오쿤의 법칙	이력현상	경기적 실업
②	마찰적 실업	경기적 실업	오쿤의 법칙	구조적 실업
③	구조적 실업	이력현상	경기적 실업	마찰적 실업
④	구조적 실업	이력현상	오쿤의 법칙	경기적 실업

01

정답 ①

경기적 실업이란 경기침체로 인한 총수요의 부족으로 발생하는 실업이다. 따라서 경기적 실업을 감소시키기 위해서는 총수요를
확장시켜 경기를 활성화시키는 경제안정화정책이 필요하다.

오답분석
② 마찰적 실업
③ 계절적 실업
④ 구조적 실업

02

정답 ①

㉠ 마찰적 실업 : 직장을 옮기는 과정에서 일시적으로 실업 상태에 놓이는 것. 자발적 실업으로서 완전고용상태에서도 발생한다.
㉡ 오쿤의 법칙 : 한 나라의 산출량과 실업 간에 경험적으로 관찰되는 안정적인 음(-)의 상관관계가 존재한다는 것
㉢ 이력현상 : 경기침체로 인해 높아진 실업률이 일정기간이 지난 이후에 경기가 회복되더라도 낮아지지 않고 계속 일정한 수준을 유지하는 현상
㉣ 경기적 실업 : 경기침체로 유효수요가 부족하여 발생하는 실업

이론 더하기

실업
① 실업이란 일할 의사와 능력을 가진 사람이 일자리를 갖지 못한 상태를 의미한다.
② 실업은 자발적 실업과 비자발적 실업으로 구분된다.
③ 자발적 실업에는 마찰적 실업이 포함되고, 비자발적 실업에는 구조적·경기적 실업이 포함된다.

마찰적 실업(Frictional Unemployment)
① 노동시장의 정보불완전성으로 노동자들이 구직하는 과정에서 발생하는 자발적 실업을 말한다.
② 마찰적 실업의 기간은 대체로 단기이므로 실업에 따르는 고통은 크지 않다.
③ 마찰적 실업을 감소시키기 위해서는 구인 및 구직 정보를 적은 비용으로 찾을 수 있는 제도적 장치를 마련하여 경제적·시간적 비용을 줄여주어야 한다.

구조적 실업(Structural Unemployment)
① 경제가 발전하면서 산업구조가 변화하고 이에 따라 노동수요 구조가 변함에 따라 발생하는 실업을 말한다.
② 기술발전과 지식정보화 사회 등에 의한 산업구조 재편이 수반되면서 넓은 지역에서 동시에 발생하는 실업이다.
③ 구조적 실업을 감소시키기 위해서는 직업훈련, 재취업교육 등 인력정책이 필요하다.

경기적 실업(Cyclical Unemployment)
① 경기침체로 인한 총수요의 부족으로 발생하는 실업이다.
② 경기적 실업을 감소시키기 위해서는 총수요를 확장시켜 경기를 활성화시키는 경제안정화정책이 필요하다.
③ 한편, 실업보험제도나 고용보험제도도 경기적 실업을 해소하기 위한 좋은 대책이다.

실업관련지표
① 경제활동참가율
- 생산가능인구 중에서 경제활동인구가 차지하는 비율을 나타낸다.
- $[\text{경제활동참가율}(\%)] = \dfrac{(\text{경제활동인구})}{(\text{생산가능인구})} \times 100 = \dfrac{(\text{경제활동인구})}{(\text{경제활동인구}) + (\text{비경제활동인구})} \times 100$

② 실업률
- 경제활동인구 중에서 실업자가 차지하는 비율을 나타낸다.
- $[\text{실업률}(\%)] = \dfrac{(\text{실업자 수})}{(\text{경제활동인구})} \times 100 = \dfrac{(\text{실업자 수})}{(\text{취업자 수}) + (\text{실업자 수})} \times 100$
- 정규직의 구분 없이 모두 취업자로 간주하므로 고용의 질을 반영하지 못한다.

③ 고용률
- 생산가능인구 중에서 취업자가 차지하는 비율로 한 경제의 실질적인 고용창출능력을 나타낸다.
- $[\text{고용률}(\%)] = \dfrac{(\text{취업자 수})}{(\text{생산가능인구})} \times 100 = \dfrac{(\text{취업자 수})}{(\text{경제활동인구}) + (\text{비경제활동인구})} \times 100$

01　다음 중 인플레이션에 의해 나타날 수 있는 현상으로 보기 어려운 것은?

① 구두창비용의 발생
② 메뉴비용의 발생
③ 통화가치 하락
④ 총요소생산성의 상승

02　다음과 같은 현상에 대한 설명으로 적절하지 않은 것은?

> 베네수엘라의 중앙은행은 지난해 물가가 무려 9,586% 치솟았다고 발표했다. 그야말로 살인적인 물가 폭등이다. 베네수엘라는 한때 1위 산유국으로 부유했던 국가 중 하나였다. 이를 바탕으로 베네수엘라의 대통령이었던 니콜라스 마두로 대통령은 국민들에게 무상 혜택을 강화하겠다는 정책을 발표하고, 부족한 부분은 국가의 돈을 찍어 국민 생활의 많은 부분을 무상으로 전환했다. 그러나 2010년 원유의 가격이 바닥을 치면서 무상복지로 제공하던 것들을 유상으로 전환했고, 이에 따라 급격히 물가가 폭등하여 현재 돈의 가치가 없어지는 상황까지 왔다. 베네수엘라에서 1,000원짜리 커피를 한 잔 마시려면 150만 원을 지불해야 하며, 한 달 월급으로 계란 한 판을 사기 어려운 수준에 도달했다. 이를 견디지 못한 베네수엘라 국민들은 자신의 나라를 탈출하고 있으며, 정부는 화폐개혁을 예고했다.

① 전쟁이나 혁명 등 사회가 크게 혼란한 상황에서 나타난다.
② 화폐 액면 단위를 변경시키는 디노미네이션으로 쉽게 해소된다.
③ 상품의 퇴장 현상이 나타나며 경제는 물물교환에 의해 유지된다.
④ 정부가 재정 확대 정책을 장기간 지속했을 때도 이런 현상이 나타난다.

01

정답　④

인플레이션은 구두창비용, 메뉴비용, 자원배분의 왜곡, 조세왜곡 등의 사회적 비용을 발생시켜 경제에 비효율성을 초래한다. 특히 예상하지 못한 인플레이션은 소득의 자의적인 재분배를 가져와 채무자와 실물자산소유자가 채권자와 화폐자산소유자에 비해 유리하게 만든다. 인플레이션으로 인한 사회적 비용 중 구두창비용이란 인플레이션으로 인해 화폐가치가 하락한 상황에서 화폐보유의 기회비용이 상승하는 것을 나타내는 용어이다. 이는 사람들이 화폐보유를 줄이게 되면 금융기관을 자주 방문해야 하므로 거래비용이 증가하게 되는 것을 의미한다. 그리고 메뉴비용이란 물가가 상승할 때 물가 상승에 맞추어 기업들이 생산하는 재화나 서비스의 판매 가격을 조정하는 데 지출되는 비용을 의미한다. 또한 예상하지 못한 인플레이션이 발생하면 기업들은 노동의 수요를 증가시키고, 노동의 수요가 증가하게 되면 일시적으로 생산량과 고용량이 증가하게 되나, 인플레이션으로 총요소생산성이 상승하는 것은 어려운 일이다.

02

제시문은 하이퍼인플레이션에 대한 설명이다. 하이퍼인플레이션은 대부분 전쟁이나 혁명 등 사회가 크게 혼란한 상황 또는 정부가 재정을 지나치게 방만하게 운용해 통화량을 대규모로 공급할 때 발생한다. 디노미네이션은 화폐의 가치를 유지하면서 액면 단위만 줄이는 화폐개혁의 방법으로 화폐를 바꾸는 데 많은 비용이 소요되고, 시스템이나 사람들이 적응하는 데 많은 시간이 필요하기 때문에 효과는 서서히 발생한다.

이론 더하기

물가지수
① 개념 : 물가의 움직임을 구체적으로 측정한 지표로서 일정 시점을 기준으로 그 이후의 물가변동을 백분율(%)로 표시한다.

② 물가지수의 계산 : $\dfrac{(비교시점의\ 물가수준)}{(기준시점의\ 물가수준)} \times 100$

③ 물가지수의 종류
  • 소비자물가지수(CPI) : 가계의 소비생활에 필요한 재화와 서비스의 소매가격을 기준으로 환산한 물가지수로서 라스파이레스 방식으로 통계청에서 작성한다.
  • 생산자물가지수(PPI) : 국내시장의 제1차 거래단계에서 기업 상호 간에 거래되는 모든 재화와 서비스의 평균적인 가격변동을 측정한 물가지수로서 라스파이레스 방식으로 한국은행에서 작성한다.
  • GDP디플레이터 : 명목GNP를 실질가치로 환산할 때 사용하는 물가지수로서 GNP를 추계하는 과정에서 산출된다. 가장 포괄적인 물가지수로서 사후적으로 계산되며 파셰 방식으로 한국은행에서 작성한다.

인플레이션
① 개념 : 물가수준이 지속적으로 상승하여 화폐가치가 하락하는 현상을 말한다.
② 인플레이션의 발생원인

학파	수요견인 인플레이션	비용인상 인플레이션
고전학파	통화공급(M) 증가	통화주의는 물가수준에 대한 적응적 기대를 하는 과정에서 생긴 현상으로 파악
통화주의학파		
케인스학파	정부지출 증가, 투자 증가 등 유효수요 증가와 통화량 증가	임금인상 등의 부정적 공급충격

③ 인플레이션의 경제적 효과
  • 예상치 못한 인플레이션은 채권자에서 채무자에게로 소득을 재분배하며, 고정소득자와 금융자산을 많이 보유한 사람에게 불리하게 작용한다.
  • 인플레이션은 물가수준의 상승을 의미하므로 수출재의 가격이 상승하여 경상수지를 악화시킨다.
  • 인플레이션은 실물자산에 대한 선호를 증가시켜 저축이 감소하여 자본축적을 저해하고 결국 경제의 장기적인 성장가능성을 저하시킨다.

④ 인플레이션의 종류
  • 하이퍼인플레이션 : 인플레이션의 범위를 초과하여 경제학적 통제를 벗어난 인플레이션이다.
  • 스태그플레이션 : 경기침체기에서의 인플레이션으로, 저성장 고물가의 상태이다.
  • 애그플레이션 : 농산물 상품의 가격 급등으로 일반 물가도 덩달아 상승하는 현상이다.
  • 보틀넥인플레이션 : 생산요소의 일부가 부족하여, 생산의 증가속도가 수요의 증가속도를 따르지 못해 발생하는 물가상승 현상이다.
  • 디맨드풀인플레이션 : 초과수요로 인하여 일어나는 인플레이션이다.
  • 디스인플레이션 : 인플레이션을 극복하기 위해 통화증발을 억제하고 재정·금융긴축을 주축으로 하는 경제조정정책이다.

01 다음 중 게임이론에 대한 설명으로 옳지 않은 것은?

① 순수전략들로만 구성된 내쉬균형이 존재하지 않는 게임도 있다.

② 죄수의 딜레마 게임에서 두 용의자 모두가 자백하는 것은 우월전략균형이면서 동시에 내쉬균형이다.

③ 우월전략이란 상대 경기자들이 어떤 전략들을 사용하든지 상관없이 자신의 전략들 중에서 항상 가장 낮은 보수를 가져다주는 전략을 말한다.

④ 참여자 모두에게 상대방이 어떤 전략을 선택하는가에 관계없이 자신에게 더 유리한 결과를 주는 전략이 존재할 때 그 전략을 참여자 모두가 선택하면 내쉬균형이 달성된다.

02 양씨네 가족은 주말에 여가 생활을 하기로 했다. 양씨 부부는 영화 관람을 원하고, 양씨 자녀들은 놀이동산에 가고 싶어 한다. 하지만 부부와 자녀들은 모두 따로 여가 생활을 하는 것보다는 함께 여가 생활을 하는 것을 더 선호한다. 이러한 상황에서 내쉬균형이 달성되는 경우에 해당하는 것을 〈보기〉에서 모두 고르면?(단, 내쉬전략이란 상대방의 전략이 정해져 있을 때 자신의 이익을 극대화시키는 전략을 말하며, 내쉬균형이란 어느 누구도 이러한 전략을 변경할 유인이 없는 상태를 말한다)

> **보기**
> ㉠ 가족 모두 영화를 관람한다.
> ㉡ 가족 모두 놀이동산에 놀러간다.
> ㉢ 부부는 영화를 관람하고, 자녀들은 놀이동산에 놀러간다.
> ㉣ 부부는 놀이동산에 놀러가고, 자녀들은 영화를 관람한다.

① ㉠, ㉡   ② ㉡, ㉢

③ ㉢, ㉣   ④ ㉠, ㉡, ㉣

01

정답 ③

우월전략은 상대방의 전략에 관계없이 항상 자신의 보수가 가장 크게 되는 전략을 말한다.

02

정답 ①

부모가 영화를 관람한다고 가정할 때 자녀들이 놀이동산에 놀러가기로 결정하는 경우 따로 여가 생활을 해야 하므로 자녀들의 이익은 극대화되지 않는다. 마찬가지로 자녀들이 놀이동산에 놀러가기로 결정할 때 부부가 영화를 관람하기로 결정한다면 부부의 이익도 역시 극대화되지 않는다. 따라서 가족 모두가 영화를 관람하거나 놀이동산에 놀러갈 때 내쉬균형이 달성된다.

게임이론

한 사람이 어떤 행동을 취하기 위해서 상대방이 그 행동에 어떻게 대응할지 미리 생각해야 하는 전략적인 상황(Strategic Situation)하에서 자기의 이익을 효과적으로 달성하는 의사결정과정을 분석하는 이론을 말한다.

우월전략균형

① 개념

- 우월전략이란 상대방의 전략에 상관없이 자신의 전략 중 자신의 보수를 극대화하는 전략이다.
- 우월전략균형은 경기자들의 우월전략의 배합을 말한다.
  예 A의 우월전략(자백), B의 우월전략(자백) → 우월전략균형(자백, 자백)

② 평가

- 각 경기자의 우월전략은 비협조전략이다.
- 각 경기자의 우월전략배합이 열위전략의 배합보다 파레토 열위상태이다.
- 자신만이 비협조전략(이기적인 전략)을 선택하는 경우 보수가 증가한다.
- 효율적 자원배분은 협조전략하에 나타난다.
- 각 경기자가 자신의 이익을 극대화하는 행동이 사회적으로 바람직한 자원배분을 실현하는 것은 아니다(개인적 합리성이 집단적 합리성을 보장하지 못한다).

내쉬균형(Nash Equilibrium)

① 개념 및 특징

- 내쉬균형이란 상대방의 전략을 주어진 것으로 보고 자신의 이익을 극대화하는 전략을 선택할 때 이 최적전략의 짝을 내쉬균형이라 한다. 내쉬균형은 존재하지 않을 수도, 복수로 존재할 수도 있다.
- '유한한 경기자'와 '유한한 전략'의 틀을 가진 게임에서 혼합전략을 허용할 때 최소한 하나 이상의 내쉬균형이 존재한다.
- 우월전략균형은 반드시 내쉬균형이나, 내쉬균형은 우월전략균형이 아닐 수 있다.

② 사례

- 내쉬균형이 존재하지 않는 경우

A \ B	T	H
T	3, 2	1, 3
H	1, 1	3, -1

- 내쉬균형이 1개 존재하는 경우(자백, 자백)

A \ B	자백	부인
자백	-5, -5	-1, -10
부인	-10, -1	-2, -2

- 내쉬균형이 2개 존재하는 경우(야구, 야구) (영화, 영화)

A \ B	야구	영화
야구	3, 2	1, 1
영화	1, 1	2, 3

③ 한계점

- 경기자 모두 소극적 추종자로 행동, 적극적으로 행동할 때의 균형을 설명하지 못한다.
- 순차게임을 설명하지 못한다.
- 협력의 가능성이 없으며 협력의 가능성이 있는 게임을 설명하지 못한다.

01 A국의 통화량은 현금통화 150, 예금통화 450이며, 지급준비금이 90이라고 할 때, 통화승수는? (단, 현금통화비율과 지급준비율은 일정하다)

① 2.5   ② 3

③ 4.5   ④ 5

02 다음 정책에 대한 설명으로 적절하지 않은 것은?

> 중앙은행의 정책으로 금리 인하를 통한 경기부양 효과가 한계에 다다랐을 때 중앙은행이 국채매입 등을 통해 유동성을 시중에 직접 푸는 정책을 뜻한다.

① 수출 증대의 효과가 있다.

② 디플레이션을 초래할 수 있다.

③ 유동성을 무제한으로 공급하는 것이다.

④ 경기후퇴를 막음으로써 시장의 자신감을 향상시킨다.

01

정답 ①

현금통화비율(c), 지급준비율(γ), 본원통화(B), 통화량(M)

$$M = \frac{1}{c + \gamma(1-c)} B$$

여기서 $c = \frac{150}{600} = 0.25$, $\gamma = \frac{90}{450} = 0.2$이므로, 통화승수는 $\frac{1}{c + \gamma(1-c)} = \frac{1}{0.25 + 0.2(1 - 0.25)} = 2.5$이다.

한편, (통화량)=(현금통화)+(예금통화)=150+450=600, (본원통화)=(현금통화)+(지급준비금)=150+90=240이다.

따라서 (통화승수)$= \frac{(통화량)}{(본원통화)} = \frac{600}{240} = 2.5$이다.

02

정답 ②

제시된 정책은 양적완화이다.

양적완화
- 금리중시 통화정책을 시행하는 중앙은행이 정책금리가 0%에 근접하거나, 혹은 다른 이유로 시장경제의 흐름을 정책금리로 제어할 수 없는 이른바 유동성 저하 상황하에서 유동성을 충분히 공급함으로써 중앙은행의 거래량을 확대하는 정책이다.
- 수출 증대의 효과가 있는 반면, 인플레이션을 초래할 수도 있다.
- 자국의 경제에는 소기의 목적을 달성하더라도 타국의 경제에 영향을 미쳐 자산 가격을 급등시킬 수도 있다.

중앙은행

① 중앙은행의 역할
- 화폐를 발행하는 발권은행으로서의 기능을 한다.
- 은행의 은행으로서의 기능을 한다.
- 통화가치의 안정과 국민경제의 발전을 위한 통화금융정책을 집행하는 기능을 한다.
- 국제수지 불균형의 조정, 환율의 안정을 위하여 외환관리업무를 한다.
- 국고금 관리 등의 업무를 수행하며 정부의 은행으로서의 기능을 한다.

② 중앙은행의 통화정책 운영체계
한국은행은 통화정책 운영체계로서 물가안정목표제(Inflation Targeting)를 채택하고 있다.

③ 물가안정목표제란 '통화량' 또는 '환율' 등 중간목표를 정하고 이에 영향을 미쳐 최종목표인 물가안정을 달성하는 것이 아니라, 최종목표인 '물가' 자체에 목표치를 정하고 중기적 시기에 이를 달성하려는 방식이다.

금융정책

정책수단		운용목표		중간목표		최종목표
공개시장조작 지급준비율	→	콜금리 본원통화 재할인율	→	통화량 이자율	→	완전고용 물가안정 국제수지균형

① 공개시장조작정책
- 중앙은행이 직접 채권시장에 참여하여 금융기관을 상대로 채권을 매입하거나 매각하여 통화량을 조절하는 통화정책수단을 의미한다.
- 중앙은행이 시중의 금융기관을 상대로 채권을 매입하는 경우 경제 전체의 통화량은 증가하게 되고, 이는 실질이자율을 낮춰 총수요를 증가시킨다.
- 중앙은행이 시중의 금융기관을 상대로 채권을 매각하는 경우 경제 전체의 통화량은 감소하게 되고, 이는 실질이자율을 상승과 투자의 감소로 이어져 총수요가 감소하게 된다.

② 지급준비율정책
- 법정지급준비율이란 중앙은행이 예금은행으로 하여금 예금자 예금인출요구에 대비하여 총예금액의 일정비율 이상을 대출할 수 없도록 규정한 것을 말한다.
- 지급준비율정책이란 법정지급준비율을 변경시킴으로써 통화량을 조절하는 것을 말한다.
- 지급준비율이 인상되면 통화량이 감소하고 실질이자율을 높여 총수요를 억제한다.

③ 재할인율정책
- 재할인율정책이란 일반은행이 중앙은행으로부터 자금을 차입할 때 차입규모를 조절하여 통화량을 조절하는 통화정책수단을 말한다.
- 재할인율 상승은 실질이자율을 높여 경제 전체의 통화량을 줄이고자 할 때 사용하는 통화정책의 수단이다.
- 재할인율 인하는 실질이자율을 낮춰 경제 전체의 통화량을 늘리고자 할 때 사용하는 통화정책의 수단이다.

금융지표(금리·환율·주가)

다음은 경제 지표 추이에 대한 그래프이다. 이와 같은 추이가 계속된다고 할 때, 나타날 수 있는 현상으로 적절한 것을 〈보기〉에서 모두 고르면?(단, 지표 외 다른 요인은 고려하지 않는다)

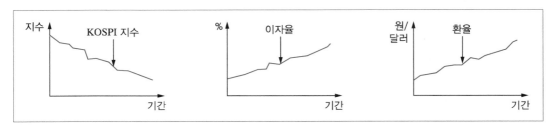

보기

㉠ KOSPI 지수 추이를 볼 때, 기업은 주식시장을 통한 자본 조달이 어려워질 것이다.
㉡ 이자율 추이를 볼 때, 은행을 통한 기업의 대출 수요가 증가할 것이다.
㉢ 환율 추이를 볼 때, 수출제품의 가격 경쟁력이 강화될 것이다.

① ㉠   ② ㉡
③ ㉠, ㉢   ④ ㉡, ㉢

정답 ③

㉠ KOSPI 지수가 지속적으로 하락하고 있기 때문에 주식시장이 매우 침체되어 있다고 볼 수 있다. 이 경우 주식에 대한 수요와 증권시장의 약세 장세 때문에 주식 발행을 통한 자본 조달은 매우 어려워진다.
㉢ 원/달러 환율이 지속적으로 상승하게 되면 원화의 약세로 수출제품의 외국에서의 가격은 달러화에 비해 훨씬 저렴하게 된다. 따라서 상대적으로 외국제품에 비하여 가격 경쟁력이 강화되는 효과가 발생한다.

[오답분석]

㉡ 이자율이 지속적으로 상승하면 대출 금리도 따라 상승하게 되어 기업의 부담이 커지게 되고 이에 따라 기업의 대출 수요는 감소하게 된다.

금리
① 개념 : 원금에 지급되는 이자를 비율로 나타낸 것으로 '이자율'이라는 표현을 사용하기도 한다.
② 특징
- 자금에 대한 수요와 공급이 변하면 금리가 변동한다. 즉, 자금의 수요가 증가하면 금리가 올라가고, 자금의 공급이 증가하면 금리는 하락한다.
- 중앙은행이 금리를 낮추겠다는 정책목표를 설정하면 금융시장의 국채를 매입하게 되고 금리에 영향을 준다.
- 가계 : 금리가 상승하면 소비보다는 저축이 증가하고, 금리가 하락하면 저축보다는 소비가 증가한다.
- 기업 : 금리가 상승하면 투자비용이 증가하므로 투자가 줄어들고, 금리가 하락하면 투자가 증가한다.
- 국가 간 자본의 이동 : 본국과 외국의 금리 차이를 보고 상대적으로 외국의 금리가 높다고 판단되면 자금은 해외로 이동하고, 그 반대의 경우 국내로 이동한다.
③ 금리의 종류
- 기준금리 : 중앙은행이 경제활동 상황을 판단하여 정책적으로 결정하는 금리로, 경제가 과열되거나 물가상승이 예상되면 기준금리를 올리고, 경제가 침체되고 있다고 판단되면 기준금리를 하락시킨다.
- 시장금리 : 개인의 신용도나 기간에 따라 달라지는 금리이다.

	콜금리	영업활동 과정에서 남거나 모자라는 초단기자금(콜)에 대한 금리이다.
1년 미만 단기 금리	환매조건부채권(RP)	일정 기간이 지난 후에 다시 매입하는 조건으로 채권을 매도함으로써 수요자가 단기자금을 조달하는 금융거래방식의 하나이다.
	양도성예금증서(CD)	은행이 발행하고 금융시장에서 자유로운 매매가 가능한 무기명의 정기예금증서이다.
1년 이상 장기 금리	국채, 회사채, 금융채	

환율
국가 간 화폐의 교환비율로, 우리나라에서 환율을 표시할 때에는 외국화폐 1단위당 원화의 금액으로 나타낸다.
예 1,193.80원/$, 170.76원/¥

주식과 주가
① 주식 : 주식회사의 자본을 이루는 단위로서 금액 및 이를 전제한 주주의 권리와 의무단위이다.
② 주가 : 주식의 시장가격으로, 주식시장의 수요와 공급에 의해 결정된다.

01 다음 중 변동환율제도에 대한 설명으로 적절하지 않은 것은?

① 원화 환율이 오르면 물가가 상승하기 쉽다.

② 원화 환율이 오르면 수출업자가 유리해진다.

③ 원화 환율이 오르면 외국인의 국내 여행이 많아진다.

④ 국가 간 자본거래가 활발하게 이루어진다면 독자적인 통화정책을 운용할 수 없다.

02 다음 중 빈칸 ⊙ ~ ⓒ에 들어갈 경제 용어가 바르게 연결된 것은?

> 구매력평가 이론(Purchasing Power Parity Theory)은 모든 나라의 통화 한 단위의 구매력이 같도록
> 환율이 결정되어야 한다는 것이다. 구매력평가 이론에 따르면 양국통화의 ___⊙___ 은 양국의 ___ⓒ___ 에
> 의해 결정되며, 구매력평가 이론이 성립하면 ___ⓒ___ 은 불변이다.

	⊙	ⓒ	ⓒ
①	실질환율	물가수준	명목환율
②	실질환율	자본수지	명목환율
③	명목환율	물가수준	실질환율
④	명목환율	경상수지	실질환율

01

정답 ④

변동환율제도에서는 중앙은행이 외환시장에 개입하여 환율을 유지할 필요가 없고, 외환시장의 수급 상황이 국내 통화량에 영향을
미치지 않으므로 독자적인 통화정책의 운용이 가능하다.

02

정답 ③

일물일가의 법칙을 가정하는 구매력평가설에 따르면 두 나라에서 생산된 재화의 가격이 동일하므로 명목환율은 두 나라의 물가수준
의 비율로 나타낼 수 있다. 한편, 구매력평가설이 성립하면 실질환율은 불변한다.

환율

① 개념 : 국내화폐와 외국화폐가 교환되는 시장을 외환시장(Foreign Exchange Market)이라고 한다. 그리고 여기서 결정되는 두 나라 화폐의 교환비율을 환율이라고 한다. 즉, 환율이란 자국화폐단위로 표시한 외국화폐 1단위의 가격이다.

② 환율의 변화

환율의 상승을 환율 인상(Depreciation), 환율의 하락을 환율 인하(Appreciation)라고 한다. 환율이 인상되는 경우 자국화폐의 가치가 하락하는 것을 의미하며, 환율이 인하되는 경우는 자국화폐가치가 상승하는 것을 의미한다.

평가절상 (=환율 인하, 자국화폐 가치 상승)	평가절하 (=환율 인상, 자국화폐 가치 하락)
• 수출 감소 • 수입 증가 • 경상수지 악화 • 외채부담 감소	• 수출 증가 • 수입 감소 • 경상수지 개선 • 외채부담 증가

③ 환율제도

구분	고정환율제도	변동환율제도
국제수지 불균형의 조정	정부개입에 의한 해결(평가절하, 평가절상)과 역외국에 대해서는 독자관세 유지	시장에서 환율의 변화에 따라 자동적으로 조정
환위험	적음	환율의 변동성에 기인하여 환위험에 크게 노출되어 있음
환투기의 위험	적음	높음(이에 대해 프리드먼은 환투기는 환율을 오히려 안정시키는 효과가 존재한다고 주장)
해외교란요인의 파급 여부	국내로 쉽게 전파됨	환율의 변화가 해외교란요인의 전파를 차단(차단효과)
금융정책의 자율성 여부	자율성 상실(불가능성 정리)	자율성 유지
정책의 유효성	금융정책 무력	재정정책 무력

01 다음 중 서킷 브레이커(Circuit Breakers)에 대한 설명으로 옳지 않은 것은?

① 1 ~ 3단계별로 두 번씩 발동할 수 있다.

② 거래를 중단한 지 20분이 지나면 10분간 호가를 접수해서 매매를 재개시킨다.

③ 주식시장에서 주가가 급등 또는 급락하는 경우 주식매매를 일시 정지하는 제도이다.

④ 2단계 서킷 브레이커는 1일 1회 주식시장 개장 5분 후부터 장이 끝나기 40분 전까지 발동할 수 있다.

02 다음 중 주가가 떨어질 것을 예측해 주식을 빌려 파는 공매도를 했으나, 반등이 예상되면서 빌린 주식을 되갚자 주가가 오르는 현상은?

① 사이드카   ② 디노미네이션

③ 서킷브레이커   ④ 숏커버링

01

정답 ①

서킷 브레이커(Circuit Breakers)
- 원래 전기 회로에 과부하가 걸렸을 때 자동으로 회로를 차단하는 장치를 말하는데, 주식시장에서 주가가 급등 또는 급락하는 경우 주식매매를 일시 정지하는 제도이다. 서킷 브레이커가 발동되면 매매가 20분간 정지되고, 20분이 지나면 10분간 동시호가, 단일가매매 전환이 이루어진다.
- 서킷 브레이커 발동조건
  - 1단계 : 종합주가지수가 전 거래일보다 8% 이상 하락하여 1분 이상 지속되는 경우
  - 2단계 : 종합주가지수가 전 거래일보다 15% 이상 하락하여 1분 이상 지속되는 경우
  - 3단계 : 종합주가지수가 전 거래일보다 20% 이상 하락하여 1분 이상 지속되는 경우
- 서킷 브레이커 유의사항
  - 총 3단계로 이루어진 서킷 브레이커의 각 단계는 하루에 한 번만 발동할 수 있다.
  - 1 ~ 2단계는 주식시장 개장 5분 후부터 장 종료 40분 전까지만 발동한다. 단, 3단계 서킷 브레이커는 장 종료 40분 전 이후에도 발동될 수 있고, 3단계 서킷 브레이커가 발동하면 장이 종료된다.

02

정답 ④

없는 주식이나 채권을 판 후 보다 싼 값으로 주식이나 그 채권을 구해 매입자에게 넘기는데, 예상을 깨고 강세장이 되어 해당 주식이 오를 것 같으면 손해를 보기 전에 빌린 주식을 되갚게 된다. 이때 주가가 오르는 현상을 숏커버링이라 한다.

주가지수

① 개념 : 주식가격의 상승과 하락을 판단하기 위한 지표(Index)가 필요하므로 특정 종목의 주식을 대상으로 평균적으로 가격이 상승했는지 하락했는지를 판단한다. 때문에 주가지수의 변동은 경제상황을 판단하게 해주는 지표가 될 수 있다.

② 주가지수 계산 : $\dfrac{(비교시점의\ 시가총액)}{(기준시점의\ 시가총액)} \times 100$

③ 주요국의 종합주가지수

국가	지수명	기준시점	기준지수
한국	코스피	1980년	100
	코스닥	1996년	1,000
미국	다우존스 산업평균지수	1896년	100
	나스닥	1971년	100
	S&P 500	1941년	10
일본	니케이 225	1949년	50
중국	상하이종합	1990년	100
홍콩	항셍지수	1964년	100
영국	FTSE 100지수	1984년	1,000
프랑스	CAC 40지수	1987년	1,000

주가와 경기 변동

① 주식의 가격은 장기적으로 기업의 가치에 따라 변동한다.

② 주가는 경제성장률이나 이자율, 통화량과 같은 경제변수에 영향을 받는다.

③ 통화공급의 증가와 이자율이 하락하면 소비와 투자가 늘어나서 기업의 이익이 커지므로 주가는 상승한다.

주식관련 용어

① 서킷브레이커(CB) : 주식시장에서 주가가 급등 또는 급락하는 경우 주식매매를 일시 정지하는 제도이다.

② 사이드카 : 선물가격이 전일 종가 대비 5%(코스피), 6%(코스닥) 이상 급등 또는 급락 상태가 1분간 지속될 경우 주식시장의 프로그램 매매 호가를 5분간 정지시키는 것을 의미한다.

③ 네 마녀의 날 : 주가지수 선물과 옵션, 개별 주식 선물과 옵션 등 네 가지 파생상품 만기일이 겹치는 날이다. '쿼드러플위칭 데이'라고도 한다.

④ 레드칩 : 중국 정부와 국영기업이 최대주주로 참여해 홍콩에 설립한 우량 중국 기업들의 주식을 일컫는 말이다.

⑤ 블루칩 : 오랜 시간 동안 안정적인 이익을 창출하고 배당을 지급해온 수익성과 재무구조가 건전한 기업의 주식으로 대형 우량주를 의미한다.

⑥ 숏커버링 : 외국인 등이 공매도한 주식을 되갚기 위해 시장에서 주식을 다시 사들이는 것으로, 주가 상승 요인으로 작용한다.

⑦ 공매도 : 주식을 가지고 있지 않은 상태에서 매도 주문을 내는 것이다. 3일 안에 해당 주식이나 채권을 구해 매입자에게 돌려주면 되기 때문에, 약세장이 예상되는 경우 시세차익을 노리는 투자자가 주로 활용한다.

다음 중 유로채와 외국채에 대한 설명으로 적절하지 않은 것은?

① 유로채는 채권의 표시통화 국가에서 발행되는 채권이다.

② 유로채는 이자소득세를 내지 않는다.

③ 외국채는 감독 당국의 규제를 받는다.

④ 외국채는 신용 평가가 필요하다.

정답 ①

외국채는 채권의 표시통화 국가에서 발행되는 채권이고, 유로채는 채권의 표시통화 국가 이외의 국가에서 발행되는 채권이다.

오답분석

② 외국채는 이자소득세를 내야 하지만, 유로채는 세금을 매기지 않는다.

③ 외국채는 감독 당국의 규제를 받지만, 유로채는 규제를 받지 않는다.

④ 외국채는 신용 평가가 필요하지만, 유로채는 필요하지 않다.

채권

정부, 공공기관, 특수법인과 주식회사 형태를 갖춘 사기업이 일반 대중 투자자들로부터 비교적 장기의 자금을 조달하기 위해 발행하는 일종의 차용증서로, 채권을 발행한 기관은 채무자, 채권의 소유자는 채권자가 된다.

발행주체에 따른 채권의 분류

국채	• 국가가 발행하는 채권으로 세금과 함께 국가의 중요한 재원 중 하나이다. • 국고채, 국민주택채권, 국채관리기금채권, 외국환평형기금채권 등이 있다.
지방채	• 지방자치단체가 지방재정의 건전한 운영과 공공의 목적을 위해 재정상의 필요에 따라 발행하는 채권이다. • 지하철공채, 상수도공채, 도로공채 등이 있다.
특수채	• 공사와 같이 특별법에 따라 설립된 법인이 자금조달을 목적으로 발행하는 채권으로 공채와 사채의 성격을 모두 가지고 있다. • 예금보험공사 채권, 한국전력공사 채권, 리스회사의 무보증 리스채, 신용카드회사의 카드채 등이 있다.
금융채	• 금융회사가 발행하는 채권으로 발생은 특정한 금융회사의 중요한 자금조달수단 중 하나이다. • 산업금융채, 장기신용채, 중소기업금융채 등이 있다.
회사채	• 상법상의 주식회사가 발행하는 채권으로 채권자는 주주들의 배당에 우선하여 이자를 지급받게 되며 기업이 도산하는 경우에도 주주들을 우선하여 기업자산에 대한 청구권을 갖는다. • 전환사채(CB), 신주인수권부사채(BW), 교환사채(EB) 등이 있다.

이자지급방법에 따른 채권의 분류

이표채	액면가로 채권을 발행하고, 이자지급일이 되면 발행할 때 약정한 대로 이자를 지급하는 채권이다.
할인채	이자가 붙지는 않지만, 이자 상당액을 미리 액면가격에서 차감하여 발행가격이 상환가격보다 낮은 채권이다.
복리채(단리채)	정기적으로 이자가 지급되는 대신에 복리(단리) 이자로 재투자되어 만기상환 시에 원금과 이자를 지급하는 채권이다.
거치채	이자가 발생한 이후에 일정기간이 지난 후부터 지급되는 채권이다.

상환기간에 따른 채권의 분류

단기채	통상적으로 상환기간이 1년 미만인 채권으로, 통화안정증권, 양곡기금증권 등이 있다.
중기채	상환기간이 1~5년인 채권으로 우리나라의 대부분의 회사채 및 금융채가 만기 3년으로 발행된다.
장기채	상환기간이 5년 초과인 채권으로 국채가 이에 해당한다.

특수한 형태의 채권

일반사채와 달리 계약 조건이 다양하게 변형된 특수한 형태의 채권으로 다양한 목적에 따라 발행된 채권이다.

전환사채 (CB; Convertible Bond)	발행을 할 때에는 순수한 회사채로 발행되지만, 일정기간이 경과한 후에는 보유자의 청구에 의해 발행회사의 주식으로 전환될 수 있는 사채이다.
신주인수권부사채 (BW; Bond with Warrant)	발행 이후에 일정기간 내에 미리 약정된 가격으로 발행회사에 일정한 금액에 해당하는 주식을 매입할 수 있는 권리가 부여된 사채이다.
교환사채 (EB; Exchangeable Bond)	투자자가 보유한 채권을 일정 기간이 지난 후 발행회사가 보유 중인 다른 회사 유가증권으로 교환할 수 있는 권리가 있는 사채이다.
옵션부사채	• 콜옵션과 풋옵션이 부여되는 사채이다. • 콜옵션은 발행회사가 만기 전 조기상환을 할 수 있는 권리이고, 풋옵션은 사채권자가 만기중도상환을 청구할 수 있는 권리이다.
변동금리부채권 (FRN; Floating Rate Note)	• 채권 지급 이자율이 변동되는 금리에 따라 달라지는 채권이다. • 변동금리부채권의 지급이자율은 기준금리에 가산금리를 합하여 산정한다.
자산유동화증권 (ABS; Asset Backed Security)	유동성이 없는 자산을 증권으로 전환하여 자본시장에서 현금화하는 일련의 행위를 자산유동화라고 하는데, 기업 등이 보유하고 있는 대출채권이나 매출채권, 부동산 자산을 담보로 발행하여 제3자에게 매각하는 증권이다.

01 다음 중 주가지수 상승률이 미리 정해놓은 수준에 단 한 번이라도 도달하면 만기 수익률이 미리 정한 수준으로 확정되는 ELS 상품은?

① 녹아웃형(Knock-out)

② 불스프레드형(Bull-spread)

③ 리버스컨버터블형(Reverse Convertible)

④ 디지털형(Digital)

02 주식이나 ELW를 매매할 때 보유시간을 통상적으로 2 ~ 3분 단위로 짧게 잡아 하루에 수십 번 또는 수백 번씩 거래를 하며 박리다매식으로 매매차익을 얻는 초단기매매자들이 있다. 이들을 가리키는 용어는?

① 스캘퍼(Scalper)

② 데이트레이더(Day Trader)

③ 스윙트레이더(Swing Trader)

④ 포지션트레이더(Position Trader)

01

정답 ①

주가연계증권(ELS)의 유형

• 녹아웃형(Knock-out) : 주가지수 상승률이 미리 정해놓은 수준에 단 한 번이라도 도달하면 만기 수익률이 미리 정한 수준으로 확정되는 상품

• 불스프레드형(Bull-spread) : 만기 때 주가지수 상승률에 따라 수익률이 결정되는 상품

• 리버스컨버터블형(Reverse Convertible) : 미리 정해 놓은 하락폭 밑으로만 빠지지 않는다면 주가지수가 일정부분 하락해도 약속한 수익률을 지급하는 상품

• 디지털형(Digital) : 만기일의 주가지수가 사전에 약정한 수준 이상 또는 이하에 도달하면 확정 수익을 지급하고 그렇지 못하면 원금만 지급하는 상품

02

정답 ①

스캘퍼(Scalper)는 ELW시장 등에서 거액의 자금을 갖고 몇 분 이내의 초단타 매매인 스캘핑(Scalping)을 구사하는 초단타 매매자를 말한다. 속칭 '슈퍼 메뚜기'로 불린다.

오답분석

② 데이트레이더(Day Trader) : 주가의 움직임만 보고 차익을 노리는 주식투자자

③ 스윙트레이더(Swing Trader) : 선물시장에서 통상 2 ~ 3일 간격으로 매매 포지션을 바꾸는 투자자

④ 포지션트레이더(Position Trader) : 몇 주간 또는 몇 개월 동안 지속될 가격 변동에 관심을 갖고 거래하는 자로서 비회원거래자

ELS(주가연계증권) / ELF(주가연계펀드)
① 개념 : 파생상품 펀드의 일종으로 국공채 등과 같은 안전자산에 투자하여 안전성을 추구하면서 확정금리 상품 대비 고수익을 추구하는 상품이다.
② 특징

ELS (주가연계증권)	• 개별 주식의 가격이나 주가지수에 연계되어 투자수익이 결정되는 유가증권이다. • 사전에 정한 2 ~ 3개 기초자산 가격이 만기 때까지 계약 시점보다 40 ~ 50% 가량 떨어지지 않으면 약속된 수익을 지급하는 형식이 일반적이다. • 다른 채권과 마찬가지로 증권사가 부도나거나 파산하면 투자자는 원금을 제대로 건질 수 없다. • 상품마다 상환조건이 다양하지만 만기 3년에 6개월마다 조기상환 기회가 있는 게 일반적이다. 수익이 발생해서 조기상환 또는 만기상환되거나, 손실을 본채로 만기상환된다. • 녹아웃형, 불스프레드형, 리버스컨버터블형, 디지털형 등이 있다.
ELF (주가연계펀드)	• 투자신탁회사들이 ELS 상품을 펀드에 편입하거나 자체적으로 원금보존 추구형 펀드를 구성해 판매하는 형태의 상품이다. • ELF는 펀드의 수익률이 주가나 주가지수 움직임에 의해 결정되는 구조화된 수익구조를 갖는다. • 베리어형, 디지털형, 조기상환형 등이 있다.

ELW(주식워런트증권)
① 개념 : 자산을 미리 정한 만기에 미리 정해진 가격에 사거나(콜) 팔 수 있는 권리(풋)를 나타내는 증권이다.
② 특징
• 주식워런트증권은 상품특성이 주식옵션과 유사하나 법적 구조, 시장구조, 발행주체와 발행조건 등에 차이가 있다.
• 주식처럼 거래가 이루어지며, 만기 시 최종보유자가 권리를 행사하게 된다.
• ELW 시장에서는 투자자의 환금성을 보장할 수 있도록 호가를 의무적으로 제시하는 유동성공급자(LP; Liquidity Provider) 제도가 운영된다.

| 01 | 경제상식 |

01 다음 중 실질적인 외부성(Real Externalities)과 관련이 없는 것은?

① 산림 녹화 사업
② 공장의 폐수 배출
③ 공사장에서 발생하는 소음
④ 도로 개통으로 인한 부동산 가격 상승

02 실업률이 자연실업률 수준에 도달해 있다고 가정할 때, 중앙은행이 통화량을 지속적으로 증가시킨다면 다음 중 어떤 결과가 나타날 가능성이 가장 높은가?

① 인플레이션
② 저축의 증가
③ 실업률 하락
④ 실질이자율의 상승

`Easy`

03 다음 중 역선택에 대한 설명으로 옳은 것은?

① 화재보험에 가입한 건물주가 화재예방을 위한 비용 지출을 줄인다.
② 사고 위험이 높은 사람일수록 상해보험에 가입할 가능성이 높아진다.
③ 소득이 증가할수록 소비 중에서 식료품비가 차지하는 비중이 감소한다.
④ 가로등과 같은 재화의 공급을 시장에 맡긴다면 효율적인 양보다 적게 공급된다.

04 다음 중 경제 지표 평가 시 기준·비교 시점의 상대적 차이에 따라 결과가 왜곡돼 보이는 현상은?

① 분수 효과

② 백로 효과

③ 낙수 효과

④ 기저 효과

05 다음 중 가격차별에 대한 설명으로 옳지 않은 것은?

① 2급 가격차별은 수요의 가격탄력성에 역비례하여 가격을 책정하는 것이다.

② 1급 가격차별은 생산자가 소비자의 모든 WTP를 완벽하게 알고 있을 때 가능하다.

③ 가격차별은 대체로 소비자잉여분을 생산자의 이윤으로 돌리려는 시도에서 나타난다.

④ 가격차별은 같은 상품이라도 독점력을 이용해 다양한 가격으로 판매하는 행위를 의미한다.

Hard

06 X재는 다음과 같이 우하향하는 수요곡선과 수직의 공급곡선을 갖는다. X재 한 단위당 5만큼의 세금이 부과될 때 나타나는 변화로 옳은 것은?

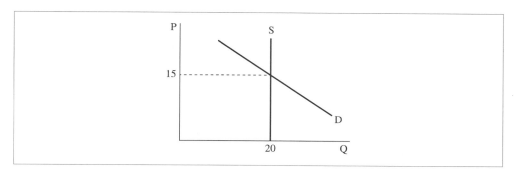

① 생산자잉여가 감소한다.

② 정부의 조세수입은 100보다 작다.

③ 소비자가 지불하는 가격이 상승한다.

④ 소비자와 공급자가 조세를 3 : 4 비율로 나누어 부담한다.

07 다음 중 필립스 곡선에 대한 설명으로 옳지 않은 것은?

① 필립스 곡선이 우하향할 때 예상 인플레이션율이 상승하면 필립스 곡선은 하방으로 이동한다.
② 필립스 곡선은 실업률과 인플레이션율 사이의 관계를 나타낸다.
③ 스태그플레이션은 필립스 곡선이 불안정함을 보여주는 사례이다.
④ 새고전학파에 따르면 예상된 정부정책이 실시되었을 때 필립스 곡선이 단기에서도 자연실업률 수준에서 수직이 된다.

08 다음 중 한 나라의 총수요를 증가시키는 요인을 모두 고르면?

㉠ 소득세 인하	㉡ 이자율 하락
㉢ 정부지출의 감소	㉣ 무역상대 국가의 소득 감소

① ㉠, ㉡
② ㉠, ㉢
③ ㉡, ㉢
④ ㉡, ㉣

Hard

09 완전경쟁시장에서 개별기업의 평균총비용곡선 및 평균가변비용곡선은 U자형이며, 현재 생산량은 50이다. 이 생산량 수준에서 한계비용은 300, 평균총비용은 400, 평균가변비용은 200일 때, 다음 중 옳은 것을 모두 고르면?(단, 시장가격은 300으로 주어져 있다)

㉠ 현재의 생산량 수준에서 평균총비용곡선 및 평균가변비용곡선은 우하향한다.
㉡ 현재의 생산량 수준에서 평균총비용곡선은 우하향하고 평균가변비용곡선은 우상향한다.
㉢ 개별기업은 현재 양의 이윤을 얻고 있다.
㉣ 개별기업은 현재 음의 이윤을 얻고 있다.
㉤ 개별기업은 단기에 조업을 중단하는 것이 낫다.

① ㉠, ㉢
② ㉠, ㉤
③ ㉡, ㉢
④ ㉡, ㉣

10 다음 중 지니계수에 대한 설명으로 옳지 않은 것은?

① 0과 1 사이의 값을 갖는다.

② 로렌츠 곡선으로부터 정의한 숫자를 말한다.

③ 1에 가까울수록 평등한 소득분배 상태를 나타낸다.

④ 로렌츠 곡선이 대각선에 접근할수록 지니계수의 값은 작아진다.

11 A국과 B국에서 동일한 성능의 상품 X재와 Y재의 국내가격 비율이 다음과 같을 때, 옳은 것은?

$$\left(\frac{P_X}{P_Y}\right)^A = 3, \quad \left(\frac{P_X}{P_Y}\right)^B = 5$$

① A국과 B국 사이의 생산에서 비교우위는 없다.

② A국은 X재, B국은 Y재 생산에 비교우위를 가진다.

③ A국은 Y재, B국은 X재 생산에 비교우위를 가진다.

④ A국은 B국에 비하여 두 재화 생산에서 모두 절대우위를 가진다.

12 다음 표를 해석한 내용으로 옳은 것은?

구분	A국	B국
총노동량	2,000	400
X재 1단위 생산을 위해 필요한 노동량	40	20
Y재 1단위 생산을 위해 필요한 노동량	20	5

① X재 1단위와 Y재 1단위가 완전보완재라면 두 나라 간의 교역은 일어나지 않을 것이다.

② A국에서 Y재 1단위를 생산하기 위해 투입하는 노동으로 X재를 생산하면 2개를 생산할 수 있다.

③ A국이 B보다 두 재화를 모두 더 많이 생산할 수 있으므로 두 재화에 대해 절대우위를 갖는다.

④ Y재 1단위를 생산에 투입하는 노동으로 X재를 생산하면 A국은 B국에 비해 더 많은 X재를 생산하므로 X재 생산에서 비교우위를 갖는다.

13 경제통합 심화 정도가 북미자유무역협정(NAFTA) 정도의 자유무역협정(FTA)일 때, 다음 중 옳은 것은?

① 회원국 간 관세를 포함하여 각종 무역제한조치 철폐

② 회원국 간 노동, 자본 등 생산요소의 자유로운 이동 가능

③ 회원국 간 역내무역 자유화 및 역외국에 대한 공동관세율 적용

④ 회원국들이 독립된 경제정책을 철회하고, 단일경제체제하에서 모든 경제정책을 통합·운영

14 다음 중 인플레이션이 발생했을 때 경제에 미치는 영향으로 옳은 것은?

① 완만하고 예측 가능한 인플레이션은 소비감소를 일으킬 수 있다.

② 인플레이션을 통해 화폐를 저축하는 것에 대한 기회비용이 증가한다.

③ 인플레이션은 수입을 저해하고 수출을 촉진시켜 무역수지와 국제수지를 상승시킨다.

④ 인플레이션은 기업가로부터 다수의 근로자에게로 소득을 재분배하는 효과를 가져온다.

15 다음 중 빈칸 ㉠ ~ ㉢에 들어갈 내용을 바르게 짝지은 것은?

> J-Curve 효과란 환율이 ___㉠___ 하면 일시적으로는 경상수지가 ___㉡___ 되고 시간이 경과된 이후에는(도) ___㉢___ 되는 효과가 나타나는 것을 의미한다.

	㉠	㉡	㉢
①	상승	개선	개선
②	상승	악화	개선
③	상승	악화	악화
④	하락	개선	악화

01 다음 중 유망 벤처기업에 투자하여 추후 그 기업이 성장했을 때 자금을 회수하는 자본은?

① 코픽스
② 벤처넷
③ 벤처펀드
④ 벤처캐피탈

02 IRP의 특징으로 옳지 않은 것을 〈보기〉에서 모두 고르면?

> **보기**
>
> ㉠ IRP는 개인형 퇴직연금으로, 근로자가 본인의 퇴직금의 투자처를 직접 지정할 수 있다.
> ㉡ IRP의 경직적인 운용을 보완하고자 IRA가 등장하였다.
> ㉢ IRP는 근로자의 퇴직금을 회사가 운용한 후 근로자에게 정해진 금액을 지급하는 방식이다.
> ㉣ IRP 가입 시, 납입금에 대해 정해진 조건 하에서 세액공제 혜택을 받을 수 있다.

① ㉠, ㉡
② ㉠, ㉣
③ ㉡, ㉢
④ ㉢, ㉣

Hard

03 래퍼 곡선에 대한 설명으로 옳은 것을 〈보기〉에서 모두 고르면?

> **보기**
>
> ㉠ 래퍼 곡선에 따르면 모든 세율 구간에 대하여 세율의 증가에 따라 조세수입도 비례하여 증가한다.
> ㉡ 적정세율 이하의 세율 구간에서는 세율을 인상할수록 조세수입이 감소한다.
> ㉢ 조세수입의 변화율은 적정세율에 가까울수록 완만하다.
> ㉣ 래퍼 곡선에 따르면 세율의 인상은 과세대상의 이탈을 야기할 수 있다.

① ㉠, ㉡
② ㉠, ㉢
③ ㉡, ㉢
④ ㉢, ㉣

PART 3

04 다음 중 금융기관이 투자자 성향에 맞추어 자산구성부터 운용, 투자자문까지 통합적으로 관리해주는 종합금융서비스는?

① MMF

② MMDA

③ IRLS

④ 랩어카운트

Easy

05 화폐시장에 직접 참여하기 어려운 일반 투자고객을 위하여 금융기관이 다수의 고객으로부터 자금을 조달하여 주로 기업어음이나 통화조절용 채권 등 단기금융자산에 운용하고 그 운용수익을 예탁기간에 따라 투자자에게 차등 지급하는 상품은?

① CD

② CP

③ RP

④ CMA

06 다음 제시된 경제 현상에 대한 설명으로 옳은 것을 〈보기〉에서 모두 고르면?

노동자들은 물가의 변동으로 인해 임금이나 소득의 실질가치는 변하지 않았거나 하락하였음에도 명목단위가 오르면 임금이나 소득이 상승했다고 인식한다.

보기
㉠ 제시된 경제 현상은 화폐환상에 따른 현상이다.
㉡ 동일한 기간 동안 근로자의 명목임금상승률과 물가상승률의 차이가 클수록 위 현상의 발생가능성은 높아진다.
㉢ 케인스 학파는 이러한 현상이 실업의 해소를 방해한다고 주장하였다.

① ㉠, ㉡

② ㉠, ㉢

③ ㉡, ㉢

④ ㉠, ㉡, ㉢

07 다음 중 현재가치를 기준으로 채권에 투자한 원금을 회수하는 데 걸리는 시간을 의미하는 것은?

① 컨벡시티 ② 이표채
③ 듀레이션 ④ 채권 스프레드

08 다음 중 원화가치에 대한 설명으로 옳지 않은 것은?

① 원화가치가 과대평가된 경우, 국산품의 수출이 감소한다.
② 원화가치가 과대평가된 경우, 수입품에 대한 선호도가 높아진다.
③ 원화가치가 과소평가된 경우, 환율 하락압력을 받게 된다.
④ 원화가치가 과소평가된 경우, 상대국가 제품의 수입이 증가한다.

Hard

09 다음 중 빈칸 ㉠ ~ ㉢에 들어갈 내용을 바르게 짝지은 것은?

> • 갑이라는 기업이 액면금액 1만 원인 회사채를 발행하면서 연간 1,000원의 이자지급을 약속했다면 ___㉠___ 은 연 10%가 된다.
> • ___㉡___ 은 채권이 발행되어 처음 매출될 당시 이를 매출가액으로 샀을 경우, 이 매출가액과 이로부터 얻어지는 모든 수익과의 비율을 연단위로 환산한 비율이다.
> • ___㉢___ 은 발행된 채권이 유통시장에서 계속 매매되는 과정에서 시장의 여건에 따라 형성되는 수익률로서, 자본이득과 자본손실은 물론 이자를 재투자해 얻어지는 재투자수익, 즉 이자의 이자까지 감안해 산출한 수익률이다.

	㉠	㉡	㉢
①	유통수익률	발행수익률	표면이자율
②	표면이자율	발행수익률	유통수익률
③	유통수익률	표면이자율	세후수익률
④	발행수익률	세후수익률	유통수익률

10 다음 중 ETF(Exchange Traded Funds)에 대한 설명으로 옳은 것은?

① 실시간으로 직접매매가 불가능하다.

② 일반 주식처럼 자유롭게 사고팔 수 없다.

③ 높은 거래비용과 낮은 투명성을 가지고 있다.

④ 인덱스펀드와 뮤추얼펀드의 특성을 결합한 상품이다.

11 금융상품 및 금리에 대한 설명으로 옳지 않은 것을 〈보기〉에서 모두 고르면?

> 보기
> ㉠ CD는 보통 만기가 1년 이상이다.
> ㉡ CP의 발행주체는 은행이다.
> ㉢ 코픽스(KOPIX)는 주택담보대출 기준금리로 사용된다.
> ㉣ RP는 예금자보호 대상 금융상품에 해당한다.

① ㉠, ㉣   ② ㉡, ㉢

③ ㉢, ㉣   ④ ㉠, ㉡, ㉣

12 디플레이션(Deflation)에 대한 설명으로 옳은 것을 〈보기〉에서 모두 고르면?

> 보기
> ㉠ 명목금리가 마이너스(−)로 떨어져 투자수요와 생산 감소를 유발할 수 있다.
> ㉡ 명목임금의 하방경직성이 있는 경우 실질임금의 하락을 초래한다.
> ㉢ 기업 명목부채의 실질상환부담을 증가시킨다.
> ㉣ 기업의 채무불이행 증가로 금융기관 부실화가 초래될 수 있다.

① ㉠, ㉡   ② ㉠, ㉢

③ ㉡, ㉢   ④ ㉢, ㉣

13 다음 중 주식 액면분할의 특징으로 옳지 않은 것은?

① 일반적으로 주식거래가 촉진된다.

② 1주당 가격은 분할한 만큼 하락한다.

③ 발행주식수가 분할한 만큼 늘어난다.

④ 액면분할이 되면 기업 가치가 감소한다.

14 재무건전성 관점에서 재무제표를 분석할 때 필요한 정보를 〈보기〉에서 모두 고르면?

> **보기**
> ㉠ 유동비율   ㉡ 자기자본이익율
> ㉢ 부채비율   ㉣ 총자산증가율

① ㉠, ㉡

② ㉠, ㉢

③ ㉡, ㉢

④ ㉡, ㉣

15 금융위기 발생 시 은행 예금 대규모 인출(뱅크런) 예방 등 금융시스템의 건전성을 유지하기 위해 예금보험제도가 도입된다. 이 제도에 대한 다음의 대화 중 옳은 말을 하는 사람을 모두 고르면?

> 정도 : 신용도가 다른 저축은행이라도 동일한 종류의 위험을 대비하고 있으므로 예금보험공사에 내는 연금보험료는 같아야 해.
> 성일 : 변액연금이나 펀드, 후순위채권 등은 예금보험 대상이 아니야.
> 해영 : 지역농협은 예금보험에 가입해 있지만 농협중앙회는 예금보험에 가입해 있지 않고 자체 기금으로 예금을 보호한다고 알고 있어.
> 수현 : 예금보험제도에 가입한 금융회사가 파산하면 예금보험공사가 이자를 포함해서 금융회사당 최대 5,000만원의 예금을 보장해 준대.
> 재한 : 그 이유는 사후적인 예금의 지급보증을 통해 뱅크런을 예방하고, 금융기관의 연쇄도산을 방지하기 위해서야.

① 성일, 수현

② 정도, 성일, 재한

③ 정도, 해영, 수현

④ 성일, 수현, 재한

CHAPTER

02 일반상식

빈출키워드 1 외교 · 무역

01 다음 중 미국, 캐나다, 멕시코 등의 3개 국가가 관세와 무역장벽을 폐지하고 자유무역권을 형성한 협정을 뜻하는 용어는?

① 나프타(NAFTA)
② 케네디(Kennedy) 라운드
③ 제네바(Geneva) 관세 협정
④ MSA(Mutual Security Act) 협정

02 다음 중 외교상의 중립정책, 즉 일종의 고립주의를 뜻하는 용어는?

① 먼로주의   ② 패권주의
③ 티토이즘   ④ 삼민주의

01

정답 ①

북미자유무역협정(NAFTA; North American Free Trade Agreement)은 북아메리카 지역 경제의 자유 무역을 촉진하기 위해 1992년 10월에 체결된 협정이다. 다만, NAFTA는 역내 보호무역주의적 성격을 띠고 있어 여러 수출국에게는 장벽이 되고 있다.

02

정답 ①

먼로주의(Monroe Doctrine)는 미국의 제5대 대통령 J. 먼로가 의회에 제출한 연례교서에서 밝힌 외교 방침으로, 유럽으로부터의 간섭을 받지 않기 위해 선언한 외교정책이다.

오답분석
② 패권주의 : 강대한 군사력에 의하여 세계를 지배하려는 강대국의 제국주의적 대외정책을 중국이 비난하면서 나온 용어
③ 티토이즘 : 자주적이고 민족주의적인 공산주의 사회의 실현을 목표로 한 유고슬라비아의 지도자 티토의 정책
④ 삼민주의 : 쑨원이 제창한 중국 근대 혁명의 기본 이념. 민족주의, 민권주의, 민생주의로 이루어져 있다.

세계무역기구(WTO; World Trade Organization)

세계무역기구(WTO)는 회원국들간의 무역 관계를 정의하는 많은 수의 협정을 관리 감독하기 위한 기구이다. 세계무역기구는 1947년 시작된 관세 및 무역에 관한 일반협정(GATT; General Agreement on Tariffs and Trade) 체제를 대체하기 위해 등장했으며, 세계 무역 장벽을 감소시키거나 없애기 위한 목적을 가지고 있다. 이는 국가 간의 무역을 보다 부드럽고, 자유롭게 보장해 준다.

아시아태평양경제협력체(APEC; Asia Pacific Economic Cooperation)

아시아 태평양 경제협력체는 환태평양 국가들의 경제적·정치적 결합 을 돈독하게 하고자 만든 국제 기구이다. 1989년 11월 5일부터 11월 7일까지 오스트레일리아의 캔버라에서 12개국이 모여 결성하였으며, 2025년 기준 21개국이 참여하고 있다.

양해각서(MOU; Memorandum of Understanding)

양해각서는 국가 또는 기업 간 서로 합의된 내용을 확인 및 기록하는 업무 협약 문서이다. 보통 법적 구속력을 갖지는 않으며, 경우에 따라 업무제휴서, 사업제휴서, 업무제휴 협약서 등으로 부르기도 한다. 주로 원활한 업무진행, 공동협의를 통한 업무 및 친선관계 개선, 대회 홍보의 역할을 위해 작성한다.

화이트리스트(White List)

흔히 경계를 요하는 인물들의 목록을 뜻하는 '블랙리스트'와는 달리, 식별된 일부 실체들이 특정 권한, 서비스, 이동, 접근, 인식에 대해 명시적으로 허가하는 목록을 뜻한다. 무역에서는 양국의 신뢰가 있는 만큼 수출 심사를 빠르게 진행해준다는 '우대'의 의미를 나타내며, 이에 해당하는 국가를 '백색국가'라고 부르기도 한다.

한미 방위비분담금특별협정(SMA)

한반도에 미국이 군대를 주둔시킴으로써 얻는 안보적 이득에 대한 대가로, 한국이 미국에 지급하는 미군의 운용·주둔비용 지원금에 대한 협상을 말한다. 미국은 6·25 전쟁 이후 한미상호방위조약에 따라 한국에 미군을 주둔시켜왔는데, 이에 대해 한국이 방위비분담금을 지불하기 시작한 것은 1991년 한미 SOFA(주둔군지위협정)를 개정하면서부터이다. 가장 최근 체결된 건은 2024년 11월 체결된 제12차 협정으로, 한국이 2026년부터 5년간 약 1조 5천억 원을 분담금으로 지급하는 것이었다.

투자자 – 국가 간 소송(ISD)

투자한 국가에서 갑작스러운 정책 변경 등으로 이익을 침해당했을 때 기업이 해당 국가를 상대로 국제 민간 중재 기구에 중재를 신청해 손해배상을 받을 수 있도록 하는 제도다. 국가가 자유무역협정(FTA) 같은 양국 간 투자협정 규정을 어기고 부당하게 개입해 상대국 투자자가 손해를 입었을 때 활용된다. 현재 외환은행을 매각한 미국계 사모펀드 론스타가 한국 정부의 자의적이고 차별적인 과세와 매각 시점 지연, 가격 인하 압박 등으로 손해를 봤다며 한국을 상대로 5조 원대 ISD를 제기한 상태다.

01 다음 중 값싼 가격에 질 낮은 제품만 유통되는 시장을 가리키는 용어는?

① 레몬마켓   ② 프리마켓

③ 제3마켓   ④ 피치마켓

02 다음 중 어떤 상품에 대한 사람들의 소비가 증가하면 오히려 그 수요가 줄어드는 것을 뜻하는 경제 용어는?

① 자산 효과   ② 전시 효과

③ 백로 효과   ④ 베블런 효과

01

정답 ①

레몬마켓(Lemon Market)은 저급품만 유통되는 시장으로, 종국에는 소비자의 외면을 받게 된다.

오답분석

④ 피치마켓 : 레몬마켓의 반대어로, 고품질의 상품이나 우량의 재화·서비스가 거래되는 시장을 의미함

02

정답 ③

백로 효과는 스놉 효과(Snob Effect)라고도 불리며, 남을 따라하는 소비 행태를 뜻하는 밴드왜건 효과(Bandwagon Effect)와 달리 타인과의 차별성을 강하게 추구하는 경향의 구매자들이 특정 상품의 소비가 증가할 때, 오히려 해당 상품의 매력을 느끼지 못하게 되는 현상을 뜻한다. 주로 고가의 제품에서 나타난다.

오답분석

① 자산 효과 : 자산가격이 상승하면 소비도 증가하는 현상으로, 현재의 소비가 현재의 소득뿐만 아니라 미래의 소득에 의해서도 영향을 받는다는 이론

② 전시 효과 : 개인의 소비가 타인의 소비에 영향을 받는 현상

④ 베블런 효과 : 가격이 오르는데도 일부 계층의 과시욕이나 허영심 등으로 인해 수요가 줄어들지 않는 현상

STP마케팅
'시장세분화(Segmentation)', '타깃설정(Targeting)', '포지셔닝(Positioning)'의 앞글자를 딴 조어로, 소비자 패턴에 따라 시장을 세분화하고, 이에 따라 목표 시장을 선정하며, 이에 따른 표적시장의 선정, 그리고 표적시장에 적절한 제품을 설정하는 것을 의미한다.

슬림마케팅(Slim Marketing)
최소한의 비용으로 마케팅 효과를 극대화하는 마케팅 방식의 하나로, TV・신문 등 기존 매체에 대한 광고 의존도에서 벗어나 주변 생활에서 흔히 볼 수 있는 것들을 마케팅 매체로 활용하는 방식이다. 사람들이 많이 모이는 공공장소 등에서 이색 이벤트 행사를 한다거나, 분야가 다른 타사의 서비스 공간에 제품이나 브랜드를 노출시키는 등의 전략을 주로 사용한다.

프리마케팅(Free Marketing)
서비스와 제품을 무료로 제공하는 새로운 마케팅 기법으로, 주로 벤처기업들이 초기에 고객을 끌기 위하여 사용한다. 덤마케팅 또는 보너스마케팅처럼 물건을 구입하면 하나를 더 주는 마케팅에서 더 나아간 적극적인 마케팅 기법으로, 인간의 공짜 심리를 역이용하는 발상에 기초한다.

녹색마케팅(Green Marketing)
기업의 제품 개발・유통・소비 과정에서 자사의 환경에 대한 사회적 책임과 환경보전 노력을 소비자들에게 호소함으로써 환경친화적인 소비자들과 공감대를 형성하려는 새로운 마케팅 전략이다.

풀마케팅(Pull Marketing)
제조업체가 도매상에게, 도매상은 소매상에게, 소매상은 최종소비자에게 적극적으로 판매하는 밀어붙이기 방식인 푸시 마케팅(Push Marketing)의 상반된 개념으로, 제조업체가 최종소비자를 상대로 적극적인 판촉활동을 하여 결국 소비자가 자사 제품을 찾게 하여 중간상들이 자발적으로 자사 제품을 취급하게 하는 방식이다.

뉴로마케팅(Neuro Marketing)
무의식적 반응과 같은 두뇌활동을 분석해 마케팅에 접목한 것을 의미한다. 소비자의 무의식에서 나오는 감정・구매행위를 뇌과학을 통해 분석해 기업마케팅에 적용하는 기법으로, 디자인, 광고 등을 통해 소비자들의 구매를 촉구하는 기법이다.

워커밸(Worker – Customer Balance)
일과 삶의 균형점을 찾는다는 '워라밸'과 비슷하지만 근로보다는 소비와 관련 있는 신조어이다. 고객중심주의의 현재 마케팅을 벗어나 노동자와 고객 간의 관계를 재정립한다. 갑질을 하지 않는 '매너 소비자'를 우대하는 서비스가 많아질 것이라는 것이다.

그레이네상스(Greynaissance)
국가에 고령 인구가 많아지면서 이들을 대상으로 한 시장의 파이가 커졌다. 점차 노년층의 소비가 시장 전체를 이끌기 시작하자 이를 가리켜 생겨난 용어다. 최근 경제력을 가진 노인들은 관습이나 나이에 얽매이지 않고 문화활동이나 소비를 즐기고 있다. 이러한 현실을 반영하여 명품 브랜드 구찌부터 중저가 브랜드 유니클로까지 다양한 패션 기업들이 노년층 모델과 협업하여 노인 소비자층을 대상으로 한 마케팅을 하고 있다.

다크넛지(Dark Nudge)
옆구리를 슬쩍 찌른다는 뜻의 넛지(Nudge)와 어두움을 의미하는 다크(Dark)가 결합된 단어로, 팔꿈치로 옆구리를 툭 찌르듯 비합리적 구매를 유도하는 상술을 지칭한다. 처음에 광고한 것과 다르게 부가적인 비용을 요구하거나 소비자에게 특별한 고지 없이 자동으로 과금하는 상술 등이 다크넛지의 하나다. 소비자 입장에선 상술에 속았지만 귀찮아서 불만을 제기하지 않아 불필요한 비용 지출을 경험하게 된다.

01 다음 중 코로나 바이러스 감염증-19에 대한 설명으로 적절하지 않은 것은?

① 2019년 12월 중국 우한에서 처음 발생하였다.

② 폐렴이 주증상으로 나타나지만 무증상 감염 사례도 나타난다.

③ 감염자의 비말이 호흡기나 눈·코·입의 점막으로 침투되어 전염된다.

④ WHO는 코로나 바이러스로 인해 2019년 1월 30일 '팬데믹(Pandemic)'을 선포하였다.

02 다음 중 대한민국 진료비의 본인부담율에 대한 설명으로 적절하지 않은 것은?

① 환자가 입원 시 보험 적용 금액의 40%를 부담한다.

② 외래 진료 시에는 병원에 따라 진료비의 본인부담율이 달라진다.

③ 진료비는 환자의 입원·외래진료에 따라 환자가 부담하는 비율이 달라진다.

④ 외래 진료 시 보험 적용 금액 중 본인부담율은 의원 30%, 병원 40%, 종합병원 50%, 대학병원 60%이다.

01

정답 ④

WHO는 코로나 바이러스로 인해 2020년 1월 30일 '국제적 공중보건 비상사태(PHEIC)'를 선포하였다. PHEIC는 WHO가 가장 심각한 전염병의 경우에만 사용하는 규정으로, 긴급위원회 권고를 바탕으로 WHO 사무총장이 선포할 수 있다. 반면, 팬데믹(Pandemic)은 세계적으로 전염병이 대유행하는 상태를 의미하는 말로, WHO의 전염병 경보단계 중 최고 위험 등급에 해당한다. WHO 사무총장은 신종 코로나 바이러스에 대해 "WHO는 이미 최고 수준의 경보인 '국제적 공중보건 비상사태(PHEIC)'를 선포했다."며 "팬데믹으로 보지 않지만, 팬데믹 잠재력이 있다."고 밝혔다. 한편 WHO는 지난 3월 11일에 결국 세 번째로 팬데믹을 선언하였다.

02

정답 ①

환자가 입원했을 경우, 보험 적용 금액의 20%를 부담한다.

세계보건기구(WHO; World Health Organization)

세계보건기구는 유엔의 전문 기구로 2009년까지 193개 회원국이 WHO에 가맹되었으며, 세계 인류가 가능한 한 최고의 건강 수준에 도달하는 것을 목표로 한다. 1946년에 설립이 허가되었으며 1948년 4월 7일에 정식으로 발족하였다. 그러므로 이날은 매년 '세계 보건의 날'로 기념되고 있다.

질병관리본부

질병관리본부는 국민보건향상 등을 위한 감염병, 만성 질환, 희귀 난치성 질환 및 손상 질환에 관한 방역·조사·검역·시험·연구업무 및 장기이식관리에 관한 업무를 관장하는 대한민국 보건복지부의 소속기관이다.

국경없는의사회

1971년 12월 20일 프랑스의 베르나르 쿠슈네르 등 청년 의사들이 주축이 되어 설립된 비정부기구(NGO)로, '환자가 있는 곳으로 간다.'를 설립 이념으로 삼고 있다. 1980년 이후, 전 세계에 총 29개 사무소를 설치하고, 3만여 명의 직원이 활동하고 있으며 1억 명이 넘는 환자를 치료해 왔다.

국민건강보험

대한민국의 사회보장제도(Social Insurance)의 하나로, 공공의료보험에 속한다. 질병이나 부상으로 인해 발생한 고액의 진료비로 가계에 과도한 부담이 되는 것을 방지하기 위하여, 국민들이 평소에 보험료를 내고 보험자인 국민건강보험공단이 이를 관리·운영하다가 필요시 보험급여를 제공함으로써 국민 상호간 위험을 분담하고 필요한 의료서비스를 받을 수 있도록 한다.

코로나 바이러스(Corona Virus)

DNA의 복사본과 같으나 불안정한 구조여서 돌연변이가 자주 발생하는 RNA를 유전자로 갖는 바이러스로 호흡기나 소화기 질환을 일으킨다. 전자현미경으로 봤을 때 그 형태가 이온화된 고온의 가스로 구성된 태양 대기의 가장 바깥 영역인 코로나(Corona)와 닮았다고 해서 붙여진 이름이다. 1937년 닭에서 최초로 발견됐고, 조류뿐만 아니라 소, 고양이, 개, 사람 등을 감염시킬 수 있다. 사스(SARS, 중증급성호흡기증후군)와 메르스(MERS, 중동호흡기증후군)의 원인 바이러스로 널리 알려져 있다.

흑사병

쥐에 기생하는 벼룩에 의해 페스트균이 옮겨져 발생하는 급성 열성 감염병으로 국내에서는 4군 감염병으로 관리되고 있다. 흑사병은 1~7일의 잠복기를 거치며 증상으로는 발열, 현기증, 구토 등 전염성이 강하고 사망률도 높다. 인체 감염은 동물에 기생하는 감염된 벼룩에 물리거나, 감염된 동물의 체액 및 혈액 접촉 또는 섭취를 한 경우, (의심) 환자나 사망환자의 체액(림프절 고름 등)과 접촉한 경우, 혹은 페스트 환자의 비말(침방울)에 노출된 경우에도 호흡기를 통해 전파가 가능하다. 2일 이내 조기에 발견하고 항생제를 투여하면 치료가 가능한 질환이다.

바이오헬스

생명공학, 바이오제약, 첨단의료제품, 의료기기, 헬스케어, 헬스 IT, e-health, 모바일헬스, 전자의료기록 건강정보학, 사이버 보안 등 여러 산업이 다방면으로 교차되어 혁신적인 경제를 창출하는 산업이다. 2022년 바이오헬스 시장의 국내 매출액은 392조 2,722억 원, 해외 수출액은 270조 1,513억 원으로, 총 662조 4,235억 원을 기록했다. 특히 우리나라는 효율적인 의료시스템으로 글로벌 시장에서 경쟁력을 갖추고 있다.

01 대기오염지수인 ppm 단위에서 1ppm은 얼마인가?

① 1만 분의 1   ② 10만 분의 1

③ 100만 분의 1   ④ 1,000만 분의 1

02 다음 중 국제적으로 문제가 되는 유해 폐기물의 국가 간 이동 및 그 발생을 억제하고, 폐기물의 건전한 처리 및 개도국 발생 폐기물에 대한 적정한 처리 지원의무를 규정한 협약은?

① 바젤협약   ② 런던협약

③ 파리협정   ④ 람사르협약

03 녹색화학(Green Chemistry)은 환경에 미치는 부정적인 효과가 적은 화학기술 및 화학산업의 총칭이다. 다음 중 녹색화학의 원칙과 가장 거리가 먼 것은?

① 용매 등 보조 물질은 가능하면 사용하지 않아야 한다.

② 가능하다면 물질 합성은 실온과 대기압에서 실시해야 한다.

③ 선택적 촉매보다는 가능한 한 화학양론적 시약을 사용해야 한다.

④ 사용하는 모든 원료가 전부 최종 생성물에 들어가도록 하는 합성방법을 개발해야 한다.

01

정답 ③

ppm은 백만분율을 나타내는 수치로, 1ppm은 100만 분의 1, 즉 0.0001%를 의미한다.

02

정답 ①

바젤협약은 1989년 3월 22일 유엔 환경계획 후원하에 스위스 바젤에서 채택된 협약으로, 유해 폐기물의 수출입과 처리를 규제할 목적으로 맺어졌다.

03

정답 ③

녹색화학 실현을 위해서는 가능하다면 화학양론적 시약보다 선택적 촉매를 사용하는 것이 바람직하다.

지구환경금융(GEF ; Global Environment Facility)
개도국의 지구환경관련 비수익성 투자사업 및 기술지원 사업에 무상 또는 양허성 자금을 제공하기 위해 설치된 기금으로 1990년 10월 설립되었으며 우리나라는 1994년 5월에 가입하였다. 지구환경금융의 지원 분야는 생물다양성 보존, 지구온난화 방지, 오존층보호, 국제수역보호 및 사막화 방지 등이다.

녹색기후기금(GCF ; Green Climate Fund)
국제연합 산하의 국제기구로서 선진국이 개발도상국들의 온실가스규제와 기후변화 적응을 위해 세워진 특화 기금으로, 2010년 멕시코에서 열린 UN기후변화협약(FCCC) 제16차 당사국 총회에서 GCF 설립을 공식화하고 기금 설립을 승인하였다. UN기후변화협약(UNFCCC)에 따라 만들어진 녹색기후기금은 선진국을 중심으로 482억 달러 규모의 사업을 통해 개발도상국을 지원한다. 본부는 우리나라 인천광역시 송도국제도시에 위치해 있다.

교토의정서(Kyoto Protocol)
1997년 일본 교토에서 개최된 기후변화협약 제3차 당사국 총회에서 채택되고 2005년 2월 16일 공식 발효된 지구온난화의 규제와 방지를 위한 기후변화협약의 구체적 이행 방안으로, 정식명칭은 '기후변화에 관한 국제연합 규약의 교토의정서'이다. 지구온난화를 유도하는 온실가스 6가지의 배출량을 감축해야 하며, 배출량을 줄이지 않는 국가에 대해서는 비관세 장벽을 적용한다.

미세먼지 저감 및 관리에 관한 특별법
2019년 2월 15일부터 시행된 미세먼지 특별법은 미세먼지가 이틀 연속 '나쁨' 수준($=50\mu g/m^3$)일 때 '고농도 미세먼지 비상저감조치'가 발령된다. 비상저감조치가 발령되면 배출가스 5등급 이하의 차량은 운행이 제한되며 위반 시 10만 원의 과태료가 부과된다. 어린이집·유치원·초중고교는 휴원·휴업 및 수업시간을 단축할 수 있으며, 화력발전소나 시멘트 제조사 등 미세먼지를 배출하는 시설은 가동중지 및 가동시간과 가동률을 변경·조정할 수 있다.

환경영향평가제
건설이나 지역개발계획을 시행하기 전에 공해발생 정도 등을 사전에 평가하는 제도다. 환경영향평가제는 무질서한 지역개발에 계획단계에서 제동을 걸거나 계획내용을 변경시키기 위해 과학적 근거를 마련하고 지역 주민의 의견을 반영하는 데 목적이 있다. 우리나라는 1999년 12월 31일 사전환경성검토제도를 도입, 개발초기 단계에서부터 환경이 고려될 수 있도록 「환경정책기본법」을 개정하였고, 평가대상 사업을 법령에 구체적으로 명시하는 방식(Positive List)을 취하고 있다.

비건 패션(Vegan Fashion)
채식을 추구하는 비거니즘에서 유래한 말로, 동물성 제품을 먹지 않는 식습관과 마찬가지로 동물의 가죽이나 털을 사용하는 의류를 거부하는 패션철학을 뜻한다. 살아있는 동물의 털이나 가죽을 벗겨 옷을 만드는 경우가 많다는 사실이 알려지면서 패션업계에서는 동물학대 논란이 끊이지 않았다. 과거 비건 패션이 윤리적 차원에서 단순한 대용품으로 쓰이기 시작했다면, 최근에는 윤리적 소비와 함께 합리적인 가격, 관리의 용이성까지 더해지면서 트렌드로 자리 잡아가고 있다.

패시브하우스(Passive House)
최소한의 냉난방으로 적절한 실내온도를 유지할 수 있게 설계된 주택을 말하며, 1년 내내 평균 20℃의 온도를 유지할 수 있다. 기밀성과 단열성을 강화하고, 태양광과 같은 자연에너지를 적극 활용하여 난방비용을 일반주택의 10% 수준으로 줄일 수 있다. 독일의 다름슈타트에는 1991년에 볼프강 파이스트 박사가 건축한 세계 최초의 패시브하우스가 있다. 대한민국뿐만 아니라 전 세계의 여러 나라들이 독일에 있는 패시브하우스연구소(PHI)를 통해 패시브하우스 인증을 받는다.

01   다음 중 공수처(고위공직자범죄수사처)에 대한 설명으로 적절하지 않은 것은?

① 수사권 및 기소권을 갖는다.

② 검찰의 정치 권력화를 막는 것이 목적이다.

③ 퇴직 2년 이내의 고위공직자도 수사 대상이 될 수 있다.

④ 사법 기구 산하에 위치하며 법무부로부터 독립되어 있다.

02   다음 중 국민의 권리이자 의무가 아닌 것은?

① 납세   ② 교육

③ 근로   ④ 환경보전

02

정답 ④

공수처는 사법 기구에서 독립하여 공직자의 비리를 수사하며, 검찰이 행사하는 고위공직자에 대한 수사권, 기소권, 공소유지권을
이양해 검찰의 정치 권력화를 막고 독립성을 제고하는 것이 목적이다.

03

정답 ①

국민의 기본적인 의무는 국방 · 납세 · 교육 · 근로 · 환경보전의 의무가 있다. 한편 국민의 권리인 동시에 의무인 것은 교육 · 근로 ·
환경보전의 의무가 속한다.

예비타당성조사제도

사회간접자본(SOC) 사업 등 대규모 국책 사업에 대해 우선순위, 적정 투자시기, 재원 조달방법 등 타당성을 검증함으로써 재정투자의 효율성을 높이기 위한 제도다. 신규 사업의 타당성을 사전에 평가해 불필요한 예산 누수를 막자는 취지에서 시행되지만 정치 논리에 휘둘려 효과를 제대로 보지 못할 때가 있다. 1999년에 도입됐으며 총사업비가 500억 원 이상이고 국가의 재정지원 규모가 300억 원 이상인 신규 사업에 대한 예산 편성 및 기금운용계획을 수립하기 위하여 실시한다.

고위공직자범죄수사처

기존 사법 기구로부터 독립되어 공직자의 비리를 고발하는 수사기관이다. 흔히 '공수처'라 불린다. 공수처의 설립은 정부·여당의 정책으로서 진행되고 있으며, 이를 위해 형사소송법 등의 개정이 필요하다. 현재 논의되는 내용상 공수처는 독립기구로서 수사권 및 기소권을 갖게 되며, 수사대상은 현직 및 퇴직 2년 이내의 대통령, 국무총리, 국회의원, 법관, 검사 등이다.

은산분리

금융자본과 산업자본을 분리해 기업(산업자본)이 은행을 일방적으로 소유하지 못하도록 법적으로 막아놓은 제도이다. 대기업과 같은 재벌들이 은행을 사금고화하는 것을 막기 위한 것으로 원칙적으로 비금융회사는 은행 지분을 4% 이상 보유할 수 없다. 다만 금융위원회의 승인을 얻을 경우 최대 10%까지 가능하다. 문 대통령은 인터넷 은행에 한해 은산분리 규제를 풀어주겠다는 '은산분리 완화' 방침을 밝혔다.

패스트트랙

2012년 5월 도입된 것으로, 국회선진화법으로도 불리는 현행 국회법의 핵심 내용 중 하나다. 여야 간 합의를 이루기 어려운 쟁점법안이 국회에서 장기간 표류하는 것을 막는 것이 주요 취지다. 여야 간 쟁점법안으로 상임위원회 통과가 어려울 때 본회의에 자동 상정되는 제도로 상임위에서 재적의원 5분의 3 찬성으로 '신속처리안건'으로 지정한 뒤 일정 기간(최장 330일) 후 본회의에 자동 상정해 표결 처리된다. 패스트트랙으로 지정되면 상임위와 법사위 통과 없이 바로 본회의 표결에 들어갈 수 있다. '유치원3법'이 자유한국당의 반발 속에 패스트트랙 안건으로 지정됐다.

셧다운

셧다운 제도는 정당 간의 예산안 합의가 실패하여 새해 예산안 통과 시한을 넘기는 경우 예산이 배정되지 않아 정부기관이 일시 폐쇄되는 상태를 말한다. 정부는 일부 필수적인 기능만 유지된 채 업무를 잠정 중단하게 된다. 군인, 경찰, 소방, 교정, 기상예보, 우편, 항공, 전기 및 수도 등 국민의 생명 및 재산 보호에 직결되는 업무에 종사하는 핵심기관 서비스는 유지되지만 그 이외의 공무원들은 강제 무급휴가를 떠나야 하며, 예산이 배정될 때까지 자발적 무보수 근무도 할 수 없다. 핵심기관 공무원들도 일은 하지만 예산안 의결 전까지 보수를 받지 못한다.

01 다음 중 트리비아(Trivia)의 뜻으로 적절하지 않은 것은?

① 일반 상식

② 사소한 정보

③ 체계적으로 전달하기 어려운 여담

④ 사람들이 알고 싶어 하지 않는 이야기

02 오늘날 스마트폰, IPTV, VOD 서비스 등의 발달로 단기간에 TV 프로그램을 몰아보는 행위가 증가하고 있다. 다음 중 이러한 행위를 일컫는 말로 가장 적절한 것은?

① 빈지 워치(Binge Watch)　　　　② 스톱 워치(Stop Watch)

③ 블랙 워치(Black Watch)　　　　④ 콜 워치(Call Watch)

03 다음 중 서구권에서 각광받는 SNS 형식의 구인구직 서비스로, '1촌 맺기'와 같이 다양한 연결망을 통한 일자리 매칭 서비스를 갖추고 있는 것은?

① 플리커　　　　　　　　　　　　② 페이스북

③ 링크드인　　　　　　　　　　　④ 인스타그램

01

정답　④

라틴어로 '삼거리'라는 의미의 트리비아는 로마 시대에 도시 어디에서나 삼거리를 찾아볼 수 있었다는 점에서 '어디에나 있는 시시한 것'이라는 뜻으로 사용되었다. 사전적으로는 사람들이 알고 싶어 하는 숨겨진 이야기나 여러 방면에 걸친 사소한 지식 따위를 의미하며, 일반 상식, 체계적으로 전달하기 어려운 여담 등을 가리킬 때 사용한다.

02

정답 ①

빈지 워치는 '폭음, 폭식'이라는 뜻의 빈지(Binge)와 '본다'는 뜻의 워치(Watch)를 합쳐 만든 신조어로, 휴일이나 주말, 방학 등 단기간에 TV 프로그램을 몰아보는 행위를 가리킨다.

오답분석

② 스톱 워치(Stop Watch) : 1개의 바늘을 마음대로 시동·정지시켜서 여러 가지 활동의 소요시간이나 시간적 기록을 초 이하의 단위로 정밀하게 측정하기 위한 휴대형 시계
③ 블랙 워치(Black Watch) : 1725년에 창설된 영국 최강의 육군 전투부대
④ 콜 워치(Call Watch) : 채권발행자의 행동을 감시하는 독립기구에 의해 제공되는 서비스

03

정답 ③

오답분석

① 플리커(Flickr) : 미국의 기업 야후의 온라인 사진 공유 커뮤니티 사이트. 캐나다 밴쿠버의 기업인 루디코프에서 2004년 2월에 개발하였고, 2005년 3월에 야후가 인수하였다.
② 페이스북(Facebook) : 미국의 메타가 운영 중인 유명 소셜 네트워크 서비스 웹사이트. 2004년 2월 4일 개설되었다.
④ 인스타그램(Instagram) : 미국의 메타가 운영 중인 사진 및 동영상을 공유할 수 있는 소셜미디어 플랫폼. 2010년 10월 6일 개시되었다.

이론 더하기

플렉스(Flex)
사전적 의미는 '구부리다' '수축시키다'이지만 최근에는 미디어와 소셜네트워크서비스(SNS) 등에서 '과시하다'는 뜻으로 널리 사용되고 있다. 과거 1990년대 미국 힙합 문화에서 주로 '금전을 뽐내거나 자랑하다'는 의미의 속어로 쓰이던 것이 변형된 것으로 보고 있다. 가장 최근에는 20대인 1990년대생을 중심으로 명품 소비 문화가 확산되는 것을 두고 '플렉스'를 즐기기 위한 것이라는 해석이 나오고 있다. 유튜브와 인스타그램 등 SNS에 명품 구매 인증샷을 올리는 것이 일종의 과시 행위라는 것이다. 이를 금수저들에 대한 동경 현상으로 보는 이들도 있다.

트리비아(Trivia)
단편적이고 체계적이지 않은 실용·흥미 위주의 잡다한 지식을 가리키는 말이다. 라틴어로 'Tri'는 '3'을 'Via'는 '길'을 의미하여 '삼거리'라는 의미로 사용되던 단어인데, 로마 시대에 도시 어디에서나 삼거리를 찾아볼 수 있었다는 점에서, '어디에나 있는 시시한 것'이라는 뜻으로 단어의 의미가 전이되어 사용되었다. 현대에는 각종 퀴즈 소재로 활용되기 쉬운 상식, 체계적으로 전달하기 어려운 여담 등을 가리킬 때 사용한다.

빈지 워치(Binge Watch)
폭식·폭음을 의미하는 빈지(Binge)와 본다는 워치(Watch)를 합성한 단어로 주로 휴일, 주말, 방학 등에 콘텐츠를 몰아보는 것을 폭식에 비유한 말이다. 빈지 워치는 2013년 넷플릭스가 처음 자체 제작한 드라마 '하우스 오브 카드'의 첫 시즌 13편을 일시에 선보이면서 알려졌고, 이용자들은 전편을 시청할 수 있는 서비스를 선호했다. 빈지 워치 현상은 구독 경제의 등장으로 확산되고 있다.

홈루덴스족
홈루덴스족은 집을 뜻하는 '홈(Home)'과 놀이를 뜻하는 '루덴스(Ludens)'를 합친 단어로 자신의 주거공간에서 휴가를 즐기는 이들을 가리키는 신조어이다. 홈캉스를 즐기는 사람들의 대표적인 형태라고 말할 수 있다. 홈루덴스족은 취향에 맞는 아이템을 구비해 자신만의 공간을 꾸미는 데 적극적이어서 새로운 소비계층으로 떠오르고 있다.

링크드인(Linked In)
유럽과 북미 등지에서 이용 계층이 늘어나고 있는 SNS(사회관계망서비스) 형식의 웹 구인구직 서비스이다. '1촌 맺기'와 같이 다양한 연결망을 통한 일자리 매칭 서비스를 갖추고 있다. 하지만 SNS의 특성상 매우 공개적인 구직이 진행되기 때문에 한국과 일본 같은 이직 사실을 회사에 알리기 어려운 직장 문화에서는 각광받지 못하고 있다고 한다.

01 다음 중 무지개무늬 깃발과 함께 동성애 사회를 상징하는 표식은?

① 그린 스타
② 핑크 트라이앵글
③ 레드 스타킹
④ 골든 트라이앵글

02 다음 중 유럽연합이 2023년 3월 미국의 IRA에 대항해 내놓은 법안의 명칭은?

① 탄소중립산업법
② 유럽산업진흥법
③ 유럽탄소감축법
④ 탄소기본감축법

03 다음 중 2040년까지 탄소제로 활성화를 위해 2021년 1월 1일부터 EU에서 시행된 세금은?

① EU 폐기물세
② EU 비닐봉지세
③ EU 플라스틱세
④ EU 쓰레기통세

`Easy`

04 다음 중 윤리적 소비의 사례로 볼 수 없는 것은?

① 동물 가죽 제품을 불매하는 A씨
② 지역화폐로 지역특산품을 구매한 B씨
③ 공정무역을 통해 원두를 수입한 C기업
④ 텃밭에서 직접 기른 유기농 토마토로 요리하는 D씨

05 다음 중 인기가 많은 제품을 그대로 모방해 만든 제품을 비하하는 용어는?

① 카피라이트(Copyright)　　　　　② 카피레프트(Copyleft)
③ 카피캣(Copycat)　　　　　　　　④ 벤치마킹(Benchmarking)

06 다음 중 해외투자자가 상대국의 법령·정책 등에 의해 피해를 입었을 경우, 국제 중재를 통해 손해배상을 받도록 하는 제도는?

① FTA　　　　　　　　　　　　　② ISD
③ GATT　　　　　　　　　　　　　④ 국가통보제도

07 다음 중 유럽연합(EU)에서 추진 중인 디지털세에 대한 설명으로 옳지 않은 것은?

① 온라인·모바일 플랫폼 기업에 부과하는 세금이다.
② 유럽 각국 내에서도 찬성과 반대가 대립하고 있다.
③ 법인세 성격으로 이익이 아닌 매출에 세금을 부과한다.
④ 연간 수익이 7억 5,000만 유로 이상인 IT기업을 대상으로 한다.

`Hard`

08 다음 중 예비타당성 조사제도에 대한 설명으로 옳지 않은 것은?

① 신규 사업에 대한 예산 및 기금운영계획 수립을 위해 실시된다.
② 사업의 우선순위, 재원 조달방법, 적정 투자시기 등 타당성을 검증한다.
③ 신규 건설, 정보화, 국가연구개발, 사회 복지 등 여러 분야의 사업이 해당된다.
④ 총사업비 1,000억 원 이상, 국가 재정지원 규모 500억 원 이상의 사업이 해당된다.

09 다음 중 남미 지역의 친미 우파 동향을 뜻하는 용어는?

① 코노수르(Conosur) ② 프로수르(Prosur)
③ 우나수르(Unasur) ④ 메르코수르(Mercosur)

10 다음 중 국내 최초의 양심적 병역거부 사건은?

① 105인 사건 ② 부림 사건
③ 등대사 사건 ④ 여수·순천 사건

11 다음 중 선진국이 개발도상국에서 수입하는 제품에 무관세 또는 저관세의 일방적인 혜택을 주는 제도는?

① GSP ② FTA
③ BOLERO ④ 전자무역

12 다음 중 미세먼지 저감 및 관리에 관한 특별법에 대한 설명으로 옳지 않은 것은?

① 서울특별시의 경우 비상저감조치가 발령되면 배출가스 5등급 차량의 운행이 제한된다.
② 비상저감조치가 발령되면 시·도지사는 비산먼지 발생사업 중 건설공사장의 공사시간을 변경하거나 조정할 수 있다.
③ 시·도지사가 미세먼지 오염이 심각하다고 인정되는 지역을 집중관리구역으로 선정할 경우 모든 차량의 통행이 제한된다.
④ 시·도지사는 다음 날의 초미세먼지 24시간 평균 농도가 기준치를 초과할 것으로 예측되는 경우 비상저감조치를 발령할 수 있다.

13 다음 중 노르웨이 학술원에서 제정한 국제 공로상으로 수학의 노벨상이라 불리는 상은?

① 필즈상   ② 스탈린상
③ 네반린나상   ④ 아벨상

14 다음 중 수도권 등 특정 지역으로의 집중을 막고 국토의 균형 발전을 위해 특정 지역의 신규시설에 부담금을 부과하는 제도는?

① 기반시설부담금   ② 개발부담금
③ 환경개선부담금   ④ 과밀부담금

Easy
15 다음 중 민주주의와 관련된 용어에 대한 설명으로 옳지 않은 것은?

① 레임덕 : 대통령의 임기 말에 발생하기 쉽다.
② 데마고그 : 여론을 알아보기 위한 관측 수단이다.
③ 로그롤링 : 자신의 이익을 위해 정치적으로 침묵하는 것이다.
④ 게리맨더링 : 자기 당에 유리하게 선거구를 확정하는 것이다.

16 다음 글이 설명하는 것은 무엇인가?

> 생산량 증대 또는 유통·가공상의 편의를 위하여 유전공학기술을 이용하여 기존의 육종 방법으로는 나타날 수 없는 형질이나 유전자를 지니도록 개발된 농산물로, 여기에 사용되는 기술을 유전자 재조합 기술이라 한다.
> 유전자 재조합 기술은 어떤 생물의 유전자 중 유용한 유전자(추위, 병충해, 살충제, 제초제 등에 강한 성질 등)만을 취하여 다른 생물체에 삽입하여 새로운 품종을 만드는 것을 말한다.

① GMO   ② GMP
③ GDP   ④ GNP

17 다음 중 어떤 현상이나 문제를 억제하면 또 다른 현상이나 문제가 발생하는 상황을 뜻하는 용어는?

① 기저효과
② 피셔효과
③ 풍선효과
④ 낙수효과

18 다음 중 발전설비용량이 500MW 이상인 발전설비를 보유한 발전사업자에게 총 발전량의 일정 비율을 신재생에너지로 공급하도록 의무화한 제도는?

① RPS
② ESS
③ Energy Voucher
④ Green Price

19 공정안전관리란 재해, 화재, 폭발 등의 중대산업사고를 예방하기 위해 공정안전보고서를 작성·제출하여 심사·확인하는 제도이다. 다음 중 공정안전관리 시스템의 구성요소로 옳지 않은 것은?

① 방호조치
② 공정안전자료
③ 공정위험성평가
④ 안전운전계획

20 다음 글이 설명하고 있는 온실가스(Green-house Gas)로 가장 적절한 것은?

> 온실가스는 지구 대기를 오염시켜 온실 효과를 일으키는 가스를 통틀어 이르는 말로, 적당량의 온실가스는 지구의 온도를 일정하게 유지해 준다. 그러나 기술 발달 등으로 인한 온실가스의 증가는 지구온난화현상을 일으켜 심각한 생태계 변화를 초래하고 있다. 온실가스 중 온도와 상당히 관계가 있는 이 가스의 경우 온난화 잠재력이 이산화탄소보다 약 20배 이상 크다. 이 가스는 무색무취의 가연성 기체로, 자연적으로는 늪이나 습지의 흙속에서 유기물의 부패와 발효에 의해 발생한다.

① 메탄(CH_4)
② 육불화황(SF_6)
③ 과불화탄소(PFCs)
④ 수소불화탄소(HFCs)

PART 4

최종점검 모의고사

KB국민은행 필기전형			
영역	문항 수(배점)	출제범위	시험시간
직업기초능력	40(40)	의사소통능력, 문제해결능력, 수리능력	
직무심화지식	40(40)	금융영업(30), 디지털 부문 활용능력(10)	100분
상식	20(20)	경제 / 금융 / 일반상식	

※ 문항 수 및 시험시간은 해당 채용공고문을 참고하여 구성하였습니다.

최종점검 모의고사

모바일 OMR

🕐 응시시간 : 100분   📝 문항 수 : 100문항   정답 및 해설 p.054

---

01   **직업기초능력**

※ 다음은 A은행 조합경영진단규정의 일부이다. 이어지는 질문에 답하시오. **[1~2]**

〈조합경영진단규정〉

제4조(경영진단의 대상)
경영진단대상은 다음 각호의 1에 해당하는 회원 중 조합경영진단평가위원회가 경영진단이 필요하다고 인정하는 회원으로 한다.
1. 자립경영을 위하여 경영개선조치가 필요하다고 판단하는 회원
2. 장기적 발전을 위하여 경영컨설팅이 필요하다고 요청하는 회원
3. 그 밖에 중앙회장이 경영진단이 필요하다고 인정하는 회원

제8조(경영진단반)
① 경영진단을 실시하기 위하여 경영진단반을 둔다.
② 경영진단반장은 경영진단원 중에서 최상위 직급자 또는 선임자로 한다.
③ 경영진단반장은 경영진단기간 중 경영진단원의 지휘, 업무분장, 진단업무 진행 등 경영진단과 관련된 업무를 통할한다.

제9조(경영진단원)
① 경영진단원은 경영진단업무담당부서 직원 또는 다음 각호에 해당하는 자 중에서 경영진단업무담당부서장이 지정한다.
    1. 중앙회장이 전문경영진단역으로 채용한 자
    2. 공인회계사, 변호사 등 경영진단을 위하여 따로 채용한 자
② 진단업무담당부서장은 진단업무의 효율적인 수행을 위하여 필요시 본회 또는 회원에서 5년 이상 근무한 직원 중 경영진단원으로 위촉하여 운용할 수 있다.
③ 위촉경영진단원은 경영진단원에 준하는 권한과 의무를 갖는다.
④ 경영진단원 운용에 관한 세부사항은 경영진단업무담당 부서장이 따로 정하는 바에 의한다.

제13조(경영개선조치)
위원회는 경영진단결과에 대하여 사업별・업무별로 다음 각호의 사항을 내용으로 하는 경영개선권고 또는 요구를 할 수 있다.
1. 자기자본 및 출자금 증대
2. 인력 및 조직운영의 개선
3. 한계사업장의 폐지
4. 부실자산의 정리와 불용자산의 처분
5. 이익배당의 제한

---

6. 경비절감

7. 지사무소 운영의 효율화

8. 합병권고

9. 그 밖에 경영개선을 위하여 필요하다고 위원회가 인정하는 사항

제14조(경영진단결과의 활용)

① 중앙회장은 제13조의 규정에 의한 경영진단 결과와 그에 따른 개선 조치사항을 당해 회원에게 즉시 통보하여야 한다.

② 경영개선 조치사항을 통보받은 조합장은 제1항의 규정에 의한 경영진단결과와 경영개선 조치사항을 지체없이 공고 및 이사회에 보고하고 서면으로 조합원에게 통지하여야 하며 그 조치결과를 이사회 및 총회에 보고하여야 한다.

③ 회원은 경영개선 조치사항에 대해서 세부 시행계획을 수립 시행하여야 하며, 그 통보를 받은 날부터 3월 이내에 중앙회장에게 조치계획서를 제출하여야 한다.

Easy

01 다음 중 위 자료에 대한 설명으로 적절하지 않은 것은?

① 경영진단원 중 최상위 직급자는 경영진단반장이 될 수 있다.

② 위촉경영진단원과 경영진단원은 상호 유사한 수준의 권한과 의무를 갖는다.

③ 경영진단대상은 경영종합진단위원회가 필요성을 인정하는 회원에 대하여 실시한다.

④ 경영진단원 운용 관련 세부사항은 경영진단업무담당 부서장이 결정할 수 있다.

02 다음 중 경영진단에 대한 설명으로 적절한 것을 〈보기〉에서 모두 고르면?

> **보기**
>
> ㉠ 조합경영진단평가위원회는 지사무소에 대하여는 경영개선 관련 개입을 할 수 없다.
> ㉡ 조합경영진단평가위원장은 경영진단 결과를 당해 회원에게 즉시 통보하여야 한다.
> ㉢ 경영개선권고 또는 요구를 받은 회원은 통보를 받은 날부터 3월 이내에 중앙회장에게 조치계획서를 제출하여야 한다.

① ㉠

② ㉢

③ ㉡, ㉢

④ ㉠, ㉡, ㉢

03 다음은 K은행의 적금상품인 'K부모급여우대적금'에 대한 자료이다. 〈보기〉의 고객 문의에 대한 직원의 답변 중 적절하지 않은 것은?

〈K부모급여우대적금〉

구분	세부내용
상품설명	부모 또는 자녀가 부모급여 / 아동수당을 수급하고 주택청약종합저축에 신규 가입하면 우대금리를 제공하는 적금상품
가입금액	• 신규금액 : 최소 1만 원 이상 • 납입한도 : 매월 50만 원 이하(만 원 단위)
가입대상	실명의 개인(단, 개인사업자 및 외국인 비거주자 제외)
가입방법	영업점 방문, 텔레마킹, K뱅크(스마트폰 앱)
계약기간	1년
이자지급	만기일시지급식
약정이율	연 2.5%(세전)
우대금리	• 계약기간 동안 아래 조건을 충족한 고객이 만기 해지하는 경우, 최대 연 4.0%p 제공(부모와 자녀의 가족등록을 통한 실적 합산 가능) 　－ 부모급여 / 아동수당을 6개월 이상 입급받는 경우(매월 25일 '부모, 아동, 보육, 가족, 가정, 여성, 복지'의 용어로 10만 원 이상 입금되는 경우에 한함) : 연 2.0%p 　－ 자사 주택청약종합저축에 신규 가입하고 만기시점까지 보유한 경우(부모 or 자녀 명의 가입 시) : 연 1.0%p 　－ 한부모가족 지원대상자로 한부모가족 증명서를 제출한 경우 : 연 1.0%p
가족실적합산	• 가족등록 　－ 적금 가입자 기준으로 부모 – 자녀 관계만 1 : 1로 가족(1명) 등록 가능 　－ 등록하는 가족 1명은 '부모급여우대적금' 가입 필수 아님 　－ 가족관계 확인서류를 지참하고 영업점을 방문하여 등록 가능 • 실적합산 : 가족등록 후 계약기간 중 충족된 실적을 합산하여 우대금리 제공

직원 : 안녕하세요, 고객님! 상담원 A입니다. 무엇을 도와드릴까요?

고객 : 네, 안녕하세요. 저 다름이 아니라 제가 출산을 해서 부모급여를 수급하고 있거든요. 그런데 해당 상품과 관련한 적금상품이 있다고 들어서요.

직원 : 네, 고객님! '부모급여우대적금'을 찾으시는 것 같아요. 해당 상품은 ㉠ 부모급여 또는 아동수당을 수급하는 고객님 중 저희 은행 주택청약종합저축에 신규 가입하는 고객님을 대상으로 제공하는 적금상품입니다.

고객 : 어떻게 가입할 수 있죠? 인터넷 홈페이지에서 해도 되나요?

직원 : 죄송합니다. 현재는 ㉡ 인터넷 홈페이지를 통한 가입은 어렵고요, 고객님께서 직접 영업점으로 방문하는 대면방식과 전화 혹은 스마트폰 앱을 통한 비대면방식으로 가입을 도와드리고 있습니다.

고객 : 아, 그렇군요. 그럼 가입 가능한 금액이나 금리는 어떻게 되죠?

직원 : 네, 고객님! ㉢ 가입 가능한 금액은 월 최소 1만 원에서 최대 50만 원으로, 연 최대 600만 원까지 가능합니다. 금리는 연 2.5%가 기본 금리로 책정되어 있고요, 우대조건 충족 시에 최대 연 4.0%p가 제공되어 최고 6.5%의 금리로 해당 상품을 만나보실 수 있으며 우대조건은 다음과 같습니다.

… (중략) …

가입자 본인이 우대조건을 충족하지 못하시더라도, ㉣ 가족관계 확인서류를 지참하고 영업점을 방문하시면 가족등록을 할 수 있고, 계약기간 중 충족된 실적을 합산하여 우대금리를 제공해 드리고 있습니다.

① ㉠

② ㉡

③ ㉢

④ ㉣

다음은 K은행의 은행여신거래기본약관 내용 중 일부이다. Q고객의 질문에 대한 A직원의 대답으로 적절하지 않은 것은?

〈은행여신거래기본약관〉

제7조(기한 전의 채무변제 의무)

① 고객에 관하여 다음 각호에서 정한 사유 중 하나라도 발생한 경우에는 은행으로부터의 독촉·통지 등이 없어도 고객은 당연히 은행에 대한 모든 채무의 기한의 이익을 상실하여(지급보증거래에 있어서의 사전구상채무 발생을 포함합니다. 이하 같습니다) 곧 이를 갚아야 할 의무를 집니다.

  1. 제 예치금 기타 은행에 대한 채권에 대하여 가압류·압류명령이나 체납처분 압류통지가 발송 된 때 또는 기타의 방법에 의한 강제집행 개시나 체납처분 착수가 있는 때. 다만, 담보재산이 존재하는 채무의 경우에는 채권회수에 중대한 지장이 있는 때에만 가압류를 사유로 기한의 이익을 상실합니다.

  2. 고객이 제공한 담보재산(제1호의 제 예치금 기타 은행에 대한 채권은 제외)에 대하여 압류명 령이나 체납처분 압류통지가 발송된 때 또는 기타의 방법에 의한 강제집행 개시나 체납처분 착수가 있는 때

  3. 채무불이행자명부 등재신청이 있는 때

  4. 어음교환소의 거래정지처분이 있는 때

  5. 개인회생절차 또는 파산절차의 신청이 있는 때

  6. 도피, 기타의 사유로 지급을 정지한 것으로 인정된 때

② 고객에 관하여 다음 각호에서 정한 사유 중 하나라도 발생한 경우에는 고객은 당연히 당해 채무 의 기한의 이익을 상실하여 곧 이를 갚아야 할 의무를 집니다. 다만, 은행은 기한의 이익 상실일 7영업일 전까지 다음 각호의 채무이행 지체사실과 대출 잔액 전부에 대하여 연체료가 부과될 수 있다는 사실을 고객에게 서면으로 통지하여야 하며, 기한의 이익 상실일 7영업일 전까지 통 지하지 않은 경우에는 고객은 실제 통지가 도달한 날부터 7영업일이 경과한 날에 기한의 이익을 상실하여 곧 이를 갚아야 할 의무를 집니다.

  1. 이자를 지급하여야 할 때부터 1개월(주택담보대출의 경우 2개월)간 지체한 때

  2. 분할상환원금 또는 분할상환원리금의 지급을 2회(주택담보대출의 경우 3회) 이상 연속하여 지체한 때

---

① Q : 제가 타 은행에서의 채무를 기한 내 변제하지 못해서 가압류를 당했는데요, 기존에 있던 담보재산으로 채무 충당이 가능하더라고요. 그럼 K은행의 채무는 기존에 정해진 기한에 맞 춰 변제를 진행해도 되나요?

  A : 네, 고객님. 제 예치금 기타 은행에 대한 채권에 대하여 가압류·압류명령 등에 의해 강제집 행 개시 또는 체납처분 착수가 진행될 경우 기존 모든 채무에 대한 기한의 이익을 상실하는 게 원칙이나, 고객님처럼 담보재산이 있는 채무로 해당 채권회수에 중대한 지장이 없는 것으 로 판단될 경우 기존 채무의 변제 일정은 이전과 동일하게 진행하시면 됩니다.

② Q : 제가 지인과 금전거래 중 불미스러운 일이 발생해서 지인이 저를 채무불이행자명부에 등재 신청을 접수했더라고요. 아직 등재는 되지 않은 상태고 지인과 원만하게 해결하기 위해 노력 중입니다. 아직 등재되기 이전이니 K은행의 제 채무변제에는 영향이 없겠죠?

A : 죄송합니다, 고객님. 채무불이행자명부에 등재되지 않더라도 등재신청만으로 기존의 모든 채무의 기한의 이익은 상실하게 되어 즉시 이를 상환하셔야 할 의무가 생깁니다.

③ Q : 제가 경제적 상황이 어려워져 이자를 1개월 지체하게 되었더니 은행으로부터 기한의 이익 상실이라는 우편을 받았거든요. 그럼 이제 기존에 정한 기한이 아닌, 즉시 대출금을 상환해 야 하나요?

A : 네, 고객님. 은행여신거래기본약관 제7조에 따라서 '이자를 지급하여야 할 때부터 1개월간 지체'할 경우 기한의 이익을 상실하게 되어 대출 잔액을 갚아야 할 의무가 생깁니다. 또한 기존에 대출한 전액의 연체료도 함께 부과되게 됩니다.

④ Q : 제가 사업이 어려워져 분할상환원금을 두 달 전부터 이번 달까지 3회 째 연속하여 지체하게 되었네요. 그런데 아직 기한의 이익을 상실했다는 내용의 우편은 2주 째 전달받지 못했거든 요. 그럼 이전과 동일한 일정에 맞춰 채무 변제를 진행하면 되는 거겠죠?

A : 아니요, 죄송합니다. 고객님. 영업점에서 착오가 있었는지 아직 해당 내용이 전달되지 않은 것으로 판단됩니다. 이 경우 추후 고객님께 서면이 통지될 텐데, 그럼 실제 고객님이 해당 내용을 통지받은 날부터 7영업일이 경과한 날에 기존 채무의 기한의 이익을 상실하게 되시 는데요. 그럼 그때 기존의 기한과는 상관없이 즉시 상환해야 할 의무가 생기게 됩니다.

※ 다음 글을 읽고 이어지는 질문에 답하시오. [5~6]

아도르노는 문화산업론을 통해서 대중문화의 이데올로기를 비판하였다. 그는 지배 관계를 은폐하거나 정당화하는 허위의식을 이데올로기로 보고, 대중문화를 지배 계급의 이데올로기를 전파하는 대중 조작 수단으로, 대중을 이에 기만당하는 문화적 바보로 평가하였다. 또한 그는 대중문화 산물의 내용과 형식이 표준화·도식화되어 더 이상 예술인 척할 필요조차 없게 되었다고 주장했다.

그러나 그의 이론은 구체적 비평 방법론의 결여와 대중문화에 대한 극단적 부정이라는 한계를 보여 주었고, 이후의 연구는 대중문화 텍스트의 의미화 방식을 규명하거나 대중문화의 새로운 가능성을 찾는 두 방향으로 발전하였다. 전자는 알튀세를 수용한 스크린 학파이며 후자는 수용자로 초점을 전환한 피스크이다.

초기 스크린 학파는 주체가 이데올로기 효과로 구성된다는 알튀세의 관점에서 허위의식으로서의 이데올로기 개념을 비판하고 어떻게 특정 이데올로기가 대중문화 텍스트를 통해 주체 구성에 관여하는지를 분석했다. 이들은 이데올로기를 개인들이 자신의 물질적 상황을 해석하고 경험하는 개념틀로 규정하고, 그것이 개인을 자율적 행위자로 오인하게 하여 지배적 가치를 스스로 내면화하는 주체로 만든다고 했다. 특히 그들은 텍스트의 특정 형식이나 장치를 통해 대중문화 텍스트의 관점을 자명한 진리와 동일시하게 하는 이데올로기 효과를 분석했다. 그러나 그 분석은 텍스트의 지배적 의미가 수용되는 기제의 해명에 집중되어, 텍스트가 규정하는 의미에 반하는 수용자의 다양한 해석 가능성은 충분히 설명하지 못했다.

이 맥락에서 피스크의 수용자 중심적 대중문화 연구가 등장한다. 그는 수용자의 의미 생산을 강조하여 정치 미학에서 대중 미학으로 초점을 전환했다. 그는 대중을 사회적 이해관계에 따라 다양한 주체 위치에서 유동하는 행위자로 본다. 상업적으로 제작된 대중문화 텍스트는 그 자체로 대중문화가 아니라 그것을 이루는 자원일 뿐이며, 그 자원의 소비 과정에서 대중이 자신의 이해에 따라 새로운 의미와 저항적·도피적 쾌락을 생산할 때 비로소 대중문화가 완성된다. 피스크는 지배적·교섭적·대항적 해석의 구분을 통해 대안적 의미 해석 가능성을 시사했던 홀을 비판하면서, 그조차 텍스트의 지배적 의미를 그대로 수용하는 선호된 해석을 인정했다고 지적한다. 그 대신 그는 텍스트가 규정한 의미를 벗어나는 대중들의 게릴라 전술을 강조했던 드세르토에 의거하여, 대중문화는 제공된 자원을 활용하는 과정에서 그 힘에 복종하지 않는 약자의 창조성을 특징으로 한다고 주장한다.

피스크는 대중문화를 판별하는 대중의 행위를 아도르노식의 미학적 판별과 구별한다. 텍스트 자체의 특질에 집중하는 미학적 판별과 달리, 대중적 판별은 일상에서의 적절성과 기호학적 생산성, 소비 양식의 유연성을 중시한다. 대중문화 텍스트는 대중들 각자의 상황에 적절하게 기능하는, 다양한 의미 생산 가능성이 중요하다. 따라서 텍스트의 구조에서 텍스트를 읽어 내는 실천 행위로, "무엇을 읽고 있는가?"에서 "어떻게 읽고 있는가?"로 문제의식을 전환해야 한다는 것이다. 피스크는 대중문화가 일상의 진보적 변화를 위한 것이지만, 이를 토대로 해서 이후의 급진적 정치 변혁도 가능해진다고 주장한다.

그러나 피스크는 대중적 쾌락의 가치를 지나치게 높이 평가하고 사회적 생산 체계를 간과했다는 비판을 받았다. 켈러에 따르면, 수용자 중심주의는 일면적인 텍스트 결정주의를 극복했지만 대중적 쾌락과 대중문화를 찬양하는 문화적 대중주의로 전락했다.

05 다음 중 윗글에 대한 내용으로 가장 적절한 것은?

① 아도르노는 대중문화 산물에 대한 질적 가치 판단을 통해 그것이 예술로서의 지위를 가지지 않는다고 간주했다.

② 알튀세의 이데올로기론을 수용한 대중문화 연구는 텍스트가 수용자에게 미치는 일면적 규정을 강조하는 시각을 지양하였다.

③ 피스크는 대중문화의 긍정적 의미가 대중 스스로 자신의 문화 자원을 직접 만들어 낸다는 점에 있다고 생각했다.

④ 홀은 텍스트의 내적 의미가 선호된 해석을 가능하게 한다고 주장함으로써 수용자 중심적 연구의 관점을 보여 주었다.

06 윗글을 읽고 〈보기〉를 평가할 때 이에 대한 각 입장의 평가로 적절하지 않은 것은?

> **보기**
>
> 큰 인기를 얻었던 뮤직 비디오 'Open Your Heart'에서 마돈나는 통상의 피프 쇼무대에서 춤추는 스트립 댄서 역할로 등장하였다. 그러나 그녀는 유혹적인 춤을 추는 대신에 카메라를 정면으로 응시하며 힘이 넘치는 춤을 추면서 남성의 훔쳐보는 시선을 조롱한다. 이 비디오는 몇몇 남성에게는 관음증적 쾌락의 대상으로, 소녀 팬들에게는 자신의 섹슈얼리티를 적극적으로 표출하는 강한 여성의 이미지로, 일부 페미니스트들에게는 여성 신체를 상품화하는 성차별적 이미지로 받아들여졌다.

① 아도르노는 마돈나의 뮤직 비디오에서 수용자가 얻는 쾌락이 현실의 문제를 회피하게 만드는 기만적인 즐거움이라고 설명했을 것이다.

② 초기 스크린 학파는 마돈나의 뮤직 비디오에서 텍스트의 형식이 다층적인 기호학적 의미를 생산한다는 점을 높게 평가했을 것이다.

③ 피스크는 모순적 이미지들로 구성된 마돈나의 뮤직 비디오가 서로 다른 사회적 위치에 있는 수용자들에게 다른 의미로 해석된 점에 주목했을 것이다.

④ 켈러는 마돈나의 뮤직 비디오에서 수용자들이 느끼는 쾌락이 대중문화에 대한 경험과 문화 산업의 기획에 의해 만들어진 결과라고 분석했을 것이다.

07 다음은 K은행 임직원 행동강령의 일부이다. 〈보기〉에 나타난 직원의 행동 중 임직원 행동강령을 위반한 것을 모두 고르면?

〈임직원 행동강령〉

제9조(임원의 민간 분야 업무활동 내역 제출)

① 임원(총재, 금융통화위원회 위원, 감사, 부총재보를 말한다. 이하 같다)은 그 직위에 임명된 날 또는 임기를 개시한 날부터 30일 이내에 임명 또는 임기 개시 전 3년간의 민간 분야 업무활동 내역을 총재(총재가 업무활동 내역을 제출하는 경우에는 준법관리인을 말한다)에게 〈별지 제7호 서식〉에 따라 서면으로 제출하여야 한다.

② 제1항에 따른 민간 분야 업무활동 내역에는 다음 각호의 사항이 포함되어야 한다.

    1. 재직하였던 법인 · 단체와 그 업무 내용

    2. 관리 · 운영하였던 사업 또는 영리행위의 내용

    3. 그 밖에 총재가 정하는 사항

③ 총재는 제1항에 따라 제출된 민간 분야 업무활동 내역을 보관 · 관리하여야 한다.

제10조(직무 관련 영리행위 등 금지)

① 임직원은 직무와 관련하여 다음 각호의 행위를 해서는 아니 된다. 다만, 다른 규정에 따라 허용되는 경우에는 그러하지 아니하다.

    1. 직무 관련자에게 사적으로 노무 또는 조언 · 자문을 제공하고 대가를 받는 행위

    2. 자신이 소속된 기관이 쟁송 등의 당사자가 되는 직무이거나 소속된 기관에게 직접적인 이해관계가 있는 직무인 경우에 소속 기관의 상대방을 대리하거나 상대방에게 조언 · 자문 또는 정보를 제공하는 행위

    3. 외국의 정부 · 기관 · 법인 · 단체를 대리하는 행위. 다만, 총재가 승인한 경우는 제외한다.

    4. 직무와 관련된 다른 직위에 취임하는 행위. 다만, 제6조에 따라 겸직 승인을 받은 경우는 제외한다.

    5. 그 밖에 총재가 공정하고 청렴한 직무수행을 해칠 우려가 있다고 판단하여 정하는 직무 관련 행위

② 총재는 임직원의 행위가 제1항 각호의 어느 하나에 해당한다고 인정하는 경우에는 그 행위를 중지하거나 종료하도록 해당 임직원에게 명하여야 한다.

제11조(인사 청탁 · 가족 채용 등 금지)

① 임직원은 자신의 임용 · 승진 · 이동 등 인사에 부당한 영향을 미치기 위하여 다른 사람으로 하여금 인사업무를 담당하는 직원에게 청탁을 하도록 해서는 아니 된다.

② 임직원은 직위 · 직책을 이용하여 다른 임직원의 임용 · 승진 · 이동 등 인사에 부당하게 개입해서는 아니 된다.

③ 임직원은 은행 또는 직무 관련자가 소속된 기관에 자신의 가족이 채용되도록 지시하는 등 부당한 영향력을 행사해서는 아니 된다.

제12조(수의계약 체결 제한)

① 임원은 은행과 물품 · 용역 · 공사 등의 수의계약(이하 "수의계약"이라 한다)을 체결해서는 아니되며, 자신의 가족이나 특수관계사업자가 은행과 수의계약을 체결하도록 해서는 아니 된다.

② 계약업무를 담당하는 직원은 은행과 수의계약을 체결해서는 아니 되며, 자신의 가족이 은행과 수의계약을 체결하도록 해서는 아니 된다.

보기

㉠ 2024년 4월 1일부로 부총재보로 임명된 A는 2022년 2월부터 2023년 9월까지 민간은행에서 근무하였던 내역에 대하여 2024년 5월 3일 총재에게 서면으로 제출하였다.

㉡ B는 다음 분기에 있을 양적완화 정책의 세부사항에 대하여 금융업에 종사하는 자신의 동생에게 정보를 제공하고 2,000만 원 상당의 금품을 제공받았다.

㉢ 인사부장인 C는 인사부의 채용담당 실무자인 K에게 자신의 아들이 하반기 공채에서 채용될 수 있도록 해달라는 요구를 하였다.

㉣ 계약업무를 담당하는 D는 은행과의 수의계약 입찰에 자신의 아내가 운영하는 업체가 참여하려는 것을 만류하였다.

① ㉠

② ㉣

③ ㉠, ㉢

④ ㉠, ㉡, ㉢

08 다음 (가) ~ (라) 문단의 핵심 주제로 적절하지 않은 것은?

연금형 희망나눔주택은 어르신이 보유한 노후주택을 LH가 매입해 어르신께 주택매각대금을 매월 연금 방식으로 지급하고, 노후주택은 리모델링해 어르신과 청년들이 함께 거주할 수 있는 공공임대주택으로 공급하는 새로운 형태의 주택이다.

(가) LH와 국토교통부가 함께 추진하는 이 사업은 정부가 발표한 주거복지 로드맵에 따른 것으로 고령자의 주택을 매입해 청년 등 취약 계층에 공공임대로 공급한다는 취지다. LH는 어르신의 노후생활지원과 도심 내 청년, 신혼부부 등의 주거비 부담을 완화할 수 있는 방안으로 연금형 희망나눔주택 사업을 추진하기로 한 것이다.

(나) 매입 대상 주택은 감정평가 기준 9억 원(토지·건물 포함 금액) 이하의 주택이어야 하며, 주택 사용 승인 기준 10년 이내 다가구주택 중 즉시 공급할 수 있는 주택이나 주택 사용 승인 기준 15년 이상 경과된 단독주택, 다가구주택 중 현재 주택 전체가 공가(빈집)이거나 공가 예정인 주택이다. LH는 신청 접수된 주택을 현장 실태 조사를 통해 생활 편의성 등 입지 여건, 주택의 상태, 권리관계 등을 검토하여 매입 대상 주택을 선정한다.

(다) LH에 주택을 매도한 어르신에게는 주택매매대금에 이자를 더한 금액이 매달 연금형으로 지급된다. 대금은 10 ~ 30년 중 연 단위로 주택 판매자가 선택한 기간 동안 원리금 균등 상환 방식으로 지급된다. 지급 시점은 소유권이전등기 완료 후 매도주택을 퇴거한 날(또는 약정한 날)의 익월 말일이다. 이자는 해당 시점의 잔금에 대해 복리로 계산되며, 5년 만기 국고채 최종호가 수익률의 전월 평균 금리를 기준으로 1년마다 변동하여 적용하되, 매도자의 퇴거(약정) 시점의 금리를 기준으로 산정한다.

(라) 집을 판 어르신은 매입 임대 또는 전세 임대 주택에 입주할 수 있다. 다만 무주택 가구 구성원으로서 주택을 판 지 2년 이내여야 한다. 또한 해당 가구의 월평균 소득 및 매월 연금형 지급액이 각각 도시 근로자 월평균 소득 이하인 경우에만 입주가 가능하다.

① (가) - 연금형 희망나눔주택 사업의 목적

② (나) - 연금형 희망나눔주택 사업의 선정 대상

③ (다) - 연금형 희망나눔주택 사업의 연금 지급 방식

④ (라) - 연금형 희망나눔주택 사업의 제한 대상

다음 중 ㉠의 입장에서 호메로스의 『일리아스』를 비판한 내용으로 적절하지 않은 것은?

> 기원전 5세기, 헤로도토스는 페르시아 전쟁에 대한 책을 쓰면서 『역사(Historiai)』라는 제목을 붙였다. 이 제목의 어원이 되는 'histor'는 원래 '목격자', '증인'이라는 뜻의 법정 용어였다. 이처럼 어원상 '역사'는 본래 '목격자의 증언'을 뜻했지만, 헤로도토스의 『역사』가 나타난 이후 '진실의 탐구' 혹은 '탐구한 결과의 이야기'라는 의미로 바뀌었다.
>
> 헤로도토스 이전에는 사실과 허구가 뒤섞인 신화와 전설, 혹은 종교를 통해 과거에 대한 지식이 전수되었다. 특히 고대 그리스인들이 주로 과거에 대한 지식의 원천으로 삼은 것은 『일리아스』였다. 『일리아스』는 기원전 9세기의 시인 호메로스가 오래전부터 구전되어 온 트로이 전쟁에 대해 읊은 서사시이다. 이 서사시에서는 전쟁을 통해 신들, 특히 제우스 신의 뜻이 이루어진다고 보았다. 헤로도토스는 바로 이런 신화적 세계관에 입각한 서사시와 구별되는 새로운 이야기 양식을 만들어 내고자 했다. 즉, 헤로도토스는 가까운 과거에 일어난 사건의 중요성을 인식하고, 이를 직접 확인·탐구하여 인과적 형식으로 서술함으로써 역사라는 새로운 분야를 개척한 것이다.
>
> 『역사』가 등장한 이후, 사람들은 역사 서술의 효용성이 과거를 통해 미래를 예측하게 하여 후세인(後世人)에게 교훈을 주는 데 있다고 인식하게 되었다. 이러한 인식에는 한 번 일어났던 일이 마치 계절처럼 되풀이하여 다시 나타난다는 순환 사관이 바탕에 깔려 있다. 그리하여 오랫동안 역사는 사람을 올바르고 지혜롭게 가르치는 '삶의 학교'로 인식되었다. 이렇게 교훈을 주기 위해서는 과거에 대한 서술이 정확하고 객관적이어야 했다.
>
> 물론 모든 역사가가 정확성과 객관성을 역사 서술의 우선적 원칙으로 앞세운 것은 아니다. 오히려 헬레니즘과 로마 시대의 역사가들 중 상당수는 수사학적인 표현으로 독자의 마음을 움직이는 것을 목표로 하는 역사 서술에 몰두하였고, 이런 경향은 중세 시대에도 어느 정도 지속되었다. 이들은 이야기를 감동적이고 설득력 있게 쓰는 것이 사실을 객관적으로 기록하는 것보다 더 중요하다고 보았다. 이런 점에서 그들은 역사를 수사학의 테두리 안에 집어넣은 셈이 된다.
>
> 하지만 이 시기에도 역사의 본령은 과거의 중요한 사건을 가감 없이 전달하는 데 있다고 보는 역사가들이 여전히 존재하여, 그들에 대해 날카로운 비판을 가하기도 했다. 더욱이 15세기 이후부터는 수사학적 역사 서술이 역사 서술의 장에서 퇴출되고, ㉠<u>과거를 정확히 탐구하려는 의식과 과거 사실에 대한 객관적 서술 태도</u>가 역사의 척도로 다시금 중시되었다.

① 직접 확인하지 않고 구전에만 의거해 서술했으므로 내용이 정확하지 않을 수 있다.

② 신화와 전설 등의 정보를 후대에 전달하면서 객관적 서술 태도를 배제하지 못했다.

③ 신화적 세계관에 따른 서술로 인해 과거에 대해 정확한 정보를 추출해 내기 어렵다.

④ 트로이 전쟁의 중요성은 인식하였으나 실제 사실을 확인하는 데까지는 이르지 못했다.

10 다음 글의 내용으로 적절하지 않은 것은?

연방준비제도(이하 연준)가 고용 증대에 주안점을 둔 정책을 입안한다 해도 정책이 분배에 미치는 영향을 고려하지 않는다면, 그 정책은 거품과 불평등만 부풀릴 것이다. 기술 산업의 거품 붕괴로 인한 경기 침체에 대응하여 2000년대 초에 연준이 시행한 저금리 정책이 이를 잘 보여준다.

특정한 상황에서는 금리 변동이 투자와 소비의 변화를 통해 경기와 고용에 영향을 줄 수 있다. 하지만 다른 수단이 훨씬 더 효과적인 상황도 많다. 가령 부동산 거품에 대한 대응책으로는 금리 인상보다 주택 담보 대출에 대한 규제가 더 합리적이다. 생산적 투자를 위축시키지 않으면서 부동산 거품을 가라앉힐 수 있기 때문이다.

경기 침체기라 하더라도, 금리 인하는 은행의 비용을 줄여주는 것 말고는 경기 회복에 별다른 도움이 되지 않을 수 있다. 대부분의 부문에서 설비 가동률이 낮은 상황이라면, 대출 금리가 낮아져도 생산적인 투자가 별로 증대하지 않는다. 2000년대 초가 바로 그런 상황이었기 때문에 당시의 저금리 정책은 생산적인 투자 증가 대신에 주택 시장의 거품만 초래한 것이다.

금리 인하는 국공채에 투자했던 퇴직자들의 소득을 감소시켰다. 노년층에서 정부로, 정부에서 금융업으로 부의 대규모 이동이 이루어져 불평등이 심화되었다. 이에 따라 금리 인하는 다양한 경로로 소비를 위축시켰다. 은퇴 후의 소득을 확보하기 위해 혹은 자녀의 학자금을 확보하기 위해 사람들은 저축을 늘렸다. 연준은 금리 인하가 주가 상승으로 이어질 것이므로 소비가 늘어날 것이라고 주장했다. 하지만 2000년대 초 연준의 금리 인하 이후 주가 상승에 따라 발생한 이득은 대체로 부유층에 집중되었으므로 대대적인 소비 증가로 이어지지 않았다.

2000년대 초 고용 증대를 기대하고 시행한 연준의 저금리 정책은 노동을 자본으로 대체하는 투자를 증대시켰다. 인위적인 저금리로 자본 비용이 낮아지자 이런 기회를 이용하려는 유인이 생겨났다. 노동력이 풍부한 상황인데도 노동을 절약하는 방향의 혁신이 강화되었고, 미숙련 노동자들의 실업률이 높은 상황인데도 가게들은 계산원을 해고하고 자동화 기계를 들여놓았다. 경기가 회복되더라도 실업률이 떨어지지 않는 구조가 만들어진 것이다.

① 2000년대 초 연준이 금리 인하 정책을 시행한 후 주택 가격과 주식 가격은 상승하였다.

② 2000년대 초 기술 산업 거품의 붕괴로 인한 경기 침체기에 설비 가동률은 대부분의 부문에서 낮은 상태였다.

③ 2000년대 초 연준의 금리 인하로 국공채에 투자한 퇴직자의 소득이 줄어들어 금융업으로부터 정부로 부가 이동하였다.

④ 2000년대 초 연준은 고용 증대를 기대하고 금리를 인하했지만, 결과적으로 고용 증대가 더 어려워지도록 만들었다.

11 다음은 K은행의 거래 일시 중단 안내이다. 이에 대한 내용으로 적절하지 않은 것은?

〈서비스 개선 작업에 따른 K은행 거래 일시 중단 안내〉

항상 K은행을 이용해 주시는 고객님께 진심으로 감사드립니다.
고객님들께 더욱 편리하고 유용한 서비스를 제공하기 위한 개선작업으로 인해 서비스가 일시 중단되오니 고객님께 양해를 부탁드립니다.

- 제한일시 : 2025년 4월 5일(토) 00:00 ~ 24:00
- 제한서비스
  - 현금 입출금기(ATM, CD) 이용 거래
  - 인터넷뱅킹, 폰뱅킹, 모바일·스마트폰 뱅킹, 펌뱅킹 등 모든 전자 금융거래
  - 체크카드, 직불카드를 이용한 물품 구매, 인출 등 모든 거래(외국에서의 거래 포함)
  - 타 은행 ATM, 제휴 CD기(지하철, 편의점 등)에서 K은행 계좌 거래
  ※ 인터넷뱅킹을 통한 대출 신청·실행·연기 및 지방세 처리 ARS 업무는 4월 8일(화) 12시(정오)까지 계속해서 중지됩니다.

단, 신용카드를 이용한 물품 구매, 고객센터 전화를 통한 카드·통장 분실 신고(외국에서의 신고 포함) 및 자기앞 수표 조회 같은 사고 신고는 정상 이용 가능하다는 점을 참고하시기 바랍니다.

항상 저희 K은행을 이용해 주시는 고객님께 늘 감사드리며, 이와 관련하여 더 궁금하신 점이 있다면 아래 고객센터 번호로 문의 부탁드리겠습니다.

K은행 1500-1234 / 1500-5678
K은행 카드사업부 1500-9875

---

① 4월 8일 12시 이후부터 K은행에서 대출 신청이 가능하다.
② 4월 6일 내내 K은행의 지방세 처리 ARS 업무를 이용할 수 없다.
③ 4월 5일 해외에서 체류 중이더라도 K은행의 고객센터를 통해 신용카드 분실 신고는 언제든지 가능하다.
④ 4월 5일 친구의 K은행 계좌로 돈을 입금하기 위해 다른 은행의 ATM기를 이용하더라도 정상적인 거래를 할 수 없다.

12 다음은 새내기 직장인을 대상으로 진행하는 새내기 급여통장·적금 이벤트에 대한 자료이다. 이에 대한 내용으로 적절하지 않은 것은?

똑똑한 재테크의 시작, "새내기 급여통장·적금 이벤트"

◇ **행사기간**
2024. 12. 15. ~ 2025. 02. 28.

◇ **대상고객**
만 22세 ~ 39세인 새내기 직장인으로 급여이체 및 적금 신규고객

◇ **응모요건**
K은행 첫 급여이체(건당 50만 원 이상)+적금(신규)
(단, 적금은 1년 이상, 자동이체 등록분에 한함)

◇ **응모방법**
응모요건 충족 시 자동 응모(무작위 추첨)

◇ **당첨자발표**
홈페이지 공지 및 개별 통보(2025년 3월 14일 예정)

◇ **경품내용(총 365명)**
1등(5명) : 기프트카드 20만 원
2등(60명) : H브랜드 ID 카드 홀더
3등(300명) : 스타○○ 텀블러

◇ **유의사항**
• 상기 이벤트 당첨자 중 연락처 불능, 수령 거절 등 고객사유로 1개월 이상 경품 미수령 시 당첨이 취소될 수 있습니다.
• 제세공과금은 K은행이 부담하며, 본 이벤트는 당행의 사정으로 변경 또는 중단될 수 있습니다.
• 당첨고객은 추첨일 현재 유효계좌(급여이체, 적금 유지고객) 보유고객에 한하며, 당첨발표는 K은행 홈페이지에서 확인할 수 있습니다.
• 기타 자세한 내용은 인터넷 홈페이지를 참고하시거나, 가까운 영업점 고객행복센터(1500-0000)에 문의하시기 바랍니다.

---

① 대상 고객은 만 22세 ~ 39세의 새내기 직장인으로 신규고객이어야 한다.
② 당첨자는 2025년 3월 14일(예정)에 홈페이지 공지 및 개별로 통보를 받는다.
③ 본인이 응모요건을 충족할 경우 홈페이지에 접속해서 서류를 제출하면 된다.
④ 이벤트 당첨자 중 고객사유로 1개월 이상 경품 미수령 시 당첨이 취소될 수 있다.

13 다음 글을 읽고 〈보기〉의 상황에서 사용하면 좋을 기술 유형과 그 기술에 대한 설명이 바르게 연결된 것은?

인터넷 뱅킹이나 전자 상거래를 할 때 온라인상에서 사용자 인증은 필수적이다. 정당한 사용자인지를 인증받는 흔한 방법은 아이디(ID)와 비밀번호를 입력하는 것으로, 사용자가 특정한 정보를 알고 있는지 확인하는 방식이다. 그러나 이러한 방식은 고정된 정보를 반복적으로 사용하기 때문에 정보가 노출될 수 있다. 이러한 문제점을 보완하기 위해 개발된 인증 기법이 바로 OTP(One-Time Password, 일회용 비밀번호) 기술이다. OTP 기술은 사용자가 금융 거래 인증을 받고자 할 때마다 해당 기관에서 발급한 OTP 발생기를 통해 새로운 비밀번호를 생성하여 인증받는 방식이다.

OTP 기술은 크게 비동기화 방식과 동기화 방식으로 나눌 수 있다. 비동기화 방식은 OTP 발생기와 인증 서버 사이에 동기화된 값이 없는 방식으로, 인증 서버의 질의에 사용자가 응답하는 방식이다. OTP 기술 도입 초기에 사용된 질의응답 방식은 인증 서버가 임의의 6자리 수, 즉 질의값을 제시하면 사용자는 그 수를 OTP 발생기에 입력하고, OTP 발생기는 질의값과 다른 응답값을 생성한다. 사용자는 그 값을 로그인 서버에 입력하고 인증 서버는 입력된 값을 확인한다. 이 방식은 사용자가 OTP 발생기에 질의값을 직접 입력해 응답값을 구해야 하는 번거로움이 있기 때문에 사용이 불편하다.

이와 달리 동기화 방식은 OTP 발생기와 인증 서버 사이에 동기화된 값을 설정하고 이에 따라 비밀번호를 생성하는 방식으로, 이벤트 동기화 방식이 있다. 이벤트 동기화 방식은 기촛값과 카운트값을 바탕으로 OTP 발생기는 비밀번호를, 인증 서버는 인증값을 생성하는 방식이다. 기촛값이란 사용자의 신상 정보와 해당 금융 기관의 정보 등이 반영된 고유한 값이며, 카운트값이란 비밀번호를 생성한 횟수이다. 사용자가 인증을 받아야 할 경우 이벤트 동기화 방식의 OTP 발생기는 기촛값과 카운트값을 바탕으로 비밀번호를 생성하게 되며, 생성된 비밀번호를 사용자가 로그인 서버에 입력하면 된다. 이때 OTP 발생기는 비밀번호를 생성할 때마다 카운트값을 증가시킨다. 인증 서버 역시 기촛값과 카운트값으로 인증값을 생성하여 로그인 서버로 입력된 OTP 발생기의 비밀번호와 비교하는 것이다. 이때 인증에 성공하면 인증 서버는 카운트값을 증가시켜서 저장해 두었다가 다음 번 인증에 반영한다. 그러나 이 방식은 OTP 발생기에서 비밀번호를 생성만 하고 인증하지 않으면 OTP 발생기와 인증 서버 간에 카운트 값이 달라지는 문제점이 있다.

> **보기**
>
> K은행에서는 OTP 기기를 사용해서 고객님들의 본인 인증을 받고 있습니다. 그런데 기존에 사용하던 OTP 기술은 고객님들이 비밀번호를 발급받으시고 인증을 받지 않으시는 경우가 종종 있어 인증 서버에 문제가 자주 발생하여 저희 은행이 피해를 보고 있습니다. 그래서 이번에 다른 유형의 OTP를 사용해 보면 어떨까 하는데, 사용하면 좋을 OTP 기술의 유형을 추천해 주실 수 있을까요?

① 비동기화 방식 OTP : OTP 발생기는 비밀번호를, 서버는 인증값을 각각 생성한다.
② 비동기화 방식 OTP : OTP 발생기와 인증 서버 사이에 동기화된 값이 없다.
③ 이벤트 동기화 방식 : 인증 서버는 인증값, OTP 발생기는 비밀번호를 생성한다.
④ 이벤트 동기화 방식 : 사용자가 직접 응답값을 구해야 하는 번거로움이 있다.

※ 다음은 블록체인 기술에 대한 글이다. 이어지는 질문에 답하시오. [14~15]

블록체인 기술은 익명의 '사토시 나카모토'란 인물이 'Bitcoin : A Peer-to-Peer Electronic Cash'라는 연구를 공개함으로써 대중에 알려졌다. 이 논문을 바탕으로 블록체인 기반의 비트코인이 만들어졌고 이는 가상화폐 붐으로 이어졌다. 이러한 블록체인은 중개 기관에 의존적인 기존의 거래 방식에서 벗어나 거래 당사자 간의 직접적인 거래를 통해 신뢰성을 보장한다. 이는 기존 중앙 통합형 거래 시스템에서 발생하는 데이터 및 트랜잭션 관리 비용과 보안 문제를 개선시킬 수 있는 방안이 되었다.

블록체인은 P2P(Peer-to-Peer) 네트워크, 암호화, 분산장부, 분산합의의 4가지 기반기술로 구성되어 있다. P2P 네트워크는 기존의 클라이언트 - 서버 방식에서 탈피한 동등한 레벨의 참여자들로 이루어지는 네트워크로, 모든 정보를 참여자들이 공통적으로 소유하고 있어 정보를 관리하고 있는 시스템 1대가 정지해도 시스템 운영에 영향을 주지 않는 특징을 가진다. 암호화는 데이터의 무결성을 검증하는 해시트리와 거래의 부인 방지를 위한 공개키 기반 디지털 서명 기법을 사용한다. 분산장부는 참여자들 간의 공유를 통해 동기화된 정보의 기록 저장소이다. 마지막으로 분산합의는 참여자 간의 합의를 통해서 발생하는 적합한 거래와 정보만 블록체인으로 유지하는 기술로, 대표적으로 비트코인의 작업증명(Proof-of-work)이 있다. 이는 참여자들의 거래 데이터를 블록으로 생성하기 위한 작업으로, 참여자 간의 블록에 대한 무결성을 이끌어낸다. 이 외에도 거래자 간의 계약조건이 자동으로 실행하는 스마트계약기술을 이용한 거래의 신뢰성 및 무결성 보장기술을 포함하고 있다.

이러한 블록체인 기술은 중개 기관을 배제한 거래에 적용할 수 있는 부분부터 그 활용이 확대되고 있다. 가상화폐 기능 및 거래 수수료를 절감할 수 있는 금융거래에서 사물인터넷, 자율주행 자동차 등 다양한 응용분야에서 화두로 부상하고 있다. 또한 에너지 분야에서도 다양한 프로젝트가 진행 중이며, 상용화될 경우 기존의 전력 거래 및 공급 시스템의 많은 변화가 예상된다. 실제로 미국에서는 태양광 전력 생산 후 이에 대한 보상을 가상화폐(Solar Coin)로 보상하는 거래 시스템, 태양광 에너지를 생산하고 남은 전기를 이웃 간에 거래하는 프로슈머 거래 시스템, 전기차 충전소 인증 및 과금 체계에 블록체인 기반의 기술 적용이 연구 중에 있다.

14 다음 중 윗글의 주된 내용 전개 방식으로 가장 적절한 것은?

① 두 가지 상반되는 주장을 비교하여 제시하고 있다.

② 대상의 문제점을 제시하고 대책방안을 제시하고 있다.

③ 대상을 정의하고, 종류에 대해 열거하며 설명하고 있다.

④ 등장 배경을 설명하고, 대상의 특징 및 활용 분야에 대해 제시하고 있다.

15 다음 중 윗글의 내용으로 가장 적절한 것은?

① P2P 네트워크는 해시트리와 공개키 기반 디지털 서명 기법을 사용한다.

② 참여자 간의 합의를 통해서 적합한 거래나 정보만 블록체인으로 유지한다.

③ 블록체인의 기반기술은 P2P 네트워크, 블록화, 분산장부, 분산거래로 구성된다.

④ 블록체인은 중개 기관 없이 거래 당사자 간의 직접적인 거래로 신뢰성이 떨어진다.

16 제시된 명제가 모두 참일 때, 빈칸에 들어갈 명제로 가장 적절한 것은?

> • 어휘력이 좋지 않으면 책을 많이 읽지 않은 것이다.
> • 글쓰기 능력이 좋지 않으면 어휘력이 좋지 않은 것이다.
> • _____

① 글쓰기 능력이 좋으면 어휘력이 좋은 것이다.
② 책을 많이 읽지 않으면 어휘력이 좋지 않은 것이다.
③ 어휘력이 좋지 않으면 글쓰기 능력이 좋지 않은 것이다.
④ 글쓰기 능력이 좋지 않으면 책을 많이 읽지 않은 것이다.

17 취업준비생 A ~ E 5명은 매주 화요일 취업스터디를 하고 있다. 스터디 불참 시 벌금이 부과되는 규칙에 따라 지난주 불참한 2명은 벌금을 내야 한다. 이들 중 2명이 거짓말을 하고 있다고 할 때, 다음 중 항상 옳은 것은?

> • A : 내가 다음 주에는 사정상 참석할 수 없지만 지난주에는 참석했어.
> • B : 지난주 불참한 C가 반드시 벌금을 내야 해.
> • C : 지난주 스터디에 A가 불참한 건 확실해.
> • D : 사실 나는 지난주 스터디에 불참했어.
> • E : 지난주 스터디에 나는 참석했지만, B는 불참했어.

① A와 B가 벌금을 내야 한다.
② A와 C가 벌금을 내야 한다.
③ B와 D가 벌금을 내야 한다.
④ D와 E가 벌금을 내야 한다.

18 K기업은 자율출퇴근제를 시행하고 있다. 출근시간은 12시 이전에 자유롭게 할 수 있으며 본인 업무량에 비례하여 근무하고 바로 퇴근한다. 어제 근태에 대한 〈조건〉을 고려할 때 다음 중 항상 참인 것은?

> **조건**
> • 점심시간은 12시부터 1시까지이며 점심시간에는 업무를 하지 않는다.
> • 업무 1개당 1시간이 소요되며, 출근하자마자 업무를 시작하여 쉬는 시간 없이 근무한다.
> • K사에 근무 중인 S팀의 A, B, C, D는 어제 전원 출근했다.
> • A와 B는 오전 10시에 출근했다.
> • B와 D는 오후 3시에 퇴근했다.
> • C는 팀에서 업무가 가장 적으므로 가장 늦게 출근하여 가장 빨리 퇴근했다.
> • D는 B보다 업무가 1개 더 많았다.
> • A는 C보다 업무가 3개 더 많았고, A는 팀에서 가장 늦게 퇴근했다.
> • 이날 S팀은 가장 늦게 출근한 사람과 가장 늦게 퇴근한 사람을 기준으로, 오전 11시에 모두 출근하였으며 오후 4시에 모두 퇴근한 것으로 보고되었다.

① C는 오후 2시에 퇴근했다.
② B의 업무는 A의 업무보다 많았다.
③ A와 B는 팀에서 가장 빨리 출근했다.
④ C가 D의 업무 중 1개를 대신 했다면 D와 같이 퇴근할 수 있었다.

19 다음은 A주임이 2024년 1월 초일부터 6월 말일까지 K카드사의 카드인 K1카드와 K2카드를 이용한 내역이다. 카드사의 포인트 적립 기준과 포인트별 수령 가능한 사은품에 대한 정보가 다음과 같을 때 A주임이 2024년 2분기까지의 적립 포인트로 받을 수 있는 사은품은?

〈A주임의 카드 승인금액〉

(단위 : 원)

구분	2024.01	2024.02	2024.03	2024.04	2024.05	2024.06
K1카드	114.4만	91.9만	91.2만	120.1만	117.5만	112.2만
K2카드	89.2만	90.5만	118.1만	83.5만	87.1만	80.9만

〈K카드사 분기별 포인트 적립 기준〉

각 회원의 분기별 포인트는 직전 분기 동안의 K카드사 카드별 승인금액 합계의 구간에 따라 아래의 기준과 같이 적립된다. 또한 분기별 적립 포인트는 해당 분기 말일 자정에 0p로 초기화된다.

(단위 : p)

구분	300만 원 미만	300만 원 이상 500만 원 미만	500만 원 이상 1,000만 원 미만	1,000만 원 이상
승인금액 10만 원당 적립 포인트	650	800	950	1,100

〈K카드사 사은품 지급 정보〉

각 회원이 분기별 적립 포인트에 따라 받을 수 있는 사은품은 다음과 같다.

구분	3만p 이상	5만p 이상	8만p 이상	10만p 이상	15만p 이상
사은품	스피커	청소기	공기청정기	에어컨	냉장고

- 각 회원은 하나의 사은품만 수령할 수 있다.
- 각 회원은 해당되는 가장 높은 포인트 구간의 사은품만 수령할 수 있다.

① 스피커
② 청소기
③ 에어컨
④ 냉장고

20 K은행의 사원인 귀하는 상사로부터 다음과 같은 내용의 사내메일을 받았다. 이에 따라 귀하가 선택해야 할 조사방법으로 가장 적절한 것은?

수신 : ○○○
발신 : □□□
제목 : 설문조사를 실시하세요.
내용 : ○○○씨, 다음 달인 7월부터 8월까지 두 달간 A·B지역의 기업체 사장을 대상으로 설문조사를 실시하세요. 설문문항은 설문시간이 30분이 되도록 맞춰야 하며 조사결과는 모두 회수해야 합니다. 주의사항은 질문이 유출되어서는 안 된다는 것입니다. 조사 시 각각의 조사대상자별로 공통 설문문항 외에 우리 은행에 대한 인식이나 사용하고 있는 금융상품이 있으면 상품평을 간단하게 물어봤으면 합니다.

〈조사방법별 장단점〉

구분	장점	단점
면접조사	• 응답률이 높음 • 응답자의 오해를 최소화할 수 있음 • 본인에게서 응답을 얻을 수 있음 • 구체적으로 질문할 수 있음	• 조사원의 개인차에 의한 편견과 부정의 소지가 있음 • 시간이 오래 걸림
전자조사	• 비용이 적음 • 발송 / 회신이 빠름	• 회신율 보장 못함 • 특정 계층에 집중될 수 있음 • 보안이 약함
우편조사	• 비용이 비교적 적음 • 넓은 지역에 유리	• 회신율이 낮음 • 응답자가 설문을 잘 이해하지 못할 수 있음
전화조사	• 응답률이 높음 • 신속하고 쉽게 할 수 있음 • 응답자의 오해를 최소화할 수 있음 • 응답자의 얼굴이 보이지 않으므로 자유롭게 생각을 말할 가능성이 높음	• 보안유지가 어려움 • 물건판매로 오해하여 응답에 비협조적일 수 있음 • 번호가 정확하지 않을 수 있음 • 시간제한이 있음
집합조사	• 응답률 높음 • 조사의 설명이나 조건 등이 모든 응답자에게 평등함 • 비용이 적음 • 조사원의 수가 적음	• 응답자를 동일 장소에 모으기 어려움

① 면접조사   ② 전자조사
③ 우편조사   ④ 전화조사

21 다음은 K은행에서 판매하는 카드에 대한 자료이다. A고객과 B고객에 대한 정보가 〈보기〉와 같을 때, 다음 중 A고객과 B고객에게 추천할 카드를 바르게 짝지은 것은?

〈신용카드 정보〉

구분	휴가중카드	Thepay카드	Play++카드
연회비	• 국내전용 : 23,000원 • 해외겸용 : 25,000원	• 국내전용 : 10,000원 • 해외겸용 : 12,000원	• 국내전용 : 63,000원 • 해외겸용 : 65,000원
혜택 내용	해외 이용 금액에 따른 K포인트 적립 우대 1. 전월실적 없음 : 기본적립 2% 2. 전월실적 50만 원 이상 150만 원 미만 : 추가적립 1% 3. 전월실적 150만 원 이상 : 추가적립 3% * 월 적립한도 : 10만 포인트	1. 국내 및 해외 온·오프라인 결제에 대하여 1% 할인 제공 * 월 할인한도 제한 없음 2. 온라인 간편결제 등록 후 결제 시 1.2% 할인 제공 * 월 통합할인한도 : 10만 원	1. 인앱 결제 10% 청구 할인 – 이용건당 1만 원 이상 결제 시 제공 – 인앱 결제 합산 일 1회 및 월 2회 최대 5천 원 할인 제공 (단, 유튜브 관련 결제 제외) 2. 이동통신요금 10% 청구 할인 – 월 1회 최대 5천 원 할인 제공 – 이동통신요금 자동납부 건에 한하여 제공(단, 알뜰폰 통신사 제외)

보기

구분	정보
A고객	• 유튜브 구독서비스 이용자이므로 국내 결제금액에 대해 할인을 받고자 한다. • 국내 알뜰폰 통신사를 이용하고 있다. • 통신요금에서도 할인받기를 희망한다.
B고객	• 해외여행 및 해외출장이 잦다. • 간편결제 서비스를 이용하지 않는다. • 적립 혜택보다는 할인 혜택을 희망한다.

	A고객	B고객
①	휴가중카드	휴가중카드
②	Thepay카드	휴가중카드
③	Thepay카드	Thepay카드
④	Play++카드	Thepay카드

22 다음은 K은행의 정기예금상품인 '1석7조통장'에 대한 자료이다. 이에 대한 내용으로 가장 적절한 것은?

구분	세부내용
〈1석7조통장〉	
상품특징	우대조건 없는 간편한 구조의 비대면 전용상품
가입금액	100만 원 이상
가입대상	실명의 개인(단, 개인사업자 제외)
계약기간	6개월 이상 3년 이하(월 단위)
이자지급식주기	만기일시지급식 : 만기(후) 또는 중도해지 요청 시 이자를 지급
상품혜택 및 부가서비스	(1) 사이버문화강좌 무료수강 　• 접속사이트 : 홈페이지 → 금융서비스 → 제휴서비스 → 사이버문화센터 　• 콘텐츠 : 외국어, 자녀교육, 컴퓨터 활용, 건강생활, 자기계발 등 　• 제공조건 : 이 상품을 가입하여 활동좌를 보유한 경우 　• 제공기간 : 이 통장 가입일로부터 1년간 제공 (2) 만기자동해지서비스 : 만기일 이전에 만기자동해지서비스를 신청한 계좌에 한해 만기일에 본인 명의 입출금식 계좌로 세후 원리금을 자동입금

계약기간	금리(%)
6개월 이상 12개월 미만	3.55
12개월 이상 24개월 미만	3.62
24개월 이상 36개월 미만	3.78
36개월	3.87

구분	세부내용
중도해지이율	만기일 이전에 해지할 경우 입금액마다 입금일부터 해지일 전일까지의 기간에 대하여 신규가입일 당시 영업점 및 인터넷 홈페이지에 실세금리정기예금의 중도해지금리를 적용 • 납입기간 경과비율 10% 미만 : 가입일 현재 계약기간별 고시금리×5% • 납입기간 경과비율 10% 이상 20% 미만 : 가입일 현재 계약기간별 고시금리×10% • 납입기간 경과비율 20% 이상 40% 미만 : 가입일 현재 계약기간별 고시금리×20% • 납입기간 경과비율 40% 이상 60% 미만 : 가입일 현재 계약기간별 고시금리×40% • 납입기간 경과비율 60% 이상 80% 미만 : 가입일 현재 계약기간별 고시금리×60% • 납입기간 경과비율 80% 이상 : 가입일 현재 계약기간별 고시금리×80%
만기후이율	만기일 당시 영업점 및 인터넷 홈페이지에 고시한 정기예금의 만기후금리를 적용 • 만기 후 1개월 이내 : 만기일 당시 계약기간별 고시금리×50% • 만기 후 1개월 초과 6개월 이내 : 만기일 당시 계약기간별 고시금리×30% • 만기 후 6개월 초과 : 만기일 당시 계약기간별 고시금리×20%

① 해당 상품의 계약기간과 상품 가입으로 제공받는 혜택의 제공기간은 동일하다.

② 해당 상품은 만기 후 별도의 해지가 필요 없는 상품이다.

③ 해당 상품의 이율은 계약기간에 한해서만 차등 적용된다.

④ 만기후이율과 만기후금리는 그 기간이 길어질수록 감소한다.

※ 다음은 K은행에서 제공하는 대출상품에 대한 자료이다. 이어지는 질문에 답하시오. [23~25]

〈대출상품별 세부사항〉

구분	상품내용	기본금리	우대금리	혜택	조건
든든대출	사회초년생(만 23 ~ 34세)을 대상으로 저금리에 대출해 주는 상품(방문고객 전용 상품)	2.8%	예금상품 동시 가입 시 0.2%p	2,000만 원 이상 대출 시 사은품으로 전자시계 제공	최근 3년 이내 대출내역이 있을 시 대출 불가능
안심대출	일반 고객을 대상으로 제공하는 기본 대출상품	3.6%	다자녀 가구(자녀 3명 이상) 0.3%p	–	–
일사천리 대출	스마트폰을 사용하여 가입할 수 있어 빠르게 대출을 받을 수 있는 상품(스마트폰 어플 전용 상품)	3.3%	–	스마트폰 요금 할인 상품권 1만 원권 제공	스마트폰으로만 가입 가능
이지대출	별다른 대출 조건이 없지만 단기 대출만 가능한 상품 (방문고객 전용 상품)	4.0%	–	–	3개월 이내에 대출 상환 약정
신뢰대출	자사 이용 고객에게 적은 금액을 낮은 이자에 대출해 주는 상품	2.4%	자사 카드 상품이 있는 경우 0.1%p	자사 예금상품이 있는 경우 200만 원 한도 무이자 대출 가능	자사 타 상품 이용 고객만 대출 가능

※ 별도의 사항이 명시되지 않은 상품은 방문 대출과 스마트폰 대출이 모두 가능함

23 다음 인터넷 게시판 고객문의를 보고 이 고객에게 추천할 상품으로 가장 적절한 것은?

〈고객문의〉

안녕하세요? 저는 27세의 사회초년생 직장인입니다. 제가 이번에 대출을 100만 원 정도 받으려고 하는데요. 어떤 상품이 좋을지 몰라서 추천을 받아보려고 해요. 현재 K은행에서 가입한 예금상품을 사용하고 있어요. 20세 때 학자금 대출을 받고 작년에 모두 상환한 후에는 대출을 받아본 적은 없어요. 이자율은 3.0% 이하였으면 좋겠는데 어떤 대출상품이 좋을까요?

① 든든대출　　　　　　　　　② 안심대출
③ 일사천리대출　　　　　　　　④ 신뢰대출

24 다음 대출문의 전화상담 내용을 보고 직원이 고객에게 추천할 상품으로 가장 적절한 것은?

> 직원 : 안녕하세요. 무엇을 도와드릴까요?
> 고객 : 안녕하세요. 대출을 받으려고 하는데요. 2년 동안 상환할 수 있는 상품으로요.
> 직원 : 아, 그러세요? 혹시 나이와 직업이 어떻게 되시나요?
> 고객 : 만 36세 주부입니다.
> 직원 : 혹시 가족 구성원이 어떻게 되시나요?
> 고객 : 아이 3명을 키우고 있고, 남편이랑 저 이렇게 다섯 명이에요.
> 직원 : 소중한 개인정보 감사합니다. 혹시 K은행에 가입한 상품 있으신가요?
> 고객 : 아니요. 하나도 없어요.
> 직원 : 스마트폰 전용 대출상품은 어떠세요?
> 고객 : 스마트폰을 사용하지 않아서 어플로 가입할 수가 없어요.

① 든든대출   ② 안심대출
③ 일사천리대출   ④ 이지대출

25 24번의 고객이 스마트폰을 구입하였다면, 고객에게 추천할 상품으로 가장 적절한 것은?

① 안심대출   ② 일사천리대출
③ 이지대출   ④ 신뢰대출

26 투자정보팀에서는 문제기업을 미리 알아볼 수 있는 이상 징후로 다음과 같이 5개의 조건을 바탕으로 투자 여부를 판단한다. 투자 여부 판단 대상기업은 A ~ E 5개이다. 다음과 같은 〈조건〉이 주어질 때 투자 부적격 기업은?

〈투자 여부 판단 조건〉

㉮ 기업문화의 종교화
㉯ 정책에 대한 지나친 의존
㉰ 인수 합병 의존도의 증가
㉱ 견제 기능의 부재
㉲ CEO의 법정 출입
이 5개의 징후는 다음과 같은 관계가 성립한다.

〈이상 징후별 인과 및 상관관계〉

1) '기업문화의 종교화(㉮)'와 '인수 합병 의존도의 증가(㉰)'는 동시에 나타난다.
2) '견제 기능의 부재(㉱)'가 나타나면 '정책에 대한 지나친 의존(㉯)'이 나타난다.
3) 'CEO의 법정 출입(㉲)'이 나타나면 '정책에 대한 지나친 의존(㉯)'과 '인수 합병의존도의 증가(㉰)'가 나타난다.

투자정보팀은 ㉮ ~ ㉲ 중 4개 이상의 이상 징후가 발견될 경우 투자를 하지 않기로 결정한다.

조건

1. ㉮는 A, B, C기업에서만 나타났다.
2. ㉯는 D기업에서 나타났고, C와 E기업에서는 나타나지 않았다.
3. ㉱는 B기업에서 나타났고, A기업에서는 나타나지 않았다.
4. ㉲는 A기업에서 나타나지 않았다.
5. 각각의 이상 징후 ㉮ ~ ㉲ 중 모든 기업에서 동시에 나타나는 이상 징후는 없었다.

---

① A
② B
③ B, C
④ B, E

27 다음은 1,000명의 고객을 대상으로 조사한 K은행의 금융상품에 대한 재구매 실적에 대한 자료이다. 이를 바탕으로 한 직원들의 대화 내용 중 적절하지 않은 것은?

〈금융상품 재구매 실적〉

(단위 : 명)

구분		2차 판매				
		예금	적금	보험	펀드	비구매
1차 판매	예금	115	58	27	116	24
	적금	128	64	16	48	64
	보험	5	4	3	3	135
	펀드	38	53	10	57	32

우리 은행에서 교차판매하고 있는 금융상품을 구매한 고객 1,000명을 대상으로 조사한 자료입니다. 회의를 진행하는 목적은 2차 판매율을 높이는 방안을 마련하는 데 있습니다. 자료를 보고 자유롭게 의견을 제시해 주시면 감사하겠습니다.

① A : 1차에서 예금을 구매한 고객 중 펀드로 재구매한 고객이 34.12%로 다른 품목에 비해 2차 판매율이 높은데, 이는 목돈을 마련한 후 예금보다 높은 이익을 얻고자 하는 경향이 반영된 것 같습니다.

② B : 1차에서 적금을 구매한 고객이 2차에서 예금을 구매하는 경우가 그 반대의 경우보다 많습니다. 즉, 적금으로 목돈을 모아 예금으로 불려가는 재테크 방법을 선호하는 것 같습니다.

③ C : 1차와 동일한 품목으로 2차를 구매하는 경우 중에서 보험이 가장 낮습니다. 아마도 가입기간이 장기간이기 때문에 다시 보험에 가입하는 것을 꺼리는 것 같습니다.

④ D : 2차 판매가 이루어지지 않은 경우가 전체에서 약 $\frac{1}{5}$ 을 차지하고 있습니다. 만약 그 고객이 타사의 상품을 구매한 것이라고 본다면 본사에 큰 잠재손실이 될 것입니다.

※ 다음은 공공임대주택 일반공급 입주자 선정기준에 대한 자료이다. 이어지는 질문에 답하시오. [28~29]

〈공공임대주택 일반공급 입주자 선정기준〉

○ 입주자격조건

주택청약종합저축(입주자저축) 가입자인 무주택세대구성원(공급신청가능자는 주민등록표상 세대주, 세대주의 배우자 및 직계존비속에 한함)을 대상으로 순위, 순차에 따라 공급

○ 입주자 선정순위

[1순위]

• 수도권
  – 주택청약종합저축(입주자저축)에 가입하여 1년이 경과된 자로서 매월 약정납입일에 월 납입금을 12회 이상 납입한 무주택세대구성원
• 수도권 이외 지역
  – 주택청약종합저축(입주자저축)에 가입하여 6월이 경과된 자로서 매월 약정납입일에 월 납입금을 6회 이상 납입한 자(다만, 시·도지사는 청약과열이 우려되는 등 필요한 경우에는 청약 1순위를 위한 입주자 저축 가입기간 및 납입횟수를 12개월 및 12회까지 연장하여 공고할 수 있음)

[2순위]
1순위에 해당되지 않는 무주택세대구성원

○ 당첨자 선정기준

[1순위 중 경쟁이 있을 경우]

가. 전용면적 $40m^2$ 초과 주택
  ① 3년 이상의 기간 무주택세대구성원으로서 저축총액이 많은 분
  ② 저축총액이 많은 분
나. 전용면적 $40m^2$ 이하 주택
  ① 3년 이상의 기간 무주택세대구성원으로서 납입횟수가 많은 분
  ② 납입횟수가 많은 분

[2순위 중 경쟁이 있을 경우]
추첨

28 甲은 오늘 공공임대주택 공급을 신청하고자 한다. 〈보기〉에 따라 판단할 때, 다음 중 甲에 대한 설명으로 옳은 것은?

> **보기**
> • 오늘은 2024년 9월 1일이다.
> • 甲은 2023년 12월 1일에 주택청약종합저축에 가입하여, 매달 7일마다 20만 원씩 납입하였다.
> • 甲은 5년째 보유 주택이 없으며, 세대주이다.
> • 甲은 충청북도 청주시에 위치한 공공임대주택에 입주하고자 한다.

① 甲이 충청북도 청주시가 아닌 경기도 성남시에 위치한 공공임대주택에 입주하고자 한다면 1순위 입주자에 해당되었을 것이다.

② 甲과 별도의 세대를 구성 중인 甲의 형이 甲을 대신하여 甲의 공공임대주택 공급신청을 할 수 있다.

③ 청주시장의 판단에 따라 甲은 1순위 입주자에 해당되지 않을 수도 있다.

④ 甲이 2023년 2월 1일부터 주택청약종합저축에 가입하여 납입하였다면 지역과 무관하게 1순위 입주자에 해당된다.

29 A ~ D는 2024년 10월 1일에 서울시에 위치한 전용면적 $42m^2$인 공공임대주택 공급을 신청하였다. A ~ D의 주택청약종합저축 가입일과 월 납입액, 무주택 기간이 다음과 같을 때, A ~ D 간에 당첨 우선순위를 높은 순으로 바르게 나열한 것은?

구분	주택청약종합저축 가입일	월 납입액	무주택 기간
A	2021년 2월 1일	10만 원	2년 2개월
B	2023년 11월 1일	20만 원	1년 10개월
C	2023년 10월 1일	10만 원	3년 1개월
D	2022년 5월 1일	10만 원	3년 8개월
※ A ~ D는 주택청약종합저축 가입일부터 미납월 없이 매달 11일에 납입하였음			

① A – B – C – D
② A – C – B – D
③ D – C – A – B
④ D – C – B – A

※ 다음은 신용카드 3종의 연회비 및 혜택에 대한 자료이다. 이어지는 질문에 답하시오. [30~31]

〈신용카드 3종 연회비 및 혜택〉

구분	연회비	기본혜택	실적에 따른 혜택
Air One	49,000원	• 국내 일시불·할부, 해외 일시불 이용금액 1천 원당 1항공마일리지 적립 • 국내 항공 / 면세업종 이용금액 1천 원당 1항공마일리지 추가 적립	• 전월 이용금액이 50만 원 미만인 경우, 항공마일리지 적립 서비스 미제공
#Pay	30,000원	• 7개 간편결제(Pay)로 국내 이용 시, 5% 포인트 적립	• 전월 실적(일시불＋할부) 기준
Mr. Life	18,000원	• 월납(공과금)할인 – 전기요금, 도시가스요금, 통신요금 • TIME할인 – 365일 24시간 10% 할인서비스(편의점, 병원 / 약국, 세탁소 업종) – 오후 9시 ~ 오전 9시 10% 할인서비스(온라인 쇼핑, 택시, 식음료 업종) • 주말할인 – 3대 마트 10% 할인 – 4대 정유사 리터당 60원 할인	• 전월 실적(일시불＋할부) 기준

#Pay 실적에 따른 혜택:

구분	통합 월 적립한도
30만 원 이상 50만 원 미만	1만 포인트
30만 원 이상 50만 원 미만	2만 포인트
90만 원 이상	3만 포인트

Mr. Life 실적에 따른 혜택:

구분	공과금 할인한도	TIME 할인한도	주말할인 할인한도
30만 원 이상 50만 원 미만	3천 원	1만 원	3천 원
30만 원 이상 50만 원 미만	7천 원	2만 원	7천 원
90만 원 이상	1만 원	3만 원	1만 원

30 다음은 A고객과 B고객에 대한 정보이다. 두 사람에게 추천할 카드를 바르게 짝지은 것은?(단, 두 사람에게 각각 다른 카드를 추천하였다)

- 대학생 A고객
  - 간편결제를 활용한 인터넷 쇼핑을 자주 이용
  - 기숙사 생활을 하고 있으며 휴대폰 요금 외 월납 공과금 지출은 없음
  - 월평균 지출은 40만 원
  - 차량 미보유
  - 주말에는 지방에 있는 본가에서 지내며 별도의 지출 없음
- 직장인 B고객
  - 연회비 3만 원 이하의 카드를 원함
  - 주말시간을 이용하여 세차와 주유 등 차량 관리
  - 배달음식보다는 요리를 해먹거나 외식하는 것을 선호

	A고객	B고객		A고객	B고객
①	Air One	#Pay	②	#Pay	Air One
③	#Pay	Mr. Life	④	Mr. Life	Air One

31 Air One 카드를 보유한 고객이 국내와 해외에서 각각 일시불과 할부로 50만 원씩 100만 원을 사용하여 총 200만 원을 결제했을 때, 적립되는 항공마일리지는 최소 얼마인가?(단, 전월 이용금액은 50만 원 이상이라고 가정한다)

① 1,000마일리지　　　　　　　② 1,500마일리지

③ 2,000마일리지　　　　　　　④ 2,500마일리지

32 일정한 속력으로 달리는 기차가 길이 480m인 터널을 완전히 통과하는 데 걸리는 시간이 36초이고 같은 속력으로 길이 600m인 철교를 완전히 통과하는 데 걸리는 시간이 44초일 때, 기차의 속력은?

① 15m/s

② 18m/s

③ 20m/s

④ 24m/s

Hard

33 농도 5%의 설탕물 600g을 1분 동안 가열하면 10g의 물이 증발한다. 이 설탕물을 10분 동안 가열한 후, 다시 설탕물 200g을 넣었더니 농도 10%의 설탕물 700g이 되었다. 이때 더 넣은 설탕물 200g의 농도는?(단, 용액의 농도와 관계없이 가열하는 시간과 증발하는 물의 양은 비례한다)

① 5%

② 10%

③ 15%

④ 20%

Easy

34 외국인 지사 업무를 맡고 있는 K씨는 한 외국 투자자가 출금한 명세표를 보고 있다. 명세표가 다음과 같을 때, 빈칸에 들어갈 금액은?(단, 일 원에서 반올림한다)

• 계좌번호 : 165-542-3642

• 거래종류 : 외화보통예금 일반 출금

• 출금액 : USD 2,400

• 거래날짜 : 2024-05-24

• 현금수수료 : _____ 원

• 수수료 적용환율 : 달러당 1,080.2원

• 수수료율 : 2%

※ 수수료 대상금액은 출금액의 80%로 함

※ (현금수수료)=(수수료 대상금액)×(수수료 적용환율)×(수수료율)

---

① 40,340

② 41,180

③ 41,480

④ 41,540

35 K은행의 함께 적금에 납입 중인 A고객은 K은행으로부터 만기환급금 안내를 받았다. A고객이 가입한 상품의 정보가 다음과 같을 때, A고객이 안내받을 만기환급금은?

〈가입자 정보〉

- 가입자 : A
- 가입기간 : 40개월
- 가입금액 : 매월 초 300,000원 납입
- 적용금리 : 연 3.0%
- 이자지급방식 : 만기일시지급, 단리식

① 1,125만 원
② 1,168만 원
③ 1,261.5만 원
④ 1,374.5만 원

36 A씨는 현재 보증금 7천만 원, 월세 65만 원인 K오피스텔에 거주하고 있다. 다음 해부터는 월세를 낮추기 위해 보증금을 증액하려고 한다. 다음 규정을 보고 A씨가 월세를 최대로 낮췄을 때의 월세와 보증금으로 바르게 짝지어진 것은?

〈K오피스텔 월 임대료 임대보증금 전환 규정〉

- 1년 동안 임대료의 58%까지 보증금으로 전환 가능
- 연 1회 가능
- 전환이율 6.24%

※ (환산보증금)$=\dfrac{(전환\ 대상\ 금액)}{(전환이율)}$

	월세	보증금
①	25만 3천 원	1억 4,500만 원
②	25만 3천 원	1억 4,250만 원
③	27만 3천 원	1억 4,500만 원
④	27만 3천 원	1억 4,250만 원

37 다음은 각 국가의 환율 및 미화환산율에 대한 자료이다. 이에 대한 설명으로 옳지 않은 것은?(단, 소수점 셋째 자리에서 반올림한다)

〈국가별 환율 및 미화환산율〉

구분	매매기준가(원)	구입 가격(원)	판매 가격(원)	미화환산율
미국(USD)	1,377	1,401.10	1,352.90	1.00
일본(100엔)	878.67	894.05	863.29	0.64
중국(CNY)	189.7	199.19	180.22	( )
영국(GBP)	1,721.94	1,755.86	1,688.02	1.25
호주(AUD)	( )	918.58	883.08	0.65

※ (구입 가격)=(매매기준가)×[1+(환전수수료율)]
  (판매 가격)=(매매기준가)×[1-(환전수수료율)]

① 중국의 미화환산율은 0.14이다.

② 호주의 매매기준가는 895.05원이다.

③ 미국과 일본의 구입할 때의 환전수수료율은 같다.

④ 판매할 때의 환전수수료율이 가장 낮은 국가는 중국이다.

38 K은행의 외환본부에서 근무 중인 귀하는 지난 2024년 환율추이와 주요 이슈를 정리한 분석보고서를 상사에게 보고하였다. 상사는 "2024년 주요 이슈와 환율추이를 그래프로 나타내니 정말 보기 좋습니다. 그런데 환율추이와 주요 이슈 간의 관계가 적절하지 못한 부분이 있는 것 같네요. 그 부분을 수정해 주세요."라고 피드백을 남겼다. 다음 (A) ~ (F) 중 수정이 필요한 부분끼리 짝지어진 것은?

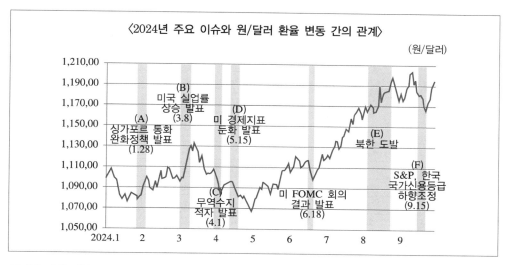

① (A), (B), (C)

② (A), (D), (F)

③ (B), (C), (F)

④ (D), (E), (F)

39 다음은 중소기업을 대상으로 한 보증서담보대출의 보증비율별 금리현황에 대한 자료이다. 이에 대한 설명으로 옳은 것은?

〈보증서담보대출의 보증비율별 금리현황〉

(단위 : %)

구분		보증비율별 금리					평균금리
		100%	90%	85%	80%	80% 미만	
A은행	대출금리	3.69	3.62	3.55	4.22	4.34	3.45
	기준금리	1.8	1.81	1.86	1.89	1.82	1.84
	가산금리	0.89	1.81	1.69	2.33	2.52	1.61
B은행	대출금리	3.17	3.7	3.92	4.13	4.25	3.72
	기준금리	1.86	2.0	1.98	2.01	2.02	1.96
	가산금리	1.31	1.7	1.94	2.12	2.23	1.76
C은행	대출금리	3.06	3.67	3.91	3.96	4.83	3.76
	기준금리	1.89	1.83	1.86	1.8	1.81	1.84
	가산금리	1.17	1.84	2.05	2.16	3.02	1.92
D은행	대출금리	3.36	3.69	4.07	4.26	4.53	3.9
	기준금리	1.85	1.81	1.82	1.81	1.75	1.82
	가산금리	1.51	1.88	2.25	2.45	2.78	2.08
E은행	대출금리	3.77	3.99	4.31	4.65	5.0	4.16
	기준금리	1.85	1.86	1.87	1.86	1.75	1.86
	가산금리	1.92	2.13	2.44	2.79	3.25	2.3
F은행	대출금리	3.12	3.02	3.45	3.56	3.82	3.33
	기준금리	1.72	1.67	1.82	1.77	1.9	1.76
	가산금리	1.4	1.35	1.63	1.79	1.92	1.57

① 모든 은행은 보증비율이 높을수록 대출금리가 낮다.
② 가산금리의 평균금리가 가장 높은 은행은 C은행이다.
③ 보증비율이 85%일 때, 기준금리가 가장 높은 은행은 B은행이다.
④ 보증비율이 80% 미만일 때, 가산금리가 가장 낮은 은행은 B은행이다.

40 다음은 연도별 국고채, 회사채, CD금리, 콜 금리, 기준금리에 해당되는 평균 금리와 용어에 대한 자료이다. 이에 대한 설명으로 옳은 것은?(단, 평균은 소수점 셋째 자리에서 반올림한다)

〈연도별 평균 금리 현황〉

(단위 : %)

구분	2017년	2018년	2019년	2020년	2021년	2022년	2023년	2024년
국고채3년	3.13	2.79	2.59	1.79	1.44	1.80	2.10	1.53
국고채5년	3.24	3.00	2.84	1.98	1.53	2.00	2.31	1.59
국고채10년	3.45	3.28	3.18	2.30	1.75	2.28	2.50	1.70
회사채3년	3.77	3.19	2.99	2.08	1.89	2.33	2.65	2.02
CD금리	3.30	2.72	2.49	1.77	1.49	1.44	1.68	1.69
콜 금리(1일물)	3.08	2.59	2.34	1.65	1.34	1.26	1.52	1.59
기준금리	2.75	2.50	2.00	1.50	1.25	1.50	1.75	1.25

- 콜 금리 : '콜'이란 일시적으로 자금이 부족한 금융기관이, 자금이 남는 다른 기관에 자금을 빌려 달라고 요청하는 것을 뜻한다. 금융기관 간에 발생한 자금 거래시장을 '콜 시장'이라고 한다. 빌려 주는 금융기관이 '콜 론'을 내놓으면 자금이 부족한 금융기관이 '콜 머니'를 빌릴 때 형성되는 금리 이다. 즉, 콜 시장에서 결정되는 금리이다.
- CD금리 : CD(Certificate of Deposit)는 '양도성예금증서'를 뜻하고, 은행에서 단기 자금조달을 위해 해당증서의 양도를 가능하게 하는 무기명 상품으로 발행한다. 만기는 보통 91일(3개월) 또는 181일(6개월) 금리가 있다. CD금리는 매일 금융투자협회에서 고시하며, 오전과 오후, 하루에 두 번씩 10개의 증권사가 적정 금리를 보고하고, 최고·최저 금리를 제외한 8개 금리의 평균으로 결 정된다.
- 국고채 : 정부가 공공목적에 필요한 자금 확보 및 공급하는 공공자금관리기금의 부담으로 발행되 는 채권이다. 국가가 보증하는 만큼 나라가 망하지 않는 한 떼일 위험이 없으므로 다른 채권에 비해 비싸다. 만기는 3년·5년·10년·20년·30년으로 5가지의 고정금리부 채권과 만기 10년 의 물가연동 국고채권이 있다.
- 회사채 : 기업이 자금조달을 위해 직접 발행하는 채권으로 '사채'라고도 한다. 금융기관에서 지급 을 보증하는 보증사채와 무보증사채, 담보부사채가 있으며, 상장기업 또는 증권감독원에 등록된 법인이 기업자금조달을 위해서 직접 발행한다. 회사채는 주식과는 달리 회사의 수익에 관계없이 일정률의 이자가 지급되고, 약속한 날짜에 원금을 상환해야 한다. 또한 회사가 해산했을 시 잔여 재산으로 주식보다 먼저 상환되어야 한다.

① 2024년 금융기관 간에 발생한 자금 거래시장에서 형성된 금리는 2017년 기준금리의 60% 이상 이다.

② 2017 ~ 2024년 동안 정부가 자금 확보를 위해 발행한 채권은 만기 기간이 짧을수록 평균 금리는 높아진다.

③ 2017 ~ 2024년 동안 회사채3년 금리가 국고채10년 금리보다 높았던 해는 5번이다.

④ 2017 ~ 2024년까지 매일 금융투자협회에서 고시하는 금리의 평균은 약 3%이다.

※ 다음은 청년매입임대주택 사업에 대한 정보이다. 이어지는 질문에 답하시오. [1~2]

〈청년매입임대주택사업〉

• 입주대상 : 무주택 요건 및 소득·자산 기준을 충족하고 다음 어느 하나에 해당하는 미혼 청년
 – 만 19세 이상 만 39세 이하인 사람
 – 대학생(입학 및 복학 예정자 포함)
 – 취업준비생(고등학교·대학교 등을 졸업·중퇴 2년 이내인 미취업자)
• 입주순위

순위	자격 요건
1순위	생계·주거·의료급여 수급자 가구, 차상위계층 가구, 지원대상 한부모가족에 속하는 청년
2순위	본인과 부모의 월평균소득이 전년도 도시근로자 가구원수별 가구당 월평균소득 100% 이하인 자로서 국민임대 자산기준을 충족하는 자
3순위	본인의 월평균소득이 전년도 도시근로자 1인 가구 월평균소득 100% 이하인 자로서 행복주택(청년) 자산 기준을 충족하는 자

• 소득·자산 기준

구분		1순위	2순위	3순위
소득	범위	해당 가구	본인과 부모	본인
	기준	자격 판단	100% 이하	100% 이하
자산	범위	–	본인과 부모	본인
	기준	검증 안함	29,200만 원 이하	25,400만 원 이하
자동차가액	범위	–	본인과 부모	본인
	기준	검증 안함	3,496만 원 이하	3,496만 원 이하
주택소유여부	범위	본인	본인	본인
	기준	무주택	무주택	무주택

• 임대조건
 – 1순위 : 보증금 100만 원, 임대료 시중시세 40%
 – 2, 3순위 : 보증금 200만 원, 임대료 시중시세 50%
• 거주기간 : 2년(입주자격 유지 시 재계약 2회 가능)

---

01 다음 중 청년매입임대주택 사업에 대한 설명으로 옳지 않은 것은?

① 청년매입임대주택 입주 시 최대 6년간 거주 가능하다.

② 고등학교에 재학 중인 만 18세의 학생은 입주대상에 해당하지 않는다.

③ 2순위 입주대상자는 3순위 입주대상자와 동일한 금액의 보증금을 적용받는다.

④ 본인의 월평균소득이 전년도 도시근로자 1인 가구 월평균소득의 100%를 초과하는 경우, 2순위 입주대상이 될 수 없다.

02 다음과 같은 정보를 바탕으로 할 때, 청년매입임대주택 입주대상에 해당하지 않는 사람을 모두 고르면?(단, 주어진 정보 외의 자격요건은 모두 충족하는 것으로 본다)

- 민우 : 1인 가구 세대주로서, 월평균소득이 도시근로자 1인 가구 월평균소득의 80%이며 2억 6천만 원의 현금을 보유
- 정아 : 만 28세이고 혼인한 지 1년이 경과하였으며 차상위계층 가구의 세대주
- 소현 : 월평균소득이 도시근로자 1인 가구 월평균소득의 90%이며, 무주택자인 1인 가구 세대주
- 경범 : 월평균소득이 없는 대학생으로서 3인 가구의 세대원이며, 부모의 월평균소득이 전년도 3인 가구 도시근로자 가구당 월평균소득의 80%에 해당

① 민우, 정아
② 민우, 소현
③ 정아, 경범
④ 소현, 경범

※ 다음은 S은행의 쏠편한 정기예금에 대한 자료이다. 이어지는 질문에 답하시오. **[3~4]**

<쏠편한 정기예금>

구분	내용
가입대상	• 개인부분, 기타임의단체(대표자 주민등록번호)
계약기간	• 1개월 이상 60개월 이하 1일 단위
가입금액	• 1만 원부터 제한 없음
이자지급시기	• 만기일시지급
만기일 연장 서비스	• 여유 있는 자금관리를 위하여 만기일을 최장 3개월까지 연장할 수 있는 서비스 ※ 당행 쏠(SOL)을 통해 신청 가능 ※ 자동재예치 등록 계좌의 경우 신청 불가 – 연장가능기간 : 최초 신규시점에 계약한 만기일로부터 3개월 이내 　※ 최초 계약기간이 3개월 이내인 경우에는 최초 계약기간 범위 내에서 연장 가능함
약정이율	• 연 3.7%
중도해지이율	• 가입일 당시 영업점 및 인터넷 홈페이지에 고시한 예치기간별 중도해지 이자율 적용 – 1개월 미만 : 연 0.1% – 1개월 이상 : (기본이자율)×[1−(차감율)]×(경과월수)÷(계약월수) (단, 연 0.1% 미만으로 산출될 경우 연 0.1% 적용) ※ 차감율 | 경과기간	1개월 이상	3개월 이상	6개월 이상	9개월 이상	11개월 이상
---	---	---	---	---	---
차감율	80%	70%	30%	20%	10%	
만기 후 이율	• 만기 후 1개월 이내 : 만기일 당시 일반정기예금 약정기간에 해당하는 만기지급식 고시이자율의 1/2 (단, 최저금리 0.1%) • 만기 후 1개월 초과 6개월 이내 : 만기일 당시 일반정기예금 약정기간에 해당하는 만기지급식 고시이자율의 1/4 (단, 최저금리 0.1%) • 만기 후 6개월 초과 : 연 0.1%
계약해지 방법	• 영업점 및 비대면 채널을 통해서 해지 가능 – 만기가 휴일인 계좌를 영업점에서 전(前)영업일에 해지할 경우, 중도해지가 아닌 만기해지로 적용 (단, 이자는 일수로 계산하여 지급)
자동해지	• 만기일(공휴일인 경우 다음 영업일)에 자동해지되어 근거계좌로 입금 (단, 예금이 담보로 제공되어 있거나 사고등록 등 자동해지 불가 사유가 있는 경우 자동해지되지 않음)
일부해지	• 만기일 전 영업일까지 계약기간(재예치 포함)마다 2회 가능 ※ 일부해지금액의 이자는 선입선출법에 따라 중도해지 이자율로 지급

03 다음 중 쏠편한 정기예금에 대한 설명으로 가장 적절한 것은?

① S은행 쏠(SOL)을 통해 가입해야 하는 상품이다.

② 한 번 가입하면 해지를 원할 때까지 만기일을 연장할 수 있다.

③ 만기 이후에도 일정 기간 동안에는 약정이율에 따른 이자를 지급하는 상품이다.

④ 중도해지할 경우, 예치기간이 아무리 짧아도 최소한 연 0.1%의 이자는 받을 수 있다.

04 다음 중 쏠편한 정기예금에 가입하기에 가장 적합한 사람은?

① 퇴직시점까지 10년 이상 장기저축을 원하는 A씨

② 매월 월급의 일부를 저축하고자 하는 직장인 B씨

③ 1년 뒤 떠날 졸업여행 경비를 안전하게 보관하고자 하는 대학생 C씨

④ 원금손실의 위험을 감수하고 주식이나 가상화폐와 같이 높은 기대수익률을 가진 상품에 투자하기 원하는 D씨

PART 4

Hard

05 김씨는 K금융회사의 투자자문을 받고 다음과 같은 투자자산 포트폴리오에 1백만 원을 투자하려고 한다. 우선 채권에 투자금의 40%를 투자하고, 주식은 위험이 낮은 순서대로 투자금의 30%, 20%, 10%씩 각각 투자하려고 한다. 투자자산의 기대수익률과 베타계수가 다음과 같다면, 1년 후 김씨가 얻을 수 있는 기대수익은 얼마인가?

〈투자자산별 기대수익률 및 베타계수〉

구분	기대수익률(연)	베타계수
A주식	12%	1.4
B주식	6%	0.8
C주식	10%	1.2
채권	4%	0

※ 베타계수 : 증권시장 전체의 수익률의 변동이 발생했을 때, 이에 대해 개별기업 주식수익률이 얼마나 민감하게 반응하는가를 측정하는 계수

① 66,000원

② 68,000원

③ 70,000원

④ 74,000원

※ A고객은 노후대비 은퇴자금을 마련하기 위하여 K은행에 방문하였다. 행원인 귀하는 다음과 같은 상품을 고객에게 추천할 예정이다. 이어지는 질문에 답하시오. [6~7]

<K은행 100세 플랜 적금 상품설명서>

1. 상품개요
- 상품명 : K은행 100세 플랜 적금
- 상품특징 : 여유롭고 행복한 은퇴를 위한 은퇴자금 마련 적금 상품

2. 거래조건

구분		내용
가입자격		개인
계약기간		• 1 ~ 20년 이내(연 단위) • 계약기간 만료 전 1회 연장 가능(단, 총 계약기간 20년을 초과할 수 없음)
적립방식		자유적립식
가입금액		• 초입 10만 원 이상 • 매입금 1만 원 이상(계좌별) 매월 5백만 원(1인당) 이내 • 총 납입액 10억 원(1인당) 이내
만기금리 (연 %, 세전)	기본금리	• 계약기간별 금리(실제 적용금리는 가입일 당시 고시금리에 따름) <table><tr><td>가입기간</td><td>12개월 이상</td><td>24개월 이상</td><td>36개월 이상</td></tr><tr><td>금리</td><td>연 2.55%</td><td>연 2.75%</td><td>연 3.00%</td></tr></table>
	우대금리 (최고 0.5%p)	• 아래 우대조건을 충족하고 이 적금을 만기해지하는 경우 각호에서 정한 우대금리를 계약기간 동안 합산 적용함(중도인출 또는 해지 시에는 적용하지 않음) <table><tr><td>우대조건</td><td>우대금리</td></tr><tr><td>① 이 적금 가입시점에 「K은행 100세 플랜 통장」을 보유하고 있는 경우</td><td>0.1%p</td></tr><tr><td>② 같은 날 부부가 모두 가입하고 신규금액이 각 10만 원 이상인 경우 (각 적금은 만기까지 보유하고 있어야 함)</td><td>0.1%p</td></tr><tr><td>③ 이 적금 계약기간이 3년 이상이고 만기 시 월 평균 10만 원 이상 입금된 경우</td><td>0.2%p</td></tr><tr><td>④ 이 적금 신규일로부터 만기일까지 「K은행 100세 플랜 연금」을 6개월 이상 보유하고 있는 경우(신규만 포함)</td><td>0.2%p</td></tr><tr><td>⑤ 인터넷 또는 스마트뱅킹으로 본 적금에 가입 시</td><td>0.1%p</td></tr></table>
이자지급방식		만기일시지급식
양도 및 담보 제공		은행의 승낙을 받은 경우 양도 및 담보 제공이 가능
제한사항		이 적금은 1년 이상 납입이 없을 경우 계약기간 중이라도 추가 적립할 수 없으며, 질권설정 등의 지급제한사유가 있을 때는 원리금을 지급하지 않음
예금자 보호 여부		이 상품은 예금자보호법에 따라 예금보험공사가 보호하되, 보호한도는 본 은행에 있는 귀하의 모든 예금보호대상 금융상품의 원금과 소정의 이자를 합하여 1인당 '최고 5천만 원'이며, 5천만 원을 초과하는 나머지 금액은 보호하지 않음

06 귀하는 A고객이 K은행 100세 플랜 적금에 가입하기 전 해당 상품에 대한 이해를 돕고자 자세히 설명하려고 한다. 다음 설명 중 적절하지 않은 것은?

① 고객님, 해당 상품은 목돈이 들어가는 예금과 달리 첫 입금 시 10만 원 이상 그리고 계약기간 동안 매입금 1만 원 이상 납입하시면 되는 적금이므로 지금 당장 큰 부담이 없습니다.

② 고객님, 해당 상품을 3년 이상 계약하시게 되면 기본금리가 연 3.00%로 적용됩니다. 다만 오늘 계약하지 않으시면 실제로 적용되는 금리가 변동될 수 있습니다.

③ 고객님, 우대금리는 최고 0.5%p까지만 적용되는데, 중도인출 혹은 중도해지 시에는 우대금리가 적용되지 않습니다.

④ 고객님, 해당 상품은 예금자보호법에 따라 원금과 이자를 합쳐서 1인당 최고 5천만 원까지 보호되는 상품이며, 본 은행의 다른 상품과는 별도로 보호되는 금융상품입니다.

07 다음 제시된 A고객의 상담내역을 토대로 A고객이 만기시점에 받을 수 있는 세전금리를 구하면?

〈A고객의 상담내역〉

• K은행과의 금융거래는 이번이 처음이며, 해당 적금상품만을 가입하였다.
• 행원의 설명에 따라, 매월 납입금액은 20만 원, 계약기간은 5년으로 계약하였다.
• 타 은행보다 높은 금리조건에 만족하여 A고객의 배우자도 함께 가입하였으며, 각각 100만 원을 초입하였고, 해당 적금상품의 만기일까지 보유할 예정이다.
• 행원의 추천에 따라, 한 달 뒤 「K은행 100세 플랜 연금」을 신규로 가입할 예정이며, 1년간 보유할 계획이다.
• 해당 적금상품의 계약기간 동안 중도인출 또는 해지할 계획이 없으며, 연체 없이 모두 만기까지 보유할 예정이다.

---

① 3.05%

② 3.20%

③ 3.25%

④ 3.50%

08 다음은 K은행의 대출상품과 그에 따른 이자율에 대한 자료이다. 서울시에서는 직장인들의 금융부담을 덜어주기 위해 대출금에 대한 이자를 지원하기로 하였는데, 1인당 부담가능 이자비용이 서울시 이자 지원금을 초과하는 X사 직원을 모두 고르면?

〈상품별 이자율〉

(단위 : %)

구분	이자율
A대출상품	1.0
B대출상품	2.0
C대출상품	1.5
D대출상품	2.5

〈X사의 대출상품 신청 현황 및 서울 대출액 이자 지원금〉

(단위 : 만 원)

구분	대출상품	대출액	서울시 이자 지원금
김주임	A대출상품	1,000	2
이과장	A대출상품	5,000	11
	B대출상품	4,000	
박대리	B대출상품	1,000	8
	D대출상품	2,000	
오과장	A대출상품	4,000	10
	D대출상품	2,000	
주부장	C대출상품	5,000	15
	D대출상품	4,000	

※ 1인당 평균 이자비용 : 10만 원

※ (1인당 부담가능 이자비용)$=\dfrac{[\{(\text{상품별 대출액})\times(\text{상품별 이자율})\}\text{의 총합}]}{(\text{1인당 평균 이자비용})}$

① 김주임, 주부장
② 박대리, 오과장
③ 김주임, 박대리
④ 이과장, 주부장

※ 다음은 KB국민은행 전자금융서비스 이용약관에 대한 자료이다. 이어지는 질문에 답하시오. [9~12]

〈KB국민은행 전자금융서비스 이용약관〉

제1조(목적)
이 약관은 전자금융거래기본약관의 기본취지를 바탕으로 국민은행주식회사(이하 "국민은행"이라 한다)와 국민은행이 제공하는 국민은행 전자금융(인터넷뱅킹, 텔레뱅킹, 모바일뱅킹(스마트뱅킹 포함), TV뱅킹 서비스 등. 이하 "서비스"라 한다)을 이용하는 고객(이하 "이용자"라 한다) 간의 서비스 이용에 관한 제반사항을 정함을 목적으로 한다.

제2조(전자적 장치)
① 이용자는 컴퓨터, 스마트기기, 전화기, 휴대폰, TV 등 전자적 장치를 통하여 서비스를 이용할 수 있다.
② 지문인증이라 함은 이용자가 본인의 스마트기기에 미리 저장해 둔 지문정보를 이용하여 스마트뱅킹의 로그인 또는 계좌이체 등 이체성 거래 시 공인인증서 대신 사용할 수 있는 본인인증 수단을 말한다.

제3조(서비스의 종류)
국민은행이 제공하는 서비스는 각종 조회, 자금이체, 신규계좌 개설, 대출 실행, 자동이체 등록, 공과금 수납, 사고신고 등이며 구체적인 서비스 내용은 해당 전자적 장치 등을 통하여 안내한다.

제4조(이용신청 및 승낙)
① 이용자가 서비스를 제공받기 위해서는 이용신청서(이하 "신청서"라 한다)를 국민은행 영업점에 제출하여야 한다. 다만, 다음의 경우에는 전자적 장치를 통하여 신청할 수 있다.
  1. 조회서비스 등 자금이체가 수반되지 않는 거래
  2. 단순히 이용수수료만 납부하고 처리하는 거래
  3. 영업점을 통해 인터넷뱅킹 또는 스마트뱅킹 신청 후 다른 전자적 장치의 서비스 추가 또는 변경
② 국민은행은 서비스 이용신청에 대한 제반 사항을 검토한 후 '서비스 이용확인서'를 교부함으로써 서비스 이용을 승낙한다. 다만, 제1항의 단서에 의한 경우에는 해당 전자적 장치로 이용을 승낙한다.
③ 국민은행 예금계좌를 보유한 개인이용자 또는 신용·체크카드 보유이용자(또는 가맹점)에 한하여 전자적 장치를 통하여 'e-국민은행 회원'으로 가입할 수 있다. e-국민은행 회원은 조회 등 제한된 서비스를 이용할 수 있으며, 구체적인 서비스 종류는 전자적 장치를 통하여 안내한다.

제5조(이용자 확인방법)
① 국민은행은 서비스 이용 시마다 다음에 열거된 사항이 사전에 국민은행에 등록된 자료와 일치할 경우 서비스 이용자를 신청인 본인으로 인정하고 서비스를 제공한다.
  1. 인터넷뱅킹 : 자금이체를 수반하지 않는 거래는 이용자ID와 비밀번호 또는 계좌(또는 카드)번호와 비밀번호, 자금이체를 수반하는 거래는 공인인증서암호 또는 지문인증, 자금이체비밀번호, 보안카드비밀번호 또는 일회용비밀번호발생기(OTP)에서 생성되는 비밀번호, 출금계좌비밀번호(단, 개인 이용자는 자금이체비밀번호 확인을 제외한다)
  2. 텔레뱅킹 : 자금이체를 수반하지 않는 거래는 계좌번호와 계좌비밀번호로, 자금이체를 수반하는 거래는 텔레뱅킹 자금이체비밀번호, 보안카드 비밀번호 또는 일회용비밀번호발생기(OTP)에서 생성되는 비밀번호, 출금계좌비밀번호
② 제4조 제1항 단서에 의하여 전자적 장치를 통하여 서비스를 신청할 경우 기본약관 제2조 제1항 제6호의 접근매체 중 일부 또는 전부가 이미 국민은행에 등록되어 있는 것 또는 국민은행이 계산한 것과 일치할 경우에 본인으로 인정하고 서비스를 제공한다.
③ 스마트뱅킹의 경우에는 이용자가 지문인증 사용을 등록한 본인 명의의 스마트폰에 입력한 지문정보와 스마트폰에 사전 저장된 지문정보가 일치할 경우에도 본인으로 간주하여 서비스를 제공한다.

제6조(신규계좌 개설 및 해지)

① 실명 확인된 계좌(근거계좌)를 보유한 이용자는 전자적 장치를 통해 연결된 신규계좌 개설이 가능하며, 신규계좌에서 최초 인출 또는 근거계좌의 해지 시에는 영업점에서 실명확인 절차를 거쳐야 한다. 다만, 신규계좌를 해지하여 근거계좌로 대체입금하는 경우에는 신규계좌의 실명확인을 생략한다.

제7조(자금이체서비스)

① 자금이체서비스의 출금계좌는 이용자 명의의 국민은행 계좌로 지정하여 영업점에 서면(전자문서 포함)으로 신청하여야 한다. 다만, 영업점을 통해 사전에 온라인 출금계좌 추가등록서비스를 신청한 개인이용자에 한해 전자적 장치를 통해 출금계좌를 추가할 수 있다.

② 출금계좌에서 지급할 수 있는 금액은 이체시점의 현금화된 예금 잔액(지급 가능한 대출 한도 포함)에 한한다.

③ 이용자는 전자금융 매체별 자금이체한도 범위 내에서 1회 및 1일 이체한도를 정하여야 하며 보안등급별 적용 한도는 국민은행에서 정한 바에 따른다.

단, 전자금융서비스에 의한 예금의 신규 및 해지, 대출 및 대출금의 상환, 이자지급, 외환거래로 발생하는 동일인 명의의 거래금액은 이체한도에 포함하지 않는다.

〈전자금융 매체별 자금이체한도〉

구분			기본한도	승인한도
인터넷뱅킹	개인	1회	1억 원	1일한도 이내
		1일	5억 원	제한없음
	법인	1회	5억 원	1일한도 이내
		1일	50억 원	제한없음
텔레뱅킹	개인	1회	5천만 원	2억 5천만 원
		1일	2억 5천만 원	2억 5천만 원
	법인	1회	1억 원	5억 원
		1일	5억 원	5억 원
모바일뱅킹(VM)		1회	1억 원	
		1일	5억 원	

※ 스마트뱅킹 이체한도는 인터넷뱅킹 이체한도와 합산 운용
※ KB안심보안카드(안심기능 사용 시)·OTP 또는 HSM(보안토큰)을 이용하는 고객은 별도 약정을 통해 승인한도 범위 내에서 추가한도 지정 가능

④ 타행이체 및 국민은행과 국민은행 계열사 간 거래의 경우 전산장애 등의 사유로 당일 처리하지 못한 때에는 이용자의 출금계좌로 입금처리한 후 통지한다.

⑤ 지연이체, 예약이체의 경우 이체자금은 이체지정일의 국민은행에서 정한 이체처리 시간 전에 출금계좌에 입금되어야 하며, 이체실행은 1회의 실행으로 종료하며 이체불능건에 대한 재처리를 하지 않는다.

⑥ 복수의 지연이체, 예약이체 의뢰가 있는 때에는 접수된 순서에 따라 처리한다.

제8조(일괄이체)

① 이용자는 일괄이체의뢰명세를 국민은행 내부 업무처리 절차에 따라 정해진 시간 내에 국민은행에 전송하고 전송 후에는 반드시 일괄이체 승인등록을 마쳐야 한다. 이 승인등록이 없는 일괄이체는 처리하지 아니한다.

② 이체자금은 이체지정일 직전 국민은행 영업일의 영업시간 내 국민은행에 등록된 지급계좌에 입금하여야 한다.

제9조(이용시간)

서비스의 이용시간은 아래에 정한 바와 같으며, 서비스 종류별 구체적인 이용시간은 국민은행의 인터넷 홈페이지에 안내한다.

〈서비스 이용시간〉

구분		서비스 이용시간		
		평일	토요일	휴일 / 공휴일
각종 조회		24시간		
자금이체	당행	00:30 ~ 24:00		
	타행	00:30 ~ 23:55		
예금 신규개설 (※ 상품에 따라 가입 가능시간이 다를 수 있음)		00:30 ~ 24:00	00:30 ~ 24:00	불가
신탁 신규개설		09:00 ~ 17:00	불가	불가
펀드 신규개설		09:00 ~ 22:00		
외화예금 신규개설		09:00 ~ 16:00	불가	불가
대출실행		00:30 ~ 24:00	00:30 ~ 24:00	불가
자동이체 등록		00:30 ~ 24:00	00:30 ~ 24:00	불가
공과금 수납		00:30 ~ 23:10		
사고신고		24시간		

※ 시스템 운영 및 장애대응 등 필요한 경우 일부 변경될 수 있음

제10조(서비스의 취소)

해당 서비스가 종료된 후에는 신청인은 이를 취소하거나 정정할 수 없다. 다만, 예약이체 또는 일괄이체인 경우에 한하여 이체 지정일의 이용자가 정한 이체희망시간 1시간 전까지, 지연이체는 이체시작시간 30분 전까지 전자적 장치를 통하여 취소 또는 정정할 수 있다.

제11조(서비스의 제한)

① 다음의 경우에는 서비스의 전부 또는 일부를 제한할 수 있다.

　1. 1일 또는 1회 이체최고한도를 초과하거나 입금계좌의 최고예치한도를 초과한 때

　2. 통신비밀번호, 자금이체비밀번호, 보안카드비밀번호, 보안카드일련번호 또는 OTP에서 생성되는 비밀번호, 계좌비밀번호 중 동일 비밀번호를 5회(OTP에서 생성되는 비밀번호는 10회, 계좌비밀번호는 3회) 이상 연속하여 틀렸을 때, 지문인증 시 누적하여 연속 5회 일치하지 않을 때(서비스가 자동 중지되며 재신청하여야 한다)

　3. 12개월간 자금이체 이용실적이 없는 때. 단, 조회서비스 이용만 신청한 고객은 제외(이체성 서비스가 자동 중지되며 재신청하여야 한다)

　4. 기타 예금거래기본약관 등에서 정한 거래 제한사유가 발생한 때

② 이용자가 서비스 신청일 포함 3영업일(토요일은 영업일의 범위에서 제외됨) 이내에 해당 전자적 장치나 핀패드를 통해 비밀번호를 직접 등록하지 않으면 서비스를 이용할 수 없다.

제12조(이용수수료)

① 서비스 이용수수료는 다음에서 정한 바에 따르기로 하며, 동 수수료를 변경할 경우 해당 전자금융거래를 수행하는 전자적 장치 또는 이용자가 접근하기 쉬운 전자적 장치를 통하여 변경 시행일 1개월 전부터 1개월간 게시하기로 한다.

〈서비스 이용수수료〉

구분	국민은행 간 이체	타행이체	비고
인터넷·텔레·모바일뱅킹	무료	건당 500원	1억 원 초과 타행이체 시 1억 원당 500원 추가
텔레뱅킹 상담원 이체	건당 500원	건당 1,000원	

② 서비스 이용수수료는 각종 서비스가 종료된 후 이용자의 출금계좌에서 자동지급된다. 단, 이용자가 법인인 경우 별도 약정에 의거 서비스 이용수수료를 수납할 수 있다.

09 다음 중 고객 질문에 대한 답변으로 옳지 않은 것은?

① Q : 신규계좌를 개설하고 싶은데 스마트폰을 이용해서 개설이 가능한가요?

　　A : 실명이 확인된 계좌를 보유하고 계신다면 스마트폰을 이용해서 신규계좌 개설이 가능하며, 그렇지 않은 경우에는 영업점을 방문해 주셔야 합니다.

② Q : 스마트폰의 지문인증 수단은 어떻게 사용 가능한가요?

　　A : 영업점에 방문하셔서 스마트폰에 사용할 지문을 등록하시면 이후부터 스마트폰에서도 지문인증 사용이 가능하십니다.

③ Q : 'e-국민은행 회원'은 어떻게 가입할 수 있나요?

　　A : 국민은행 예금계좌를 보유한 개인이용자 또는 신용·체크카드를 보유하고 계신 이용자에 한하여 전자적 장치를 통해 회원가입이 가능합니다.

④ Q : 전자금융서비스에서는 어떤 서비스를 제공하나요?

　　A : 국민은행에서 제공하는 각종 조회 및 자금이체, 신규계좌 개설, 대출 실행, 자동이체 등록, 공과금 수납, 사고신고 등의 서비스가 가능합니다.

10 다음 중 국민은행 영업점에 방문하지 않고 전자적 장치를 통해 서비스를 제공받을 수 있는 사람을 모두 고르면?

> ㉠ 본인의 계좌에 얼마가 있는지 조회를 원하는 A씨
> ㉡ 인터넷뱅킹 가입 시 사용하였던 근거계좌를 해지하고 싶은 B씨
> ㉢ 영업점을 통해 인터넷뱅킹을 신청한 뒤, 추가로 텔레뱅킹 서비스를 이용하고 싶은 C씨
> ㉣ 자금이체서비스의 출금계좌를 자신의 명의인 국민은행 계좌로 처음 지정하고 싶은 D씨

① ㉠, ㉡

② ㉠, ㉢

③ ㉡, ㉣

④ ㉠, ㉡, ㉢

Easy

11 다음 중 전자금융서비스의 제한을 받는 경우가 아닌 것은?

① 자금이체 시 1회 이체최고한도를 초과한 경우
② OTP에서 생성되는 비밀번호를 5회 이상 연속하여 틀렸을 경우
③ 스마트뱅킹 이용 시 지문인증이 연속 5회 이상 일치하지 않을 경우
④ 이체서비스 신청 후, 12개월 동안 자금이체의 이용실적이 없는 경우

12 다음 중 제시된 자료를 읽고 자금이체에 대해 잘못 이해한 사람은?

① 유경 : 자금이체한도는 전자금융 매체별로 다르고, 1회 및 1일 이체한도는 본인이 직접 지정해야 하는구나.
② 동민 : 그리고 스마트뱅킹 이체한도는 인터넷뱅킹 이체한도와 합산 운용되니까 이체할 때 이 점을 유념해야겠네.
③ 차연 : 아, 일괄이체를 하고 싶으면 국민은행 내부 업무처리 절차에 따라 정해진 시간 내에 국민 은행에 전송하고 승인등록을 해야 하는구나. 복잡해 보이네.
④ 태진 : 그래도 등록만 해두고 이체자금만 이체지정일 당일 국민은행 영업시간 내에 등록된 국민 은행 지급계좌에 입금해두면 한 번에 이체를 할 수 있어 편하지.

※ K은행 영업점에서 근무 중인 귀하는 주택자금대출과 관련한 여신업무를 담당하고 있으며, 방문·유선·온라인상의 문의 및 접수를 해결하는 업무를 하고 있다. 이어지는 질문에 답하시오. **[13~16]**

〈전세자금대출〉

■ 상품 개요

특징	연소득 5천만 원 이하의 무주택세대주에게 최고 1억 원까지 지원하는 금융상품
대상	해당 요건을 모두 갖춘 세대주 또는 (주)세대주로 인정되는 분 ※ 자세한 요건은 세부 계약안내 사항을 참고해 주세요.
대출대상 주택	공부상 주거전용면적 85m²(수도권을 제외한 도시지역이 아닌 읍 또는 면 지역은 100m²) 이하인 주택(단, 85m² 이하 주거용 오피스텔 포함)
기간	2년(일시 상환) 단, 2년 단위 4회까지 연장 가능(최대 10년)
한도	• 수도권(서울 / 경기 / 인천) : 최대 1억 원(다자녀가구 : 최대 1억 2천만 원) • 수도권 외 지역 : 최대 8천만 원(다자녀가구 : 최대 1억 원)
금리	국토교통부 고시금리(2025.01.01. 기준) 조건에 따라 최저 연 2.5 ~ 3.1%
중도상환	중도상환수수료 면제
수수료	인지세 발생(대출금액에 따라 차등 적용 / 50%씩 고객·은행이 부담)

■ 세부 계약안내
• 신청기간 : 임대차 계약서상 입주일과 주민등록등본상 전입일 중 빠른 날짜로부터 3개월 이내
• 대출 신청대상 : 다음 요건을 모두 갖춘 세대주 또는 (주)세대주로 인정되는 분
  1) 주택임대차계약을 체결하고 임차보증금의 5% 이상을 지불한 분
    - 임대인이 법인 임대사업자인 경우는 5% 이하라도 가능합니다.
  2) 대출 신청일 현재 세대주 및 세대원(분리된 배우자 포함) 전원이 무주택인 경우
  3) 최근연도 또는 최근 1년간 부부합산 총소득이 5,000만 원 이하인 분
    (단, 신혼가구, 혁신도시 이전 공공기관 종사자인 경우 6,000만 원 이하인 자)
  ※ (주)세대주로 인정되는 분
    1. 세대주의 세대원인 배우자
    2. 본인 또는 배우자의 직계존속(60세 이상 부모 또는 조부모)이 세대주로서 이들을 사실상 부양하며 동거하고 있는 경우
    3. 대출 신청일로부터 2개월 이내에 결혼으로 인하여 세대주가 예정된 경우
    4. 만 19세 미만의 형제·자매로 구성된 세대의 세대주
• 대출금리

구분		임차보증금		
		5천만 원 이하	5천만 원 초과 1억 원 이하	1억 원 초과
부부합산 연소득	2천만 원 이하	연 2.5%	연 2.6%	연 2.7%
	2천만 원 초과 4천만 원 이하	연 2.7%	연 2.8%	연 2.9%
	4천만 원 초과 6천만 원 이하	연 2.9%	연 2.3%	연 3.1%

※ 부부합산 연소득 4천만 원 이하로서 기초생활수급권자·차상위계층·한부모가족 확인서를 발급받은 가구 1.0%p, 다자녀가구 0.5%p, 장애인·노인부양·다문화·고령자가구 0.2%p 금리 우대(단, 중복 적용 불가)

- 수수료
  - 4천만 원 초과 5천만 원 이하 : 4만 원
  - 5천만 원 초과 1억 원 이하 : 4만 원
  - 1억 원 초과 10억 원 이하 : 15만 원
  - 10억 원 초과 : 35만 원
- 필요서류
  - 확정일자부 임대차(전세)계약서
  - 임차주택 건물 등기부등본(1개월 이내 발급분)
  - 주민등록등본(1개월 이내 발급분)
  - ※ 단독세대주인 경우 가족관계증명서 추가
  - ※ 배우자 분리세대인 경우 배우자 주민등록등본과 가족관계증명서 추가
  - ※ 결혼예정자인 경우 결혼예정 증빙서류(예식장계약서 등) 및 배우자(예정) 주민등록등본과 가족관계증명서 추가
  - ※ 근로자인 경우 직장의료보험증(또는 재직증명서), 근로소득원천징수영수증 등
  - ※ 자영업자인 경우 소득금액증명서 등
  - ※ 기타 필요한 서류(담보제공 서류 등)

13 다음은 전세자금대출에 대한 A고객 상담 내용의 일부이다. 귀하가 고객에게 안내할 답변으로 적절하지 않은 것은?

> 〈A고객 상담 내용〉
>
> 안녕하세요. 저는 만 30세로 현재 미혼이나, 1개월 이후 결혼을 할 예정입니다. 그래서 경기도 부근 전세로 주택($72m^2$)을 마련하였는데, 이미 계약을 체결했고 3% 계약금을 지불하였습니다(전세 1억 5천만 원, 계약금 450만 원). 그리고 예비 신부와 저의 소득을 합산하였을 때 5,600만 원입니다. 제가 받을 수 있는 최대의 금액으로 대출을 진행하고 싶습니다.

① 고객님은 결혼예정자로 곧 세대주가 되실 예정이므로 (주)세대주로 보아 대출 신청대상에 해당되십니다.

② 대출 신청 소득요건이 6천만 원 이하인데, 두 분이 합산하여 연소득 5,600만 원이기 때문에 대출 신청이 가능합니다.

③ 다만, 대출 신청 요건상 임차보증금의 5% 이상을 지불하여야 하는데, 임대인이 법인 임대사업자인 경우에는 그 이하여도 가능하므로 임대인에게 문의하셔야 합니다.

④ 대출 실행 시 고객부담 비용이 발생되는데, 5천만 원 이상 1억 원 이하일 경우에는 고객님께서 4만 원을 부담하셔야 합니다.

14 전세자금대출과 관련하여 온라인 Q&A에 문의가 접수되었다. 다음 중 고객의 질문에 대한 귀하의 답변으로 적절하지 않은 것은?

① Q : 저는 어머니를 부양하고 있습니다. 그래서 어머니께서 세대주이신데, 제가 전세자금대출을 받을 수 있나요?

   A : 본인의 직계존속이 세대주일 때, 본인이 사실상 부양하며 동거하는 경우라면 가능합니다. 다만, 소득, 무주택자, 임대차계약금 납부 등의 요건을 충족하셔야 합니다.

② Q : 인천에서 거주하고 있는데, 대출금액을 최대로 했을 때 얼마까지 가능한가요?

   A : 인천은 수도권으로 보아 최대 1억 원까지 대출이 가능하며, 다자녀가구에 해당되신다면 1억 2천만 원까지 가능합니다.

③ Q : 저희 가족은 차상위계층에 해당됩니다. 그리고 다자녀가구이기도 합니다. 그렇다면 금리 우대는 얼마까지 받을 수 있나요?

   A : 차상위계층 확인서를 발급받으셨다면 1.0%p 우대를 받을 수 있습니다. 그리고 다자녀가구에도 해당되신다면 추가로 0.5%p 우대받으실 수 있습니다.

④ Q : 오피스텔에 전세로 이사할 예정입니다. 만약 주거공용면적이 $100m^2$라면 전세자금대출을 받을 수 있나요?

   A : 주거용 오피스텔의 경우에 공부상 주거전용면적이 $85m^2$ 이하라면 전세자금대출을 받을 수 있습니다. 주거공용면적이 $100m^2$라면 주거전용면적이 $85m^2$ 이상일 수 있으니 등기부등본을 확인하여 주시길 바랍니다.

15 귀하는 금일 전세자금대출에 가입한 고객의 정보를 정리하여 대출심사가 원활하게 진행될 수 있도록 자료를 검토할 예정이다. 자료 검토 후 고객 ㉠ ~ ㉣을 대출금리가 낮은 순으로 나열한 것은? (단, 기타 대출요건은 모두 충족한다고 가정한다)

(단위 : 백만 원)

구분	거주지역	전용면적	보증금	연소득	우대 여부	기타
㉠	경기도	$52m^2$	90	45	노인부양가구	-
㉡	서울	$42m^2$	180	55	-	신혼부부
㉢	인천	$35m^2$	40	50	다문화가구	-
㉣	부산	$65m^2$	100	40	다자녀가구, 장애인가구	-

※ 연소득은 부부합산 연소득을 의미함

① ㉠ - ㉡ - ㉢ - ㉣   ② ㉠ - ㉣ - ㉢ - ㉡

③ ㉡ - ㉢ - ㉣ - ㉠   ④ ㉡ - ㉣ - ㉠ - ㉢

16 B고객은 전세자금대출을 받기 위해 대출서류를 준비하여 제출하였다. 다음 B고객의 상황을 토대로 할 때, 제출해야 할 서류로 적절하지 않은 것은?

〈B고객 상황〉

저는 단독세대주입니다. 경기도 광명시로 카페를 옮겨 운영하게 되어서 가까운 곳에 거주하기로 마음먹고 이사를 했습니다. 여타 대출가입 요건은 모두 충족합니다. 봉투 안에는 대출 시 필요서류가 있습니다. 부족한 것이 없는지 확인해 주세요.

① 임대차계약서(확정일자부)
② 임차주택 등기부등본(최근 3주 이내 발급분)
③ 가족관계증명서(3개월 이내 발급분)
④ 직장의료보험증, 근로소득원천징수영수증

17 A씨는 창업자금을 마련하기 위해 K은행 대출상담사인 귀하에게 문의하였다. A씨가 필요한 금액은 4천만 원이며, 대출기간은 1년으로 설정하기를 원하고 있다. 귀하는 A씨에게 대출상환 방식에 대해 설명하였는데, A씨는 원금균등상환방식으로 취급하기를 원했으며 본인이 대출 기간 지불하게 되는 이자의 총액이 얼마인지 물었다. 다음 중 A씨가 지불해야 할 이자 총액은?

〈대출상환방식〉

• 원금균등상환 : 대출원금을 대출기간으로 나눈 상환금에 잔고 이자를 합산하여 상환하는 방식

〈대출조건〉

• 대출금액 : 4천만 원
• 대출기간 : 1년
• 대출이율 : 연 8%
• 상환회차 : 총 4회(분기별 1회 후납)

① 700,000원
② 1,000,000원
③ 1,500,000원
④ 2,000,000원

※ K은행은 신규 고객 유치를 위해 주거래 우대적금 상품을 개발하였다. 다음은 K은행 주거래 우대적금의 조건 및 세부 내용에 대한 자료이다. 이어지는 질문에 답하시오. [18~20]

<K은행 주거래 우대적금>

■ 기초 상품 설명

가입 가능 계좌 수	1개 가입 가능
납입 금액	매월 최대 500,000원
가입 대상	가입 시점 나이 15세 이상
중도해지 시 이율	• 1개월 미만 : 연 0.10% • 1개월 이상 : 연 0.25% • 3개월 이상 : (기본금리)×[1−(차감률)]×(경과월수)÷(계약월수) ※ 차감률 40% 적용(2011.01.01. ~ 현재)
만기 후 이율	• 만기 후 1개월 이내 : 만기일 당시의 가입기간에 해당하는 일반정기적금 연 이자율의 50% • 만기 후 1개월 초과 6개월 이내 : 만기일 당시의 가입기간에 해당하는 일반정기적금 연 이자율의 25% • 만기 후 6개월 초과 : 연 0.20% ※ 이자율이 변경될 경우 기간 구분하여 변경일부터 변경된 이자율 적용

■ 기본금리(단리식, 세전)

가입기간	12개월	24개월	36개월
기본금리	연 1.05%	연 1.10%	연 1.25%

■ 우대금리

※ 기본거래에 따른 우대이자율 : K은행 입출금계좌를 통하여 아래의 우대요건을 (1년제 : 6개월, 2년제 : 12개월, 3년제 : 18개월) 1개 이상 충족한 경우 연 0.4%p를 추가로 제공한다.

   – 대량 급여이체로 이체되거나 내용상 급여 혹은 상여금 등 기타 직장에서 받은 입금실적이 월 50만 원 이상 있는 경우

   – '주거래 우대통장' 가입고객으로 급여일을 수기로 작성·등록 후 급여일 전후 영업일에 50만 원 이상 급여 입금되어 추가우대 고객으로 인정된 경우

   – 국민연금, 공무원연금, 사학연금, 군인연금, 보훈연금, 개인연금 등 연금수급실적이 월 50만 원 이상 있는 경우

   – 월 50만 원 이상 입금실적과 K카드(신용 / 체크) 월 30만 원 결제실적이 같은 월에 있는 경우

   – 월 50만 원 이상 입금실적과 공과금 자동이체실적이 같은 월에 있는 경우(공과금 : 아파트관리비, 전기요금, 전화요금, 도시가스요금, 상하수도요금, 보험료, 국민연금, 정보통신요금, 무선호출요금, 핸드폰요금, 유선방송사용료)

   – 'K 주거래 온가족 서비스'의 가족 금리우대를 받은 경우

※ 추가거래에 따른 우대이자율 : 최고 연 0.9%p 가산 가능함(기본거래에 따른 우대이자율 적용 고객 중 아래의 요건 충족 시 우대이자율 제공)

   – K-BANK 가입 후 로그인 실적이 있는 경우 : 0.10%p

   – 비대면 채널을 통하여 가입한 경우 : 0.20%p

   – K은행 적립식 상품 가입 후 자동이체 월 15만 원 이상 실적이 3개월 이상 있는 경우(적금, 신탁, 펀드, 청약, 골드리슈 상품에 한함) : 0.20%p

   – K카드(신용카드 및 체크카드 포함) 결제계좌를 K은행으로 지정하고 월 20만 원 이상 결제 실적이 3개월 이상 있는 경우(취소거래 제외) : 0.30%p

- K은행의 금융투자 증권거래 예금계좌의 증권거래 실적이 월 3일 이상 있는 경우 혹은 K생명 보험료 납부계좌를 K은행으로 지정하고 납부실적이 3개월 이상 있는 경우 : 0.20%p
- ISA가입고객 특별 금리우대 쿠폰 : 발급고객이 쿠폰 유효기간 내 이 적금에 가입하고, 이 적금의 만기시점에 K은행 ISA를 보유하고 있는 경우 : 0.30%p

※ 우대금리 최대한도는 1.3%p로 함

18 다음 중 K은행의 주거래 우대적금에 대한 설명으로 옳은 것은?

① 올해 3월 1일에 가입한 고객이 8월 1일에 해지한다면 이율은 0.21%이다.

② 만기 후 이자는 일반정기적금 연 이자율의 50%이다.

③ 36개월 만기로 가입 후 K은행 계좌로 월 200만 원의 급여를 받고 핸드폰요금 자동이체신청을 하여, 이를 18개월 동안 유지하면 연 0.4%p의 우대이자율이 추가된다.

④ 추가거래에 따른 우대금리 최대한도는 1.3%p이다.

19 A씨는 K은행의 주거래 우대적금에 가입하려고 한다. A씨의 〈조건〉이 다음과 같을 때, 만기 시 A씨가 받을 세후 금액은 얼마인가?(단, 이자소득세는 8%이며 다른 세금은 고려하지 않는다)

〈조건〉
- 총 24개월, 매월 1일에 40만 원씩 납입하기로 하였다.
- 급여일 등록 후 급여일마다 60만 원을 K은행 입출금계좌를 통해 넣고 있다. 18개월 동안은 K은행 입출금계좌를 이용할 예정이다.
- 증권거래 예금계좌를 통해 매달 하루는 직접 펀드를 거래하고 있다.
- ISA가입을 P은행에서 하고 있으며 주거래 적금의 만기 날짜까지 유지하려고 한다.
- 비대면 채널을 통해 가입하였으며 K-BANK 가입 후에 로그인을 하였다.

① 962.44만 원   ② 974만 원
③ 976.56만 원   ④ 1,024만 원

Hard

20 회사원 B씨는 K은행의 주거래 우대적금을 해지하려고 한다. B씨의 〈조건〉이 다음과 같을 때, 중도해지 시 B씨가 받을 금액은 얼마인가?(단, 세금은 고려하지 않는다)

〈조건〉
- 2023년 2월 1일에 적금을 들었으며 매월 1일에 36만 원씩 3년 동안 납입하기로 하였다.
- 2024년 5월 2일에 급전이 필요하여 해지하였다. 해지 전까지는 성실하게 매달 납부하였다.
- 월급 300만 원을 전부 K은행 입출금계좌를 통하여 지급받고 있었으며 해지일까지 지속되었다.
- K은행을 통해 ISA가입을 하였으며 해지일까지 보유하고 있었다.
- 2024년 3월에 비대면 채널을 통해 K은행의 타 적립식 상품을 가입하였고 이후 해지일까지 매달 20만 원씩 자동이체로 등록하였다.

① 5,311,250원   ② 5,411,250원
③ 5,415,550원   ④ 5,425,550원

※ 다음은 K은행의 환율에 대한 자료이다. 이어지는 질문에 답하시오. [21~23]

〈K은행 환율현황판〉

(2023.03.21. 기준)

통화명	매매기준율	현찰 살 때	현찰 팔 때	송금 보낼 때	송금받을 때
미국 USD	1,122.00	1,141.63	1,102.37	1,132.90	1,111.10
일본 JPY 100	1,005.92	1,023.52	988.32	1,015.77	996.07
유럽연합 EUR	1,252.15	1,277.06	1,227.24	1,264.67	1,239.63
중국 CNY	163.03	171.18	154.88	164.66	161.40
호주 AUD	836.00	852.46	819.54	844.36	827.64

※ 2023년 3월 동안 온라인 환전 고객님께는 미국달러화·일본엔화·유로화는 80%, 기타 통화는 30% 수수료 할인쿠폰을 드립니다(보유 통화는 영업점마다 다르니 확인 후 방문해 주시기 바랍니다).
※ 현찰 실거래 가격은 매매기준율에 환전수수료를 더한 금액입니다.

〈외환수수료 규정〉

구분		국내 간 외화송금	실시간 국내송금(결제원이체)
외화자금 국내이체 수수료(당·타발)		USD 5,000 이하 : 5,000원 USD 10,000 이하 : 7,000원 USD 10,000 초과 : 10,000원	USD 10,000 이하 : 5,000원 USD 10,000 초과 : 10,000원
		※ 인터넷뱅킹 : 5,000원 ※ 실시간이체 : 타발 수수료는 없음	
해외로 외화송금	송금 수수료	USD 500 이하 : 5,000원 USD 2,000 이하 : 10,000원 USD 5,000 이하 : 15,000원 USD 20,000 이하 : 20,000원 USD 20,000 초과 : 25,000원 ※ 인터넷뱅킹 이용 시 건당 3,000 ~ 5,000원, ATM 및 자동이체 이용 시 40 ~ 70% 우대(타 서비스와 중복 할인 가능)	
		해외 및 중계은행 수수료를 신청인이 부담하는 경우 국외 현지 및 중계은행의 통화별 수수료를 추가로 징수(USD 18, EUR 20, JPY 3,000, GBP 12, CAD 20, AUD 20 등)	
	전신료	8,000원 ※ 인터넷뱅킹 및 자동이체 : 5,000원	
	조건변경 전신료	8,000원	
해외 / 타행에서 받은 송금		건당 10,000원	

21 K은행에 근무하는 귀하는 다음과 같은 고객의 문의를 받게 되었다. 이에 대한 답변으로 옳은 것은?(단, 문의와 답변은 2023년 3월 21일을 기준으로 한다)

> 안녕하세요.
> 일주일 뒤에 유럽 여행을 가기 전에 환전을 해두려고 합니다.
> 1,500유로를 영업점에 가서 환전하려면 얼마 정도의 비용이 드는지와 인터넷뱅킹으로 환전하면 얼마 정도 드는지 각각 알려주시면 감사하겠습니다.

① 고객님께서 환전하시는 데 드는 금액은 현재 환율 기준으로 1,885,930원이며, 인터넷뱅킹 이용 시 80% 환전 수수료 할인쿠폰을 적용하여 1,795,125원이 듭니다.

② 고객님께서 환전하시는 데 드는 금액은 현재 환율 기준으로 1,915,110원이며, 인터넷뱅킹 이용 시 80% 환전 수수료 할인쿠폰을 적용하여 1,802,105원이 듭니다.

③ 고객님께서 환전하시는 데 드는 금액은 현재 환율 기준으로 1,915,160원이며, 인터넷뱅킹 이용 시 80% 환전 수수료 할인쿠폰을 적용하여 1,835,725원이 듭니다.

④ 고객님께서 환전하시는 데 드는 금액은 현재 환율 기준으로 1,915,590원이며, 인터넷뱅킹 이용 시 80% 환전 수수료 할인쿠폰을 적용하여 1,885,698원이 듭니다.

22 A씨는 친구의 부탁으로 보유하고 있는 엔화를 국내의 타 은행으로 송금해야 한다. A씨가 800,000엔을 타 은행으로 송금 시 인터넷뱅킹을 이용할 경우와 영업점을 이용할 경우 수수료의 차이는 얼마인가?(단, 이날 일본 JPY 100 대비 미국 USD 매매기준율은 0.92달러/100엔이었다)

① 1,000원
② 2,000원
③ 3,000원
④ 5,000원

23 자녀를 미국으로 유학 보낸 고객이 찾아와 유학생 자녀에게 다음과 같이 송금을 하고자 한다. 고객이 지불해야 할 금액은 얼마인가?(단, 환율은 2023년 3월 21일을 기준으로 하고, 십 원 단위 미만은 절사한다)

> • 송금 금액 : USD 4,000
> • 송금 수수료 : 30% 할인쿠폰을 가지고 있음
> • 중계은행 수수료 본인 부담

① 4,418,060원
② 4,448,840원
③ 4,515,850원
④ 4,570,490원

※ 다음은 K은행 예금상품 약관에 대한 자료이다. 이어지는 질문에 답하시오. [24~25]

<K은행 예금>

- 상품특징
  봉사활동 알림톡 메시지 수신 및 오픈뱅킹 이용 실적에 따라 우대금리를 제공하며, K은행이 기금을 출연하여 디지털 소외 계층을 위한 사업에 지원하는 상품
- 가입대상
  개인
- 가입기간
  12개월
- 가입금액
  1백만 원 이상 3억 원 이내
- 상품과목
  정기예금
- 금리
  기본금리 : 연 0.80%
  우대금리 : 최고 연 0.35%p
  아래 우대조건을 만족하는 경우 가입일 현재 기본금리에 가산하여 만기해지 시 적용

우대조건 내용	우대금리 (세전, 연 %p)
최근 1년 이내 비대면 채널에서 적립식/거치식 예금(주택청약종합저축 포함) 가입이력이 없을 경우	0.10
지점에 봉사활동 관련 마케팅 수신 동의	0.10
K은행에서 오픈뱅킹서비스에 계좌 등록 후 해당 서비스를 이용하여 타행 계좌로부터 K은행 계좌로 이체 실적 5회(최대 월 1회 인정) 이상인 경우 ① 실적인정기준 : 상품 가입일로부터 만기가 속한 달의 전전월말 이내 오픈뱅킹 이체 실적이 있는 경우(오픈뱅킹 등록은 상품 가입 이전 계좌 등록분도 인정) ② 이체 실적은 최대 월 1회만 인정	0.15

  - 비대면 채널 : K은행 인터넷/스마트뱅킹, 텔레뱅킹 등
  - 개인정보 수집·이용·제공동의서 별도 동의(가입 이후 변경불가)
- 세제혜택안내
  비과세종합저축 가능(개인만 가입 가능, 전 금융기관 통합한도 범위 내)
- 이자지급방법
  만기일시지급식 : 가입기간 동안 약정이율에 따라 월복리로 계산하여 만기에 일시지급
- 추가적립
  거치식 상품으로 추가입금 불가
- 분할해지
  만기해지 포함 총 3회까지 가능(단, 분할해지는 해지 후 잔액이 1백만 원 이상인 경우에만 가능하며, 분할해지 금액에 대해서는 중도해지금리 적용)

24 K은행 예금에 대한 설명으로 옳은 것을 〈보기〉에서 모두 고르면?

> **보기**
>
> ㉠ 분할해지 후 잔액을 150만 원으로 유지한다면, 만기 전 2회까지 분할해지가 가능하다.
> ㉡ 오픈뱅킹서비스를 통한 이체 실적 우대금리를 인정받기 위해서는 최소 5개월에 걸쳐 타행 계좌에서 K은행 계좌로의 이체 실적이 필요하다.
> ㉢ 초기 거치금에 대해 3회에 한하여 중도에 예치금을 추가로 납입할 수 있다.
> ㉣ 법인이 가입하는 경우에도 개인과 동일한 조건에 따라 기본금리 및 우대금리를 적용받을 수 있다.

① ㉠, ㉡   ② ㉠, ㉢
③ ㉡, ㉢   ④ ㉡, ㉣

25 김대리는 K은행 예금에 가입하였다. 김대리에 대한 〈정보〉가 다음과 같을 때, 김대리가 만기에 수령할 이자 금액은?(단, $\frac{0.01}{12}=0.001$, $1.001^{12}=1.012$로 계산한다)

> **〈정보〉**
>
> • 김대리는 2024년 10월 1일에 자신의 명의로 K은행 예금에 가입하였다.
> • 김대리의 가입금액은 1억 5천만 원이다.
> • 김대리는 2023년 8월 20일에 비대면 채널을 통해 K은행의 주택청약종합저축에 가입하였으며, 이후 비대면 채널 이용이력이 없다.
> • 김대리는 가입 시 봉사활동 관련 마케팅 수신에 동의하였다.
> • 김대리는 K은행의 오픈뱅킹서비스를 이용하지 않는다.

① 1,698,000원   ② 1,750,000원
③ 1,800,000원   ④ 1,916,000원

※ 다음은 대출에 관련된 금융 용어에 대한 설명이다. 이어지는 질문에 답하시오. [26~27]

〈금융 용어〉

1) 거치기간 : 대출을 받은 후 원금을 제외하고, 이자만 납입하는 기간
2) 거치식상환 : 거치기간 동안 이자만 지불하며, 거치기간이 종료되면 원금과 이자를 원하는 방식으로 상환
3) 만기일시상환 : 약정기간 동안 이자만 부담하고 만기에 대출금을 모두 상환
4) 원금균등상환 : 대출원금을 대출기간으로 균등하게 나누어 매월 일정한 금액을 상환하고 이자는 매월 원금의 상환으로 줄어든 대출잔액에 대해서만 지급
5) 원리금균등상환 : 대출원금과 이자를 융자기간 동안 매달 같은 금액으로 나누어 상환

Hard

26 다음은 대출상환방식에 따른 납입 원금금액과 납입 이자금액에 대한 자료이다. 대출상환방식과 그 방식에 맞는 그래프가 바르게 연결된 것을 〈보기〉에서 모두 고르면?(단, 7회차가 만기일이다)

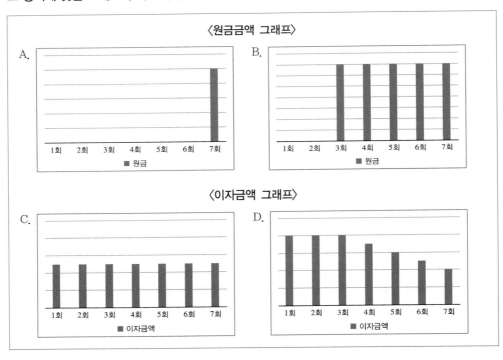

보기
㉠ A – C, 만기일시상환
㉡ A – D, 만기일시상환
㉢ B – C, 거치식원금균등상환
㉣ B – D, 거치식원금균등상환
㉤ B – D, 원금균등상환

① ㉠, ㉢
② ㉠, ㉣
③ ㉠, ㉤
④ ㉡, ㉢

27 다음은 갑 ~ 정 네 사람의 대출상환방식에 대한 요구사항이다. 각자의 요구사항을 고려하여 대출상환방식을 정하려고 할 때, 네 사람이 선택할 대출상환방식이 바르게 연결된 것은?(단, 모두 다른 대출상환방식을 선택했다)

- 갑 : 저는 최대한 이자를 적게 내고 싶습니다.
- 을 : 저는 자금을 계획적으로 운영하고 있습니다. 이에 틀어지지 않도록 매달 상환금액이 동일했으면 좋겠습니다.
- 병 : 저는 전세자금 마련을 위해 큰 금액의 대출을 받아야 하기 때문에 원금과 이자를 매달 상환하는 것은 부담이 됩니다. 하지만 전세기간이 만료되면 원금 전액을 즉시 상환할 수 있습니다.
- 정 : 저는 갑작스러운 병원비로 목돈이 나가 생계가 곤란하여 대출을 받게 되었습니다. 대출은 필요하지만 현 상황에 있어서 상환은 부담이 됩니다. 하지만 매월 소득이 있기에 상황이 안정되면 매달 일정금액의 원리금을 상환할 수 있습니다.

	거치식상환	만기일시상환	원금균등상환	원리금균등상환
①	병	정	갑	을
②	병	정	을	갑
③	병	을	갑	정
④	정	병	갑	을

〈시중은행 외화송금수수료〉

은행	구분	수수료	전신료	은행	구분	수수료	전신료
A은행	창구	2,000달러 이하 : 1만 원	8,000원	D은행	창구	500달러 이하 : 5,000원	7,000원
		5,000달러 이하 : 1만 5,000원				2,000달러 이하 : 1만 원	
		1만 달러 이하 : 2만 원				5,000달러 이하 : 1만 5,000원	
		1만 달러 초과 : 2만 5,000원				2만 달러 이하 : 2만 원	
	인터넷	면제	5,000원			2만 달러 초과 : 2만 5,000원	
B은행	창구	500달러 이하 : 5,000원	8,000원		인터넷	5,000달러 이하 : 3,000원	5,000원
		2,000달러 이하 : 1만 원				5,000달러 초과 : 5,000원	
		5,000달러 이하 : 1만 5,000원		E은행	창구	500달러 이하 : 5,000원	8,000원
		5,000달러 초과 : 2만 원				2,000달러 이하 : 1만 원	
	인터넷	500달러 이하 : 5,000원				5,000달러 이하 : 1만 5,000원	
		2,000달러 이하 : 1만 원				2만 달러 이하 : 2만 원	
		5,000달러 이하 : 1만 5,000원				2만 달러 초과 : 2만 5,000원	
		5,000달러 초과 : 2만 원			인터넷	면제	
C은행	창구	2,000달러 이하 : 1만 원	8,000원	F은행	창구	2,000달러 이하 : 7,000원	7,500원
		5,000달러 이하 : 1만 5,000원				5,000달러 이하 : 1만 2,000원	
		5,000달러 초과 : 2만 원				1만 달러 이하 : 2만 원	
	인터넷	2,000달러 이하 : 5,000원				2만 달러 이하 : 2만 5,000원	
		5,000달러 이하 : 7,500원				2만 달러 초과 : 3만 원	
		5,000달러 초과 : 1만 원			인터넷	2,000달러 이하 : 7,000원	
						5,000달러 이하 : 6,000원	
						1만 달러 이하 : 1만 원	
						2만 달러 이하 : 1만 2,500원	
						2만 달러 초과 : 1만 5,000원	

※ (총 송금수수료)=(수수료)+(전신료)
예 B은행에서 500달러 송금 시 송금수수료는 총 5,000원(수수료)+8,000원(전신료)=13,000원

28 다음 중 위 자료에 대한 내용으로 가장 적절한 것은?

① 인터넷 이용 시 450달러의 경우 총 송금수수료는 E은행이 가장 저렴하다.
② 창구 이용 시 500달러의 경우 총 송금수수료는 D은행이 가장 저렴하다.
③ 창구 이용 시 1,500달러의 경우 총 송금수수료는 D은행이 가장 저렴하다.
④ 창구 이용 시 25,000달러의 경우 총 송금수수료는 A은행이 가장 비싸다.

29 K씨는 해외 유학 중인 아들에게 3,000달러는 은행 창구를 통해서, 7,000달러는 인터넷을 통해서 송금하려고 한다. 총 송금수수료가 가장 저렴한 은행을 이용한다고 할 때, K씨가 지불해야 할 송금수수료는 총 얼마인가?(단, A은행과 E은행은 이용할 수 없다)

① 29,500원 ② 32,000원
③ 37,500원 ④ 39,500원

30 A ~ F은행은 다음 달부터 해외유학생들을 위한 외화송금수수료 할인 이벤트를 계획하고 있다. 은행별 할인내용이 다음과 같을 때, 창구를 이용하여 2,000달러를 송금할 경우 총 송금수수료가 가장 비싼 은행과 가장 저렴한 은행을 바르게 연결한 것은?

〈은행별 할인내용〉	
은행	할인내용
A은행	전신료 40% 할인
B은행	수수료 20% 할인
C은행	총 송금수수료 10% 할인
D은행	전신료 3,000원 할인
E은행	수수료 30% 할인
F은행	할인 없음

	가장 비싼 은행	가장 저렴한 은행
①	C은행	D은행
②	B은행	E은행
③	B은행	F은행
④	A은행	D은행

31 다음 중 데이터 마이닝과 가장 관련 있는 IT 기술은?

① 빅데이터

② 딥러닝

③ 머신러닝

④ 인공지능

32 다음 중 마이데이터(Mydata)의 특징으로 옳지 않은 것은?

① 금융정보를 제외한 정보가 대상이 된다.

② 특정 업체에 자신의 정보를 제공할 수 있다.

③ 개인의 정보 주권을 보장하는 것이 목적이다.

④ 여러 기관에 있는 자신의 정보를 한 번에 확인할 수 있다.

33 다음 글의 밑줄 친 빈칸에 들어갈 바이러스의 명칭은?

> _____는 여러 대의 공격자를 분산 배치하여 동시에 동작하게 함으로써 특정 사이트를 공격하는 해킹 방식의 하나이다. 서비스 공격을 위한 도구들을 여러 대의 컴퓨터에 심어놓고 공격 목표인 사이트의 컴퓨터시스템이 처리할 수 없을 정도로 엄청난 분량의 패킷을 동시에 범람시킴으로써 네트워크의 성능을 저하시키거나 시스템을 마비시키는 방식이다. 해커가 사람들이 많이 찾는 웹사이트에 악성코드를 숨겨놓으면 일반 사용자의 컴퓨터가 이 사이트에 접속하는 순간 악성코드가 컴퓨터에 자동으로 전달된다. 악성코드에 감염된 컴퓨터는 주인의 의사와는 상관없이 공격자들의 명령에 따라 좀비처럼 움직인다고 해서 '좀비 PC'라고 불리기도 한다.

① DDos

② 랜섬웨어

③ 트로이목마

④ 매크로 바이러스

34 다음 중 경쟁사보다 자사의 제품력이 우수함을 증명하기 위해 현재 가동 중인 경쟁사의 제품을 자사의 제품으로 대체하는 행위를 일컫는 용어는?

① 롤 백(Roll Back)

② 윈 백(Win Back)

③ 줌 백(Zoom Back)

④ 바이백(Buy-Back)

Hard

35 다음 중 클라우드 컴퓨팅의 특징으로 적절하지 않은 것은?

① 자신의 컴퓨터가 아닌 인터넷으로 연결된 다른 컴퓨터로 정보를 처리하는 기술이다.

② 인터넷상의 서버를 통하여 IT 관련 서비스를 한 번에 사용할 수 있는 컴퓨팅 환경을 의미한다.

③ 모든 컴퓨팅 기기를 네트워크로 연결하여 컴퓨터의 계산능력을 극대화한 분산 컴퓨팅을 의미한다.

④ 이용자가 정보를 인터넷상의 서버에 저장하면 여러 IT 기기를 통해 언제 어디서든 해당 정보를 이용할 수 있다.

36 다음 중 트랙백(Track Back)에 대한 설명으로 옳지 않은 것을 모두 고르면?

> ㉠ 다른 사람의 글에 대한 반응을 간략하게 표현하는 것을 말한다.
> ㉡ 반응하고 싶은 다른 사람의 글을 캡쳐한 후 자신의 사이트에 게시함으로써 트랙백을 이용할 수 있다.
> ㉢ 트랙백을 이용한 글은 다른 사람의 글이기 때문에 수정이 불가능하다는 한계가 있다.
> ㉣ 트랙백 핑(Track Back Ping)이란, 이전에 트랙백으로 작성되었던 글이 삭제되었음을 원작자에게 알려주는 신호이다.

① ㉠, ㉢

② ㉠, ㉢, ㉣

③ ㉡, ㉢, ㉣

④ ㉠, ㉡, ㉢, ㉣

37 다음 중 블록체인에 기록된 데이터 전체에 대해 암호화 기술을 적용하여 해시값을 생성한 후, 이를 나무 형태로 묘사한 것은?

① B 트리(B-Tree)
② AVL 트리(AVL Tree)
③ 이진 트리(Binary Tree)
④ 머클 트리(Merkle Tree)

38 다음 중 최초 한 번만 시스템 사용자임을 인식시키면 이후에는 시스템이 자동적으로 사용자 인증을 진행하여 별도의 사용자 인증이 필요하지 않게 하는 기능은?

① SSH(Secure Shell)
② SSO(Single Sign On)
③ OTP(One Time Password)
④ USN(Ubiquitous Sensor Network)

39 다음 중 시스템에서의 보안 취약점에 관한 문제가 알려지기도 전에 이를 통해 이루어지는 공격을 지칭하는 용어는?

① 스니핑(Sniffing)
② 사전 공격(Dictionary Attack)
③ 키 로거 공격(Key Logger Attack)
④ 제로 데이 공격(Zero Day Attack)

40 자료 검색 시 흔히 사용하는 단어를 입력할 경우, 너무 많은 자료가 표시되어진 나머지 실제로 찾고자 하는 정보를 찾기 어려워지는데, 이에 해당하는 단어를 일컫는 용어는?

① 키 워드(Key Word)
② 하프 워드(Haff Word)
③ 버즈 워드(Buzz Word)
④ 직렬 워드(Serial Word)

01 다음 협동조합 중 사업 이용 규모에 비례해 의결권(투표권)을 부여하는 형태의 조합은?

① 소비자협동조합   ② 사회적협동조합

③ 노동자협동조합   ④ 신세대협동조합

`Easy`

02 다음 중 물가상승이 통제를 벗어나 수백 배의 인플레이션을 기록하는 상황을 가리키는 명칭은?

① 디스인플레이션   ② 하이퍼 인플레이션

③ 보틀넥 인플레이션   ④ 디맨드풀 인플레이션

03 다음 중 빅맥지수와 아이폰지수에 대한 설명으로 옳지 않은 것은?

① 빅맥지수는 각국의 빅맥 가격을 달러로 환산한 가격을 의미한다.

② 빅맥지수는 서비스 제공에 따른 추가비용은 고려하지 않는다.

③ 아이폰지수는 미국의 골드만삭스에서 최초로 발표하였다.

④ 아이폰지수는 각국의 근로자 평균임금으로 아이폰 16 Pro 한 대를 사기 위해 필요한 노동시간을 의미한다.

04 다음 중 퇴직연금 유형(DB형, DC형, IRP형)에 대한 설명으로 옳지 않은 것은?

① IRP형은 소득이 있는 근로자는 모두 가입할 수 있다.

② DC형은 운용방식에 따라 퇴직금 규모가 달라질 수 있다.

③ DB형, DC형 가입자의 경우, IRP형에 추가납입이 불가하다.

④ DB형은 회사가 적립금 운용방식을 결정하므로 퇴직 후 받는 금액이 사전에 확정된다.

05 다음 중 시세차익을 목적으로 주택의 매매 가격과 전세금 간의 차액이 적은 집을 전세를 끼고 매입하는 투자방식은?

① 갭 투자
② SOC 투자
③ 엔젤 투자
④ M&A형 투자

06 다음 중 이자보상비율 산식으로 옳은 것은?

① (매출액) ÷ (이자비용)
② (영업이익) ÷ (이자비용)
③ (당기순이익) ÷ (이자비용)
④ (이자비용) ÷ (당기순이익)

Hard

07 다음 중 총수요곡선을 우측으로 이동시키는 요인으로 옳은 것을 모두 고르면?

> ㉠ 주택담보대출의 이자율 인하
> ㉡ 종합소득세율 인상
> ㉢ 기업에 대한 투자세액공제 확대
> ㉣ 물가수준 하락으로 가계의 실질자산가치 증대
> ㉤ 해외경기 호조로 순수출 증대

① ㉠, ㉡, ㉣
② ㉠, ㉢, ㉤
③ ㉡, ㉢, ㉣
④ ㉡, ㉣, ㉤

08 도담이는 만기가 도래한 적금 3,000만 원을 기대수익률이 10%인 주식에 투자해야 할지 이자율이 5%인 예금에 저축해야 할지 고민 중이다. 결국 도담이가 주식에 투자하기로 결정한 경우, 이 선택에 대한 연간 기회비용은 얼마인가?

① 0원

② 150만 원

③ 300만 원

④ 3,000만 원

09 다음 중 IS – LM곡선에 대한 설명으로 옳지 않은 것은?

① IS곡선은 우하향, LM곡선은 우상향하는 형태를 나타낸다.

② LM곡선은 투기적 수요를 제외한 화폐의 거래수요를 고려한다.

③ 거시경제에서 이자율과 소득 간의 관계를 나타내는 곡선이다.

④ IS곡선은 생산물 시장의 균형을 달성하는 소득과 이자율의 조합을 의미한다.

`Easy`

10 다음 중 사적 경제활동이 사회적 최적 수준보다 과다하게 이루어질 가능성이 높은 경우를 모두 고르면?

> ㉠ 과수원에 인접한 양봉업자의 벌꿀 생산량
> ㉡ 흡연으로 인한 질병과 길거리 청결 유지를 위해 드는 비용
> ㉢ 도심 교통체증과 공장 매연으로 인한 대기오염의 양
> ㉣ 폐수를 방류하는 강 상류 지역 제철공장의 철강 생산량
> ㉤ 인근 주민들도 이용 가능한 사업단지 내의 편의시설 규모

① ㉠, ㉤

② ㉡, ㉢

③ ㉠, ㉡, ㉣

④ ㉡, ㉢, ㉣

11 다음 중 기초자산인 주식, 환율 등의 가격에 연동되어 특정 조건이 충족될 경우 약정된 수익을 얻는 상품은?

① ELD
② DLS
③ MMF
④ ELS

12 다음 글의 빈칸에 들어갈 제도로 옳은 것은?

_____는 유권자들이 지역구 선거에 1표, 전국구 선거에 1표를 행사하되, 정당이 전국구 선거 득표율보다 많은 의석을 지역구에서 확보할 경우 1석도 얻지 못하고, 반대로 지역구에서 확보한 의석 비율이 전국구 선거 득표율보다 낮을 경우 비례대표로 보전받는 투표제도이다.

① 다수대표제
② 소선거구제
③ 연동형 비례대표제
④ 정당명부식 비례대표제

13 다음 중 트리플약세(Triple Weak)에 대한 설명으로 옳은 것은?

① 소재가치가 낮은 악화와 소재가치가 높은 양화가 동일한 화폐가치를 가지고 함께 유통될 경우, 악화만이 그 명목가치로 유통되고 양화는 유통되지 않는 현상이다.
② 물가상승률과 실업률을 합한 다음 소득증가율을 뺀 수치로, 높을수록 경제고통이 크다는 것을 의미한다.
③ 경제에서 상승국면의 경기가 부진하지만 일시적인 것이라고 판단하는 경기의 회복 국면을 의미한다.
④ 주식 및 채권 시장에서 빠져 나온 자금이 해외로 유출되어 주가·원화가치·채권가격이 동시에 하락하는 약세 금융현상이다.

14 다음 중 X염색체에 위치한 유전자의 돌연변이로 인해 혈액 내 응고인자가 부족하게 되어 발생하는 출혈성 질환으로, 혈액이 응고되지 않는 증상이 나타나는 질환은?

① 백색증

② 괴혈병

③ 혈우병

④ 백혈병

15 다음 중 용어에 대한 설명으로 옳지 않은 것은?

① 반크(VANK) : 인터넷으로 한국을 알리는 사이버외교사절단

② 스핀닥터(Spin Doctor) : 여론을 정책에 반영하거나 정책을 국민들에게 납득시키는 정치전문가

③ 모두스비벤디(Modus Vivendi) : 국제법상 분쟁을 해결하기 위해 당사자 간 잠정적으로 체결하는 협정

④ 비준 : 양국의 외교교섭 결과 서로 양해된 내용을 확인·기록하기 위해 정식 계약 체결에 앞서 행하는 문서로 된 합의

`Hard`

16 다음 중 프로젝트 파이낸싱(Project Financing)에 대한 설명으로 적절하지 않은 것은?

① 프로젝트 파이낸싱이란 특정한 프로젝트로부터 미래에 발생하는 현금흐름(Cash Flow)을 담보로 하여 당해 프로젝트를 수행하는 데 필요한 자금을 조달하는 금융기법을 총칭하는 개념으로 금융 비용이 낮다는 특징이 있다.

② 프로젝트 파이낸싱은 사업주 자신과는 법적, 경제적으로 독립된 프로젝트 회사가 자금을 공여받아 프로젝트를 수행하게 되므로 사업주의 재무상태표에 관련 대출금이 계상되지 않아 사업주의 재무제표에 영향을 주지 않는 부외금융의 성격을 가진다.

③ 프로젝트 파이낸싱의 대상이 되는 사업 대부분의 경우, 사업 규모가 방대하여 거대한 소요자금이 요구될 뿐만 아니라 계획사업에 내재하는 위험이 매우 크다.

④ 프로젝트 파이낸싱의 담보는 프로젝트의 미래 현금수지의 총화이기 때문에 프로젝트의 영업이 부진한 경우에도 프로젝트 자체 자산의 처분 외에는 다른 회수 수단이 없다.

17 다음 중 채권수익률이 하락하는 조건으로 옳은 것은?

① 시중금리 상승
② 채권 가격 하락
③ 채권 수요 증가
④ 채권 발행 기업의 신용도 하락

18 다음 중 이표채가 아닌 것은?

① 국채
② 미국 재무부 장기국채(Treasury-Bond)
③ 미국 재무부 단기국채(Treasury-Bill)
④ 미국 재무부 중기국채(Treasury-Note)

19 다음 중 주식 및 채권에 대한 설명으로 옳지 않은 것은?

① 발행이율은 액면에 대한 1개월당 이자의 월이율을 의미한다.
② 액면은 채권마다 권면에 표시되어 있는 금액을 지칭하며, 권면 금액이라고도 한다.
③ 불마켓(Bull Market)은 경기가 상승하면서 주가가 장기적으로 오르는 시기를 말한다.
④ 보합은 주가가 아주 조금 상승했거나 하락했을 때 사용하는 용어로 상승한 채로 보합인 상태는 강보합, 하락한 채로 보합인 상태는 약보합이라고 한다.

20 다음 글의 밑줄 친 이 나라에 해당하는 국가는?

제2차 세계대전은 인류 역사에 가장 큰 인명과 재산 피해를 낳은 전쟁으로, 1939년 독일이 폴란드를 침공하자 이에 대한 영국과 프랑스의 대독 선전포고로 발발하였다. 전쟁 기간 동안 독일이 <u>이 나라</u>를 공격하고, 일본이 진주만을 공격하면서 태평양 전쟁 등의 과정을 거쳐 세계적 규모로 확전되었다. <u>이 나라</u>는 연합군 진영으로 추축국 진영과 싸워 승리하였고, 이후 <u>이 나라</u>의 군대가 주둔한 동유럽 등에 공산주의 정권이 들어섰다.

① 중국
③ 미국
② 소련
④ 이탈리아

PART 5

TOPCIT 테스트

구분	출제범위
기술영역	• 데이터 이해와 활용
비즈니스영역	• IT비즈니스와 윤리 • 프로젝트관리와 테크니컬 커뮤니케이션

※ TOPCIT 테스트는 2024년 하반기 채용공고문을 참고하여 구성하였습니다.

01 다음 중 데이터 정의어(DDL; Data Definition Language)의 주요 명령어가 아닌 것은?

① ALTER
② CREATE
③ DELETE
④ RENAME

02 다음 중 데이터베이스 뷰(View)의 특징으로 옳지 않은 것은?

① 계산된 정보나 파생된 정보를 보여줄 수 있다.
② 사용자가 관심을 가지는 데이터에만 초점을 맞출 수 있다.
③ 두 개 이상의 테이블에서 원하는 데이터만을 모아 가상으로 만든 테이블이다.
④ 자주 사용되는 질의를 정의해 둠으로써 반복되는 데이터 조작을 효율적으로 수행한다.

Hard

03 다음 중 XML문서 작성 절차를 순서대로 바르게 나열한 것은?

㉠ 문서분석	㉡ 문서유형 선택
㉢ Style Sheet 작성	㉣ XML문서 작성
㉤ DTD 작성	

① ㉠-㉡-㉣-㉤-㉢
② ㉠-㉡-㉤-㉢-㉣
③ ㉡-㉠-㉢-㉤-㉣
④ ㉡-㉠-㉤-㉣-㉢

04 다음 중 인덱스(Index)의 기능으로 옳지 않은 것은?

① 검색 연산을 빠르게 수행하기 위해 사용된다.

② 레코드 수가 증가하면 검색 속도도 영향을 받는다.

③ 인덱스는 인덱스를 생성한 컬럼 값으로 정렬되어 있다.

④ 인덱스의 목표는 데이터의 탐색 속도를 향상시키는 것이다.

05 다음 중 데이터베이스의 특징으로 옳지 않은 것은?

① 같은 내용의 데이터를 여러 사람이 동시에 공용할 수 있다.

② 데이터베이스는 데이터의 삽입, 삭제, 갱신으로 내용이 계속 변한다.

③ 데이터의 참조는 저장되어 있는 데이터 레코드들의 주소에 의해서 이루어진다.

④ 수시적이고 비정형적인 질의(조회)에 대해 실시간 처리에 의한 응답이 가능하다.

Easy

06 다음 중 정규화의 목적에 대한 설명으로 옳은 것을 모두 고르면?

> ㉠ 데이터 구조의 안정성 유지
> ㉡ 데이터 구조의 무결성 유지
> ㉢ 데이터 중복을 배제하여 삽입, 삭제, 갱신 이상 발생 방지
> ㉣ 자료 저장 공간 최대화
> ㉤ 데이터 삽입 시 릴레이션을 재구성할 필요성 최소화

① ㉡, ㉣

② ㉠, ㉢, ㉣

③ ㉡, ㉢, ㉤

④ ㉠, ㉡, ㉢, ㉤

07 다음 중 데이터 모델에 표시할 요소로 옳지 않은 것은?

① 물리적 저장 구조

② 구성 요소의 연산

③ 구성 요소의 제약조건

④ 논리적으로 표현된 데이터 구조

08 다음 중 DBMS(DataBase Management System)를 사용했을 때의 장점으로 옳지 않은 것은?

① 표준화의 범기관적 시행

② 단순한 예비와 회복 기법

③ 데이터의 보안 보장 용이

④ 데이터 무결성 및 일관성 유지

09 다음 글이 설명하는 키의 종류는?

> • 후보키 중에서 특별히 선정된 키이다.
> • 한 릴레이션에서 특정 튜플을 유일하게 구별할 수 있는 속성이다.
> • 후보키의 성질을 갖는다.
> • 중복된 값이나 NULL값을 가질 수 없다.

① 기본키   ② 일차키

③ 외래키   ④ 대체키

10 E-R 모델은 데이터의 구성과 연관성을 나타내는 데이터 모델링 방식이며 가장 먼저 제시된 모델로서 데이터 모델링의 이론적인 개념을 이해하는 데 좋은 모형이다. 다음 E-R 모델의 구성 요소 중 현실 세계에 존재하는 의미 있는 하나의 정보 단위는?

① 객체

② 관계

③ 속성

④ 엔티티

11 다음 중 개체-관계(E-R) 모델에 대한 설명으로 옳지 않은 것은?

① 개체와 개체 간의 관계를 도식화한다.

② 데이터를 엔티티, 속성, 관계로 묘사한다.

③ 현실 세계의 자료가 데이터베이스로 표현될 수 있는 물리적 구조를 기술하는 것이다.

④ E-R 다이어그램의 다이아몬드 형태는 관계 타입을 표현하며, 연관된 개체 타입들을 링크로 연결한다.

`Easy`

12 다음 글이 설명하는 용어는?

> 일반적으로 기존 데이터베이스 관리도구의 데이터 수집, 저장, 분석하는 역량을 넘어서는 데이터 또는 다양한 종류의 대규모 데이터로부터 저렴한 비용으로 가치를 추출하고, 데이터의 빠른 수집, 발굴, 분석을 지원하도록 고안된 차세대 기술 및 아키텍쳐

① 머신러닝

② 빅데이터

③ 메타데이터

④ 데이터베이스

13 다음 중 DML 기본연산 명령어가 아닌 것은?

① SELECT

② INSERT

③ UPDATE

④ COMMIT

14 다음 중 인덱스 키의 순서에 따라 데이터가 정렬되어 저장되는 방식으로, 실제 데이터가 순서대로 저장되어 있어 인덱스를 검색하지 않아도 원하는 데이터를 빠르게 찾을 수 있는 인덱스 방식은?

① 도메인 인덱스

② 트리 기반 인덱스

③ 함수 기반 인덱스

④ 클러스터드 인덱스

15 다음 글이 설명하는 데이터의 종류는?

고정된 필드에 저장되어 있지 않은 데이터로, 문서 데이터, 그림, 오디오, 비디오 등이 포함된다.

① 정적데이터

② 정형데이터

③ 반정형데이터

④ 비정형데이터

Hard

16 다음 글이 설명하는 데이터 모델링의 종류는?

추상화 수준이 높고 업무 중심적이며, 포괄적인 수준의 모델링 진행이나 전사적 데이터 모델링, 전사아키텍쳐 수립 시 많이 이용된다.

① 개념적 데이터 모델링

② 논리적 데이터 모델링

③ 물리적 데이터 모델링

④ 추상적 데이터 모델링

17 다음 중 성능 개선 목표에 해당하지 않는 것은?

① 처리능력   ② 처리시간
③ 사용가능도   ④ 응답시간

18 다음 중 NoSQL의 특징이 아닌 것은?

① 낮은 가용성 제공   ② 대용량 데이터 처리
③ 유연한 스키마 사용   ④ 필요한 만큼의 무결성

19 데이터베이스에서는 데이터 처리 연산 수행 시 각종 이상 현상이 발생할 수 있다. 발생 가능한 이상 현상 중 다음 설명이 가리키는 현상은?

> 어떤 정보를 수정하고자 할 때, 동일한 내용을 여러 건의 데이터에서 반복 수정해야 하는 현상

① 삽입 이상   ② 삭제 이상
③ 갱신 이상   ④ 복제 이상

20 주식별자의 특징 중 다음 설명에 해당하는 특징은?

> 주식별자가 한 번 특정 엔티티(Entity)에 지정되면 그 식별자의 값은 변하지 않아야 함

① 유일성   ② 최소성
③ 불변성   ④ 존재성

01 다음 중 재무적 성과평가 기법 중 순현재가치를 뜻하는 것으로, 화폐의 할인율을 고려하여 현재의 화폐가치로 나타낸 비용과 효과 사이의 관계를 표현하는 것은?

① NPV   ② IRR

③ PP   ④ ROI

02 다음 중 기업의 전략을 수행하기 위한 조직의 형태를 분석하고, 조직 간 역할 분담과 협업체계를 분석하는 7S 분석법의 핵심 역량요소는?

① System   ② Structure

③ Staff   ④ Strategy

03 다음 중 IT 비즈니스 아웃소싱 서비스에 대한 설명으로 옳지 않은 것은?

① 계약 시 범위와 R&R, 비용 산정 등이 불명확하다.
② 업체 의존도가 심화되고, 상호 분쟁이 발생할 수 있다.
③ 중요한 업무영역은 내부에서 수행하고, 취약한 영역은 외부에 위탁한다.
④ 기업정보에 대한 보안 문제가 발생할 수 있으나, 노하우 축적이 용이하다.

04 다음 중 IT 비즈니스 도입 프로세스 중 테일러링 프로세스에 대한 설명으로 옳은 것은?

① 발주자의 활동 및 작업으로 시스템 또는 소프트웨어나 서비스를 도입하기 위한 일련의 과정이다.
② 획득, 공급, 개발, 운영, 유지보수 5개의 세부 프로세스로 구성되어 있으며, 프로세스에 참여하는 이해관계자를 지원한다.
③ 생명주기 프로세스에서 적용하지 않는 활동 및 작업을 제거하는 프로세스로 최적의 소프트웨어 도입 환경을 구성할 수 있다.
④ 문서화, 품질보증 등 8개의 세부 프로세스로 구성되어 있으며, 다른 프로세스를 지원하는 역할을 수행하고 소프트웨어 산출물의 품질에 관여한다.

05 다음 중 저작권이 인정되는 저작물이 아닌 것은?

① 창작성이 없는 편집물
② 건축물을 건축하기 위한 모형
③ 연술 등과 같은 구술적인 저작물
④ 원저작물을 변형하여 만든 창작물

Easy
06 다음 중 프로젝트의 특징으로 옳지 않은 것은?

① 프로젝트는 범위, 원가 및 시간의 제약을 받는다.
② 프로젝트는 영구적인 노력이 필요한 영구적 활동이다.
③ 프로젝트는 고객에게 고유한 제품과 서비스를 제공한다.
④ 프로젝트는 개괄적 범위 정의에서부터 점차 구체화된 서비스를 만든다.

PART 5

07 다음 중 IT 비즈니스 도입 방식 가운데 패키지 도입의 특징으로 옳지 않은 것은?

① 사내의 주요 정보가 외부로 노출될 위험이 있다.
② 패키지 전문가를 활용하므로 기술적 종속관계가 형성된다.
③ 기업 내부의 상세 요구사항을 적극적으로 반영하려는 목적을 가지고 있다.
④ 표준화된 프로세스의 도입으로 자연스러운 업무 프로세스 혁신이 가능하다.

08 비즈니스 환경에서 가장 많이 쓰이는 문서는 1페이지 보고서이다. 다음 중 1페이지 보고서의 작성 방법으로 옳은 것을 모두 고르면?

> ㉠ 핵심 의견과 부연설명을 함께 기술하고, 근거자료는 별도로 첨부한다.
> ㉡ 화려한 수식어구를 사용하되, 간결·명료하게 작성한다.
> ㉢ 결론을 명확히 한다.
> ㉣ 서술식 문장과 표를 적절히 활용한다.
> ㉤ 문서가 끝나면 '끝' 표시를 한다.

① ㉠, ㉡, ㉢
② ㉡, ㉢, ㉣
③ ㉡, ㉣, ㉤
④ ㉢, ㉣, ㉤

09 다음 중 E – Commerce와 M – Commerce에 대한 설명으로 옳지 않은 것은?

① M – Commerce는 이동성 네트워크를 사용한다.

② E – Commerce는 통신 품질이 상대적으로 안정적이다.

③ M – Commerce의 단말기는 메모리가 많으며, 고속 처리가 가능하다.

④ E – Commerce는 고속 회선을 사용하며, 애플리케이션이 풍부하다.

10 다음 중 스마트 비즈니스 인프라 가운데 융합 인프라와 관련된 기술에 대한 설명으로 옳지 않은 것은?

① 클라우드 컴퓨팅 : 네트워크, 서버 등 IT 자원을 소유하여 필요할 때 인터넷을 통해 이용하는 컴퓨팅 방식이다.

② 사물인터넷 : 사물과 사물, 사람, 공간 등이 인터넷으로 연결되어 정보가 생성되고, 이를 활용하여 서비스를 제공한다.

③ 블록체인 서비스 : P2P 방식으로 데이터를 블록으로 정의하여 분산 네트워크상에서 체인을 구성하는 분산 원장 네트워크 기술이다.

④ 사물지능통신 : 기계 간의 통신으로 기계와 연동되는 네트워크 등을 결합하여 사물의 상태를 모니터링하고 상황을 제어하며 정보를 제공한다.

11 다음은 위험관리 프로세스의 부정적인 위험 대응 방법에 대한 설명이다. 빈칸에 들어갈 내용으로 옳은 것은?

〈부정적인 위험 대응 방법〉

• 회피 : 위험을 제거하기 위해 프로젝트 관리 계획서를 변경한다.

• 전가 : 위험으로 인한 영향력 및 대응의 주체를 제3자에게 이동시킨다.

• 완화 : 수용 가능한 한계선까지 위험의 발생 가능성과 영향의 수준을 낮춘다.

• 수용 : _____

---

① 적절한 대응 전략을 수립할 수 없는 경우 사용한다.

② 주요 원인을 식별하여 효과를 극대화하기 위한 조치를 수행한다.

③ 위험 분담 협력사, 특수 목적 조직 등과 같이 협력 관계를 구축한다.

④ 프로젝트 수행 기간 동안 기회가 확실하게 나타나도록 불확실성을 제거한다.

12 다음 중 BAM(Business Activity Monitoring)에 대한 설명으로 옳지 않은 것은?

① BI 기법을 사용하여 주요 업무 프로세스의 지표를 분석한다.

② Data Warehouse를 통해 업무 프로세스의 위험요소를 발견한다.

③ IT 비즈니스 룰을 개발·관리하며, 프로세스 라이프사이클을 관리한다.

④ IT 비즈니스 프로세스를 최적화하기 위해 프로세스를 실시간으로 모니터링한다.

13 기업에서 비즈니스 경쟁 우위를 확보하기 위해 구축하는 비즈니스 플랫폼은 제품 플랫폼, 고객 플랫폼, 거래 플랫폼으로 분류된다. 다음 중 이에 대한 설명으로 옳지 않은 것은?

① 고객 플랫폼 : 세력 확장을 통한 산업 주도를 목적으로 활용된다.

② 거래 플랫폼 : 외부 공급자와 거래 관계를 맺는 인프라로 기업 외부를 범위로 둔다.

③ 제품 플랫폼 : 모델 개발 및 생산 비용 등의 비용 절감을 목적으로 활용된다.

④ 제품 플랫폼 : 최종 제품을 생산하는 데 활용되는 공통부분으로 기업 내부를 범위로 둔다.

14 다음 글이 설명하는 IT 비즈니스 프로세스 개선 기법은?

> 회사의 업무 프로세스, 조직, IT 등 기업 활동의 전 부분에 걸쳐 불필요한 요소들을 제거하고, 효과적인 업무 프로세스를 재구축함으로써 기업 가치를 극대화하는 경영 환경 개선 활동으로 BRP 기법에서 정보기술 통합 구축을 더 강조하였다.

① PI(Process Innovation) ② 6시그마(6 - Sigma)

③ 트리즈(TRIZ) ④ 서브퀼(SERVQUAL)

Hard

15 다음 글의 빈칸에 들어갈 용어의 특징으로 옳지 않은 것은?

> _____은/는 기업 내·외부 데이터를 통합하여 주제별로 사용자의 정보 분석 요구사항을 신속하게 충족시키는 시스템으로, 기업의 정보자원을 유기적으로 통합하고 관리체계를 정비하며 데이터의 중복 방지를 위한 시스템을 재설계하는 데 필요하다.

① 기업의 내·외부 데이터를 추출하여 표준화하고 통합한다.

② 의사결정 과정에서 의사결정권자에게 상호대화식으로 정보를 지원한다.

③ 저장된 데이터는 읽기 전용으로 특별한 규칙이 없는 한 삭제되지 않는다.

④ 분석하고자 하는 데이터를 일상적인 트랜잭션을 처리하는 주제 중심으로 시스템을 구조화한다.

16 다음 중 MBO(Management By Objective)에 대한 설명으로 옳지 않은 것은?

① 구성원이 설정한 목표는 기업의 목표와 일치한다.

② 목표 설정 과정부터 상급자와 하급자의 참여를 유도한다.

③ 매년 지속적으로 개선되는 방향으로 목표를 설정해야 한다.

④ 기업 구성원 스스로 정량적 측정이 가능한 목표를 설정한다.

17 다음 빈칸에 들어갈 용어와 특징으로 옳은 것은?

- ____㉠____ : 말을 사용하여 비교적 자유로운 형식으로 커뮤니케이션 수행
- ____㉡____ : 문자를 사용하여 일정한 형식을 갖춰 커뮤니케이션 수행
- ____㉢____ : 표정, 목소리, 몸짓을 활용하여 커뮤니케이션 수행

① ㉠은 문서로, 실시간으로 피드백이 가능한 커뮤니케이션 수행이 가능하다.

② ㉡은 언어로, 시차를 두고 피드백이 가능한 특정 시점에서 단방향 의사전달만 가능하다.

③ ㉢은 비언어로, 정해진 형식보다는 상황에 맞는 유연한 활용이 가능하다.

④ ㉢은 비언어로, 감성보다는 이성적인 판단으로 하는 커뮤니케이션 방법이다.

18 다음은 공문서 작성 시 결재와 관련된 대화이다. 빈칸에 들어갈 용어를 바르게 짝지은 것은?

A사원 : 결재에 대해 잘 이해가 안 됩니다.

B대리 : ____㉠____ 은/는 조직의 장이 하는 일반적인 결재이고, ____㉡____ 은/는 조직의 장이 결재 권한을 규정에 따라 하위 조직의 리더에게 위임한 것입니다.

A사원 : 아! 그럼 ____㉢____ 은/는 결재권자가 장기간 부재 시 하위 구성원에게 일시적으로 권한을 위임하여 결재를 진행하는 경우이군요.

	㉠	㉡	㉢
①	전결	정규결재	대결
②	정규결재	전결	대결
③	정규결재	대결	전결
④	대결	전결	정규결재

19 다음 중 프레젠테이션 과정에 따라 ㉠ ∼ ㉤을 순서대로 바르게 나열한 것은?

목표 / 주제 설정

↓

㉠ 3P 분석 ㉡ 전달 매체로 작성 ㉢ 리허설 ㉣ 내용 구성 / 설계 ㉤ 자료 수집 / 분석

↓

발표 및 질의응답

① ㉠ - ㉣ - ㉤ - ㉡ - ㉢
② ㉠ - ㉤ - ㉣ - ㉡ - ㉢
③ ㉣ - ㉠ - ㉤ - ㉡ - ㉢
④ ㉣ - ㉤ - ㉠ - ㉢ - ㉡

20 다음 중 스마트 인프라에 대한 설명으로 옳은 것을 모두 고르면?

㉠ 스마트 시티 : 도시에 ICT, 빅데이터 등의 기술을 접목하여 여러 도시 문제를 해결할 수 있다.
㉡ 스마트 그리드 : 중앙 집중형 발전 시스템으로 전력 수급에 따라 전력 가격을 설정할 수 있다.
㉢ 스마트 교실 : 전자 칠판, 무선인터넷 기기 등을 이용한 새로운 교육방식을 연구하는 것으로 교사 없이 수업을 진행한다.
㉣ 스마트 워터 그리드 : 물과 상·하수도 관리를 위해 물의 처리 등에 관련한 분야에 ICT 기술을 도입하여 정보화와 지능화를 구현하기 위한 기술이다.
㉤ 스마트 교통 : 차량과 차량·주변 기지국·교통관제 서버 등의 정보교환을 통해 교통안전과 효율 향상 등을 제공하는 교통 서비스이다.

① ㉠, ㉡
② ㉡, ㉢
③ ㉠, ㉣, ㉤
④ ㉢, ㉣, ㉤

남에게 이기는 방법의 하나는 예의범절로 이기는 것이다.

- 조쉬 빌링스 -

PART 6

면접

CHAPTER 01

면접 유형 및 실전 대책

01 면접 주요사항

면접의 사전적 정의는 면접관이 지원자를 직접 만나보고 인품(人品)이나 언행(言行) 따위를 시험하는 일로, 흔히 필기시험 후에 최종적으로 심사하는 방법이다.

최근 주요 기업의 인사담당자들을 대상으로 채용 시 면접이 차지하는 비중을 설문조사했을 때, 50 ~ 80% 이상이라고 답한 사람이 전체 응답자의 80%를 넘었다. 이와 대조적으로 지원자들을 대상으로 취업 시험에서 면접을 준비하는 기간을 물었을 때, 대부분의 응답자가 2 ~ 3일 정도라고 대답했다.

지원자가 일정 수준의 스펙을 갖추기 위해 자격증 시험과 토익을 치르고 이력서와 자기소개서까지 쓰다 보면 면접까지 챙길 여유가 없는 것이 사실이다. 그리고 서류전형과 인적성검사를 통과해야만 면접을 볼 수 있기 때문에 자연스럽게 면접은 취업시험 과정에서 그 비중이 작아질 수밖에 없다. 하지만 아이러니하게도 실제 채용 과정에서 면접이 차지하는 비중은 절대적이라고 해도 과언이 아니다.

기업들은 채용 과정에서 토론 면접, 인성 면접, 프레젠테이션 면접, 역량 면접 등의 다양한 면접을 실시한다. 1차 커트라인이라고 할 수 있는 서류전형을 통과한 지원자들의 스펙이나 능력은 서로 엇비슷하다고 판단되기 때문에 서류상 보이는 자격증이나 토익 성적보다는 지원자의 인성을 파악하기 위해 면접을 더욱 강화하는 것이다. 일부 기업은 의도적으로 압박 면접을 실시하기도 한다. 지원자가 당황할 수 있는 질문을 던져서 그것에 대한 지원자의 반응을 살펴보는 것이다.

면접은 다르게 생각한다면 '나는 누구인가'에 대한 물음에 해답을 줄 수 있는 가장 현실적이고 미래적인 경험이 될 수 있다. 취업난 속에서 자격증을 취득하고 토익 성적을 올리기 위해 앞만 보고 달려온 지원자들은 자신에 대해서 고민하고 탐구할 수 있는 시간을 평소 쉽게 가질 수 없었을 것이다. 자신을 잘 알고 있어야 자신에 대해서 자신감 있게 말할 수 있다. 대체로 사람들은 자신에게 관대한 편이기 때문에 자신에 대해서 어떤 기대와 환상을 가지고 있는 경우가 많다. 하지만 면접은 제삼자에 의해 개인의 능력을 객관적으로 평가받는 시험이다. 어떤 지원자들은 다른 사람에게 자신을 표현하는 것을 어려워한다. 평소에 잘 사용하지 않는 용어를 내뱉으면서 거창하게 자신을 포장하는 지원자도 많다. 면접에서 가장 기본은 자기 자신을 면접관에게 알기 쉽게 표현하는 것이다.

이러한 표현을 바탕으로 자신이 앞으로 하고자 하는 것과 그에 대한 이유를 설명해야 한다. 최근에는 자신감을 향상시키거나 말하는 능력을 높이는 학원도 많기 때문에 얼마든지 자신의 단점을 극복할 수 있다.

1. 자기소개의 기술

자기소개를 시키는 이유는 면접자가 지원자의 자기소개서를 압축해서 듣고, 지원자의 첫인상을 평가할 시간을 가질 수 있기 때문이다. 면접을 위한 워밍업이라고 할 수 있으며, 첫인상을 결정하는 과정이므로 매우 중요한 순간이다.

(1) 정해진 시간에 자기소개를 마쳐야 한다.

쉬워 보이지만 의외로 지원자들이 정해진 시간을 넘기거나 혹은 빨리 끝내서 면접관에게 지적을 받는 경우가 많다. 본인이 면접을 받는 마지막 지원자가 아닌 이상, 정해진 시간을 지키지 않는 것은 수많은 지원자를 상대하기에 바쁜 면접관과 대기 시간에 지친 다른 지원자들에게 불쾌감을 줄 수 있다.
또한 회사에서 시간관념은 절대적인 것이므로 반드시 자기소개 시간을 지켜야 한다. 말하기는 1분에 200자 원고지 2장 분량의 글을 읽는 만큼의 속도가 가장 적당하다. 이를 A4 용지에 10point 글자 크기로 작성하면 반 장 분량이 된다.

(2) 간단하지만 신선한 문구로 자기소개를 시작하자.

요즈음 많은 지원자가 이 방법을 사용하고 있기 때문에 웬만한 소재의 문구가 아니면 면접관의 관심을 받을 수 없다. 이러한 문구는 시대적으로 유행하는 광고 카피를 패러디하는 경우와 격언 등을 인용하는 경우, 그리고 지원한 회사의 CI나 경영이념, 인재상 등을 사용하는 경우 등이 있다. 지원자는 이러한 여러 문구 중에 자신의 첫인상을 북돋아 줄 수 있는 것을 선택해서 말해야 한다. 자신의 이름을 문구 속에 적절하게 넣어서 말한다면 좀 더 효과적인 자기소개가 될 것이다.

(3) 무엇을 먼저 말할 것인지 고민하자.

면접관이 많이 던지는 질문 중 하나가 지원동기이다. 그래서 성장기를 바로 건너뛰고, 지원한 회사에 들어오기 위해 대학에서 어떻게 준비했는지를 설명하는 자기소개가 대세이다.

(4) 면접관의 호기심을 자극해 관심을 불러일으킬 수 있게 말하라.

면접관에게 질문을 많이 받는 지원자의 합격률이 반드시 높은 것은 아니지만, 질문을 전혀 안 받는 것보다는 좋은 평가를 기대할 수 있다. 질문을 받기 위해 면접관의 호기심을 자극할 수 있는 가장 좋은 방법은 대학생활을 이야기하면서 자신의 장기를 잠깐 넣는 것이다. 물론 장기자랑에 자신감이 있어야 한다(최근에는 장기자랑을 개인별로 시키는 곳이 많아졌다).
지원한 분야와 관련된 수상 경력이나 프로젝트 등을 말하는 것도 좋다. 이는 지원자의 업무 능력과 직접 연결되는 것이므로 효과적인 자기 홍보가 될 수 있다. 일부 지원자들은 자신만의 특별한 경험을 이야기하는데, 이때는 그 경험이 보편적으로 사람들의 공감대를 얻을 수 있는 것인지 다시 생각해봐야 한다.

(5) 마지막 고개를 넘기가 가장 힘들다.

첫 단추도 중요하지만, 마지막 단추도 중요하다. 하지만 왠지 격식을 따지는 인사말은 지나가는 인사말 같고, 다르게 하자니 예의에 어긋나는 것 같은 기분이 든다. 이때는 처음에 했던 자신만의 문구를 다시 한 번 말하는 것도 좋은 방법이다. 자연스러운 끝맺음이 될 수 있도록 적절한 연습이 필요하다.

2. 1분 자기소개 시 주의사항

(1) 자기소개서와 자기소개가 똑같다면 감점일까?

아무리 자기소개서를 외워서 말한다 해도 자기소개가 자기소개서와 완전히 똑같을 수는 없다. 자기소개서의 분량이 더 많고 회사마다 요구하는 필수 항목들이 있기 때문에 굳이 고민할 필요는 없다. 오히려 자기소개서의 내용을 잘 정리한 자기소개가 더 좋은 결과를 만들 수 있다. 하지만 자기소개서와 상반된 내용을 말하는 것은 적절하지 않다. 지원자의 신뢰성이 떨어진다는 것은 곧 불합격을 의미하기 때문이다.

(2) 말하는 자세를 바르게 익혀라.

지원자가 자기소개를 하는 동안 면접관은 지원자의 동작 하나하나를 관찰한다. 그렇기 때문에 바른 자세가 중요하다는 것은 우리가 익히 알고 있다. 하지만 문제는 무의식적으로 나오는 습관 때문에 자세가 흐트러져 나쁜 인상을 줄 수 있다는 것이다. 이러한 습관을 고칠 수 있는 가장 좋은 방법은 캠코더 등으로 자신의 모습을 담는 것이다. 거울을 사용할 경우에는 시선이 자꾸 자기 눈과 마주치기 때문에 집중하기 힘들다. 하지만 촬영된 동영상은 제삼자의 입장에서 자신을 볼 수 있기 때문에 많은 도움이 된다.

(3) 정확한 발음과 억양으로 자신 있게 말하라.

지원자의 모양새가 아무리 뛰어나도, 목소리가 작고 발음이 부정확하면 큰 감점을 받는다. 이러한 모습은 지원자의 좋은 점에까지 악영향을 끼칠 수 있다. 직장을 흔히 사회생활의 시작이라고 말하는 시대적 정서에서 사람들과 의사소통을 하는 데 문제가 있다고 판단되는 지원자는 부적절한 인재로 평가될 수밖에 없다.

3. 대화법

전문가들이 말하는 대화법의 핵심은 '상대방을 배려하면서 이야기하라.'는 것이다. 대화는 나와 다른 사람의 소통이다. 내용에 대한 공감이나 이해가 없다면 대화는 더 진전되지 않는다.

베스트셀러 『카네기 인간관계론』의 작가인 철학자 카네기가 말하는 최상의 대화법은 자신의 경험을 토대로 이야기하는 것이다. 즉, 살아오면서 직접 겪은 경험이 상대방의 관심을 끌 수 있는 가장 좋은 이야깃거리인 것이다. 특히, 어떤 일을 이루기 위해 노력하는 과정에서 겪은 실패나 희망에 대해 진솔하게 얘기한다면 상대방은 어느새 당신의 편에 서서 그 이야기에 동조할 것이다.

독일의 사업가이자, 동기부여 트레이너인 위르겐 힐러의 연설법 중 가장 유명한 것은 '시즐(Sizzle)'을 잡는 것이다. 시즐이란, 새우튀김이나 돈가스가 기름에서 지글지글 튀겨질 때 나는 소리이다. 즉, 자신의 말을 듣고 시즐처럼 반응하는 상대방의 감정에 적절하게 대응하라는 것이다.

말을 시작한 지 10 ~ 15초 안에 상대의 '시즐'을 알아차려야 한다. 자신의 이야기에 대한 상대방의 첫 반응에 따라 말하기 전략도 달라져야 한다. 첫 이야기의 반응이 미지근하다면 가능한 한 그 이야기를 빨리 마무리하고 새로운 이야깃거리를 생각해내야 한다. 길지 않은 면접 시간 내에 몇 번 오지 않는 대답의 기회를 살리기 위해서 보다 전략적이고 냉철해야 하는 것이다.

4. 차림새

(1) 구두

면접에 어떤 옷을 입어야 할지를 며칠 동안 고민하면서 정작 구두는 면접 보는 날 현관을 나서면서 즉흥적으로 신고 가는 지원자들이 많다. 특히, 남자 지원자들이 이러한 실수를 많이 한다. 구두를 보면 그 사람의 됨됨이를 알 수 있다고 한다. 면접관 역시 이러한 것을 놓치지 않기 때문에 지원자는 자신의 구두에 더욱 신경을 써야 한다. 스타일의 마무리는 발끝에서 이루어지는 것이다. 아무리 멋진 옷을 입고 있어도 구두가 어울리지 않는다면 전체 스타일이 흐트러지기 때문이다.

정장용 구두는 디자인이 깔끔하고, 에나멜 가공처리를 하여 광택이 도는 페이턴트 가죽 소재 제품이 무난하다. 검정 계열 구두는 회색과 감색 정장에, 브라운 계열의 구두는 베이지나 갈색 정장에 어울린다. 참고로 구두는 오전에 사는 것보다 발이 충분히 부은 상태인 저녁에 사는 것이 좋다. 마지막으로 당연한 일이지만 반드시 면접을 보는 전날 구두 뒤축이 닳지는 않았는지 확인하고 구두에 광을 내 둔다.

(2) 양말

양말은 정장과 구두의 색상을 비교해서 골라야 한다. 특히 검정이나 감색의 진한 색상의 바지에 흰 양말을 신는 것은 시대에 뒤처지는 일이다. 일반적으로 양말의 색깔은 바지의 색깔과 같아야 한다. 또한 양말의 길이도 신경 써야 한다. 바지를 입을 경우, 의자에 바르게 앉거나 다리를 꼬아서 앉을 때 다리털이 보여서는 안 된다. 반드시 긴 정장 양말을 신어야 한다.

(3) 정장

지원자는 평소에 정장을 입을 기회가 많지 않기 때문에 면접을 볼 때 본인 스스로도 옷을 어색하게 느끼는 경우가 많다. 옷을 불편하게 느끼기 때문에 자세마저 불안정한 지원자도 볼 수 있다. 그러므로 면접 전에 정장을 입고 생활해 보는 것도 나쁘지는 않다.

일반적으로 면접을 볼 때는 상대방에게 신뢰감을 줄 수 있는 남색 계열의 옷이나 어떤 계절이든 무난하고 깔끔해 보이는 회색 계열의 정장을 많이 입는다. 정장은 유행에 따라서 재킷의 디자인이나 버튼의 개수가 바뀌기 때문에 너무 오래된 옷을 입어서 다른 사람의 옷을 빌려 입고 나온 듯한 인상을 주어서는 안 된다.

(4) 헤어스타일과 메이크업

헤어스타일에 자신이 없다면 미용실에 다녀오는 것도 좋은 방법이다. 그리고 자신에게 어울리는 메이크업을 하는 것도 괜찮다. 지나치게 화려한 메이크업이 아니라면 보다 준비된 지원자처럼 보일 수 있다.

5. 첫인상

취업을 위해 성형수술을 받는 사람들에 대한 이야기는 더 이상 뉴스거리가 되지 않는다. 그만큼 많은 사람이 좁은 취업문을 뚫기 위해 이미지 향상에 신경을 쓰고 있다. 이는 면접관에게 좋은 첫인상을 주기 위한 것으로, 지원서에 올리는 증명사진을 이미지 프로그램을 통해 수정하는 이른바 '사이버 성형'이 유행하는 것과 같은 맥락이다. 실제로 외모가 채용 과정에서 영향을 끼치는가에 대한 설문조사에서도 60% 이상의 인사담당자들이 그렇다고 답변했다.

하지만 외모와 첫인상을 절대적인 관계로 이해하는 것은 잘못된 판단이다. 외모가 첫인상에서 많은 부분을 차지하지만, 외모 외에 다른 결점이 발견된다면 그로 인해 장점들이 가려질 수도 있다. 이러한 현상은 아래에서 다시 논하겠다.

첫인상은 말 그대로 한 번밖에 기회가 주어지지 않으며 몇 초 안에 결정된다. 첫인상을 결정짓는 요소 중 시각적인 요소가 80% 이상을 차지한다. 첫눈에 들어오는 생김새나 복장, 표정 등에 의해서 결정되는 것이다. 면접을 시작할 때 자기소개를 시키는 것도 지원자별로 첫인상을 평가하기 위해서이다. 첫인상이 중요한 이유는 만약 첫인상이 부정적으로 인지될 경우, 지원자의 다른 좋은 면까지 거부당하기 때문이다. 이러한 현상을 심리학에서는 초두효과(Primacy Effect)라고 한다.

한 번 형성된 첫인상은 여간해서 바꾸기 힘들다. 이는 첫인상이 나중에 들어오는 정보까지 영향을 주기 때문이다. 첫인상의 정보가 나중에 들어오는 정보 처리의 지침이 되는 것을 심리학에서는 맥락효과(Context Effect)라고 한다. 따라서 평소에 첫인상을 좋게 만들기 위한 노력을 꾸준히 해야만 하는 것이다.

좋은 첫인상이 반드시 외모에만 집중되는 것은 아니다. 오히려 깔끔한 옷차림과 부드러운 표정 그리고 말과 행동 등에 의해 전반적인 이미지가 만들어진다. 누구나 이러한 것 중에 한두 가지 단점을 가지고 있다. 요즈음은 이미지 컨설팅을 통해서 자신의 단점들을 보완하는 지원자도 있다. 특히, 표정이 밝지 않은 지원자는 평소 웃는 연습을 의식적으로 하여 면접을 받는 동안 계속해서 여유 있는 표정을 짓는 것이 중요하다. 성공한 사람들은 인상이 좋다는 것을 명심하자.

1. 면접의 유형

과거 천편일률적인 일대일 면접과 달리 면접에는 다양한 유형이 도입되어 현재는 "면접은 이렇게 보는 것이다."라고 말할 수 있는 정해진 유형이 없어졌다. 그러나 현재까지는 집단 면접과 다대일 면접이 진행되고 있으므로 어느 정도 유형을 파악하여 사전에 대비가 가능하다. 면접의 기본인 단독 면접부터, 다대일 면접, 집단 면접의 유형과 그 대책에 대해 알아보자.

(1) 단독 면접

단독 면접이란 응시자와 면접관이 일대일로 마주하는 형식을 말한다. 면접위원 한 사람과 응시자 한 사람이 마주 앉아 자유로운 화제를 가지고 질의응답을 되풀이하는 방식이다. 이 방식은 면접의 가장 기본적인 방법으로 소요시간은 10 ~ 20분 정도가 일반적이다.

① 장점

필기시험 등으로 판단할 수 없는 성품이나 능력을 알아내는 데 가장 적합하다고 평가받아 온 면접방식으로 응시자 한 사람 한 사람에 대해 여러 면에서 비교적 폭넓게 파악할 수 있다. 응시자의 입장에서는 한 사람의 면접관만을 대하는 것이므로 상대방에게 집중할 수 있으며, 긴장감도 다른 면접방식에 비해서는 적은 편이다.

② 단점

면접관의 주관이 강하게 작용해 객관성을 저해할 소지가 있으며, 면접 평가표를 활용한다 하더라도 일면적인 평가에 그칠 가능성을 배제할 수 없다. 또한 시간이 많이 소요되는 것도 단점이다.

> **단독 면접 준비 Point**
>
> 단독 면접에 대비하기 위해서는 평소 1대1로 논리 정연하게 대화를 나눌 수 있는 능력을 기르는 것이 중요하다. 그리고 면접장에서는 면접관을 선배나 선생님 혹은 아버지를 대하는 기분으로 면접에 임하는 것이 부담도 훨씬 적고 실력을 발휘할 수 있는 방법이 될 것이다.

(2) 다대일 면접

다대일 면접은 일반적으로 가장 많이 사용되는 면접방법으로 보통 2 ~ 5명의 면접관이 1명의 응시자에게 질문하는 형태의 면접방법이다. 면접관이 여러 명이므로 다각도에서 질문을 하여 응시자에 대한 정보를 많이 알아낼 수 있다는 점 때문에 선호하는 면접방법이다.

하지만 응시자의 입장에서는 질문도 면접관에 따라 각양각색이고 동료 응시자가 없으므로 숨 돌릴 틈도 없게 느껴진다. 또한 관찰하는 눈도 많아서 조그만 실수라도 지나치는 법이 없기 때문에 정신적 압박과 긴장감이 높은 면접방법이다. 따라서 응시자는 긴장을 풀고 한 시험관이 묻더라도 면접관 전원을 향해 대답한다는 기분으로 또박또박 대답하는 자세가 필요하다.

① 장점

면접관이 집중적인 질문과 다양한 관찰을 통해 응시자가 과연 조직에 필요한 인물인가를 완벽히 검증할 수 있다.

② 단점

면접시간이 보통 10 ~ 30분 정도로 좀 긴 편이고 응시자에게 지나친 긴장감을 조성하는 면접방법이다.

(3) 집단 면접

집단 면접은 다수의 면접관이 여러 명의 응시자를 한꺼번에 평가하는 방식으로 짧은 시간에 능률적으로 면접을 진행할 수 있다. 각 응시자에 대한 질문내용, 질문횟수, 시간배분이 똑같지는 않으며, 모두에게 같은 질문이 주어지기도 하고, 각각 다른 질문을 받기도 한다.

또한 어떤 응시자가 한 대답에 대한 의견을 묻는 등 그때그때의 분위기나 면접관의 의향에 따라 변수가 많다. 집단 면접은 응시자의 입장에서는 개별 면접에 비해 긴장감은 다소 덜한 반면에 다른 응시자들과의 비교가 확실하게 나타나므로 응시자는 몸가짐이나 표현력·논리성 등이 결여되지 않도록 자신의 생각이나 의견을 솔직하게 발표하여 집단 속에 묻히거나 밀려나지 않도록 주의해야 한다.

① 장점

집단 면접의 장점은 면접관이 응시자 한 사람에 대한 관찰시간이 상대적으로 길고, 비교 평가가 가능하기 때문에 결과적으로 평가의 객관성과 신뢰성을 높일 수 있다는 점이며, 응시자는 동료들과 함께 면접을 받기 때문에 긴장감이 다소 덜하다는 것을 들 수 있다. 또한 동료가 답변하는 것을 들으며, 자신의 답변 방식이나 자세를 조정할 수 있다는 것도 큰 이점이다.

② 단점

응답하는 순서에 따라 응시자마다 유리하고 불리한 점이 있고, 면접위원의 입장에서는 각각의 개인적인 문제를 깊게 다루기가 곤란하다는 것이 단점이다.

(4) 집단 토론식 면접

집단 토론식 면접은 집단 면접과 형태는 유사하지만 질의응답이 아니라 응시자들끼리의 토론이 중심이 되는 면접방법으로 최근 들어 급증세를 보이고 있다. 이는 공통의 주제에 대해 다양한 견해들이 개진되고 결론을 도출하는 과정, 즉 토론을 통해 응시자의 다양한 면에 대한 평가가 가능하다는 집단 토론식 면접의 장점이 널리 확산된 데 따른 것으로 보인다. 사실 집단 토론식 면접을 활용하면 주제와 관련된 지식 정도와 이해력, 판단력, 설득력, 협동성은 물론 리더십, 조직 적응력, 적극성과 대인관계 능력 등을 쉽게 파악할 수 있다.

토론식 면접에서는 자신의 의견을 명확히 제시하면서도 상대방의 의견을 경청하는 토론의 기본자세가 필수적이며, 지나친 경쟁심이나 자기 과시욕은 접어두는 것이 좋다. 또한 집단 토론의 목적이 결론을 도출해 나가는 과정에 있다는 것을 감안하여 무리하게 자신의 주장을 관철시키기보다 오히려 토론의 질을 높이는 데 기여하는 것이 좋은 인상을 줄 수 있다는 점을 알아야 한다. 취업 희망자들은 토론식 면접이 급속도로 확산되는 추세임을 감안해 특히 철저한 준비를 해야 한다. 평소에 신문의 사설이나 매스컴 등의 토론 프로그램을 주의 깊게 보면서 논리 전개방식을 비롯한 토론 과정을 익히도록 하고, 친구들과 함께 간단한 주제를 놓고 토론을 진행해 볼 필요가 있다. 또한 사회·시사문제에 대해 자기 나름대로의 관점을 정립해두는 것도 꼭 필요하다.

(5) PT 면접

PT 면접, 즉 프레젠테이션 면접은 최근 들어 집단 토론 면접과 더불어 그 활용도가 점차 커지고 있다. PT 면접은 기업마다 특성이 다르고 인재상이 다른 만큼 인성 면접만으로는 알 수 없는 지원자의 문제해결 능력, 전문성, 창의성, 기본 실무능력, 논리성 등을 관찰하는 데 중점을 두는 면접으로, 지원자 간의 변별력이 높아 대부분의 기업에서 적용하고 있으며, 확산되는 추세이다.

면접 시간은 기업별로 차이가 있지만, 전문지식, 시사성 관련 주제를 제시한 다음, 보통 20 ~ 50분 정도 준비하여 5분가량 발표할 시간을 준다. 면접관과 지원자의 단순한 질의응답식이 아닌, 주제에 대해 일정 시간 동안 지원자의 발언과 발표하는 모습 등을 관찰하게 된다. 정확한 답이나 지식보다는 논리적 사고와 의사표현력이 더 중시되기 때문에 자신의 생각을 어떻게 설명하느냐가 매우 중요하다.

PT 면접에서 같은 주제라도 직무별로 평가요소가 달리 나타난다. 예를 들어, 영업직은 설득력과 의사소통 능력에 중점을 둘 수 있겠고, 관리직은 신뢰성과 창의성 등을 더 중요하게 평가한다.

PT 면접 준비 Point

- 면접관의 관심과 주의를 집중시키고, 발표 태도에 유의한다.
- 모의 면접이나 거울 면접으로 미리 점검한다.
- PT 내용은 세 가지 정도로 정리해서 말한다.
- PT 내용에는 자신의 생각이 담겨 있어야 한다.
- PT 중간에 자문자답 방식을 활용한다.
- 평소 지원하는 업계의 동향이나 직무에 대한 전문지식을 쌓아둔다.
- 부적절한 용어 사용이나 무리한 주장 등은 하지 않는다.

(6) 합숙 면접

합숙 면접은 대체로 1박 2일이나 2박 3일 동안 해당 기업의 연수원이나 수련원 등에서 이루어지는 면접으로, 평가 항목으로는 PT 면접, 토론 면접, 인성 면접 등을 기본으로 새벽등산, 레크리에이션, 게임 등 다양한 형태로 진행된다. 경쟁자들과 함께 생활하고 협동해야 하는 만큼 스트레스도 많이 받는 경우가 허다하다.

모든 지원자를 하루 동안 평가하게 되므로 지원자 1명을 평가하는 데 걸리는 시간은 짧게는 5분에서 길게는 1시간 이상 정도인데, 이 시간으로는 지원자를 제대로 평가하기에는 한계가 있다. 합숙 면접은 24시간 이상을 지원자와 면접관이 함께 생활하면서 다양한 프로그램을 통해 지원자의 역량을 폭넓게 평가할 수 있기 때문에 기업에서는 합숙 면접을 선호한다. 대체로 은행, 증권 등 금융권에서 합숙 면접을 통해 지원자의 의도되고 꾸며진 모습 외에 창의력, 의사소통 능력, 협동심, 책임감, 리더십 등 다양한 모습을 평가하였지만, 최근에는 기업에서도 많이 실시되고 있다.

합숙 면접에서 좋은 점수를 얻기 위해서는 무엇보다 팀워크를 중시하는 모습을 보여야 한다. 합숙 면접은 일반 면접과는 달리 개인보다는 그룹별로 과제가 주어지고 해결해야 하므로 조원 또는 동료와 얼마나 잘 어울리느냐가 중요한 평가기준이 된다. 장시간에 걸쳐 평가하기 때문에 힘든 부분도 있지만, 지원자들이 지쳐 있거나 당황하고 있는 사이에도 면접관들은 지원자들의 조직 적응력, 적극성, 사회성, 친화력 등을 꼼꼼하게 체크하기 때문에 잠시도 긴장을 늦춰서는 안 된다.

합숙 면접 준비 Point

- 합숙 기간 동안 평가되기 때문에 긴장을 늦춰서는 안 된다.
- 다른 지원자와 협동할 수 있는 자세를 보여줘야 한다.
- 장시간 지원자들과 경쟁해야 하므로 평소 체력관리를 잘 해두자.
- 전공과 함께 지원한 직무, 사회경제 전반에 걸친 상식을 준비해두자.
- 해당 기업의 기출 문제를 통해 어떤 방식의 면접이 진행되는지 미리 알아두자.

2. 면접의 실전 대책

(1) 면접 대비사항

① 지원 회사에 대한 사전지식을 충분히 준비한다.

필기시험에서 합격 또는 서류전형에서의 합격통지가 온 후 면접시험 날짜가 정해지는 것이 보통이다. 이때 수험자는 면접시험을 대비해 사전에 자기가 지원한 계열사 또는 부서에 대해 폭넓은 지식을 준비할 필요가 있다.

② 충분한 수면을 취한다.

충분한 수면으로 안정감을 유지하고 첫 출발의 상쾌한 마음가짐을 갖는다.

③ 얼굴을 생기 있게 한다.

첫인상은 면접에 있어서 가장 결정적인 당락요인이다. 면접관에게 좋은 인상을 줄 수 있도록 화장하는 것도 필요하다. 면접관들이 가장 좋아하는 인상은 얼굴에 생기가 있고 눈동자가 살아 있는 사람, 즉 기가 살아 있는 사람이다.

④ 아침에 인터넷 뉴스를 읽고 간다.

그날의 뉴스가 질문 대상에 오를 수가 있다. 특히 경제면, 정치면, 문화면 등을 유의해서 볼 필요가 있다.

(2) 면접 시 옷차림

면접에서 옷차림은 간결하고 단정한 느낌을 주는 것이 가장 중요하다. 색상과 디자인 면에서 지나치게 화려한 색상이나, 노출이 심한 디자인은 자칫 면접관의 눈살을 찌푸리게 할 수 있다. 단정한 차림을 유지하면서 자신만의 독특한 멋을 연출하는 것, 지원하는 회사의 분위기를 파악했다는 센스를 보여주는 것 또한 코디네이션의 포인트이다.

(3) 면접요령

① 첫인상을 중요시한다.

상대에게 인상을 좋게 주지 않으면 어떠한 얘기를 해도 이쪽의 기분이 충분히 전달되지 않을 수 있다. 예를 들어, '저 친구는 표정이 없고 무엇을 생각하고 있는지 전혀 알 길이 없다.'처럼 생각되면 최악의 상태이다. 우선 청결한 복장, 바른 자세로 침착하게 들어가야 한다. 건강하고 신선한 이미지를 주어야 하기 때문이다.

② 좋은 표정을 짓는다.

얘기를 할 때의 표정은 중요한 사항의 하나다. 거울 앞에서 웃는 연습을 해본다. 웃는 얼굴은 상대를 편안하게 하고, 특히 면접 등 긴박한 분위기에서는 천금의 값이 있다 할 것이다. 그렇다고 하여 항상 웃고만 있어서는 안 된다. 자기의 할 얘기를 진정으로 전하고 싶을 때는 진지한 얼굴로 상대의 눈을 바라보며 얘기한다. 면접을 볼 때 눈을 감고 있으면 마이너스 이미지를 주게 된다.

③ 결론부터 이야기한다.

자기의 의사나 생각을 상대에게 정확하게 전달하기 위해서 먼저 무엇을 말하고자 하는가를 명확히 결정해 두어야 한다. 대답을 할 경우에는 결론을 먼저 이야기하고 나서 그에 따른 설명과 이유를 덧붙이면 논지(論旨)가 명확해지고 이야기가 깔끔하게 정리된다.

한 가지 사실을 이야기하거나 설명하는 데는 3분이면 충분하다. 복잡한 이야기라도 어느 정도의 길이로 요약해서 이야기하면 상대도 이해하기 쉽고 자기도 정리할 수 있다. 긴 이야기는 오히려 상대를 불쾌하게 할 수가 있다.

④ 질문의 요지를 파악한다.

면접 때의 이야기는 간결성만으로는 부족하다. 상대의 질문이나 이야기에 대해 적절하고 필요한 대답을 하지 않으면 대화는 끊어지고 자기의 생각도 제대로 표현하지 못하여 면접자로 하여금 수험생의 인품이나 사고방식 등을 명확히 파악할 수 없게 한다. 무엇을 묻고 있는지, 무슨 이야기를 하고 있는지 그 요점을 정확히 알아내야 한다.

면접에서 고득점을 받을 수 있는 성공요령

1. 자기 자신을 겸허하게 판단하라.
2. 지원한 회사에 대해 100% 이해하라.
3. 실전과 같은 연습으로 감각을 익히라.
4. 단답형 답변보다는 구체적으로 이야기를 풀어나가라.
5. 거짓말을 하지 말라.
6. 면접하는 동안 대화의 흐름을 유지하라.
7. 친밀감과 신뢰를 구축하라.
8. 상대방의 말을 성실하게 들으라.
9. 근로조건에 대한 이야기를 풀어나갈 준비를 하라.
10. 끝까지 긴장을 풀지 말라.

KB국민은행 실제 면접

KB국민은행의 면접은 1차 면접과 2차 면접으로 나뉘어 진행된다. 2024년 상반기 KB국민은행 면접에서는 기존에 면접전형과 진행하던 역량검사(인성검사)와 TOPCIT 테스트가 필기전형과 함께 진행되었다. 1차 면접에 심층 면접(BEI 면접), 세일즈 면접, PT 면접이 구성되었고, 2차 면접은 임원 면접으로 진행되었다. 또한, 2024년 하반기 KB국민은행 면접에서는 1차 면접의 PT 면접이 없어지고 토론 면접이 추가되었다.

01 1차 면접

1. 심층 면접(BEI 면접)

심층 면접(BEI 면접)은 면접관 2명 이상과 다대일 면접으로 진행된다. 자기소개를 시작으로 주로 자기소개서 기반의 면접이 진행되지만 자기소개서에 기재된 경험 이외에 다른 경험에 대해 질문을 받을 수도 있다.

[공통질문]
- 자기소개를 해 보시오.
- 가장 중요하게 생각하는 가치관에 대해 말해 보시오.
- 금융인이 되고 싶은 이유에 대해 말해 보시오.
- 국민은행에서 자영업자나 소상공인을 성장시킬 수 있는 방법에 대해 말해 보시오.
- 국민은행 지점 및 어플 개선방안을 말해 보시오.
- 국민은행의 새로운 캐릭터에 대한 아이디어 제안해 보시오.
- 국민은행의 캐릭터로 고양이 vs 강아지 중 자신의 생각을 말해 보시오.
- 국민은행의 금융투자상품을 추천해 보시오.
- 이제 발표까지 한 달 남았는데 무엇을 하고 싶은가?
- 국민은행 면접을 보러 오면서 이 건물에서 보았던 문구든, 무엇이든 상관없으니 기억에 남은 것이 무엇인지 말해 보시오.
- 은행에 입행한 후에 어떤 역량이 중요하다고 생각하는가?
- 시국이 별로 좋지 않다. 정치적 색을 제외하고 국가란 무엇인지 자유롭게 생각을 말해 보시오.
- 능동적으로 주도해서 도전을 한 경험은?

[개별질문]
- 해당 직무자가 갖춰야 할 역량이 무엇인지 말해 보시오.
- 자신을 한 단어로 표현해 보시오.
- 자신의 강점이 무엇인지 말해 보시오.
- 별명은 무엇인가?
- 진상 고객을 만나 본 경험에 대하여 말해 보시오.
- 여행지를 추천해 보시오.
- 본인의 단점은 무엇인가?
- 면접비를 받으면 무엇을 할 것인가?
- 자신의 멘토는 누구인가?
- 가장 즐거웠던 일은 무엇인가?
- 나를 점수로 표현한다면 몇 점인가?
- 최근 가장 즐거웠던 일은?
- 좋은 친구란 어떤 친구하고 생각하는가?
- 옆 지원자를 칭찬해 보시오.
- 사람과의 관계에서 가장 중요한건 무엇이라고 생각하는가?
- 본인의 지역 자랑해 보시오.
- 입사 후 포부를 말해 보시오.
- 마지막으로 하고 싶은 말은?
- 여러 금융권 중에서 왜 은행을 선택했는가?
- 자신이 진행했던 프로젝트에 대해 말해 보시오.
- 개인의 이익과 단체의 이익이 상충한 사례는?
- 진상 고객이 오면 어떻게 대처할 것인가?
- (어려운 용어를 제시) 어떻게 쉽게 설명할 것인가?
- 국민은행 하면 떠오르는 것은?
- 가계 대출 문제가 심각해져서 정부는 대출을 제한하라고 지시하고, 고객들은 계속해서 받길 원한다. 은행의 대처 방안은?
- 국민은행의 주주가치를 극대화하기 위한 방법에는 무엇이 있는가?
- 제일 즐겨들었던 과목 하나와 싫었던 과목 하나를 이유와 함께 말해 보시오.
- 가장 싫어하는 책은 무엇이었나?
- 봉사활동을 많이 한 것 같은데 본인이 희생해서 무엇을 한 경험인가?
- 절대로 이 일만은 포기할 수 없다고 한 경험이 있는가?
- KB국민은행 지점을 방문한 적이 있는가? 방문해서 무엇을 느꼈는가?
- 핀테크 시대가 도래했는데, 10년 후 은행의 방향성은?
- 최근 영화를 본 것이 있으면 소개해 보시오.
- 가장 기억에 남는 책은 무엇인가?
- 펀드 손실이 난 고객 응대방법은?
- 본인의 친구를 소개해주고 그 친구와 어떻게 친해졌는지와 그 친구는 나를 어떻게 평가하는지 말해 보시오.
- 은행 지점의 문제점은 무엇이라고 생각하고 개선하고 싶은 점은 무엇인가?
- 노래방 애창곡은 무엇이고 그 애창곡을 좋아하는 이유와 스트레스 해소방법을 말해 보시오.
- 행원보다 더 많은 지식을 알고 있는 고객님은 어떻게 대할 것인가?

- 우는 아기를 업고 있는 여성과 지팡이를 짚은 노인 모두 번호대기표를 잃어버렸다. 서로 먼저 상담을 해달라고 하는데 어떻게 행동할 것인가?
- 자소서를 보니 여행을 많이 다녔는데, 여행 다니면서 가장 기억에 남은 경험은?
- 국민은행의 해외진출 국가를 제안하고 해외진출 전략을 말해 보시오.
- 살면서 가장 후회되는 경험은?
- 자기소개서에 정직이라고 적었는데, 정직이란 무엇이라고 생각하는가?
- 타인으로부터 어려운 부탁을 받았을 때 어떻게 행동하는가?
- 국민은행 하면 떠오르는 것을 한 단어로 말해 보시오.
- 국민은행에 대해 아는 대로 설명해 보시오.
- 퇴근시간 이후에도 상사가 퇴근하지 않으면 그대로 자리를 지키는 경우가 많은데, 이 문제에 대해 어떻게 생각하는가?
- 국민은행이 나아가야 할 방향이 어떤 방향이라고 생각하는가?
- 가장 힘들었거나 어려웠던 경험을 말해 보시오.
- 국민은행의 상품에 대해 아는 대로 말해 보시오.
- 최근 신문이나 뉴스 중 인상 깊었던 기사와 그에 대한 자신의 견해를 말해 보시오.
- 자신의 대인관계는 어떠한지 말해 보시오.
- 리더로 활동해 본 경험이 있으면 답변해 보시오.
- 직장생활에서 중요한 것은 어떤 것이라고 생각하는지 견해를 말해 보시오.
- 살면서 가장 기뻤던 일과 슬펐던 일이 언제였는지 말해 보시오.
- 국민은행의 지점이 몇 개인지 알고 있는가?
- 조직생활에서 중요한 것은 무엇이라고 생각하는지 말해 보시오.
- 살면서 들은 긍정 / 부정적인 평가가 있다면?

2. 세일즈 면접

세일즈 면접 전 판매할 상품과 고객에 대한 정보가 주어진다. 다만 2024년 상반기에는 PT 면접 준비 자료와 함께 세일즈 면접 준비 자료가 제공되었으며, 50분이라는 제한된 시간에 PT 면접 준비와 세일즈 면접 준비를 함께 진행해야 하므로 시간을 잘 활용해야 한다. 고객에 대한 정보는 나이, 직업, 거주지, 월 소득 등 매우 상세하게 주어지며, 이에 따라 적절하다고 생각하는 상품을 선택하여 판매하는 방식으로 면접이 진행된다.

면접관 2명 앞에서 10분간 세일즈를 한 후 2 ~ 3분간 질의응답이 이어진다. 면접관 2명 중 1명은 고객 역할을 하며, 나머지 1명은 어떻게 세일즈를 진행하는지 메모하며 지켜본다. 세일즈가 종료된 뒤 면접관 2명 모두 질문하며, 제시된 상황 이외에 다른 상황에 대한 질문을 받을 수도 있다.

[기출 질문]
- 국민은행의 예금 상품과 펀드 상품 판매하기
- 시험장 안에 있는 물, 필통, 시계 등 판매하기
- 연아사랑적금에 대한 마케팅 방안
- 주택청약 종합저축에 대한 마케팅 방안
- 국민은행 상품(제시) 기획 및 마케팅 방안
- 사회초년생, 초등학생, 할머니에게 은행의 필요성을 설명하고 펀드 판매하기
- 다우존스 미국 신탁 상품 판매하기

3. 토론 면접

다양한 주제에 대해 토론을 해서 원하는 답을 도출하는 면접으로 그 결과보다는 토론을 하는 동안의 태도가 중요하다.

[기출 질문]
- 회식장소로 고깃집을 선택할 것인가, 혹은 횟집을 선택할 것인가에 대한 토론
- 사공이 많으면 배가 산으로 가는가에 대한 찬반토론
- 고객을 만나러 가는 길에 길이 막히는데, 버스전용 차선을 탈것인가에 대한 토론
- 야유회를 산이나 바다 중 어디로 갈 것인가에 대한 토론
- 상대평가와 절대평가 중 무엇이 더 좋은지에 대한 토론
- 국민연금의 주주의결권 확대에 대한 찬반토론
- 네이버의 독점에 대한 찬반토론
- 양적완화 축소에 대한 찬반토론
- 기부금 세액공제에 대한 찬반토론
- 마트 상품판매품목 제한에 대한 찬반토론
- 기업의 성공을 위해 필요한 전략으로서 다각화 VS 선택과 집중에 대한 입장토론
- 디버전스와 컨버전스에 대한 입장토론
- 정보화, 첨단기술의 발달 등으로 고도화되고 있는 사회에서의 인간소외현상에 대한 입장토론
- 개발이익환수제에 대한 찬반토론
- 애완견 소유자 세금징수에 대한 찬반토론
- 무한도전의 성공요인에 대한 입장토론

4. PT 면접

이전까지 KB국민은행 PT 면접은 필기전형 합격자 발표 시 개인별로 부여되는 사전과제를 바탕으로 진행되었다. 다만 2024년 상반기부터는 별도의 사전과제가 부여되지 않았으며, 면접 당일 오리엔테이션에서 PT 면접 준비 자료를 제공하였다. 면접 전 준비시간은 약 50분 정도 주어지지만 PT 면접 후에 진행되는 세일즈 면접 준비도 함께 진행해야 하므로 시간을 잘 활용해야 한다. 발표 시간은 10분 이내이며 발표가 끝난 후 질의응답이 약 5분 정도 진행된다. 발표한 내용과 관련 있는 내용의 꼬리 질문에 대비하는 것이 좋으며, 자기소개서를 기반으로 한 질문을 받을 수도 있다.

[기출 질문]
- 당사 발전방향에 대해서 발표하기
- 저출산 원인과 대책 발표하기
- 해외진출국가 선정 및 진출방안 발표하기
- 회사가 글로벌브랜드가 되기 위한 전략 발표하기
- 디지털 격차 해소 방안 발표하기
- 월드컵 마케팅과 당사의 전략 발표하기
- 국민은행 최종합격 후 일주일간 여행 코스 짜기
- 외국인 친구를 위한 한국여행 코스 짜기

02 2차 면접

2차 면접은 은행 임원들과 인성/역량 면접을 진행한다. 인성·조직 적합도·직무 전문성 등 종합 역량을 검증하기 위한 심층 면접이 실시된다. 주로 자기소개서 위주의 질문과 은행 등과 관련된 질문을 한다. 다대다 면접이며, 약 50분 정도 진행된다.

[기출 질문]
- 인터넷뱅킹 사용자가 증가함에 따라 발생하는 보이스 피싱 예방법에 대해 말해 보시오.
- 개발에 대한 본인의 가치관에 대해 말해 보시오.
- 동료와 의견이 다를 경우 어떻게 조율할 것인가?
- 입행해서 어떤 업무를 하고 싶은가?
- 4차 산업혁명에 대해 말해 보시오.
- 떨어져도 다시 도전할 것인가?
- 행복이란 무엇인가?
- 재밌게 들었던 수업과 가장 중요하다고 느낀 수업은?
- 가장 재미없게 읽었던 책은?
- 정치색 없이 국가란 무엇인가?

현재 나의 실력을 객관적으로 파악해 보자!

모바일 OMR
답안채점 / 성적분석 서비스

도서에 수록된 모의고사에 대한 객관적인 결과(정답률, 순위)를 종합적으로 분석하여 제공합니다.

OMR 입력
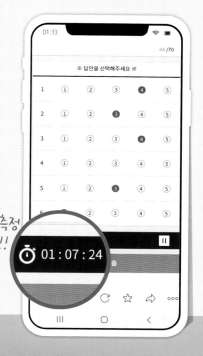

성적분석
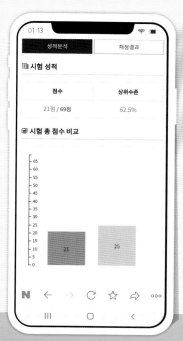

채점결과

※OMR 답안채점 / 성적분석 서비스는 등록 후 30일간 사용 가능합니다.

 → → → → → →

도서 내 모의고사 우측 상단에 위치한 QR코드 찍기 → 로그인 하기 → '시작하기' 클릭 → '응시하기' 클릭 → 나의 답안을 모바일 OMR 카드에 입력 → '성적분석 & 채점결과' 클릭 → 현재 내 실력 확인하기

시대에듀
금융권 필기시험
시리즈

알차다!
꼭 알아야 할 내용을
담고 있으니까

친절하다!
핵심내용을 쉽게
설명하고 있으니까

명쾌하다!
상세한 풀이로 완벽하게
익힐 수 있으니까

핵심을 뚫는다!
시험 유형과 흡사한
문제를 다루니까

"신뢰와 책임의 마음으로 수험생 여러분에게 다가갑니다."

"농협" 합격을 위한 시리즈

농협 계열사 취업의 문을 여는
Master Key!

PART 1

직업기초능력

끝까지 책임진다! 시대에듀!

QR코드를 통해 도서 출간 이후 발견된 오류나 개정법령, 변경된 시험 정보, 최신기출문제, 도서 업데이트 자료 등이 있는지 확인해 보세요! **시대에듀 합격 스마트 앱**을 통해서도 알려 드리고 있으니 구글 플레이나 앱 스토어에서 다운받아 사용하세요. 또한, 파본 도서인 경우에는 구입하신 곳에서 교환해 드립니다.

대표기출유형 01 | 기출응용문제

01
정답 ②

보기의 내용으로 볼 때 보기의 이후에는 이전의 내용과 다른 근본적인 설명의 예가 나와야 한다. (나) 앞의 문단은 왜 왼손이 배변 처리에 사용되었는지 설명해주지 못한다고 하였고, (나) 뒤의 문단은 뇌의 좌우반구 기능 분화의 내용을 다루는 다른 설명이 이어진다. 따라서 (나)에 위치하는 것이 가장 적절하다.

02
정답 ①

보기는 우리나라의 온실가스 감축 목표에 대해 이야기하고 있다. 따라서 유엔기구변화협약 당사국총회에서 전 세계 국가의 온실가스 감축 목표를 제시했다는 내용의 첫 번째 문장 뒤인 (가)에 위치하는 것이 가장 적절하다.

03
정답 ③

보기는 홍차가 귀한 취급을 받았던 이유에 대하여 구체적으로 설명하고 있다. 따라서 '홍차의 가격이 치솟아 무역적자가 심화되자, 영국 정부는 자국 내에서 직접 차를 키울 수는 없을까 고민하지만 별다른 방법을 찾지 못했고, 홍차의 고급화는 점점 가속화됐다.'의 뒤, 즉 (다)에 위치하는 것이 가장 적절하다.

04
정답 ③

㉠ : ㉠은 신재생에너지의 활용도가 높아졌을 때의 장점을 말하고 있다. 또한 스마트 그리드를 사용함으로써 전력 생산이 불규칙한 한계를 지닌 신재생에너지의 활용도가 증가함을 말하고 있는 (라)의 앞 문장을 보아 ㉠의 가장 적절한 위치는 (라)이다.

㉡ : ㉡의 '이를 활용하여'라는 접속어에서 '이'가 '스마트 그리드'를 뜻하고 (나)의 뒤 문장에서 스마트 그리드를 사용하였을 때 전력 소비자가 얻는 장점을 말하고 있으므로 ㉡의 가장 적절한 위치는 (나)이다.

05
정답 ④

㉠ : ㉠은 반본질주의자가 본질주의자를 비판하는 주장으로서, 두 번째 문단 마지막 문장의 '반(反)본질주의는 그런 본질이란 없으며, …… 본질의 역할을 충분히 달성할 수 있다.'는 내용을 요약한 것이다. 따라서 ㉠의 가장 적절한 위치는 (나)이다.

㉡ : ㉡에서 말하는 '비판'은 마지막 문단에서 지적한 '아직까지 본질적인 것을 명확히 찾는 데 성공하지 못했다.'는 본질주의가 받는 비판을 뜻한다. 이는 앞의 내용이 뒤의 내용의 원인이 될 때 쓰는 접속부사 '그래서'를 통해 알 수 있다. 따라서 ㉡의 가장 적절한 위치는 (라)이다.

01

정답   ②

빈칸 앞의 접속부사 '따라서'에 집중한다. 빈칸에는 공공미술이 아무리 난해해도 대중과의 소통 가능성은 늘 존재한다는 내용으로 추론할 수 있는 결론이 와야 문맥상 자연스럽다. 따라서 '공공미술에서 예술의 자율성은 소통의 가능성과 대립하지 않는다.'는 ②가 들어가는 것이 가장 적절하다.

02

정답   ②

개별존재로서 생명의 권리를 갖기 위해서는 개별존재로서 생존을 지속시키고자 하는 욕망을 가질 수 있어야 하며, 이를 위해서 자신을 일정한 시기에 걸쳐 존재하는 개별존재로서 파악해야 한다. 따라서 '자신을 일정한 시기에 걸쳐 존재하는 개별존재로서 파악할 수 있는 존재만이 생명에 대한 권리를 가질 수 있다.'는 빈칸 앞의 결론을 도출하기 위해서는 개별존재로서 생존을 지속시키고자 하는 욕망이 개별존재로서의 인식을 가능하게 한다는 내용이 있어야 하므로 ②가 들어가는 것이 가장 적절하다.

03

정답   ①

제시문은 태양의 온도를 일정하게 유지해 주는 에너지원에 대한 글이다. 태양의 온도가 일정하게 유지되는 이유는 태양 중심부의 온도가 올라가 핵융합 에너지가 늘어나면 에너지의 압력으로 수소를 밖으로 밀어내 중심부의 밀도와 온도를 낮춰주기 때문이다. 즉, 태양 내부에서 중력과 핵융합 반응의 평형 상태가 유지되기 때문에 태양은 50억 년간 빛을 낼 수 있었고, 앞으로도 50억 년 이상 더 빛날 수 있는 것이다. 따라서 빈칸에는 '태양이 오랫동안 안정적으로 빛을 낼 수 있게 된다.'는 ①이 들어가는 것이 가장 적절하다.

04

정답   ③

빈칸 (다)에는 글의 내용상 '보편화된 언어 사용'이 들어가는 것은 적절하지 않다.

오답분석

① 표준어를 사용하는 이유에 대한 상세한 설명이 들어가야 하므로 적절하다.
② 제시문에서 언론중재법 개정안에 대한 부정적인 입장을 취하고 있으므로 적절하다.
④ '다만' 이후로 언론이 지양해야 할 방향을 제시하는 것이 자연스러우므로 적절하다.

05

정답   ③

㉠ : 서로 다르다고 인식하는 소리는 음소이며, 서로 다르다는 것을 인식하지 못하는 소리는 이음 또는 변이음이다. [x]와 [y] 가운데 하나만 음소일 경우 우리는 음소만 인식할 수 있으며, 변이음은 인식하지 못한다. 따라서 [x]를 들어도 [y]로 인식한다면, 인식할 수 있는 [y]는 음소이며, 인식하지 못하는 [x]가 [y]의 변이음이 된다. 반대로 [y]를 들어도 [x]로 인식한다면, [x]가 음소, [y]가 [x]의 변이음이 된다.

㉡ : 인간이 낼 수 있는 소리의 목록은 언어가 다르더라도 동일하지만, 변별적으로 인식하는 소리인 음소의 목록은 다르다. 따라서 모국어의 음소 목록에 포함되어 있지 않은 소리를 듣는다면, 그 소리를 들어도 변별적으로 인식할 수 없으므로 모국어에 존재하는 음소 중의 하나로 인식하게 될 것이다. 한편 모국어에 존재하는 유사한 음소들의 중간음은 모국어의 음소 목록에 포함되지 않으므로 인식할 수 없다.

01
정답 ②

제시문에서 자성 물질의 자기장이 강할수록 성능이 우수해진다는 내용은 언급되어 있지 않다.

오답분석
① 첫 번째와 두 번째 문단을 통해 확인할 수 있다.
③ 두 번째 문단을 통해 확인할 수 있다.
④ 첫 번째 문단을 통해 확인할 수 있다.

02
정답 ②

B뱅크 전월세보증금대출은 은행 방문 없이 스마트폰으로 간편하게 전세대출을 신청할 수 있다.

03
정답 ②

제시된 보험 상품 안내서의 여섯 번째 사항에 따라 약관 전달이 이루어지지 않은 계약에 대해서는 계약이 성립한 날부터 3개월 이내에 계약을 취소할 수 있음을 알 수 있다.

오답분석
④ 마지막 사항에 따라 비과세 혜택은 관련 세법에 따르므로, 보험 만기 시에 동일하게 적용될지 여부는 세법의 제・개정이나 폐지에 따라 변경될 수 있다.

04
정답 ①

세 번째 문단에서 '금융시장이 통합되어 있으면 지역 내 국가들 사이에 경상수지 불균형이 발생했을 때 자본 이동이 쉽게 일어날 수 있을 것이며 이에 따라 조정의 압력이 줄어들게 되므로 지역 내 환율 변동의 필요성이 감소하게 된다.'라고 했으나, 금융시장의 통합에 따른 편익의 계산 방식은 나타나지 않는다.

오답분석
② 세 번째 문단에서 확인할 수 있다.
③・④ 마지막 문단에서 확인할 수 있다.

05
정답 ④

제7조 제2항에 따르면 급여이체 우대이율은 신규일로부터 3개월 이내에 1회 이상의 급여이체 실적이 있는 고객의 계좌에 연 0.3%p 적용된다.

대표기출유형 04 ▏기출응용문제

01

정답 ②

대륙별로 다른 물을 음용하고 있음을 말하며 석회수이지만 높은 수돗물 음용률을 보여주는 유럽의 사례를 처음으로 제시하는 (나) 문단이 가장 먼저 와야 한다. 그 뒤로 '두 번째로'로 시작하면서 아시아의 사례를 이야기하는 (라), 오세아니아와 북아프리카 대륙의 사례를 이야기하는 (다)가 차례대로 오는 것이 적절하다. 마지막으로 우리나라의 수돗물을 언급하며 맛과 수질에서 높은 평가를 받지만 수돗물 음용률이 현저히 낮은 상황을 이야기하는 (가)가 와야 한다. 따라서 (나) - (라) - (다) - (가) 순서로 나열되어야 한다.

02

정답 ②

세조의 집권과 추락한 왕권 회복을 위한 세조의 정책을 설명하는 (나) 문단이 첫 번째 문단으로 적절하며, 다음으로 세조의 왕권 강화 정책 중 특히 주목되는 술자리 모습을 소개하는 (라) 문단이 와야 한다. 이후 당시 기록을 통해 세조의 술자리 모습을 설명하는 (가) 문단이 와야 하며, 마지막으로 세조의 술자리가 가지는 의미를 해석하는 (다) 문단이 와야 한다. 따라서 (나) - (라) - (가) - (다) 순서로 나열되어야 한다.

03

정답 ④

사랑과 관련하여 여러 형태의 빛 신호를 가지고 있는 반딧불이를 소개하고, 이들이 단체로 빛을 내면 장관을 이룬다는 내용의 (라) 문단이 첫 번째 문단으로 적절하며, 다음으로는 (라) 문단의 마지막 내용과 연결되는 반딧불이 집단의 불빛으로 시작해 반딧불이의 단독행동으로 끝나는 (나) 문단이 적절하다. 그리고 단독으로 행동하기를 좋아하는 반딧불이가 짝을 찾는 모습을 소개한 (마) 문단이 이어져야 하며, 그러한 특성을 이용해 먹잇감을 찾는 반딧불이의 종류를 이야기하는 (가) 문단이 오는 것이 적절하다. (다) 문단은 (가) 문단에 이어지는 내용이므로 그 뒤에 배치되어야 한다. 따라서 (라) - (나) - (마) - (가) - (다) 순서로 나열되어야 한다.

04

정답 ③

제시된 문단에서는 국내 산업 보호를 위해 정부가 사용하는 관세 조치와 비관세 조치를 언급하고 있다. 그러므로 '먼저'라고 언급하며 관세 조치의 개념을 설명하는 (나) 문단이 제시된 문단 뒤에 오는 것이 적절하며, 다음으로 관세 조치에 따른 부과 방법으로 종가세 방식을 설명하는 (가) 문단과 종량세 방식을 설명하는 (다) 문단이 차례대로 와야 한다. 그 뒤를 이어 종가세와 종량세를 혼합 적용한 복합세 부과 방식을 설명하는 (마) 문단이 오는 것이 적절하고, 마지막으로 정부의 비관세 조치를 설명하는 (라) 문단이 오는 것이 적절하다. 따라서 (나) - (가) - (다) - (마) - (라) 순서로 나열되어야 한다.

05

정답 ③

제시된 문단에서는 경기적 실업에 대한 고전학파의 입장을 설명하고 있으며, (나) 문단의 '이들'은 바로 이 고전학파를 지시하고 있다. 그러므로 제시된 문단 바로 다음에 (나) 문단이 와야 함을 알 수 있다. 다음으로 (가) 문단의 '이렇게 실질임금이 상승하게 되면'을 통해 실질임금 상승에 대해 언급하는 (나) 문단 뒤에 (가) 문단이 와야 함을 알 수 있다. 마지막으로 정부의 역할에 반대하는 고전학파의 주장을 강조하는 (다) 문단은 결론에 해당한다. 따라서 (나) - (가) - (다) 순서로 나열되어야 한다.

01

정답 ②

(나) 문단에서는 주택청약종합저축에 가입된 사람도 가입요건을 충족하면 청년 우대형 청약통장으로 전환하여 가입할 수 있음을 설명하고 있다. 따라서 '기존 주택청약종합저축 가입자의 청년 우대형 청약통장 가입 가능 여부'가 (나) 문단의 핵심 화제로 적절하다.

02

정답 ①

제시문은 독일의 통일이 단순히 서독에 의한 흡수 통일이 아닌 동독 주민들의 주체적인 참여를 통해 이루어진 것임을 설명하고 있다. 나머지 선택지는 이 논지를 이끌어내기 위한 근거들이다. 따라서 ①이 글의 논지로 가장 적절하다.

03

정답 ④

제시문은 물리학의 근본 법칙들이 사실을 정확하게 기술하기 위해 조건을 추가할 경우 오히려 일반적인 상황이 아닌 특수한 상황만을 설명하게 되는 문제점을 서술하고 있다. 따라서 ④가 글의 논지로 가장 적절하다.

04

정답 ②

재무현황 안내에 대한 설명은 제시된 자료에서 찾아볼 수 없다.

[오답분석]
① 빈칸 (나)에 해당한다.
③ 빈칸 (가)에 해당한다.
④ 빈칸 (다)에 해당한다.

05

정답 ①

제시문은 유전자 치료를 위해 프로브와 겔 전기영동법을 통해 비정상적인 유전자를 찾아내는 방법을 설명하고 있다. 따라서 주제로 가장 적절한 것은 ①이다.

01

정답 ①

벤담(ⓒ)은 걸인의 자유를 고려하지 않은 채 대다수의 사람을 위해 그들을 모두 강제 수용소에서 생활하도록 해야 한다고 주장하고 있다. 따라서 개인의 자유를 중시한 롤스(㉠)는 벤담의 주장에 대해 '개인의 자유를 침해하는 것은 정의롭지 않다.'고 비판할 수 있다.

[오답분석]
② 롤스는 개인이 정당하게 얻은 소유일지라도 그 이익의 일부는 사회적 약자에게 돌아가야 한다고 주장하였으므로 사회적 재화의 불균등한 분배를 정의롭다고 인정할 수 있다.
③・④ 벤담은 최대 다수의 최대 행복을 정의로운 것으로 보았으므로 벤담의 입장과 동일하다.

02

정답 ④

에피쿠로스의 주장에 따르면 신은 인간사에 개입하지 않으며, 육체와 영혼은 함께 소멸되므로 사후에 신의 심판도 받지 않는다. 그러므로 인간은 사후의 심판을 두려워할 필요가 없고, 이로 인해 죽음에 대한 모든 두려움에서 벗어날 수 있다고 주장한다. 따라서 이러한 주장에 대한 비판으로 ④가 가장 적절하다.

03

정답 ①

제시문은 기계화 · 정보화의 긍정적인 측면보다는 부정적인 측면을 부각시키고 있다. 따라서 기계화 · 정보화가 인간의 삶의 질 개선에 기여하고 있음을 경시한다고 비판할 수 있다.

04

정답 ②

제시문의 '나'는 세상의 사물이나 현상을 선입견에 사로잡히지 않은 채 본질을 제대로 파악하여 이해해야 한다고 말하고 있다. 그러므로 보기의 ㉠ · ㉢ · ㉣은 '나'의 비판을 받을 수 있다.

05

정답 ④

영화가 전통적인 예술이 지니는 아우라를 상실했다며 벤야민은 영화를 진정한 예술로 간주하지 않았다. 그러나 제시문에서는 영화가 우리 시대의 대표적인 예술 장르로 인정받고 있으며, 오늘날 문화의 총아로 각광받는 영화에 벤야민이 말한 아우라를 전면적으로 적용할 수 있을지는 미지수라고 지적한다. 따라서 벤야민의 견해에 대한 비판으로 예술에 대한 기준에는 벤야민이 제시한 아우라뿐만 아니라 여러 가지가 있을 수 있으며, 예술에 대한 기준도 시대에 따라 변한다는 점을 들 수 있다. 따라서 벤야민의 주된 논지에 대한 비판으로 가장 적절한 것은 ④이다.

오답분석

벤야민은 카메라의 개입이 있는 영화라는 장르 자체는 어떤 변화가 있어도 아우라의 체험을 얻을 수 없다고 비판한다. 그러므로 ①의 영화배우의 연기, ②의 영화 규모, ③의 카메라 촬영 기법 등에서의 변화는 벤야민의 견해를 비판하는 근거가 될 수 없다.

대표기출유형 07   기출응용문제

01

정답 ④

금융부실관련자 책임추궁에 따르면 금융회사 부실의 부분적인 원인을 제공한 경우에도 조사 대상이 된다.

오답분석

① 금융부실관련자에 대한 예금보험공사의 책임추궁은 예금자보호법에 근거한다.
② 예금보험공사는 검찰과 협조하여 금융부실책임조사본부를 발족하여 부실채무기업에 대해 조사를 수행하고 있다.
③ 예금보험공사는 2013년에 부실채무기업의 증가에 전담부서인 조사2국을 신설하여 대응하였다.

02

㉠ 제6조 제1항에 따르면 A는 입찰금액의 1할에 해당하는 45만 원을 입찰보증금으로 납부하여야 한다. 또한 동항의 단서 조항에 따라 자기앞수표에 따른 추심료를 납부하여야 한다. 따라서 A가 입찰서와 함께 납부해야 할 금액은 45만 원+4만 원=49만 원이다.

㉢ 제3조의 단서에 따르면 제1호부터 제3호까지의 경우, 해당 사실이 있은 후 2년이 경과되기 전까지는 입찰에 참가할 수 없다. C의 경우, 제2호에 해당하며 2년이 경과한 이후의 입찰이므로 참여 가능하다.

㉣ 제5조 제1항에 따르면 2명 이상의 공동명의로 입찰에 참가하려는 경우, 대표자를 정하여 대표 한 명의 명의로 입찰서를 작성하는 것이 아니라, 연명으로 기명날인한 후 공동입찰자명부를 입찰서에 첨부하여야 한다.

오답분석

㉡ 제3조의 단서에 따르면 제1호부터 제3호까지의 경우만 해당 사실이 있은 후 2년이 경과되기 전까지는 입찰에 참가할 수 없다. 그리고 제4호와 제5호는 2년이 경과되어도 참여할 수 없다. 여기서 B는 제4호의 경우에 해당하므로 2년이 경과하여도 참가할 수 없다.

03

신문기사는 원화 강세에 대한 내용이다. 원화 강세는 수입업자에게 유리하기 때문에 수입 재료를 많이 쓰는 음식점들에게는 좋은 소식이다.

04

실험 결과에 따르면 학습 위주 경험을 하도록 훈련시킨 실험군 1의 쥐는 뇌 신경세포 한 개 당 시냅스의 수가, 운동 위주 경험을 하도록 훈련시킨 실험군 2의 쥐는 모세혈관의 수가 크게 증가했다.

오답분석

① 실험 결과에 따르면 실험군 1의 쥐는 대뇌 피질의 지각 영역에서, 실험군 2의 쥐는 대뇌 피질의 운동 영역에서 구조 변화가 나타났지만 어느 구조 변화가 더 크게 나타났는지는 알 수 없다.

③ 실험 결과에 따르면 대뇌 피질과 소뇌의 구조 변화는 나타났지만 신경세포의 수에 대한 정보는 알 수 없다.

④ 실험군 1, 2의 쥐에서 뇌 신경세포 한 개당 시냅스 혹은 모세혈관의 수가 증가했고 대뇌 피질 혹은 소뇌의 구조 변화가 나타났지만 둘 사이의 인과관계는 알 수 없다.

05

외부 참여 가능성이 높은 모형은 C이고, 제시문에 따르면 C는 관료제의 영향력이 작고 통제가 약한 분야에서 주로 작동한다.

오답분석

① 합의 효율성이 높은 모형은 A이다. 제시문에 따르면 특정 이슈에 대해 유기적인 연계 속에서 기능하는 경우, B가 A보다 효과적으로 정책 목표를 달성할 수 있다.

③ 상호 의존성이 보통인 모형은 B이고, 배타성이 강해 다른 이익집단의 참여를 철저히 배제하는 특징을 가진 것은 A이다.

④ 제시된 정보만으로 각 모형에 참여하는 이익집단의 정책 결정 영향력을 비교할 수 없다.

CHAPTER

02 문제해결능력

대표기출유형 01 | 기출응용문제

01

정답 ①

'밤에 잠을 잘 잔다.'를 p, '낮에 피곤하다.'를 q, '업무효율이 좋다.'를 r, '성과급을 받는다.'를 s라고 하면 첫 번째 명제는 $\sim p \to q$이고 세 번째 명제는 $\sim r \to \sim s$, 마지막 명제는 $\sim p \to \sim s$이다. 그러므로 $\sim p \to q \to \sim r \to \sim s$가 성립하기 위해서 필요한 두 번째 명제는 $q \to \sim r$이다.

따라서 빈칸에 들어갈 명제로 가장 적절한 것은 '낮에 피곤하면 업무효율이 떨어진다.'이다.

02

정답 ①

'회사원은 회의에 참석한다.'를 A, '회사원은 결근을 한다.'를 B, '회사원은 출장을 간다.'를 C라 하면 첫 번째 명제와 마지막 명제는 다음과 같은 벤 다이어그램으로 나타낼 수 있다.

• 첫 번째 명제

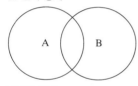

• 마지막 명제

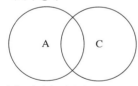

이때, 마지막 명제가 참이 되기 위해서는 B가 C에 모두 속해야 하므로 이를 벤 다이어그램으로 나타내면 다음과 같다.

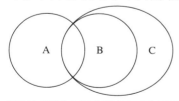

따라서 빈칸에 들어갈 명제로 가장 적절한 것은 '결근을 하는 회사원은 출장을 간다.'이다.

03

정답 ②

정직한 사람은 이웃이 많고, 이웃이 많은 사람은 외롭지 않을 것이다. 따라서 정직한 사람은 외롭지 않을 것이다.

04

'A가 외근을 나감'을 a, 'B가 외근을 나감'을 b, 'C가 외근을 나감'을 c, 'D가 외근을 나감'을 d, 'E가 외근을 나감'을 e라고 할 때, 네 번째 명제와 다섯 번째 명제의 대우인 $b \rightarrow c$, $c \rightarrow d$에 따라 $a \rightarrow b \rightarrow c \rightarrow d \rightarrow e$가 성립한다.
따라서 'A가 외근을 나가면 E도 외근을 나간다.'는 반드시 참이다.

05

제시된 조건에 따라 앞서 달리고 있는 순서대로 나열하면 'A - D - C - E - B'가 된다. 따라서 이 순위대로 결승점까지 달린다면 C는 3등을 할 것이다.

06

월요일부터 토요일까지 각 팀의 회의 진행 횟수가 같으므로 여섯 개 팀은 매일 각각 두 번씩 회의를 진행해야 한다. 제시된 조건에 따라 A ~ F팀의 회의 진행 요일을 정리하면 다음과 같다.

월	화	수	목	금	토
C, B	D, B	C, E	A, F	A, F	D, E
		D, E			C, E

따라서 F팀은 목요일과 금요일에 회의를 진행함을 알 수 있다.

[오답분석]
① C팀과 E팀은 수요일과 토요일 중 하루는 함께 회의를 진행한다.
② E팀은 수요일과 토요일에 모두 회의를 진행한다.
④ 화요일에 회의를 진행한 팀은 B팀과 D팀이다.

대표기출유형 02　기출응용문제

01

먼저 B의 진술이 거짓일 경우 A와 C는 모두 프로젝트에 참여하지 않으며, C의 진술이 거짓일 경우 B와 C는 모두 프로젝트에 참여한다. 즉, B와 C의 진술은 동시에 거짓이 될 수 없으므로 둘 중 1명의 진술은 반드시 참이 된다.
ⅰ) B의 진술이 참인 경우
    A는 프로젝트에 참여하지 않으며, B와 C는 모두 프로젝트에 참여한다. B와 C 모두 프로젝트에 참여하므로 D는 프로젝트에 참여하지 않는다.
ⅱ) C의 진술이 참인 경우
    A의 진술은 거짓이므로 A는 프로젝트에 참여하지 않으며, B는 프로젝트에 참여한다. C는 프로젝트에 참여하지 않으나, B가 프로젝트에 참여하므로 D는 프로젝트에 참여하지 않는다.
따라서 반드시 프로젝트에 참여하는 사람은 B이다.

02

'작품상'을 p, '감독상'을 q, '각본상'을 r, '편집상'을 s라고 하면 심사위원 4명의 진술을 다음과 같이 정리할 수 있다.

- A심사위원 : $\sim s \rightarrow \sim q$ and $\sim s \rightarrow r$
- B심사위원 : $p \rightarrow q$
- C심사위원 : $\sim q \rightarrow \sim s$
- D심사위원 : $\sim s$ and $\sim r$

이때, D심사위원의 진술에 따라 편집상과 각본상을 모두 받지 못한다면, 편집상을 받지 못한다면 대신 각본상을 받을 것이라는 A심사위원의 진술이 성립하지 않으므로 A심사위원과 D심사위원의 진술 중 하나는 반드시 거짓임을 알 수 있다.

ⅰ) D심사위원의 진술이 참인 경우

편집상과 각본상을 모두 받지 못하며, 최대 개수를 구하기 위해 작품상을 받는다고 가정하면 B심사위원의 진술에 따라 감독상도 받을 수 있다. 따라서 최대 2개의 상을 수상할 수 있다.

ⅱ) D심사위원의 진술이 거짓인 경우

편집상과 각본상을 모두 받으며, 최대 개수를 구하기 위해 작품상을 받는다고 가정하면 감독상도 받을 수 있다. 따라서 최대 4개의 상을 수상할 수 있다.

따라서 해당 작품이 수상할 수 있는 상의 최대 개수는 4개이다.

03

5명 중 단 1명만이 거짓말을 하고 있으므로 C와 D 중 1명은 반드시 거짓을 말하고 있다.

ⅰ) C의 진술이 거짓일 경우

B와 C의 말이 모두 거짓이 되므로 1명만 거짓말을 하고 있다는 조건이 성립하지 않는다.

ⅱ) D의 진술이 거짓일 경우

구분	A	B	C	D	E
출장지역	잠실		여의도	강남	

이때, B는 상암으로 출장을 가지 않는다는 A의 진술에 따라 상암으로 출장을 가는 사람이 E임을 알 수 있다.

따라서 ④는 반드시 거짓이 된다.

04

우선 지원자 4의 진술이 거짓이면 지원자 5의 진술도 거짓이고, 지원자 4의 진술이 참이면 지원자 5의 진술도 참이다. 1명의 진술만 거짓이므로 지원자 4, 5의 진술은 참이다. 이에 따라 나머지 지원자들의 진술을 확인해 보면 다음과 같다.

ⅰ) 지원자 1의 진술이 거짓인 경우

지원자 3은 A부서에 선발이 되었고, 지원자 2는 B 또는 C부서에 선발되었다. 이때, 지원자 3의 진술에 따라 지원자 4가 B부서, 지원자 2가 C부서에 선발되었다.

∴ A부서 : 지원자 3, B부서 : 지원자 4, C부서 : 지원자 2, D부서 : 지원자 5

ⅱ) 지원자 2의 진술이 거짓인 경우

지원자 2는 A부서에 선발이 되었고, 지원자 3은 B 또는 C부서에 선발되었다. 이때, 지원자 3의 진술에 따라 지원자 4가 B부서, 지원자 3이 C부서에 선발되었다.

∴ A부서 : 지원자 2, B부서 : 지원자 4, C부서 : 지원자 3, D부서 : 지원자 5

ⅲ) 지원자 3의 진술이 거짓인 경우

지원자 4는 C부서에 선발이 되었고, 지원자 2는 A부서, 지원자 3은 D부서에 선발되는데, 이때 지원자 4의 진술과 모순이 발생하여 지원자 3의 진술은 거짓이 아니다.

따라서 지원자 1과 지원자 2 중 1명의 진술이 거짓이며, 항상 옳은 것은 ④이다.

05

먼저 8호 태풍 바비의 이동 경로에 대한 A국과 D국의 예측이 서로 어긋나므로 둘 중 한 국가의 예측만 옳은 것을 알 수 있다.

ⅰ) A국의 예측이 옳은 경우

A국의 예측에 따라 8호 태풍 바비는 일본에 상륙하고, 9호 태풍 마이삭은 한국에 상륙한다. D국의 예측은 옳지 않으므로 10호 태풍 하이선이 중국에 상륙하지 않을 것이라는 C국의 예측 역시 옳지 않음을 알 수 있다. 따라서 B국의 예측에 따라 10호 태풍 하이선은 중국에 상륙하며, 태풍의 이동 경로를 바르게 예측한 나라는 A국과 B국이다.

ⅱ) D국의 예측이 옳은 경우

D국의 예측에 따라 10호 태풍 하이선은 중국에 상륙하지 않으며, 8호 태풍 바비가 일본에 상륙한다는 A국의 예측이 옳지 않게 되므로 9호 태풍 마이삭은 한국에 상륙하지 않는다. 따라서 B국이 예측한 결과의 대우인 '태풍 하이선이 중국에 상륙하지 않으면, 9호 태풍 마이삭은 한국에 상륙하지 않는다.'가 성립하므로 B국의 예측 역시 옳은 것을 알 수 있다. 그런데 이때 10호 태풍 하이선은 중국에 상륙하지 않는다는 C국의 예측 역시 성립하므로 두 국가의 예측만이 실제 태풍의 이동 경로와 일치했다는 조건에 어긋난다.

따라서 태풍의 이동 경로를 바르게 예측한 나라는 A국, B국이다.

06

대화 내용을 살펴보면 영석이의 말에 선영이가 동의했으므로, 영석과 선영은 진실 혹은 거짓을 함께 말한다는 것을 알 수 있다. 이때 지훈은 선영이가 거짓말만 한다고 하였으므로 반대가 된다. 그리고 동현의 말에 정은이가 부정했기 때문에 둘 다 진실일 수 없다. 하지만 정은이가 둘 다 좋아한다는 경우의 수가 있으므로 둘 다 거짓일 수 있다. 또한 마지막 선영이의 말로 선영이가 진실일 경우에는 동현과 정은은 모두 거짓만을 말하게 된다. 이를 미루어 경우의 수를 정리하면 다음과 같다.

구분	경우 1	경우 2	경우 3
동현	거짓	거짓	진실
정은	거짓	진실	거짓
선영	진실	거짓	거짓
지훈	거짓	진실	진실
영석	진실	거짓	거짓

문제에서는 지훈이가 거짓을 말할 때 진실만을 말하는 사람을 찾고 있으므로 경우 1에 따라 선영, 영석이 된다.

01

세 번째 조건에 따라 D는 6명 중 두 번째로 키가 크므로 1팀에 배치되는 것을 알 수 있다. 또한 두 번째 조건에 따라 B는 2팀에 배치되므로 한 팀에 배치되어야 하는 E와 F는 아무도 배치되지 않은 3팀에 배치되는 것을 알 수 있다. 마지막으로 네 번째 조건에 따라 B보다 키가 큰 A는 2팀에 배치되므로 결국 A~F는 다음과 같이 배치된다.

1팀	2팀	3팀
C > D	A > B	E, F

따라서 키가 가장 큰 사람은 C이다.

02

제시된 조건을 정리하면 다음과 같다.

구분	A학교	B학교	C학교	D학교	E학교
경우 1	가	마	다	라	나
경우 2	나	마	다	라	가

따라서 항상 참인 것은 ④이다.

[오답분석]

① 가는 A학교에 배정될 수도 배정받지 못할 수도 있다.
② · ③ 제시된 조건만으로는 판단하기 힘들다.

03

원탁 자리에 다음과 같이 임의로 번호를 지정하고, 기준이 되는 C를 앉히고 나머지를 배치한다.

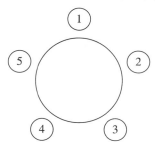

C를 1번에 앉히면, 첫 번째 조건에서 C 바로 옆에 E가 앉아야 하므로 E는 5번 또는 2번에 앉는다. 만약 E가 2번에 앉으면 세 번째 조건에 따라 D가 A의 오른쪽에 앉아야 한다. A, D가 4번과 3번에 앉으면 B가 5번에 앉게 되어 첫 번째 조건에 부합하지 않는다. 또한 A가 5번, D가 4번에 앉는 경우 B는 3번에 앉게 되지만 두 번째 조건에서 D와 B는 나란히 앉을 수 없어 불가능하다. E를 5번에 앉히고 A는 3번, D는 2번에 앉게 되면 B는 4번에 앉아야 하므로 모든 조건을 만족하게 된다. 따라서 C를 첫 번째로 하여 시계 방향으로 세 번째에 앉는 사람은 A이다.

먼저 A씨가 월요일부터 토요일까지 운동 스케줄을 등록할 때, 토요일에는 리포머 수업만 진행되므로 A씨는 토요일에 리포머 수업을 선택해야 한다. 금요일에는 체어 수업에 참여하므로 네 번째 조건에 따라 목요일에는 바렐 또는 리포머 수업만 선택할 수 있다. 그런데 A씨가 화요일에 바렐 수업을 선택한다면, 목요일에는 리포머 수업만 선택할 수 있다. 따라서 수요일에는 리포머 수업을 선택할 수 없으며, 반드시 체어 수업을 선택해야 한다.

월	화	수	목	금	토
리포머	바렐	체어	리포머	체어	리포머

오답분석

A씨가 등록할 수 있는 월~토요일까지의 운동 스케줄은 다음과 같다.

구분	월	화	수	목	금	토
경우 1	리포머	바렐	체어	리포머	체어	리포머
경우 2	리포머	체어	바렐	리포머	체어	리포머
경우 3	리포머	체어	리포머	바렐	체어	리포머
경우 4	체어	리포머	바렐	리포머	체어	리포머
경우 5	바렐	리포머	체어	리포머	체어	리포머

① 경우 2와 경우 3에 따라 옳은 내용이다.
② 경우 4에 따라 옳은 내용이다.
③ 경우 2에 따라 옳은 내용이다.

먼저 마지막 정보에 따라 D는 7호실에 배정되었으므로, B와 D의 방 사이에 3개의 방이 있다는 네 번째 정보에 따라 B의 방은 3호실임을 알 수 있다. 이때, C와 D의 방이 나란히 붙어 있다는 세 번째 정보에 따라 C는 6호실 또는 8호실에 배정될 수 있다.
ⅰ) C가 6호실에 배정된 경우
두 번째 정보에 따라 B와 C의 방 사이의 거리는 D와 E의 방 사이의 거리와 같으므로 E는 4호실 또는 10호실에 배정될 수 있다. 그러나 E가 10호실에 배정된 경우 A와 B의 방 사이에는 모두 빈방만 있거나 C와 D 두 명의 방이 있게 되므로 첫 번째 정보와 모순된다. 따라서 E는 4호실에 배정되며, A~E가 배정받은 방은 다음과 같다.

1	2	3	4	5	6	7	8	9	10
		B		E	A	C	D		

ⅱ) C가 8호실에 배정된 경우
두 번째 정보에 따라 B와 C의 방 사이의 거리는 D와 E의 방 사이의 거리와 같으므로 E는 2호실에 배정된다. 또한 첫 번째 정보에 따라 A와 B의 방 사이의 방에는 반드시 1명이 배정되어야 하므로 A는 1호실에 배정된다.

1	2	3	4	5	6	7	8	9	10
A	E	B				D	C		

따라서 항상 참이 되는 것은 ② '9호실은 빈방이다.'이다.

06

정답 ③

김대리의 10월 일정을 달력에 정리하면 다음과 같다.

〈10월 일정〉

일	월	화	수	목	금	토
				1 추석	2 추석연휴, 제주도 여행	3 개천절, 제주도 여행
4 제주도 여행	5 제주도 여행	6 제주도 여행, 휴가 마지막 날	7	8	9 한글날	10
11	12	13	14	15	16	17
18	19	20 외부출장	21 외부출장	22 외부출장	23 외부출장	24
25	26	27	28 프로젝트 발표	29 프로젝트 발표	30	31

12일 월요일부터 그 주에 스케줄이 없으므로 이틀간 연차를 쓰고 할머니댁 방문이 가능하다.

오답분석

① 제주도 여행 기간이며, 주말에는 할머니댁에 가지 않는다고 하였다.
② 6일은 제주도 여행에서 돌아오는 날로 휴가 기간이다.
④ 20 ~ 23일까지 외부출장이 있다.

대표기출유형 04   기출응용문제

01

정답 ①

제시된 조건에 따라 각 프로그램의 점수와 선정 여부를 나타내면 다음과 같다.

분야	프로그램명	가중치 반영 인기 점수	가중치 반영 필요성 점수	수요도 점수	비고
운동	강변 자전거 타기	12	5	–	탈락
진로	나만의 책 쓰기	10	7+2	19	
여가	자수 교실	8	2	–	탈락
운동	필라테스	14	6	20	선정
교양	독서 토론	12	4+2	18	
여가	볼링 모임	16	3	19	선정

수요도 점수는 나만의 책 쓰기와 볼링 모임이 19점으로 같지만, 인기 점수가 더 높은 볼링 모임이 선정된다. 따라서 하반기 동안 운영될 프로그램은 필라테스와 볼링 모임이다.

PART 1

02

갑 ~ 정의 아이돌봄 서비스 이용요금을 표로 정리하면 다음과 같다.

구분	이용시간(시간)		소득기준별 본인부담금(원)		비고
	일반	야간	A형	B형	
갑	6	–	7,800	–	–
을	5	–	3,900	–	33.3% 할인
병	4	1	–	7,800	–
정	7	2	1,560	2,340	15% 할인

- 갑 : $7,800 \times 6 = 46,800$원
- 을 : $3,900 \times 5 \times 3 \times 0.667 = 39,019$원($\because$ 원 단위 이하 절사)
- 병 : $(7,800 \times 4) + [(7,800 + 3,900) \times 1] = 42,900$원
- 정
  - A형 아동 1명 : $(1,560 \times 7) + [(1,560 + 3,900) \times 2] = 21,840$원
  - B형 아동 1명 : $(2,340 \times 7) + [(2,340 + 3,900) \times 2] = 28,860$원
  - $\therefore$ 서비스 이용요금 : $(21,840 + 28,860) \times 0.85 = 43,095$원

따라서 가장 많은 본인부담금을 납부하는 사람은 갑이다.

03

1년 안에 중도해지를 하더라도 금리가 2.5% 이상인 상품을 원하므로 가족적금과 생활적금을 제외하고, 1인 가구 대상인 든든적금도 제외된다. 따라서 고객에게 추천해 줄 가장 적절한 상품은 우수적금이다.

04

고객은 만 30세에 1인 가구이므로 처음적금과 가족적금은 가입할 수 없다. 고객이 가입 가능한 생활적금, 든든적금, 우수적금의 적용되는 우대금리를 계산하여 최종금리를 비교하면 다음과 같다.

구분	기본금리	우대금리	적용금리
생활적금	4.4%	- 예금통장 보유 : 0.5%p - 자동이체 3건 : 0.9%p - 10년 가입 : 0.8%p	6.6%
든든적금	3.5%	- 예금통장 보유 : 1.1%p - 자동이체 3건 : 0.4%p(최대 2건)	5.0%
우수적금	2.8%	- 예금통장 보유 : 1.5%p - 자동이체 3건 : 1.2%p	5.5%

따라서 직원이 고객에게 추천해 준 상품은 생활적금이다.

05

04번 고객의 적금은 생활적금에 해당하고 적금 기간은 6년이므로 중도해지 시 3.3%의 금리가 적용된다.

01

정답 ②

WO전략은 약점을 극복함으로써 기회를 활용할 수 있도록 내부 약점을 보완하여 좀 더 효과적으로 시장 기회를 추구하는 것이다. 따라서 바로 옆에 유명한 프랜차이즈 레스토랑이 생겼다는 사실을 이용하여 홍보가 미흡한 점을 보완할 수 있도록 레스토랑과 제휴하여 레스토랑 내에 홍보물을 비치하는 것은 적절하다.

02

정답 ③

보유한 글로벌 네트워크를 통해 해외시장에 진출하는 것은 강점을 활용하여 기회를 포착하는 SO전략이다.

오답분석

① SO전략은 강점을 활용하여 외부환경의 기회를 포착하는 전략이므로 적절하다.
② WO전략은 약점을 보완하여 외부환경의 기회를 포착하는 전략이므로 적절하다.
④ WT전략은 약점을 보완하여 외부환경의 위협을 회피하는 전략이므로 적절하다.

03

정답 ③

ⓒ WO전략은 약점을 보완하여 기회를 포착하는 전략이다. ⓒ에서 말하는 원전 운영 기술력은 강점에 해당하므로 적절하지 않다.
ⓒ ST전략은 강점을 살려 위협을 회피하는 전략이다. ⓒ은 위협 회피와 관련하여 정부의 탈원전 정책 기조를 고려하지 않았으므로 적절하지 않다.

오답분석

㉠ SO전략은 강점을 살려 기회를 포착하는 전략으로, 강점인 기술력을 활용해 해외 시장에서 우위를 점하려는 ㉠은 적절한 SO전략으로 볼 수 있다.
㉣ WT전략은 약점을 보완하여 위협을 회피하는 전략이다. 안전우려를 고려하여 안전점검을 강화하고, 정부의 탈원전 정책 기조에 협조하는 것은 적절한 WT전략으로 볼 수 있다.

04

정답 ②

고급 포장과 스토리텔링은 모두 수제 초콜릿의 강점에 해당되므로 SWOT 분석에 의한 마케팅 전략으로 볼 수 없다. SO전략과 ST전략으로 보일 수 있으나, 기회를 포착하거나 위협을 회피하는 모습을 보이지 않기에 적절하지 않다.

오답분석

① 값비싼 포장(약점)을 보완하여 좋은 식품에 대한 인기(기회)에 발맞춰 홍보하는 WO전략에 해당된다.
③ 수제 초콜릿의 스토리텔링(강점)을 포장에 명시하여 소비자들의 요구를 충족(기회)시키는 SO전략에 해당된다.
④ 수제 초콜릿의 존재를 모르는(약점) 소비자들을 겨냥한 마케팅을 강화하여 대기업과의 경쟁(위협)을 이겨내는 WT전략에 해당된다.

05

㉠ 기술개발을 통해 연비를 개선하는 것은 막대한 R&D 역량이라는 강점으로 휘발유의 부족 및 가격의 급등이라는 위협을 회피하거나 최소화하는 전략에 해당하므로 적절하다.

㉣ 생산설비에 막대한 투자를 했기 때문에 차량모델 변경의 어려움이라는 약점이 있는데, 레저용 차량 전반에 대한 수요 침체 및 다른 회사들과의 경쟁이 심화되고 있으므로 생산량 감축을 고려할 수 있다.

㉤ 생산 공장을 한 곳만 가지고 있다는 약점이 있지만 새로운 해외시장이 출현하고 있는 기회를 살려서 국내 다른 지역이나 해외에 공장들을 분산 설립할 수 있을 것이다.

㉥ 막대한 R&D 역량이라는 강점을 이용하여 휘발유의 부족 및 가격의 급등이라는 위협을 회피하거나 최소화하기 위해 경유용 레저 차량 생산을 고려할 수 있다.

[오답분석]
㉡ 소형 레저용 차량에 대한 수요 증대라는 기회 상황에서 대형 레저용 차량을 생산하는 것은 적절하지 않은 전략이다.

㉢ 차량모델 변경의 어려움이라는 약점을 보완하는 전략도 아니고, 소형 또는 저가형 레저용 차량에 대한 선호가 증가하는 기회에 대응하는 전략도 아니다. 또한, 차량 안전 기준의 강화 같은 규제 강화는 기회 요인이 아니라 위협 요인이다.

㉦ 기회는 새로운 해외시장의 출현인데 내수 확대에 집중하는 것은 기회를 살리는 전략이 아니다.

대표기출유형 01   기출응용문제

01

정답 ③

집에서 학원까지의 거리는 1.5km=1,500m이다.

A가 걸어간 거리를 xm, 달린 거리는 $(1,500-x)$m라고 하면 다음과 같은 식이 성립한다.

$\frac{x}{40}+\frac{1,500-x}{160}=15$

→ $4x+1,500-x=2,400$

→ $3x=900$

∴ $x=300$

따라서 A가 걸어간 거리는 300m이다.

02

정답 ①

기차의 길이를 xm, 기차의 속력을 ym/s라고 하면 다음과 같은 식이 성립한다.

$\frac{x+400}{y}=10$ → $x+400=10y$ → $10y-x=400 \cdots \bigcirc$

$\frac{x+800}{y}=18$ → $x+800=18y$ → $18y-x=800 \cdots \bigcirc\!\!\bigcirc$

㉠, ㉡을 연립하면 $x=100$, $y=50$이다.

따라서 기차의 길이는 100m이고, 기차의 속력은 50m/s이다.

03

정답 ④

철수가 출발하고 나서 영희를 따라잡은 시간을 x분이라고 하자.

철수와 영희는 5 : 3 비율의 속력으로 간다고 했으므로 철수의 속력을 $5a$m/분이라고 할 때 영희의 속력은 $3a$m/분이다.

$5a$m/분$\times x$분$=3a$m/분$\times 30$분$+3a$m/분$\times x$분

→ $5ax=90a+3ax$

→ $2ax=90a$

∴ $x=45$

따라서 철수가 영희를 따라잡은 시간은 철수가 출발하고 나서 45분 만이다.

01

처음 소금물의 양이 500g이고 농도가 10%이므로 소금의 양은 $\frac{10}{100} \times 500 = 50$g이다.

이 소금물을 끓여 증발시킨 물의 양을 xg이라고 하면, 증발시킨 후 소금물의 양은 $(500-x)$g이고 소금의 양은 변하지 않으므로 50g이다. 더 넣은 소금물의 양이 250g이고 농도가 2%이므로 더 넣은 소금의 양은 $\frac{2}{100} \times 250 = 5$g이다.

소금물의 양이 $(750-x)$g이고 소금의 양이 $50+5=55$g일 때 농도가 8%이므로 다음과 같은 식이 성립한다.

$\frac{55}{750-x} \times 100 = 8$

$\rightarrow 5,500 = 6,000 - 8x$

$\therefore x = \frac{500}{8} = 62.5$

따라서 증발시킨 물의 양은 62.5g이다.

02

증발하기 전 농도가 15%인 소금물의 양을 xg이라고 하면 소금의 양은 $0.15x$g이고, 5% 증발했으므로 증발한 후의 소금물의 양은 $0.95x$g이다. 또한, 농도가 30%인 소금물의 소금의 양은 $200 \times 0.3 = 60$g이므로 다음과 같은 식이 성립한다.

$\frac{0.15x+60}{0.95x+200} \times 100 = 20$

$\rightarrow 0.15x+60 = 0.2(0.95x+200)$

$\rightarrow 0.15x+60 = 0.19x+40$

$\rightarrow 0.04x = 20$

$\therefore x = 500$

따라서 증발 전 농도가 15%인 소금물의 양은 500g이다.

03

A소금물에 첨가한 물의 양은 ag, 버린 B소금물의 양은 bg, 늘어난 A소금물과 줄어든 B소금물을 합친 소금물의 양은 500g이다. 또한 농도는 10%라고 하였으므로 다음과 같은 식이 성립한다.

$(200+a)+(300-b)=500 \rightarrow a-b=0 \cdots \bigcirc$

$(200 \times 0.1)+(300-b) \times 0.2 = 500 \times 0.1 \rightarrow 20+60-0.2b=50 \rightarrow 0.2b=30 \rightarrow b=150 \cdots \bigcirc$

$\bigcirc$을 $\bigcirc$에 대입하면 $a=150$이다.

따라서 A소금물에 첨가한 물의 양은 150g이다.

01

정답 ②

A트럭의 적재량을 a톤이라 하자. 하루에 두 번 옮기므로 $2a$톤씩 12일 동안 192톤을 옮긴다. 그러므로 A트럭의 적재량은 $2a \times 12 = 192 \rightarrow a = \dfrac{192}{24} = 8$톤이 된다. A트럭과 B트럭이 동시에 운행했을 때는 8일이 걸렸으므로 A트럭이 옮긴 양은 $8 \times 2 \times 8 = 128$톤이며, B트럭은 8일 동안 $192 - 128 = 64$톤을 옮기므로 B트럭의 적재량은 $\dfrac{64}{2 \times 8} = 4$톤이다. B트럭과 C트럭을 같이 운행했을 때 16일이 걸렸다면 B트럭이 16일 동안 옮긴 양은 $16 \times 2 \times 4 = 128$톤이며, C트럭은 같은 기간 동안 $192 - 128 = 64$톤을 옮겼다. 따라서 C트럭의 적재량은 $\dfrac{64}{2 \times 16} = 2$톤이다.

02

정답 ①

박행원은 월~금요일까지만 일하므로 김행원이 7월 중 월~금요일에 일한 날이 함께 일한 날이다.
김행원은 이틀간 일하고 하루 쉬기를 반복하므로 7월에 일하는 경우는 3가지이다.
ⅰ) 6월 30일에 쉬고, 7월 1일부터 일하는 경우 : 김행원이 7월에 21일을 일하게 된다. (×)
ⅱ) 6월 29일에 쉬고, 6월 30일과 7월 1일에 일하는 경우 : 김행원이 7월에 21일을 일하게 된다. (×)
ⅲ) 7월 1일에 쉬고, 7월 2일부터 일하는 경우 : 김행원이 7월에 20일을 일하게 된다. (○)
따라서 김행원이 7월 2일부터 일하는 경우를 달력에 나타내면 다음과 같다.

〈7월 달력〉

일	월	화	수	목	금	토
				1	2	3
4	5	6	7	8	9	10
11	12	13	14	15	16	17
18	19	20	21	22	23	24
25	26	27	28	29	30	31

따라서 월~금요일은 15일을 일하므로 김행원과 박행원이 7월에 함께 일한 날은 15일이다.

03

정답 ②

전체 일의 양을 1이라고 하자.

• 박주임이 하루 동안 처리하는 일의 양 : $\dfrac{1}{10}$

• 정대리가 하루 동안 처리하는 일의 양 : $\dfrac{1}{10} \times \dfrac{10}{8} = \dfrac{1}{8}$

• 정대리와 박주임이 하루 동안 함께 처리하는 일의 양 : $\dfrac{1}{10} + \dfrac{1}{8} = \dfrac{9}{40}$

따라서 함께 일을 마치는 데 $1 \div \dfrac{9}{40} = \dfrac{40}{9}$일이 소요된다.

01

정답 ②

작년 비행기 왕복 요금을 x원, 작년 1박 숙박비를 y원이라고 하면 다음과 같은 식이 성립한다.

$$-\frac{20}{100}x + \frac{15}{100}y = \frac{10}{100}(x+y) \cdots \bigcirc$$

$$\left(1 - \frac{20}{100}\right)x + \left(1 + \frac{15}{100}\right)y = 308,000 \cdots \bigcirc\!\!\!\!\bigcirc$$

$\bigcirc$, $\bigcirc\!\!\!\!\bigcirc$을 연립하면 다음과 같은 식이 성립한다.

$y = 6x \cdots \bigcirc\!\!\!\!\bigcirc\!\!\!\!\bigcirc$

$16x + 23y = 6,160,000 \cdots \textcircled{2}$

$\bigcirc\!\!\!\!\bigcirc\!\!\!\!\bigcirc$, $\textcircled{2}$을 연립하면 다음과 같은 식이 성립한다.

$16x + 138x = 6,160,000$

$\therefore x = 40,000, \ y = 240,000$

따라서 올해 비행기 왕복 요금은 $40,000 - 40,000 \times \frac{20}{100} = 32,000$원이다.

02

정답 ②

10개당 9개의 가격을 받는다는 것은 10개의 가격이 $9a$원이라는 것이다.

물건 385개의 가격은 $38 \times 9a + 5a = 347a$원이고, 지불해야 하는 가격은 5% 추가 할인된 가격이다.

따라서 한 단체에서 물건 385개를 주문했을 때 지불해야 하는 가격은 $347a \times \frac{95}{100} = \frac{6,593}{20}a$원이다.

03

정답 ③

K랜드 이용 횟수를 x회라고 하자.

• 비회원 이용 금액 : $20,000 \times x$원

• 회원 이용 금액 : $50,000 + 20,000 \times \left(1 - \frac{20}{100}\right) \times x$원

비회원과 회원 이용 금액을 비교하면 다음과 같다.

$$20,000 \times x > 50,000 + 20,000 \times \left(1 - \frac{20}{100}\right) \times x$$

$\rightarrow 20,000x > 50,000 + 16,000x$

$\rightarrow 4,000x > 50,000$

$\therefore x > 12.5$

따라서 최소 13회 이용해야 회원가입한 것이 이익이다.

01

A는 월요일부터 2일 간격으로 산책하고, B는 그다음 날인 화요일부터 3일 간격으로 산책하므로 A와 B가 산책하는 요일을 정리하면
다음과 같다.

월	화	수	목	금	토	일
A		A		A		A
	B			B		

따라서 처음으로 A와 B가 만나는 날은 금요일이다.

02

휴일이 5일, 7일 간격이기 때문에 각각 6번째 날과 8번째 날이 휴일이 된다.
6과 8의 최소공배수는 24이므로 두 회사는 24일마다 함께 휴일을 맞는다.
4번째로 함께 하는 휴일은 $24 \times 4 = 96$이므로 $96 \div 7 = 13 \cdots 5$이다.
따라서 금요일이 4번째로 함께하는 휴일이다.

03

365일은 52주+1일이므로 평년인 해에 1월 1일과 12월 31일은 같은 요일이다. 따라서 평년인 해에 1월 1일이 월, 화, 수, 목,
금요일 중 하나라면 휴일 수는 $52 \times 2 = 104$일이고, 1월 1일이 토, 일요일 중 하나라면 휴일 수는 $52 \times 2 + 1 = 105$일이다.
재작년을 0년으로 두고 1월 1일이 토, 일요일인 경우로 조건을 따져보면 다음과 같다.
ⅰ) 1월 1일이 토요일인 경우

구분	1월 1일	12월 31일	휴일 수
0년(평년)	토	토	105일
1년(윤년)	일	월	105일
2년(평년)	화	화	104일

ⅱ) 1월 1일이 일요일인 경우

구분	1월 1일	12월 31일	휴일 수
0년(평년)	일	일	105일
1년(윤년)	월	화	104일
2년(평년)	수	수	104일

따라서 올해 1월 1일은 평일이고, 휴일 수는 104일이다.

01

서로 다른 8명 중 순서를 고려하지 않고 3명을 선택하는 방법은 $_8C_3 = \dfrac{8!}{(8-3)! \times 3!} = 56$가지이다.

따라서 8명의 후보 중 3명을 선출하는 경우는 총 56가지이다.

02

세 자리 수가 홀수가 되려면 끝자리 숫자가 홀수여야 한다.

홀수는 1, 3, 5, 7, 9로 5가지이고, 백의 자리와 십의 자리의 숫자의 경우의 수를 고려한다.

백의 자리에 올 수 있는 숫자는 0을 제외한 8가지, 십의 자리는 0을 포함한 8가지 숫자가 올 수 있다.

따라서 홀수인 세 자리 숫자는 모두 $8 \times 8 \times 5 = 320$가지가 가능하다.

03

2명씩 짝을 지어 한 그룹으로 보고 원탁에 앉는 방법을 구하기 위해서 원순열 공식 $(n-1)!$을 이용한다.

2명씩 3그룹이므로 $(3-1)! = 2 \times 1 = 2$가지이다. 또한 그룹 내에서 2명이 자리를 바꿔 앉을 수 있는 경우는 2가지씩이다.

따라서 6명이 원탁에 앉을 수 있는 방법은 $2 \times 2 \times 2 \times 2 = 16$가지이다.

01

• 12장의 카드 중 3장을 고르는 경우의 수 : $_{12}C_3 = 220$가지
• 7장의 카드 중 3장을 고르는 경우의 수 : $_7C_3 = 35$가지

따라서 구하고자 하는 확률은 $\dfrac{35}{220} = \dfrac{7}{44}$ 이다.

02

탁구공 12개 중에서 4개를 꺼내는 경우의 수는 $_{12}C_4 = 495$가지이다.

흰색 탁구공이 노란색 탁구공보다 많은 경우는 흰색 탁구공 3개, 노란색 탁구공 1개 또는 흰색 탁구공 4개를 꺼내는 경우이다.

• 흰색 탁구공 3개, 노란색 탁구공 1개를 꺼내는 경우의 수 : $_7C_3 \times _5C_1 = 35 \times 5 = 175$가지
• 흰색 탁구공 4개를 꺼내는 경우의 수 : $_7C_4 = 35$가지

따라서 구하고자 하는 확률은 $\dfrac{175 + 35}{495} = \dfrac{210}{495} = \dfrac{14}{33}$ 이다.

03

- 10명이 탁자에 앉을 수 있는 경우의 수

  10명을 일렬로 배치하는 경우의 수는 10!이고, 정오각형의 각 변에 둘러앉을 수 있으므로 같은 경우 5가지씩을 제외한 경우의 수는 $\dfrac{10!}{5}$ 이다.

- 남학생과 여학생이 이웃하여 앉는 경우의 수

  남학생을 먼저 앉히고 남은 자리에 여학생을 앉힌다.

  각각에 대하여 남녀의 자리를 바꿀 수 있으므로 경우의 수는 $4! \times 5! \times 2^5$ 이다.

따라서 구하고자 하는 확률은 $\dfrac{4! \times 5! \times 2^5}{\dfrac{10!}{5}} = \dfrac{8}{63}$ 이다.

대표기출유형 08 │ 기출응용문제

01

정답 ①

여행 전 2,500,000원을 엔화로 환전하면 $\dfrac{2,500,000}{9.13} ≒ 273,822.6$엔이다.

일본에서 150,000엔을 사용했으므로 $273,822.6 - 150,000 = 123,822.6$엔이 남는다.

귀국한 날 엔화 환율이 10.4원/엔이므로, 남은 엔화를 원화로 환전한 금액은 $123,822.6 \times 10.4 ≒ 1,287,755$원이다.

02

정답 ②

A씨가 태국에서 구매한 기념품 금액을 환율과 해외서비스 수수료까지 적용하여 구하면 $15,000 \times 38.1 \times 1.002 = 572,643$원이다.

따라서 카드 금액으로 내야 할 기념품 비용은 십 원 미만은 절사한 572,640원이다.

03

정답 ④

가격이 540달러인 청소기를 구입하면 20%의 관세가 부가되므로 내야 하는 가격은 540×1.2달러이고, 이를 원화로 환산하면 $540 \times 1.2 \times 1,128$이다. 영양제는 200달러 이하로 관세가 붙지 않고, 이를 원화로 환전하면 $52 \times 1,128$원이다. 각각 따로 주문한다고 하였으므로 배송비는 2번 내야 한다.

따라서 A씨가 원화로 내야 하는 총금액은 $(540 \times 1.2 \times 1,128) + (52 \times 1,128) + (30,000 \times 2) = 700 \times 1,128 + 60,000 = 789,600 + 60,000 = 849,600$원이다.

CHAPTER 03 수리능력 • 25

01

원금을 a원, 연 이자율을 $r\%$, 기간을 n개월이라고 하면 연복리 예금의 경우 n년 후 받을 수 있는 총금액은 $a(1+r)^n$원이다.
K씨가 연 3%인 연복리 예금상품에 4,300만 원을 예치하고 금액이 2배가 될 때를 구하는 식은 다음과 같다.

$4,300 \times (1+0.03)^n = 4,300 \times 2$

$\rightarrow (1+0.03)^n = 2$

$\rightarrow n\log 1.03 = \log 2$

$\rightarrow n = \dfrac{\log 2}{\log 1.03} = \dfrac{0.3}{0.01}$

$\therefore n = 30$

따라서 K씨가 만기 시 금액으로 원금의 2배를 받는 것은 30년 후이다.

02

성호가 먼저 20만 원을 지불하고 남은 금액은 80만 원이다.
매달 갚아야 할 금액을 a만 원이라고 하면, 매달 성호가 a만 원을 갚고 남은 금액은 다음과 같다.

• 1개월 후 : $(80 \times 1.03 - a)$만 원
• 2개월 후 : $(80 \times 1.03^2 - a \times 1.03 - a)$만 원
• 3개월 후 : $(80 \times 1.03^3 - a \times 1.03^2 - a \times 1.03 - a)$만 원

$\vdots$

• 6개월 후 : $(80 \times 1.03^6 - a \times 1.03^5 - a \times 1.03^4 - a \times 1.03^3 - a \times 1.03^2 - a \times 1.03 - a)$만 원 $=$ 0원

이를 정리하면 다음과 같은 식이 성립한다.

$80 \times 1.03^6 = \dfrac{a(1.03^6 - 1)}{1.03 - 1}$

$\rightarrow 80 \times 1.2 = \dfrac{a \times (1.2 - 1)}{0.03}$

$\therefore a = 80 \times 1.2 \times \dfrac{0.03}{0.2} = 14.4$

따라서 성호는 매달 14.4만 원씩 갚아야 한다.

03

(단리 예금 이자)=(원금)×(기간)×$\dfrac{(이율)}{12}$

따라서 만기 시 이자를 계산하면 $20,000,000 \times 24 \times \dfrac{0.008}{12} ≒ 320,000$원이다.

04

정답 ④

2009년에 2,000만 원 받은 것을 2010년 초부터 저축한다고 하였기 때문에 기산년도는 2010년도로 한다.

문제가 다소 복잡하기에 간편한 수식을 위하여 2,000만 원을 x만 원이라고 하자. 또한 2010년 연초부터 실제 돈을 넣는 것이지만 문제에서 물어보는 것은 연말임을 주의한다.

연금은 매년 8%씩 증가하므로 해가 거듭될수록 1.08이 곱해지고, 2010년부터 가입한 복리예금상품 만기금액은 다음과 같다.

(단위 : 만 원)

2010년 초	2010년 말	2011년 말	2012년 말	...	2024년 말
x	$x(1.03)$	$x(1.03)^2$	$x(1.03)^3$	...	$x(1.03)^{15}$
	$x(1.08)$	$x(1.08)\times(1.03)$	$x(1.08)\times(1.03)^2$	...	$x(1.08)\times(1.03)^{14}$
		$x(1.08)^2$	$x(1.08)^2\times(1.03)$	...	$x(1.08)^2\times(1.03)^{13}$
				...	...
				...	$x(1.08)^{15}$

2024년 말에 K씨가 모은 돈은 2024년 말의 항을 모두 더한 값인 S와 같다.

총항의 개수는 16개이며, 등비수열 합 공식 $S=\dfrac{a(r^n-1)}{r-1}$ 에서 초항(a)은 $x(1.03)^{15}$, 공비(r)는 $\dfrac{1.08}{1.03}=1.05$,

항의 개수(n)는 16으로 하여 계산하면 다음과 같은 식이 성립한다.

$$S=\frac{a(r^n-1)}{r-1}=\frac{x(1.03)^{15}(1.05^{16}-1)}{1.05-1}=\frac{x\times1.6\times(2.2-1)}{0.05}=38.4\times x$$

x는 2,000이므로 2024년 말에 K씨가 모은 돈은 $2,000\times38.4=76,800$만 원이다.

05

정답 ②

• 직장인사랑적금 : 만기 시 수령하는 이자액은 $100,000\times\left(\dfrac{36\times37}{2}\right)\times\left(\dfrac{0.02}{12}\right)=111,000$원이고, A대리가 가입기간 동안 납입한

  적립 원금은 $100,000\times36=3,600,000$원이므로 A대리의 만기환급금은 $111,000+3,600,000=3,711,000$원이다.

• 미래든든적금 : 만기 시 수령하는 이자액은 $150,000\times\left(\dfrac{24\times25}{2}\right)\times\left(\dfrac{0.015}{12}\right)=56,250$원이고, A대리가 가입기간 동안 납입한

  적립 원금은 $150,000\times24=3,600,000$원이므로 A대리의 만기환급금은 $56,250+3,600,000=3,656,250$원이다.

따라서 A대리가 가입할 적금은 직장인사랑적금이며, 이때 만기환급금은 3,711,000원이다.

PART 1

01

매년 A, B, C동의 벚꽃나무 수 총합은 205그루로 일정하다.
따라서 빈칸에 들어갈 수는 $205-112-50=43$그루이다.

02

2023년	2024년	2025년	확률
C등급	A등급	C등급	$0.1 \times 0.1 = 0.01$
	B등급		$0.22 \times 0.33 = 0.0726$
	C등급		$0.68 \times 0.68 = 0.4624$

따라서 2023년 C등급이 2025년에도 C등급을 유지할 가능성은 $0.01+0.0726+0.4624=0.545$이다.

03

문제에서 할부수수료 총액을 물어보았기 때문에 조건의 가장 마지막 산출식을 이용하면 된다.
할부원금은 600,000원이고, 수수료율은 7개월 기준 연 15%이다.

따라서 공식에 대입하면 갑순이의 할부수수료 총액은 $\left(600,000 \times 0.15 \times \dfrac{7+1}{2}\right) \div 12 = 30,000$원이다.

04

2024년 하반기 영업팀 입사자 수를 a명, 인사팀 입사자 수를 b명이라 하고 문제를 정리하면 다음과 같다.

(단위 : 명)

구분	2024년 하반기 입사자 수	2025년 상반기 입사자 수
마케팅	50	100
영업	a	$a+30$
상품기획	100	$100 \times (1-0.2)=80$
인사	b	$50 \times 2 = 100$
합계	320	$320 \times (1+0.25)=400$

• 2025년 상반기 입사자 수의 합 : $400=100+(a+30)+80+100$ ∴ $a=90$
• 2024년 하반기 입사자 수의 합 : $320=50+90+100+b$ ∴ $b=80$

따라서 2024년 하반기 대비 2025년 상반기 인사팀 입사자 수의 증감률은 $\dfrac{100-80}{80} \times 100 = 25\%$이다.

05

실업률 증감을 구하는 식은 다음과 같다.

[실업률 증감(%)]$=\dfrac{(11\text{월 실업률})-(2\text{월 실업률})}{(2\text{월 실업률})} \times 100 = \dfrac{3.1-4.9}{4.9} \times 100 ≒ -37\%$

따라서 2023년 11월의 실업률은 2024년 2월 대비 37% 감소했다.

01

정답 ②

자금 이체 서비스 이용 실적은 2023년 3/4분기에도 감소하였다.

[오답분석]

① 조회 서비스 이용 실적은 817 → 849 → 886 → 1,081 → 1,106으로 매 분기 계속 증가하였다.

③ 2023년 4/4분기의 조회 서비스 이용 실적은 자금 이체 서비스 이용 실적의 $\frac{1,081}{14} ≒ 77$, 즉 약 77배이다.

④ 모바일 뱅킹 서비스 이용 실적의 전 분기 대비 증가율이 가장 높은 분기는 21.8%인 2023년 4/4분기이다.

02

정답 ③

연도별 전체 발전량 대비 유류·양수 자원 발전량은 다음과 같다.

- 2020년 : $\frac{6,605}{553,256} \times 100 ≒ 1.2\%$
- 2021년 : $\frac{6,371}{537,300} \times 100 ≒ 1.2\%$
- 2022년 : $\frac{5,872}{550,826} \times 100 ≒ 1.1\%$
- 2023년 : $\frac{5,568}{553,900} \times 100 ≒ 1\%$
- 2024년 : $\frac{5,232}{593,958} \times 100 ≒ 0.9\%$

따라서 2024년의 유류·양수 자원 발전량은 전체 발전량의 1% 미만이다.

[오답분석]

① 전체 발전량이 증가한 해는 2022 ~ 2024년이며, 그 증가폭은 다음과 같다.
  - 2022년 : 550,826-537,300=13,526GWh
  - 2023년 : 553,900-550,826=3,074GWh
  - 2024년 : 593,958-553,900=40,058GWh

  따라서 전체 발전량의 전년 대비 증가폭이 가장 큰 해는 2024년이다.

② 연도별 석탄 자원 발전량의 전년 대비 감소폭은 다음과 같다.
  - 2021년 : 226,571-247,670=-21,099GWh
  - 2022년 : 221,730-226,571=-4,841GWh
  - 2023년 : 200,165-221,730=-21,565GWh
  - 2024년 : 198,367-200,165=-1,798GWh

  따라서 석탄 자원 발전량의 전년 대비 감소폭이 가장 큰 해는 2023년이다.

④ 연도별 신재생 자원 발전량 대비 가스 자원 발전량은 다음과 같다.

  - 2020년 : $\frac{135,072}{36,905} \times 100 ≒ 366\%$
  - 2021년 : $\frac{126,789}{38,774} \times 100 ≒ 327\%$
  - 2022년 : $\frac{138,387}{44,031} \times 100 ≒ 314\%$
  - 2023년 : $\frac{144,976}{47,831} \times 100 ≒ 303\%$
  - 2024년 : $\frac{160,787}{50,356} \times 100 ≒ 319\%$

  따라서 연도별 신재생 자원 발전량 대비 가스 자원 발전량이 가장 큰 해는 2020년이다.

03

정답 ④

ⓒ 보험금 지급 부문에서 지원된 금융 구조조정 자금 중 저축은행이 지원받은 금액의 비중은 $\frac{72,892}{303,125} \times 100 \fallingdotseq 24.0\%$로, 20%를 초과한다.

ⓒ 제2금융에서 지원받은 금융 구조조정 자금 중 보험금 지급 부문으로 지원받은 금액이 차지하는 비중은 $\frac{182,718}{217,080} \times 100 \fallingdotseq$ 84.2%로, 80% 이상이다.

ⓔ 부실자산 매입 부문에서 지원된 금융 구조조정 자금 중 은행이 지급받은 금액의 비중은 $\frac{81,064}{105,798} \times 100 \fallingdotseq 76.6\%$로, 보험사가 지급받은 금액의 비중의 20배인 $\frac{3,495}{105,798} \times 100 \times 20 \fallingdotseq 66.1\%$ 이상이다.

[오답분석]
㉠ 출자 부문에서 은행이 지원받은 금융 구조조정 자금은 222,039억 원으로, 증권사가 지원받은 금융 구조조정 자금의 3배인 99,769×3=299,307억 원보다 작다.

04

정답 ②

ⓒ 환율 인상 시 원화 가치가 하락하며, 외채 상환 부담이 커지므로 A시점보다 B시점에 미국에 대한 외채 상환 부담이 크다.
ⓒ 환율 하락 시 원화를 US달러로 환전하는 것이 유리하므로 B시점보다 C시점에 원화를 US달러로 환전하는 것이 유리하다.

[오답분석]
㉠ A시점보다 B시점의 환율이 높으므로 A시점보다 B시점의 원화 가치는 낮다.
ⓔ A시점에 1달러를 사기 위해서는 1,000원을 주어야 하는데, C시점에 1달러를 팔면 800원만 받을 수 있으므로 환차손이 발생한다.

05

정답 ④

ⓒ 예금상품을 가입한 여성 중에 보험상품 또는 적금상품을 가입한 여성이 없다면, 예금상품과 중복 가입한 보험상품 가입자의 10%, 적금상품 가입자의 20% 모두 남성이라는 뜻이므로 중복 가입한 남성은 (1,230,000×0.25×0.1)+(1,230,000×0.4×0.2)=30,750+98,400=129,150명이다.
K은행 이용자 중 예금상품 가입자는 258,300명(해설 ㉠ 참고)이고, 이 중 남성은 258,300×0.66=170,478명이므로 예금상품만 가입한 남성은 170,478−129,150=41,328이다. 따라서 K은행 남성 이용자 전체(1,230,000×0.42=516,600명)에서 예금상품만 가입한 남성이 차지하는 비율은 $\frac{41,328}{516,600} \times 100 = 8\%$이다.

ⓒ 성별 보험·적금·예금상품 전체 가입건수는 각각 다음과 같다.
  • 남성 : (1,230,000×0.25×0.55)+(1,230,000×0.4×0.38)+(258,300×0.66)=526,563건
  • 여성 : (1,230,000×0.25×0.45)+(1,230,000×0.4×0.62)+(258,300×0.34)=531,237건
  따라서 남성과 여성의 전체 가입건수 차이는 531,237−526,563=4,674건으로 5,000건 이하이다.

ⓔ 상품별 1인당 평균 총 납입금액을 계산하기 위해 적금상품은 5년 만기, 보험상품은 20년 만기로 각각 5×12=60개월, 20×12=240개월을 평균 월납입금액에 곱하고 이를 정리하면 다음과 같다.

(단위 : 만 원)

구분	남성	여성	차액
적금상품	32×12×5=1,920	38×12×5=2,280	360
보험상품	8×12×20=1,920	10×12×20=2,400	480
예금상품	2,000	2,200	200

따라서 남성과 여성의 1인당 평균 총 납입금액의 차액이 가장 적은 상품은 예금상품이다.

㉠ K은행 이용자 중 예금상품 가입자는 보험상품 가입자의 $10\%(1,230,000\times0.25\times0.1=30,750$명$)$, 적금상품 가입자의 $20\%(1,230,000\times0.4\times0.2=98,400$명$)$, 두 상품 모두 가입하지 않은 K은행 이용자의 $30\%(1,230,000\times0.35\times0.3=129,150$명$)$이므로 총 $30,750+98,400+129,150=258,300$명이 된다. 따라서 K은행 이용자 중 예금상품 가입자가 차지하는 비율은 $\dfrac{258,300}{1,230,000}\times100=21\%$이다.

대표기출유형 12 기출응용문제

01

정답 ①

오답분석
② 2018년 전체 당뇨병 유병률의 수치가 자료보다 높다.
③ 연도별 남성과 여성의 유병률의 모든 수치가 바뀌었다.
④ 2017 ~ 2020년 전체 당뇨병 유병률이 자료보다 높다.

02

정답 ④

제시된 자료의 두 번째 표는 2024년 각국의 가계 금융자산 구성비를 나타낸 것이다. 따라서 2024년 각국의 가계 총자산 대비 예금 구성비와는 일치하지 않는다.

03

정답 ②

만 5세 이상의 국·공립 어린이집에 다니는 유아 수는 33,207명이다.

오답분석
①·③ 제시된 자료를 통해 알 수 있다.
④ 민간 어린이집에 다니는 유아 수는 374,720명이고, 나이별 비율은 각각 다음과 같다.
- 만 3세 : $\dfrac{173,991}{374,720}\times100\fallingdotseq46\%$
- 만 4세 : $\dfrac{107,757}{374,720}\times100\fallingdotseq29\%$
- 만 5세 이상 : $\dfrac{92,972}{374,720}\times100\fallingdotseq25\%$

많이 보고 많이 겪고 많이 공부하는 것은 배움의 세 기둥이다.

– 벤자민 디즈라엘리 –

PART 2

직무심화지식

금융영업

01	02	03	04	05	06	07	08	09	10	11	12	13	14	15					
②	③	②	③	④	①	②	①	④	③	③	③	①	①	①					

01

정답 ②

해당 고객의 경우 현재 2년째 재직 중이므로 재직연수 1년 미만의 사회초년생을 대상으로 하는 A상품은 적절하지 않다. 또한 스마트폰 요금을 K은행이 아닌 다른 은행의 계좌를 통해 납부하고 있으므로 D상품 역시 적절하지 않다.

나머지 B 또는 C상품을 선택할 경우 적용받을 수 있는 금리는 각각 다음과 같다.

• B상품 : 2.8(기본금리)−0.3(재직연수에 따른 우대금리)=2.5%
• C상품 : 3.0(기본금리)−0.2(다자녀가구 우대금리)−0.2(한부모가구)=2.6%

따라서 행원이 추천할 상품으로는 2.5%의 금리가 적용되는 B상품이 가장 적절하다.

02

정답 ③

해당 고객의 경우 은행을 직접 방문하지 않고 대출을 받고자 하므로 방문고객 전용 대출상품인 C상품은 적절하지 않다. C상품을 제외한 A, B, D상품을 선택할 경우 적용받을 수 있는 금리는 각각 다음과 같다.

• A상품 : 2.9(기본금리)−0.2(재학생 우대금리)=2.7%
• B상품 : 2.8(기본금리)−0.4(신차 구매 대출금 우대금리)=2.4%
• D상품 : 3.3(기본금리)−0.5(계좌 자동이체 우대금리)=2.8%

따라서 행원이 추천할 상품으로는 2.4%의 금리가 적용되는 B상품이 가장 적절하다.

03

정답 ②

• B상품 : 다른 목적으로 대출을 받는다면 0.4%p의 우대금리가 적용되지 않으므로 대학에 재학 중인 해당 고객에게는 2.8%의 기본금리가 적용된다.
• A상품은 2.7%, D상품은 2.8%의 금리를 적용받는다.

따라서 행원이 추천할 상품으로는 2.7%의 금리가 적용되는 A상품이 가장 적절하다.

04

정답 ③

유의사항의 첫 번째 항에 따르면 대출을 신청하고, 실행된 후에 본인 명의로 소유권을 이전하면 된다.

[오답분석]
① 모든 기준은 만 19세 이상이다.
② 유의사항의 세 번째 항에 따르면 중고차의 경우 최근 5개월 이내 오토론 대출이 취급된 동일차량 구매자금 신청 시 진행 불가하다.
④ 대출 대상에 은행을 제외한 타 금융권에서 대출을 받고 본 상품을 이용하고자 하는 사람은 신차 대환대출을 이용해야 한다. 하지만 신차 대환대출의 대상 차량에 캠핑용 차량이 없으므로 해당 상품을 이용하지 못한다.

05

정답 ④

대출 실행 후 5개월 내에 자동차를 제3자에게 매도 시 대출금 상환이 필요하다. 따라서 대출금을 상환해야 하고, 중도에 해약할 시 중도상환수수료를 내야 한다.

오답분석

① 대출 금액이 최대 3천만 원 이하이기 때문에 비과세로 들어가 인지세는 0원이다.

② 차량 전체 가격은 3천만 원이고, A씨의 연소득은 2천만 원이다. 대출 한도는 1.5억 원까지지만, 어디까지나 신용등급 및 연소득 기준으로 산출된 서울보증보험의 보증한도 내에서 대출 가능한 것이기 때문에 알 수 없다.

③ 재직 기간이 4개월이면 신차 구입자금 대출은 불가능하고 신차 대환자금 대출은 가능하다. 따라서 다른 곳에서 돈을 빌리고, 이후에 해당 상품을 이용할 수 있다. 따라서 두 번 빌려야 한다.

06

정답 ①

이자소득세 · 농특세 면제 여부는 상품, 가입기간에 따라 다르다.

07

정답 ②

상품별 원금 및 비과세 적용 여부는 각각 다음과 같다.

상품	가입 기간	납입액	원금	비과세 적용 여부
세금우대저축용 정기적금	2022. 3. 2. ~ 2024. 3. 1.	월 20만 원	20×24=480만 원	단계별 적용
세금우대저축용 예금	2023. 5. 1. ~ 2027. 2. 28.	예치금 2,000만 원	2,000만 원	단계별 적용
생계형저축 정기적금	2020. 5. 3. ~ 2021. 7. 2.	월 15만 원	15×14=210만 원	–
비과세종합저축 예금	2023. 1. 1. ~ 2023. 12. 31.	예치금 300만 원	300만 원	적용

• 세금우대저축용 정기적금(단리이율 2.6%)

정기적금 단리이자 : $20 \times \frac{24 \times 25}{2} \times \frac{0.026}{12} = 13$만 원

일반통장은 이자소득세 15.4%를 적용하지만 세금우대저축용 정기적금에서는 농특세로 1.4%만 과세되므로 이자의 15.4−1.4=14.0%가 절세됨을 알 수 있다. 따라서 $13 \times 0.14 = 1.82$만 원을 절세할 수 있다.

• 세금우대저축용 예금(단리이율 2.1%)

이 예금은 이자율은 2.1%로 동일하지만 기간별로 이자에 과세되는 세율이 다르므로, 이를 나눠서 계산하면 다음과 같다.

ⅰ) 2023년 5월 ~ 2025년까지(32개월)

이자 : $2,000 \times 0.021 \times \frac{32}{12} = 112$만 원

이 경우도 정기적금의 절세율과 같으므로 절세금액은 $112 \times 0.14 = 15.68$만 원이다.

ⅱ) 2026년 1 ~ 12월(12개월)

이자 : $2,000 \times 0.021 \times \frac{12}{12} = 42$만 원

절세율은 15.4−5−0.9=9.5%이므로 절세금액은 $42 \times 0.095 = 3.99$만 원이다.

ⅲ) 2027년 1 ~ 2월(2개월)

이자 : $2,000 \times 0.021 \times \frac{2}{12} = 7$만 원

절세율은 15.4−9−0.5=5.9%이므로 절세금액은 $7 \times 0.059 = 0.413$만 원이다.

• 생계형저축 정기적금은 2020년에 가입했으므로 세율 특혜를 받을 수 없기 때문에 절세금액도 없다.

• 비과세종합저축 예금(단리이율 2.05%)은 세율 특혜 기간 안에 가입했고, 이자소득세와 농특세 모두 0%로 면제되므로, 전체 이자인 15.4%가 절세된다.

이자는 $300 \times 0.0205 \times \frac{12}{12} = 6.15$만 원이며, 절세금액은 $6.15 \times 0.154 = 0.9471$만 원이다.

따라서 K가 일반 예적금에 넣었을 때보다 절세할 수 있는 금액은 1.82+15.68+3.99+0.413+0.9471=22.8501만 원, 약 23만 원이다.

08

정답 ①

구분	조합원 획득 여부	납입금액	기간	이자율	원금	과세
X	○	월 20만 원	2년	2.6%	480만 원	비과세
Y	○	월 5만 원	4년	2.6%	240만 원	비과세
Z	○	월 40만 원	1년	2.5%	480만 원	비과세

만기 시 받을 수 있는 X ~ Z의 이자는 각각 다음과 같다.

- X : $20 \times \dfrac{24 \times 25}{2} \times \dfrac{0.026}{12} = 13$만 원

- Y : $5 \times \dfrac{48 \times 49}{2} \times \dfrac{0.026}{12} = 12.74$만 원

- Z : $40 \times \dfrac{12 \times 13}{2} \times \dfrac{0.025}{12} = 6.5$만 원

따라서 만기 시 이자를 가장 많이 받는 사람부터 적게 받는 사람 순으로 나열하면 'X - Y - Z'이다.

09

정답 ④

가입금액에 따르면 1인 다계좌 가입이 가능하지만, 1인당 가입 한도는 2,000만 원 이하이다. 따라서 총 3,000만 원으로 2개의 계좌에 가입하려는 D주임이 해당 상품에 대해 잘못 이야기하고 있음을 알 수 있다.

[오답분석]

① 가입자격에 따르면 만 18세 이상 만 38세 이하의 개인만 해당 상품에 가입할 수 있다.

② 기본이율에 따르면 계약기간이 6개월인 상품은 연 0.6%의 이율이 적용되지만, 12개월인 상품은 이보다 높은 연 0.7%의 이율이 적용된다.

③ 가입금액에 따르면 1인당 가입 한도 2,000만 원 이내에서 다계좌 가입이 가능하다.

10

정답 ③

해당 고객은 패키지 우대이율과 급여이체 우대이율 그리고 재예치 우대이율 조건을 모두 만족하지만, 우대이율은 최대 2개 항목까지 적용되므로 최대 0.2%p의 우대이율을 받을 수 있다. 그러므로 해당 고객은 총 연 0.9%의 이율을 적용받는다.

월복리식 상품의 이자계산식 : (원금)$\times \left(1 + \dfrac{r}{12}\right)^{n-1}$ (r은 연 이율, n은 개월 수)

따라서 만기 시 고객이 받게 되는 이자는 $2,000 \times \left(1 + \dfrac{0.009}{12}\right)^{11}$만 원이다.

11

정답 ③

중도해지이율에 따라 계산하면 예치기간이 9개월인 고객이 받게 되는 이자는 8개월 이상 10개월 미만에 해당한다.

따라서 고객이 받을 수 있는 이자는 $2,000$만$\times 0.007 \times 0.7 \times \dfrac{9}{12} = 73,500$원이다.

12

만기일시지급식은 가입기간 동안 약정이율로 계산한 이자를 만기에 일시 지급하는 방식이며, 월이자지급식은 총이자를 개월 수로 나누어 매월 지급하는 방식이므로 받을 수 있는 총이자는 서로 같다. 그러나 해당 상품의 경우 만기일시지급식과 월이자지급식에 따라 적용되는 기본금리가 서로 다르므로 기본금리가 더 높은 만기일시지급식을 선택한 경우의 이자금액이 더 많다.

오답분석
① 해당 상품은 은행에 직접 방문하지 않고 스마트폰 등을 통해 가입할 수 있는 비대면 전용 상품이다.
② 해당 상품은 총 3천억 원의 판매 한도를 정하여 판매하는 상품으로 한도 소진 시 조기에 판매가 종료될 수 있다. 따라서 가입하는 사람들의 가입금액에 따라 상품의 판매 종료 시점이 달라질 수 있다.
④ 거치식 예금에 대한 설명이므로 옳은 내용이다.

13

A씨는 신규금액 6,000만 원을 월이자지급식으로 가입하였고, B씨는 만기일시지급식으로 4,000만 원을 가입하였다. 현재 A씨는 5개월, B씨는 8개월이 지났으며 이에 해당하는 중도해지금리를 정리하면 다음과 같다.

구분	신규금액(만 원)	기본금리(%)	우대금리(%p)	경과기간에 따른 적용금리
A씨	6,000	1.2	• 비대면 : 0.2	(중도해지 기준금리)×40%
B씨	4,000	1.3	• 비대면 : 0.2 • 오픈뱅킹 서비스 계좌이체 6회 : 0.3	(중도해지 기준금리)×60%

하지만 우대금리 내용을 보면 '우대조건을 만족하는 경우 ~ 만기해지 시 적용'이라고 했으므로 두 고객에게는 우대금리가 적용되지 않아 A씨의 경우 $1.2 \times 0.4 = 0.48\%$, B씨의 경우 $1.3 \times 0.6 = 0.78\%$의 중도해지금리가 적용된다.
각각 해당되는 이자지급방식에 대입하여 총이자를 구하면 다음과 같다.

• A씨(월이자지급식) : $\dfrac{(신규금액) \times (약정금리) \times (예치일수)}{365} = \dfrac{6,000 \times 0.0048 \times (5 \times 30)}{365} \fallingdotseq 11.8만 원$

• B씨(만기일시지급) : $\dfrac{(신규금액) \times (약정금리) \times (예치일수)}{365} = \dfrac{4,000 \times 0.0078 \times (8 \times 30)}{365} \fallingdotseq 20.5만 원$

월이자지급식의 이자지급방식에서 '개월 수'로 나누지 않은 이유는 총이자를 구해야 하기 때문이다. 따라서 두 고객의 중도해지 시 받을 수 있는 총이자의 차액은 $205,000 - 118,000 = 87,000원$이다.

14

해당 카드를 처음 발급받은 경우 카드발급일로부터 다음 달 말일까지는 이용 금액과 관계없이 모든 청구 할인 서비스를 받을 수 있다. 따라서 A법인은 지난달 카드를 처음 발급받아 현재까지 사용 내역이 없더라도 모든 청구 할인 서비스를 받을 수 있다.

오답분석
② 주유 할인의 경우 영업용 차량 주유 금액을 제외한 이용 금액이 30만 원 이상일 경우에만 제공되므로 영업용 차량 주유 비용 외에 다른 사용 내역이 없다면 B법인은 주유소에서의 할인 서비스를 받을 수 없다.
③ 전월 이용 금액 산정 시 상품권 이용 금액은 제외되므로 상품권 구매 비용 외에 다른 사용 내역이 없다면 C법인은 모든 청구 할인 서비스를 받을 수 없다.
④ 백화점에 입점한 스타벅스에서는 청구 할인 서비스를 받을 수 없으므로 D법인이 지난달 이용 실적을 만족하였더라도 백화점 내의 스타벅스에서는 청구 할인 서비스를 받을 수 없다.

15

①

개인사업자 A씨는 주유소와 농협판매장, 커피전문점에서 청구 할인을 받을 수 있다. '5월 카드사용 내역'에 나와 있는 장소들은 '주요 서비스'에 명시된 청구 할인 대상이다. 장소별 청구 할인받을 수 있는 금액은 각각 다음과 같다.

(단위 : 원)

구분	금액	할인 적용 사항	할인 금액
주유소	50,000	- 청구 할인(3%) - 월 4회, 회당 할인 한도 3천 원	50,000×0.03=1,500
하나로마트	130,000	- 청구 할인(5%) - 월 2회, 회당 할인 한도 5천 원	130,000×0.05=6,500 → 5,000
안성팜랜드	55,000		55,000×0.05=2,750
스타벅스	4,100×2+4,600+6,300×2=25,400	- 청구 할인(10%) - 월 2회, 회당 할인 한도 5천 원	백화점 입점 점포 제외
커피빈	5,000+5,300×2+7,200=22,800		22,800×0.1=2,280

주유소에서 2회 주유한 금액이 총 50,000원으로 이에 대한 총할인금액은 회당 할인 한도를 넘지 않고, 하나로마트의 경우 할인 금액이 회당 할인 한도 5천 원보다 높아 5천 원만 할인된다. 또한 스타벅스는 백화점에 입점한 점포로 할인에서 제외된다. 따라서 청구 할인받은 금액은 총 1,500+5,000+2,750+2,280=11,530원이다.

CHAPTER

02 디지털

01	02	03	04	05	06	07	08	09	10
④	②	④	②	③	③	④	②	①	③
11	12	13	14	15					
②	④	③	④	③					

01

정답 ④

NFT(Non Fungible Token, 대체불가능토큰)는 하나의 토큰을 다른 토큰과 대체하거나 교환할 수 없는 가상화폐이다. 2017년에 처음 등장했고, 주로 미술품과 게임 아이템 거래를 통해 성장했다. 토큰 하나마다 다른 가치와 특성을 갖고 있어 가격 또한 천차만별이다.

02

정답 ②

오답분석

① 클리퍼 칩(Clipper Chip) : 미국에서 통신의 비밀을 지키면서 정부에게는 도청 능력을 부여하는 칩
③ 부인 봉쇄(부인 방지) : 메시지의 수신·발신 자체를 부인하는 것을 막을 수 있는 방법
④ 스트라이핑(Striping) : 동일 데이터를 여러 대의 디스크에 분산 저장함으로써 입출력을 가능하게 하는 기술

03

정답 ④

로즈 다이어그램(Rose Diagram)은 나이팅게일이 야전병원에서 죽는 환자 대부분이 전쟁이 아닌 전염병이 원인이라는 것을 발견하고 병원에서 죽는 군인의 원인을 통계하여 만든 다이어그램이다. 장미 모양을 닮았다고 해서 로즈 다이어그램으로 불렸으며, 이 보고서 등의 영향으로 청결 등을 강화되어 야전병원에서의 사망률을 42%에서 2%로 낮추었다.

오답분석

① 트리 다이어그램(Tree Diagram) : 트리 구조로 프로그램 등을 표시한 그림
② 파인만 다이어그램(Feynman Diagram) : 리처드 파인만이 입자 사이에 있는 상호작용을 표현하기 위해 만든 도형
③ ACF 다이어그램(ACF Diagramm) : 변성암의 조직을 표시하기 위한 다이어그램

04

정답 ②

FIDO(Fast Identity Online)는 빠른 온라인 인증을 뜻하며, 지문 등의 생체인식을 통해 기존의 ID와 비밀번호를 입력하지 않아도 개인 인증을 할 수 있는 기술이다.

오답분석

① RPA(Robotic Process Automation) : 로봇 프로세스 자동화로, 업무에서 반복적으로 하는 것을 로봇 소프트웨어를 활용하여 자동화하는 기술
③ 오픈API(OPEN Application Programming Interface) : 인터넷을 사용하는 자가 직접 응용 프로그램, 서비스 등을 개발하는 것이 가능하도록 공개되어 있는 API
④ OCR(Optical Character Reader) : 광학식 문자 판독장치로, 빛을 이용해 종이 등에 인쇄되거나 사람이 손으로 쓴 문자, 기호 등을 읽을 수 있는 기술

05

정답 ③

데이터 라벨링(Data Labelling)은 사진·문서 등 사람이 만든 데이터를 인공지능(AI)이 스스로 인식할 수 있는 형태로 재가공하는 작업이다. AI가 학습할 데이터인 동영상이나 사진에 등장하는 사물 등에 라벨을 달아 주입하면 된다. AI는 이를 바탕으로 데이터들을 학습하면서 유사한 이미지를 인식하며 고품질의 알고리즘을 구축한다.

06

정답 ③

RSS는 풍부한 사이트 요약(Rich Site Summary), 초간편 배급(Really Simple Syndication)이라는 뜻으로, 최신 정보로의 변경이 잦은 웹사이트에서 사용자의 편의를 위해 해당 정보를 간략하게 보여주는 형태를 말한다.

오답분석

① API(Application Programming Interface) : 운영체제와 프로그램 간 상호작용을 도와주는 소프트웨어
② CSS(Cascading Style Sheets) : 웹 문서의 스타일을 매번 설정하여야 하는 기존 스타일시트의 번거로움을 줄이기 위하여 만든 표준적인 스타일시트
④ Hoax : 이메일이나 인터넷 메신저, 문자메시지 등에 거짓 정보나 괴담 등을 실어 사용자를 속이는 가짜 컴퓨터 바이러스

07

정답 ④

분산 컴퓨팅(Distributed Computing)은 빅데이터의 가장 큰 문제인 막대한 양의 데이터를 저장하기 위해 개발한 기술로, 같은 장소에 위치한 시스템에 한해 네트워크 장비를 이용해 직접적으로 연결함으로써 저장용량의 향상을 가져온 기술을 말한다.

오답분석

① 포그 컴퓨팅(Fog Computing) : 많은 양의 데이터를 데이터 서버에 저장하지 않고 데이터 발생지에서 직접 처리하여 데이터 반응속도를 높이는 기술
② 에지 컴퓨팅(Edge Computing) : 컴퓨터 통신망과 연결된 장치에서 생성된 데이터를 중앙처리장치로 전송하지 않고 실시간으로 처리함으로써 속도를 높이는 방식
③ 그리드 컴퓨팅(Grid Computing) : 실제로 떨어져 있는 컴퓨팅 기기들을 초고속 네트워크를 통해 연결하여 데이터 작업 속도를 향상시키는 기술

08

정답 ②

오답분석

① SSL : 웹 브라우저와 서버를 위한 보안 방법. 비대칭형 암호 시스템을 사용한다.
③ SSH : 암호 통신을 이용해서 다른 컴퓨터에 접속한 후 명령을 실행하거나 파일을 조작하는 규약
④ SMTP : 전자 우편의 송신을 담당하는 프로토콜

09

정답 ①

캡차(CAPTCHA)는 'Completely Automated Public Turing test to tell Computers and Humans Apart'의 약자로, 정보 이용자가 사람인지 컴퓨터(프로그램)인지 구별해주는 보안 기술이다. 일종의 테스트 기술인데, 컴퓨터는 인식할 수 없도록 인위적으로 찌그러진 문자를 보여주고 그대로 입력하게 하는 식이다. 악의적 프로그램인 '봇(Bot)'의 접속과 활동을 막기 위해 개발되었다.

10

정답 ③

폭소노미(Folksonomy)란 데이터를 전통적인 방법으로 분류하는 택소노미와는 달리 사람 또는 인공지능에 의해 키워드별로 분류하는 방법을 말한다.

오답분석

① 태그(Tag) : 데이터 작성자가 해당 데이터와 관련하여 사전에 작성한 키워드들
② 시소러스(Thesaurus) : 데이터와 관련되어 나타난 키워드들의 상관관계를 정리한 사전
④ 택소노미(Taxonomy) : 이미 결정된 일정한 기준에 따라 분류하는 방법

11

정답 ②

블로그젝트(Blogject)란 블로그(Blog)와 물체(Object)의 합성어로, 사람뿐만 아니라 모든 사물이 온라인상에서 블로그와 같은 소셜미디어를 통해 데이터를 확산시키는 것을 말한다.

오답분석

① 스플로그(Splog) : 이득을 취하기 위한 목적으로 사람들을 유인하는 블로그
③ 링크 블로그(Link Blog) : 다른 사이트로의 링크의 게시가 목적인 블로그
④ 메타 블로그(Meta Blog) : 전체 블로그의 연결을 위해 만들어진 사이트. 특정 블로그에 글이 올라오면 메타 블로그에도 그 글이 올라오기 때문에 해당 블로그에 방문하지 않더라도 메타 블로그를 통해 같은 글을 볼 수 있다.

12

정답 ④

㉠ 기후위기에 대처하기 위한 건축물로, 건물 내 에너지 사용량을 0으로 하는 것이 아닌 건물 내 에너지 사용량과 생산량의 합이 0이 되도록 하는 것이 목적이다.
㉡ 제로 에너지 건축물에 접목되는 기술은 에너지 사용량을 줄이는 패시브 기술과 에너지를 생산하는 액티브 기술로 나뉜다. 따라서 태양광 발전장치는 후자인 액티브 기술에 해당된다.
㉢ 한국은 2017년부터 제로 에너지 건축물 인증제를 도입하였다.
㉣ ZEB 인증 평가는 각 건축물의 에너지 생산량이 아닌 에너지 소비량을 측정하여 1등급에서 5등급까지 나누는 제도이다.

13

정답 ③

에이비 테스팅(A/B Testing)이란 여러 시안에 대해 실제 사용자들을 대상으로 하는 선호도 조사 방법을 말한다.

오답분석

① 퍼즈 테스팅(Fuzz Testing) : 시스템의 보안을 평가하기 위해 조작하지 아니하고 임의로 데이터 입력하는 행위
② 배럴 테스팅(Barrel Tasting) : 병에 술을 담기 전에 품질을 평가하기 위해 시음하는 것
④ 블라인드 테스팅(Blind Testing) : 사전에 아무런 정보도 없이 진행하는 평가 방법

14

인바운드 링크(Inbound Link)란 타 사이트에서의 링크를 통해 해당 사이트로 접속될 수 있도록 하는 링크를 말한다. 따라서 페이지랭크와 가장 관련 있는 링크에 해당한다.

[오답분석]

① 핫링크(Hot Link) : 둘 이상의 프로그램을 연결시켜 하나의 프로그램에서의 데이터가 변경될 경우, 연결된 타 프로그램에서의 데이터도 자동적으로 변경되도록 하는 것
② 퍼머링크(Permalink) : 각 사이트에서 페이지마다 부여받는 고유 URL 주소로, 변경되지 않는 것이 특징임
③ 아웃링크(Ountlink) : 인터넷 이용자가 검색사이트를 통해 찾은 정보를 클릭하면 해당 정보를 보유하고 있는 사이트로 이동시킨 후 해당 정보를 제공하는 것

15

ⓒ 개인정보자기결정권에서 규정한 내용에 따르면 개인데이터 보유자는 개인이 요구할 시 개인데이터를 제거해야 한다고 명시되어 있다.
ⓒ 개인정보이동권에서 규정한 내용에 따르면 제3자는 개인의 데이터를 활용할 때마다 개인의 동의를 반드시 받아야 한다.

[오답분석]

㉠ 마이데이터는 정보 객체가 아닌 정보 주체를 주축으로 하여 개인데이터를 맡아 관리하는 행위를 말한다.
㉣ 마이데이터에서 개인의 데이터 공개범위 및 이용범위에 대해서는 개인이 스스로 결정하여야 하며, 이렇게 결정된 데이터를 관리하는 권한을 제3자에게 허용할 수 있다.

작은 기회로부터 종종 위대한 업적이 시작된다.

– 데모스테네스 –

PART 3

상식

01 경제상식

01	02	03	04	05	06	07	08	09	10
④	①	②	④	①	①	①	①	④	③
11	12	13	14	15					
②	④	①	②	②					

01   정답 ④

외부성은 어떤 행위가 제3자에게 의도하지 않은 혜택이나 손해를 가져다 주는데, 이에 대한 대가가 거래되지 않은 것을 말한다. 산업시설 등에서 발생하는 환경오염은 대표적인 외부성의 예다. 산림 녹화와 같은 환경개선도 마찬가지다. 하지만 도로가 새로 개통되고, 도로 인근의 부동산 가격이 상승한 것은 외부성에 포함되지 않는다. 도로 개통으로 인한 긍정적인 경제적 효과는 부동산 가격에 반영된다.

02   정답 ①

영국의 경제학자 필립스는 실업률과 인플레이션율이 음(−)의 상관관계를 가진다고 설명했다. 실업률이 낮을 때는 인플레이션율이 높고, 실업률이 높을 때는 인플레이션율이 낮다는 것을 보여주는 것이 '필립스 곡선'이다.
통화량의 증가는 인플레이션의 주된 원인이다. 즉, 통화량이 증가하면 인플레이션이 나타나고, 실업률이 하락할 것으로 예상할 수 있다. 하지만 미국의 경제학자 밀턴 프리드먼은 통화량의 증가가 장기적으론 실업률을 결정하는 요인에 아무런 영향을 미치지 못한다고 강조했다. 프리드먼에 따르면 장기 필립스 곡선은 수직이다. 통화량이 늘어나면 인플레이션율이 높아지지만, 실업률은 정상적인 수준인 자연실업률로 수렴한다.

03   정답 ②

역선택(Adverse Selection)은 정보가 없는 쪽에서 볼 때 관찰할 수 없는 속성이 바람직하지 않게 작용하는 경향이다. 이 현상이 나타나는 전형적 시장이 중고차 시장이다. 중고차 판매자는 차량 결점을 잘 알지만 구매자는 잘 모르는 경우가 많기 때문이다. 구매자가 양질의 중고차 판매자와 거래하고 싶으나 정보 부족으로 불량한 판매자를 거래 상대방으로 선택

(역선택)하는 경우가 생기는 것이다. 보험 가입도 가입자가 보험회사보다 더 많은 정보를 갖고 있기 때문에 보험회사는 건강한 사람보다 그렇지 않은 사람과 거래하는 역선택이 발생하기 쉽다.

04   정답 ④

기저 효과는 어떤 지표를 평가하는 과정에서 기준 시점과 비교 시점의 상대적 수치에 따라 그 결과가 실제보다 왜곡돼 나타나는 현상을 말한다. 가령 호황기의 경제 상황을 기준으로 현재의 경제 상황을 비교할 경우에 경제 지표는 실제보다 상당히 위축된 모습을 보인다. 반면 불황기가 기준 시점이 되면 현재의 경제 지표는 실제보다 부풀려져 개선된 것처럼 보이는 일종의 착시 현상이 일어난다. 이 때문에 수치나 통계 작성 주체에 의해 의도된 착시라는 특징이 있다.

05   정답 ①

가격차별은 같은 상품에 대해 구입자에 따라 다른 가격을 받는 행위를 말한다. 이는 독점시장에서 나타나고 경쟁시장에서는 찾아볼 수 없다. 가격차별은 생산자의 이윤을 극대화하고 소비자잉여를 최소화하는 데에 의의가 있다.
가격차별은 1급, 2급, 3급 가격차별로 구분된다.
- 1급 가격차별(완전가격차별) : 회사가 소비자지불의사(WTP) 수준을 완벽하게 알고 있어서 개별 소비자에게 모두 다른 가격을 부과하는 것이다.
- 2급 가격차별(통상수량할인) : 수량에 따라 가격에 차별을 두는 것이다.
- 3급 가격차별(그룹핑) : 소비자 집단을 분류하고, 그 집단의 가격탄력성에 맞추어 가격을 차별하는 것이다.
따라서 수요의 가격탄력성에 역비례하여 가격을 책정하는 것은 3급 가격차별이다.

> **가격탄력성**
> 소비재의 가격이 변함에 따라 수요와 공급이 얼마나 변하는지를 나타내는 지표이다. 가격탄력성이 1보다 클수록 같은 가격변화에 수요와 공급이 크게 변하는 반면, 가격탄력성이 1보다 작으면 수요량과 공급량의 변화율이 줄어든다. 수요의 가격탄력성이 상대적으로 작으면 필수재, 상대적으로 크면 사치재라고 부른다.

06

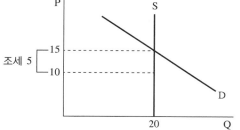

정부의 물품세 부과 시 조세부담의 귀착은 수요와 공급의 탄력성의 크기에 의해 결정된다. 즉, 탄력성과 조세부담의 크기는 반비례하는 성질이 있다. 특히 수요와 공급 중 어느 한쪽이 완전비탄력적일 경우, 완전비탄력적인 쪽이 조세를 100% 부담하게 된다.

제시된 상황에서는 공급곡선의 기울기가 수직이므로, 공급탄력성이 0(완전비탄력)인 상황이다. 따라서 단위당 5만큼의 조세를 생산자가 전부 부담하게 되고, 소비자에게는 조세가 전가되지 않는다. 생산자잉여는 현재 $15 \times 20 = 300$인 사각형 면적이지만, 5만큼의 조세부과로 인하여 $10 \times 20 = 200$으로 감소하게 된다.

오답분석

② 정부의 조세수입 면적은 $5 \times 20 = 100$의 사각형에 해당한다.

③ · ④ 조세가 100% 생산자에게 귀착되므로 소비자가 느끼는 조세부담은 없다. 즉, 소비자 가격의 변화는 없다.

07

정답 ①

필립스 곡선이 우하향할 때 예상 인플레이션율이 상승하게 되면 필립스 곡선은 오른쪽으로 이동하여 자연실업률로 복귀하게 되면서 상방으로 이동한다.

08

정답 ①

총수요는 가계소비, 기업투자, 정부지출, 순수출의 합으로 구성된다. 세금이 저렴하고 소득이 높을수록 가계소비의 크기가 커지고, 이자율이 낮을수록 기업투자의 크기가 커지므로 총수요가 증가하게 된다.

09

정답 ④

오답분석

㉠ 문제에서 주어진 현재의 생산량 수준은 조업중단점과 손익분기점 사이의 지점으로, 평균총비용곡선은 우하향하고, 평균가변비용곡선은 우상향한다.

㉢ 시장가격이 한계비용과 평균총비용곡선이 교차하는 지점보다 낮은 지점에서 형성되는 경우 평균수익이 평균비용보다 낮아 손실이 발생한다. 문제에서 시장가격과 한계비용은 300이지만 평균총비용이 400이므로, 개별기업은 현재 음의 이윤을 얻고 있다고 볼 수 있다.

㉣ 조업중단점은 평균가변비용의 최저점과 한계비용곡선이 만나는 지점이다. 문제의 경우 개별기업의 평균가변비용은 200, 한계비용은 300이므로 조업중단점으로 볼 수 없다.

10

정답 ③

이탈리아의 인구통계학자 코라도 지니(Corrado Gini)가 개발한 지니계수는 로렌츠 곡선의 대각선과 로렌츠 곡선 사이의 면적을 대각선을 빗변으로 하는 삼각형의 면적으로 나눈 값으로, 0 ~ 1 사이의 값을 갖는다. 지니계수가 클수록 소득분배는 불균등하다는 것을 나타내며, 0에 가까울수록 평등한 소득분배 상태를 나타낸다.

11

정답 ②

비교우위는 다른 생산자에 비해 같은 상품을 더 적은 기회비용으로 생산할 수 있는 능력을 의미한다. A국은 X재의 상대가격이 낮으므로 X재에 비교우위를 가지고, B국은 Y재의 상대가격이 낮으므로 Y재에 비교우위를 가진다.

12

정답 ④

A국에서 Y재 1단위를 생산하기 위해 투입하는 노동으로 X재를 생산하면 $\frac{20}{40} = \frac{1}{2}$ 개를 생산할 수 있다. 반면 B국은 $\frac{5}{20} = \frac{1}{4}$ 개를 생산할 수 있다. 따라서 A국이 B국에 비하여 더 많은 X재를 생산하게 되므로 A국은 X재 생산에 비교우위를 갖는다.

오답분석

① X재와 Y재가 완전대체재라면 두 나라는 모두 Y재만 생산하므로 교역은 발생하지 않을 것이다.

② A국에서 Y재 1단위를 생산하기 위해 투입하는 노동으로 X재를 생산하면 $\frac{20}{40} = \frac{1}{2}$ 개를 생산할 수 있다.

③ X재와 Y재를 생산하는 데 투입되는 노동량 모두 B국이 A국에 비해 적으므로, B국이 X재와 Y재에서 절대우위를 갖는다.

13

자유무역협정(FTA)은 체결국 간 경제통합 심화 정도에 따라 크게 자유무역협정, 관세동맹, 공동시장, 완전경제통합 4단계로 구분된다. 자유무역협정은 회원국 간 무역자유화를 위해 관세를 포함하여 각종 무역제한조치를 철폐하는 NAFTA 등이 있다.

[오답분석]
② 공동시장에 대한 설명이다.
③ 관세동맹에 대한 설명이다.
④ 완전경제통합에 대한 설명이다.

14

정답 ②

인플레이션이 발생하면 저축된 화폐의 가치가 점차 감소하기 때문에 기회비용이 발생하게 된다.

[오답분석]
① 완만하고 예측이 가능한 인플레이션은 사람들이 생필품 등 물건의 가격이 상승하기 전에 사들이게 하므로 소비증대 효과가 일어날 수 있다.
③ 인플레이션은 수입을 촉진시키고 수출을 저해하여 무역수지와 국제수지를 악화시킨다.
④ 다수의 근로자로부터 기업가에게로 소득을 재분배하는 효과를 가져와 부의 양극화를 심화시킨다.

15

정답 ②

J-Curve 효과란 평가절하를 실시하면 일시적으로는 경상수지가 악화되었다가 시간이 지남에 따라 개선되는 효과를 말한다. 평가절하가 이루어지면 단기에는 수출가격이 하락하나 수출물량이 별로 증가하지 않으므로 수출액이 감소하여 경상수지가 악화된다. 평가절하가 이루어져서 수출가격이 하락하면 장기에는 수출물량이 점차 증가하여 수출액이 증가하므로 경상수지가 개선된다.

02　금융상식

01	02	03	04	05	06	07	08	09	10
④	③	④	④	④	②	③	④	②	④
11	12	13	14	15					
④	④	④	②	④					

01

정답 ④

벤처캐피탈은 보통 해당 벤처기업의 사업 초기 때 담보 없이 자본을 투자해 성장할 수 있도록 돕고 그 기업이 성장해 기업공개를 통해 상장하거나 성과를 내었을 때 자금을 회수하여 수익을 올린다. 위험성이 크기 때문에 보통 벤처캐피탈의 투자는 소수의 투자자들을 매집하여 많은 벤처기업에 투자하는 일종의 사모펀드 형식으로 이루어진다.

02

정답 ③

ⓒ IRA는 개인퇴직계좌로, 근로자가 퇴직 혹은 퇴직금 중간 정산 시 일시적으로 자금을 보관하는 저축계좌의 기능을 수행하였다. 이러한 IRA의 운용이 사실상 경직적이었던 점을 보완하며 근로자퇴직급여보장법에 따라 등장한 것이 IRP이다.
ⓔ 근로자의 퇴직금을 회사가 운용한 후 근로자에게 지정 금액을 지급하는 것은 DB형(확정급여형)이다.

03

정답 ④

ⓒ 래퍼 곡선은 적정세율에서 최대 조세수입을 보이는 포물선 형태를 띠고 있으므로, 세율이 적정세율에 가까울수록 조세수입의 변화율이 작아 그래프가 완만하다.
ⓔ 래퍼 곡선은 적정세율까지는 세율을 인상할수록 조세수입이 증가하나, 적정세율을 초과하는 순간부터 과세대상이 세율이 낮은 타 조세권역으로 이탈하여 과세대상의 감소에 따라 세수가 감소한다는 것을 나타내는 곡선이다.

[오답분석]
㉠ 래퍼 곡선에 따르면 적정세율을 초과하면 세수가 감소하기 시작한다.
ⓛ 적정세율 이하의 세율 구간에서는 세율을 인상할수록 조세수입이 증가한다.

04

오답분석

① MMF(Money Market Funds) : 정부가 발행하는 단기증권 등에 투자해서 원금의 안전성을 확보하면서 안정된 이율을 얻을 수 있게 하는 투자신탁의 일종
② MMDA(Money Market Deposit Account) : 가입 당시 적용되는 금리가 시장금리의 변동에 따라 결정되는 시장금리부 수시입출금식 저축성예금계좌
③ IRLS(Interest Rate Linked Securities) : CD금리, LIBOR 금리 등의 이자율이 연계된 파생상품을 운용하는 펀드

05

정답 ④

CMA(어음관리계좌)는 고객의 예탁금을 어음 및 국공채 등 단기금융상품에 직접 투자하여 운용한 후 그 수익을 고객에게 돌려주는 단기저축상품이다.

06

정답 ②

㉠ 제시된 경제 현상은 물가의 변동으로 인해 소득의 실질가치는 변하지 않아도, 명목임금이 증가했을 때 소득이 상승했다고 인식하는 화폐환상에 대한 내용이다.
㉢ 케인스 학파는 물가하락으로 인해 명목임금이 하락하더라도 실질임금이 유지되나, 화폐환상으로 인해 근로자들이 이를 인지하지 못하고, 명목임금의 하방경직성에 따라 명목임금이 실업 발생 이전 수준을 유지하게 되므로 노동 수요가 증가하지 못해 실업이 자연 해소되지 않는다고 보았다. 케인스 학파는 이를 토대로 정부개입의 필요성을 주장하였다.

오답분석

㉡ 화폐환상은 물가의 상승으로 인해 명목임금이 상승하였더라도 명목임금을 물가로 나눈 실질임금이 상승하지 않았지만, 명목임금의 상승만을 근거로 임금이 올랐다고 인식하는 현상을 가리킨다. 명목임금상승률과 물가상승률의 차이가 크더라도, 명목임금상승률이 더 높은 경우에는 실질임금이 상승한 것이므로 화폐환상에 해당되지 않는다.

07

정답 ③

듀레이션(Duration)은 투자자금의 평균 회수 기간으로 채권만기가 길어지면 증가하는 반면, 채권의 수익률, 이자 지급빈도, 표면금리가 높아지면 감소한다.

오답분석

① 컨벡시티(Convexity) : 듀레이션을 미분한 값. 듀레이션과 함께 사용되어 금리변화에 따른 채권가격변동을 아주 적은 오차와 함께 거의 정확하게 계산할 수 있다.
② 이표채(Coupon Bond) : 액면가로 채권을 발행하고, 표면이율에 따라 연간 지급해야 하는 이자를 일정 기간 동안 나누어 지급하는 채권
④ 채권 스프레드 : 특정 등급인 회사채의 수익률에서 3년 만기 국고채의 수익률을 제외한 수치

08

정답 ④

원화가치가 과소평가된 경우, 수출이 증가하고 수입이 감소한다.

오답분석

①·② 원화가치가 과대평가된 경우, 수입이 증가하고 수출이 감소하며, 소비자들의 수입품 선호도가 국산품보다 높아지게 된다.
③ 원화가치가 과소평가된 경우, 외환시장에서 달러를 원화로 바꾸려는 수요가 늘어나 환율 하락압력으로 작용한다.

09

정답 ②

• 표면이자율 : 채권 권면에 기재된 이율로, 1년간 지급할 이자를 액면금액으로 나누는 단리의 개념이다.
• 발행수익률 : 채권이 발행되어 처음 매출될 당시 이를 매출가액으로 샀을 경우, 이 매출가액과 이로부터 얻어지는 모든 수익과의 비율을 연단위로 환산한 비율이다.
• 유통수익률 : 발행된 채권이 유통시장에서 계속 매매되는 과정에서 시장의 여건에 따라 형성되는 수익률로서, 자본이득과 자본손실은 물론 이자를 재투자해 얻어지는 재투자수익, 즉 이자의 이자까지 감안해 산출한 수익률이다.
• 세후수익률 : 채권수익에서 세금을 공제한 후의 수익률을 말하며, 이때 재투자는 표면이율에서 세율만큼 차감한 후 재투자하는 것을 가정한다.

10

정답 ④

2002년 처음으로 도입된 ETF는 인덱스펀드와는 달리 거래소에 상장돼 일반 주식처럼 자유롭게 사고팔 수 있다. 개별주식의 장점인 매매 편의성과 인덱스펀드의 장점인 분산투자와 낮은 거래비용을 모두 갖추었으며, 투명성 또한 아주 높은 상품이다. 증권계좌가 있다면 HTS(Home Trading System) 혹은 전화 등을 통하여 간편하게 실시간으로 직접매매가 가능하다.

PART 3

11

㉠ CD(Certificate of Deposit, 양도성예금증서)는 은행이 자금조달 목적으로 투자자들에게 발행한다. 이때의 금리를 CD금리라고 한다. CD의 만기는 보통 91일 이내인 단기이며, 투자자들 간 중도매매도 가능하다.

㉡ CP(Commercial Paper, 기업어음)의 발행주체는 은행이 아닌 기업이다. CD와 마찬가지로, 기업이 단기적 자금조달을 위해 투자자들에게 발행한다.

㉣ RP(Repurchase Agreement, 환매조건부채권)는 판매 후 정해진 기간이 경과하면 일정 가격에 해당 채권을 재매입할 것을 조건으로 하는 채권 매매형태이다. 대상이 되는 채권은 국채, 지방채 등 우량채권이고, 예금자보호법을 적용받지 않는다. 또한 CD, CP 역시 예금자보호 대상은 아니다.

오답분석

㉢ 코픽스(KOPIX)는 시중 8개 은행이 제공한 자금조달 정보를 기초로 하여 매월 산정된다. 해당 월에 새로 조달된 자금을 대상으로 하므로 시장금리의 변동을 잘 반영한다는 특징이 있다. 코픽스는 변동금리형 주택담보대출의 기준금리로 사용된다.

12

디플레이션은 실질금리 상승효과, 실질임금 상승효과, 실질채무부담 증가효과를 가져온다.

- 실질금리 상승효과 : 물가가 하락하더라도 명목금리는 마이너스로 떨어질 수 없으므로 실질금리의 상승이 투자위축과 생산 감소를 초래한다.
- 실질임금 상승효과 : 명목임금의 하방경직성으로 임금이 물가하락보다 작게 떨어져 실질임금 상승과 고용 및 생산 감소를 초래한다.
- 실질채무부담 증가효과 : 명목부채의 실질상환부담 증가로 채무불이행 위험 증가, 은행위기, 신용경색 등 디플레이션의 악순환을 야기한다.

부채 디플레이션
물가가 하락하여 실질금리가 상승하면 가계의 채무부담이 커지고, 이를 담보자산의 재처분으로 빚을 갚으려다 보니 다시 물가가 하락하는 현상이 반복되는 것을 일컫는다. 부채 디플레이션이 발생하면 안정적인 곳으로 자금이 몰리게 되며, 자금을 제대로 구하지 못한 이들은 보유한 주식 등을 헐값에 내놓기 때문에 물가 하락을 가중시킨다.

13

주식 액면분할은 일반적으로 어떤 주식의 시장가격이 너무 높게 형성되어 주식거래가 부진하거나 신주 발행이 어려운 경우에 이루어지며, 납입자본금의 증감 없이 기존 발행주식을 일정 비율로 분할하게 된다. 이때 액면분할을 통해 주당 가격을 낮추어 주식거래를 촉진할 수 있고, 주식 액면분할은 기업 가치에 영향을 미치지 않는다.

14

㉠ 유동비율은 유동자산을 유동부채로 나눈 값으로, 부채비율보다 유동비율이 높을수록 건전하다고 할 수 있다.

㉢ 부채비율은 부채를 자본으로 나눈 값으로, 재무건전성을 파악하는 데 가장 중요한 정보이다.

오답분석

㉡ 자기자본이익률은 수익성 관점에서의 재무제표 분석 정보에 해당한다.

㉣ 총자산증가율은 성장성 관점에서의 재무제표 분석 정보에 해당한다.

15

예금보험제도는 동일한 종류의 위험을 대비하지만 위험의 정도가 다르기 때문에 금융사들이 내는 예금보험료는 금융회사별로 다르다. 즉, 신용도가 낮은 금융사일수록 요율이 높아진다.

예금보험제도는 예금, 적금, 개인이 가입한 보험 등이 예금보호 대상이며 주식, 펀드와 같은 투자형 상품은 보호 대상이 아니다.

또한 은행, 보험사, 저축은행, 증권사 등은 예금보험제도에 가입해 있지만 새마을금고나 신용협동조합, 지역농협과 수협 등은 예금보험에 가입해 있지 않고 자체 기금으로 예금을 보호한다.

징수된 보험료는 예금보험기금에 적립되고 금융기관에 보험사고가 생겼을 때 예금자 1인당 최대 5천만 원까지 보전해 주도록 되어 있다. 보호 금액은 동일한 금융기관 내에서 1인이 보호받을 수 있는 총 금액이므로 금융기관을 분할하여 가입 시 각각 보호받을 수 있다.

예금보험은 예금자를 보호하기 위해 법에 의해 운영되는 공적 보험이기 때문에 금융기관이 납부한 예금보험료만으로 예금을 대신 지급할 재원이 부족할 경우에는 예금보험공사가 직접 채권(예금보험기금채권)을 발행하는 방법을 통해 재원을 조성하게 된다.

이 제도는 금융기관이 파산하더라도 사후적인 예금의 지급보증을 통해 대량예금인출(Bank Run)에 따른 금융기관의 연쇄 도산을 방지함으로써 사전적으로 금융제도의 안정성을 제고하는 데 그 목적이 있다.

01	02	03	04	05	06	07	08	09	10
②	①	③	④	③	②	③	④	②	③
11	12	13	14	15	16	17	18	19	20
①	③	④	④	②	①	③	①	①	①

01 　　　　　　　　　정답 ②

핑크 트라이앵글(Pink Triangle)은 무지개무늬 깃발과 함께 동성애 사회를 상징하는 표식으로 쓰인다. 본래 분홍색 역삼각형 표시는 독일 나치가 제2차 세계대전 당시 포로수용소에서 유대인 동성애자를 구분하기 위해 가슴에 단 것에서 유래됐다. 이 분홍색 역삼각형은 현재까지도 동성애 탄압의 상징으로 이어지고 있다.

오답분석
① 그린 스타(Green Star) : 한국경영인증원에서 소비자 조사를 통해 친환경성, 품질, 사용자 친화성 등 상품의 다양한 요소에서 시장에서 주목받을 만한 친환경성을 인정받은 상품 및 서비스에 수여하는 인증
③ 레드 스타킹(Red Stocking) : 윌리스와 파이어스톤 등이 1969년 뉴욕에서 결성한 급진주 페미니스트 단체. 여성해방과 여성의 의식 개발을 주장하며, 기존의 남성 우월주의에서 벗어나 여성 해방을 위한 투쟁에 나설 것을 요구한다.
④ 골든 트라이앵글(Golden Triangle) : 태국, 라오스, 미얀마 국경의 삼각형을 이루는 지역으로, 아편과 헤로인의 주요 생산지. 국제적인 마약 유통·판매 루트를 상징한다.

02 　　　　　　　　　정답 ①

탄소중립산업법(Net-Zero Industry Act)은 유럽판 인플레이션감축법(IRA)이라고 불리는 법안이다. 2023년 3월 16일 유럽연합(EU) 집행위원회가 유럽의 탄소중립과 친환경산업 육성을 위해 발표했다. 법률의 기본 구성이 IRA와 비슷하며, 유럽 내의 친환경산업 확대를 통해 독소조항이 많은 IRA에 대항하려는 목적이 있다고 알려졌다. 우리 정부는 이 법안이 IRA와는 달리 외국에 대한 차별적 조항은 담겨 있지 않다고 분석했다.

03 　　　　　　　　　정답 ③

EU 플라스틱세(Plastic Tax)는 재활용이 불가능한 플라스틱 폐기물에 1kg당 0.8유로의 세금을 부과하는 규제이다. 플라스틱 사용을 줄이고 코로나19로 인한 경기부양책 자금을 확보하기 위해 2021년 1월 1일부터 시행됐으며, 2017년 UN 해양회의에서 플라스틱 폐기물 감축을 위한 방안으로 제시됐다. 플라스틱 사용이 줄어들면 탄소배출 제로(탄소중립) 달성 목표를 담은 그린 뉴딜에 기여할 수 있을 것이라고 기대되고 있다.

04 　　　　　　　　　정답 ④

윤리적 소비(Ethical Consumption)란 소비자가 상품이나 서비스를 구매할 때 윤리적 가치 판단, 도덕적인 믿음에 근거해 의식적인 소비 선택을 하는 것을 의미한다. 윤리적 소비의 주요 시장은 '공정무역, 친환경 농식품, 로컬푸드, 유기농 생활용품' 등이며, 대안적 소비 활동으로 '지속 가능한 가치 실천'을 목표로 한다. 따라서 환경을 생각하는 구매운동뿐만 아니라 해로운 제품 불매, 로컬소비나 공동체 화폐 사용하기 등이 윤리적 소비의 대표적인 사례이다.

05 　　　　　　　　　정답 ③

오답분석
① 카피라이트(Copyright) : 판권, 저작권
② 카피레프트(Copyleft) : 저작권의 반대되는 개념으로, 창작물에 대한 권리를 모든 사람이 공유할 수 있도록 하는 것
④ 벤치마킹(Benchmarking) : 기업에서 경쟁력을 강화하기 위한 방법의 일환으로 타사에서 배워오는 혁신 기법

06 　　　　　　　　　정답 ②

ISD(Investor-State Dispute)는 투자한 국가에서 갑작스러운 정책 변경 등으로 이익을 침해당했을 때, 투자자가 해당 국가를 상대로 국제 민간 중재 기구에 중재를 신청해 손해배상을 받을 수 있도록 하는 제도이다. 국가가 자유무역협정(FTA)과 같은 양국 간 투자협정 규정을 어기고 부당하게 개입하여 상대국 투자자가 손해를 입었을 때 활용된다.

① FTA(Free Trade Agreement) : 국가 간의 무역 거래에서 관세 장벽을 허무는 자유무역협정
③ GATT(General Agreement on Tariffs and Trade) : 관세 및 무역에 관한 일반 협정
④ 국가통보제도(Inter-State Communications) : 인권조약의 체약국이 다른 체약국의 조약 의무 불이행에 대해 이의를 제기하는 국가통보와 관련된 제도

07   정답 ③

디지털세(Digital Tax)는 다국적기업이 외국에 고정사업장을 두지 않아도 매출이 발생한 곳에서 세금을 부과하도록 한 조세체계로, 고정된 사업장에 세금을 부과하는 법인세와는 다르게 매출이 생긴 지역에서 세금을 부과한다.

IT 기업은 네트워크를 통해 전 세계 어디서든 디지털 서비스를 제공할 수 있어 세율이 낮은 아일랜드, 룩셈부르크 등에 세워 놓고 온라인 광고, 광고 이용자 데이터 판매 등을 통해 실제로 수익을 얻는 국가에는 세금을 거의 내지 않아 문제가 됐다. 세율이 낮아 IT 기업이 본사를 세우는 아일랜드, 룩셈부르크 등은 자국 내 유치한 글로벌 IT 기업이 철수하는 것을 우려해 디지털세 도입에 대해 강하게 반발한 반면, 프랑스, 이탈리아, 스페인, 오스트리아 등은 글로벌 IT 기업의 조세회피를 방지할 수 있다며 디지털세에 찬성해 왔다.

경제협력개발기구(OECD)·G20 포괄적 이행체계(IF)가 디지털세 관련 세부 논의 경과를 담은 '필라1·2 블루프린트' 보고서를 2020년 10월 12일 공개했고 2021년 10월 8일에는 디지털세 관련 최종 합의안을 발표했다. 이 합의안에 따르면 필라1은 연결매출액이 200억 유로 이상인 다국적기업이 창출한 글로벌 이익 중 통상이익률 10%를 넘는 초과이익의 25%에 대한 세금을 매출발생국 정부에 배분한다는 내용을 골자로 한다. 또 필라2는 연결매출액이 7억 5000만 유로를 초과하는 기업에 대해 15%의 법인세율을 적용하도록 했다.

08   정답 ④

예비타당성 조사제도는 대규모 개발 사업에 대해 우선순위, 적정 투자시기, 재원 조달방법 등 타당성을 검증함으로써 대형 신규 사업에 신중하게 착수하여 재정투자의 효율성을 높이기 위한 제도로 1999년에 처음 도입되었으며, 부실한 타당성 조사로 무리한 사업들이 다수 추진됐던 사례들이 발생하지 않도록 하기 위한 목적에서 시행되었다(국가재정법 제38조 및 동법 시행령 제13조). 총사업비가 500억 원 이상이고, 국가 재정 지원 규모가 300억 원 이상인 각종 분야(신규 건설·정보화·국가연구개발·사회복지·보건·교육·노동·문화·관광·환경보호·농림해양수산·산업·중소기업 분야)에 대해 실시하며 주관부처가 아닌 기획재정부가 '객관적인 기준'으로 공정하게 조사한다.

09   정답 ②

프로수르(Prosur)는 2019년 좌파 동맹인 우나수르에 대항해 결성한 친미 우파 동맹으로, 우나수르에서 탈퇴한 브라질, 콜롬비아, 칠레, 아르헨티나, 파라과이, 페루, 에콰도르 등이 중심이다.

① 코노수르(Conosur) : 남아메리카 최남단 지역을 가리키는 말로, 아르헨티나, 칠레, 우루과이 등이 포함된다.
③ 우나수르(Unasur) : 남미 좌파 국가 중심의 반미 성향 협의체로, 남미 12개국이 모두 가입했었지만 현재는 베네수엘라, 가이아나, 수리남 정도만 남아 있다.
④ 메르코수르(Mercosur) : 1995년 브라질, 아르헨티나, 우루과이, 파라과이 남미 4개국이 무역장벽을 철폐하면서 등장한 남미공동시장을 말한다.

10   정답 ③

등대사(燈臺社) 사건은 일제강점기에 여호와의 증인들이 일제의 전쟁 수행에 협력하지 않고 총을 들기를 거부하여 옥고를 치른 사건을 말한다. 1939년 일본 정부는 천황의 신격을 거부하고 병역을 거부하는 일본 내의 여호와의 증인과 대만과 조선의 여호와의 증인 신도에 대한 체포령을 내렸다. 등대사 사건으로 조선에서는 38명이 체포되었으며, 이들은 해방이 돼서야 풀려났다. 등대사 사건은 정부가 편찬한 '한민족독립운동사자료집'에 항일운동의 하나로 기록되어 있다.

① 105인 사건 : 1911년 일본총독부가 민족해방운동을 탄압하기 위하여 데라우치 마사타케 총독의 암살미수사건을 조작하여 105인의 독립운동가를 감옥에 가둔 사건
② 부림 사건 : 1981년 제5공화국 군사독재 정권이 집권 초기에 통치기반을 확보하기 위하여 일으킨 부산 지역 사상 최대의 용공조작 사건
④ 여수·순천 사건 : 1948년 10월 19일 전라남도 여수에 주둔하고 있던 국방경비대 제14연대에 소속의 일부 군인들이 제주 4·3 사건 진압을 위한 출병을 거부하면서 일으킨 사건

11   정답 ①

GSP(Generalized System of Preferences, 일반특혜관세제도)는 선진국이 개발도상국의 수출확대 등을 위해 개발도상국에서 수입하는 제품에 무관세 또는 저관세의 일방적인 혜택을 주는 제도로, 선진국은 자국의 산업보호를 위해 특정 품목을 제외하는 면책조항(Escape Clause)과 특혜 수입한도를 설정하는 요구한도(Ceiling) 두 가지 조치를 취할 수 있다.

② FTA(Free Trade Agreement, 자유무역협정) : 국가 간 상품의 자유로운 이동을 위해 모든 무역 장벽을 완화하거나 제거하는 협정
③ BOLERO(Bill Of Landing Electronic Registry Organization) : 무역 관련 서류나 자료를 디지털 방식으로 교환할 수 있게 해주는 시스템
④ 전자무역 : 거래선 발굴, 상담, 계약, 원자재 조달, 운송, 통관, 대금결제에 이르는 제반 무역 업무를 인터넷 등의 최신 IT기술을 활용해 시공의 제약 없이 처리하는 새로운 무역거래 형태

12　　　　　정답 ③

시·도지사, 시장·군수·구청장은 미세먼지 오염이 심각하다고 인정되는 지역 중 어린이·노인 등이 이용하는 시설이 집중된 지역을 미세먼지 집중관리구역으로 지정할 수 있으며, 집중관리구역에서 대기오염도의 상시 측정, 살수차·진공청소차의 집중 운영, 어린이 등 통학차량의 친환경차 전환, 학교 등에 공기정화시설 설치, 수목 식재 및 공원 조성 등의 사항을 우선적으로 지원할 수 있다.

13　　　　　정답 ④

① 필즈상 : 4년마다 열리는 세계수학자대회에서 40세 이하의 수학자에게 수여하는 상
② 스탈린상 : 소련 내에서 과학기술·문학·예술의 공로가 인정된 자에게 수여하던 상
③ 네반린나상 : 핀란드 정부가 수학 관련 학문 분야에 업적이 있는 사람에게 수여하는 상

14　　　　　정답 ④

① 기반시설부담금 : 국토의 계획 및 이용에 관한 법률에 근거하여 기반시설부담구역 안에서 개발하는 자에게 도로·공원 등 기반시설 설치에 필요한 비용을 부과하는 제도
② 개발부담금 : 개발사업자, 토지소유자 등에게 땅값의 증가분에 대해 국가가 부과·징수하는 금액
③ 환경개선부담금 : 환경오염 원인자 부담 원칙에 따라 오염물질을 배출하는 자에게 그 처리비용을 부과하는 제도

15　　　　　정답 ②

'여론을 알아보기 위한 관측 수단'은 발롱데세(Ballon Dessai)이다. 발롱데세는 원래 기상 상태를 관측하기 위하여 띄우는 기구라는 뜻으로, 상대방의 의견이나 여론의 방향을 알아보기 위해 시험적으로 특정 의견 또는 정보를 언론에 흘림으로써 여론의 동향을 탐색하는 수단이다. 즉, 직접 상대방을 겨냥하지는 않지만 상대방의 의견을 타진하기 위하여 흘려 보내는 의견이나 정보를 이르는 말이다. 국제간에서는 타국의 여론이나 지도자의 의도를 탐지하기 위하여 고의로 발표하거나 의식적으로 조작한 정보나 의견을 이른다.
데마고그(Demagogue)는 감정적으로 대중을 기만하여 권력을 취하려는 선동적 중우정치를 일삼는 정치인을 뜻한다. 어원은 그리스어의 데마고고스(Demagogos)인데, 고대 그리스·로마 시대에 대중의 지지를 기반으로 하는 정치가 또는 웅변가를 일컫는 말이었다.

16　　　　　정답 ①

GMO(Genetically Modified Organism, 유전자 변형 농산물)에 대한 설명이다. 유전자 재조합을 통해 목적에 맞는 유전 형질을 가진 새로운 품종을 만들어 낼 수 있다.

17　　　　　정답 ③

풍선효과(Balloon Effect)는 마치 풍선의 한쪽을 누르면 다른 쪽이 부풀어 오르는 모습과 같다고 하여 붙여진 말로, 미국 정부가 마약을 강력하게 단속하자 단속이 약한 지역의 마약 거래가 더욱 성행하는 현상에서 유래하였다.

① 기저효과 : 경제지표를 평가하는 과정에서 기준시점과 비교시점의 상대적인 수치에 따라 그 결과에 큰 차이가 나타나는 현상
② 피셔효과 : 시중의 명목금리가 실질금리와 예상되는 인플레이션의 합과 같다는 이론
④ 낙수효과 : 고소득층의 소비·투자 증가가 저소득층의 소득 증가에 영향을 미쳐 경기부양 효과가 나타나는 현상

18

RPS(Renewable Energy Portfolio Standard, 신재생에너지 공급의무화제도)는 대규모 발전사업자가 발전량의 일정 비율을 신재생에너지로 공급해야 하는 제도이다.

신 · 재생에너지 공급의무자 현황(2024년 기준, 한국풍력산업협회)

구분	공급의무자
발전자회사	한국수력원자력, 한국남동발전, 한국중부발전, 한국서부발전, 한국남부발전, 한국동서발전
공공기관	한국지역난방공사, 한국수자원공사
민간 사업자	SK E&S, GS EPS, GS 파워, 포스코인터내셔널, 씨지앤촌전력, 평택에너지서비스, 대륜발전, 에스파워, 포천파워, 동두천드림파워, 여주에너지서비스, GS동해전력, 포천민자발전, 신평택발전, 나래에너지, 고성그린파워, 강릉에코파워, 삼척블루파워

오답분석

② ESS(Energy Storage System, 에너지 저장장치) : 발전소에서 과잉 생산된 전력을 저장해 두었다가 일시적으로 전력이 부족할 때 송전해 주는 저장장치
③ Energy Voucher(에너지 바우처) : 겨울 난방비를 감당할 수 없는 사람들에게 난방 에너지를 구입할 수 있는 카드 형태의 바우처를 지급하는 제도
④ Green Price(녹색가격제도) : 신재생에너지를 이용해 생산한 전력을 일반 전기보다 높은 가격에 구매하는 제도

19

공정안전관리 시스템은 안전관리에 대한 경영방침, 공정안전자료, 공정위험성평가, 안전운전계획, 비상조치계획 등으로 구성되어 있다.
방호조치는 기계 · 기구 작업에 의한 위험으로부터 근로자를 보호하기 위한 방호장치 설치, 보호구 착용, 작업중지, 안전교육 실시 등의 행위를 말한다.

20

메탄(CH_4)은 미생물에 의한 유기물질의 분해과정을 통해 주로 생산되며, 화석연료 사용, 폐기물 배출, 가축 사육, 바이오매스의 연소 등 다양한 인간 활동과 함께 생산되는 온실가스이다. 대기 중에 존재하는 메탄가스는 이산화탄소의 1/200에 불과하지만, 그 효과는 이산화탄소보다 약 20배 이상 강력하여 지구온난화에 치명적이다.

오답분석

② 육불화황(SF_6) : 인간에 의해 생산 · 배출되는 온실가스로, 이산화탄소보다 20,000배 이상의 온실효과가 있다. 자연적으로 거의 분해되지 않아 누적 시 지구온난화에 큰 영향을 줄 것으로 예측되며, 주로 반도체나 전자제품 생산 공정에서 발생한다.
③ 과불화탄소(PFCs) : 인위적으로만 발생하는 온실가스로, 이산화탄소보다 6,000 ~ 10,000배 이상의 온실효과가 있으며, 주로 반도체 제작 공정과 알루미늄 제련 과정에서 발생한다.
④ 수소불화탄소(HFCs) : 인위적으로만 발생하는 온실가스로, 이산화탄소보다 1,000배 이상의 온실효과가 있다. 에어컨, 냉장고의 냉매로 사용됨에 따라 사용량이 급증하고 있다.

PART 4
최종점검 모의고사

01	02	03	04	05	06	07	08	09	10	11	12	13	14	15	16	17	18	19	20
③	②	①	③	①	②	④	④	②	③	①	③	②	④	②	④	③	①	②	①
21	22	23	24	25	26	27	28	29	30	31	32	33	34	35	36	37	38	39	40
③	③	④	②	②	②	④	④	③	③	②	①	④	③	③	④	④	③	③	③

01

정답 ③

경영진단대상은 경영종합진단위원회가 아닌 조합경영진단평가위원회가 필요성을 인정하는 회원에 대하여 실시한다.

[오답분석]
① 제8조 제2항에 따르면 경영진단반장은 경영진단원 중 최상위 직급자 또는 선임자가 하므로 적절하다.
② 제9조 제3항에 따르면 위촉경영진단원은 경영진단원에 준하는 권한과 의무를 가지므로 적절하다.
④ 제9조 제4항에 따르면 경영진단원 운용에 관한 세부사항은 경영진단업무담당 부서장이 따로 정하는 바에 의하므로 적절하다.

02

정답 ②

제14조 제3항에 따르면 경영개선권고 또는 요구를 받은 회원은 통보를 받은 날부터 3월 이내에 중앙회장에게 조치계획서를 제출하여야 한다.

[오답분석]
㉠ 제13조 제7호에 따르면 조합경영진단평가위원회는 지사무소 운영의 효율화에 대하여 경영개선을 권고할 수 있으므로 적절하지 않다.
㉡ 제14조 제1항에 따르면 조합경영진단평가위원장이 아니라 중앙회장은 경영진단 결과를 당해 회원에게 즉시 통보하여야 한다.

03

정답 ①

해당 상품은 개인사업자 및 외국인 비거주자를 제외한 실명등록한 개인을 대상으로 제공되는 상품이다. 부모급여 또는 아동수당을 6개월 이상 입금받거나, 당행에서 주택청약종합저축에 신규 가입할 경우에 추가적인 우대금리를 제공받을 수 있는 상품이므로 ㉠은 적절하지 않다.

[오답분석]
② 가입방법은 대면방식인 '영업점 방문'과 비대면방식인 '텔레마킹', 'K뱅크' 앱을 통해서만 진행되고 있다.
③ 가입 가능한 금액이 월 최소 1만 원에서 최대 50만 원이므로 연간 최소 12만 원에서 최대 600만 원까지 가입이 가능한 상품이다.
④ 적금 가입자 기준 가족관계 확인서류를 지참하고 영업점에 방문하여 가족등록을 할 수 있으며, 계약기간 중 충족된 실적을 합산하여 우대금리를 제공한다.

04

제2항 제1호에 따라 이자를 지급하여야 할 때부터 1개월간 지체할 경우에는 기한 전의 채무변제 의무가 발생한다. 이에 따라 고객은 대출 잔액 전부와 기존 대출 전액이 아닌 현재 남아있는 대출 잔액에 대한 연체료도 함께 납부하여야 한다.

오답분석

① 제1항 제1호에 따라 가압류가 개시되더라도 담보재산이 존재하는 채무의 경우에는 채권회수에 중대한 지장이 있는 때에만 가압류의 사유로 기한의 이익을 상실하므로 기한전의 채무변제 의무는 지지 않아도 된다.

② 제1항 제3호에 따라 채무불이행자명부 등재의 '신청'만으로도 기한 전의 채무변제 의무가 생겨 은행에 대한 모든 채무는 기한과 관계없이 즉시 갚아야 할 의무가 발생한다.

④ 제2항에 따라 은행은 기한의 이익 상실일 7영업일 전까지 기한 전의 채무변제 의무에 대한 내용을 고객에게 서면 통지하여야 하지만, 불가피하게 기한의 이익 상실일 7영업일 전까지 통지하지 않은 경우에는 고객은 실제로 고객에게 통지가 도달한 날부터 7영업일이 경과한 날에 기한의 이익을 상실하게 되어 기한 전의 채무변제 의무가 발생하게 된다.

05

정답 ①

첫 번째 문단의 '대중문화 산물의 내용과 형식이 표준화·도식화되어 더 이상 예술인 척할 필요조차 없게 되었다고 주장했다.'는 내용을 통해 적절한 내용임을 알 수 있다.

06

정답 ②

기호학적 생산성은 피스크가 주목하는 것으로서 초기 스크린 학파의 평가로 적절하지 않다.

오답분석

④ 피스크를 비판하는 켈러의 입장을 유추해 보았을 때 적절하다.

07

정답 ④

㉠ 제9조 제1항에 따르면 부총재보로 임명된 A는 민간 분야 업무활동 내역 제출 대상이며, 민간 분야 업무활동 내역은 임명된 날로부터 30일 이내에 제출하여야 하므로 제출기한을 위반한 행위이다.

㉡ 이는 금융업에 종사하는 직무 관련자인 자신의 동생에게 사적으로 정보를 제공하고 대가를 받은 것으로서 제10조 제1항 제1호에 해당되는 행위이므로 행동강령을 위반한 행위이다.

㉢ 제11조 제3항에 해당되는 내용으로서 자신의 가족인 아들의 채용을 지시하는 행위이므로 행동강령을 위반한 행위이다.

오답분석

㉣ 제12조 제2항에 따라 계약업무를 담당하는 D는 자신의 가족이 은행과 수의계약을 체결하도록 해서는 안 되므로 이를 만류한 D의 행동은 행동강령을 준수한 행동이다.

08

정답 ④

(라) 문단은 연금형 희망나눔주택 사업의 대상자로 선정되어 LH에 집을 판 어르신의 이후 주거 방법에 대한 설명이다. 즉, 사업 대상자로 선정된 이후의 매입 임대 또는 전세 임대 주택에 입주 가능한 조건이므로 연금형 희망나눔주택 사업 자체의 제한 대상을 이야기하는 것은 아니다.

09

정답 ②

『일리아스』는 객관적 서술 태도와는 거리가 멀다고 할 수 있다.

10

네 번째 문단에 따르면 2000년대 초 연준의 금리 인하는 국공채에 투자했던 퇴직자들의 소득을 감소시켰고, 노년층에서 정부로, 정부에서 금융업으로 부의 대규모 이동이 이루어져 불평등을 심화시켰다. 따라서 금융업으로부터 정부로 부가 이동하였다는 ③은 제시문의 내용으로 적절하지 않다.

오답분석

① 2000년대 초 연준의 저금리 정책으로 주택 가격이 상승하여 주택 시장의 거품을 초래하였고, 주식 가격 역시 상승하였지만 이에 대한 이득은 대체로 부유층에 집중되었다.
② 세 번째 문단에 따르면 2000년대 초는 대부분의 부문에서 설비 가동률이 낮은 상황이었기 때문에 당시의 저금리 정책이 오히려 주택 시장의 거품을 초래하였다.
④ 마지막 문단에 따르면 2000년대 초 연준이 고용 증대를 기대하고 시행한 저금리 정책은 노동을 자본으로 대체하는 투자를 증대시킴으로써 오히려 실업률이 떨어지지 않는 구조를 만들었다.

11

4월 8일 12시(정오)까지는 인터넷뱅킹을 통한 대출 신청・실행・연기가 중지된다고 설명되어 있다. 그러나 은행에 방문하여 창구를 이용한 대출 신청에 대해 별다른 언급이 없으므로, 4월 5일(토) 중단일 이후 은행 영업일이라면 이용 가능하다고 볼 수 있다. 따라서 4월 8일 12시 이후부터 은행에서 대출 신청이 가능하다는 것은 적절하지 않다.

오답분석

② 4월 8일 정오까지 지방세 처리 ARS 업무가 중단된다고 설명하고 있다.
③ 고객센터 전화를 통한 카드・통장 분실 신고(해외 포함) 등과 같은 사고 신고는 정상 이용이 가능하다고 안내하고 있다.
④ 타 은행 ATM, 제휴 CD기에서 K은행으로의 계좌 거래는 제한서비스로 분류된다고 안내하고 있다.

12

응모방법에 따르면 응모요건 충족 시 자동 응모가 되며, 무작위 추첨이다.

13

보기의 K은행에서 현재 이용되고 있는 방식은 이벤트 동기화 방식 OTP이다. 따라서 비동기화 방식 OTP를 추천해야 하며, 비동기화 방식은 동기화 방식과 달리 OTP 발생기와 인증 서버 사이에 동기화된 값이 없다.

오답분석

① 이벤트 동기화 방식에 대한 설명이다.
③・④ 현재 보기에서 사용되는 방식이 이벤트 동기화이기 때문에, 이벤트 동기화를 추천하는 것은 적절하지 않다.

14

제시문은 블록체인 기술이 등장하게 된 배경을 설명하고, 이어 블록체인의 기반기술과 여러 활용 분야를 제시하고 있다.

15

참여자 간의 합의를 통해서 발생하는 적합한 거래와 정보만 블록체인으로 유지하는데, 이것을 분산합의라고 한다.

오답분석

① 해시트리와 공개키 기반 디지털 서명 기법 사용은 암호화에 해당하는 특징이다.
③ 블록체인은 P2P 네트워크, 암호화, 분산장부, 분산합의의 4가지 기반기술로 구성되어 있다.
④ 블록체인은 중개 기관에 의존적인 기존의 거래방식에서 벗어나 거래 당사자 간의 직접적인 거래를 통해 신뢰성을 보장한다.

16

'어휘력이 좋다.'를 p, '책을 많이 읽다.'를 q, '글쓰기 능력이 좋다.'를 r이라고 하면 첫 번째 명제는 $\sim p \rightarrow \sim q$, 두 번째 명제는 $\sim r \rightarrow \sim p$이다. 이때 삼단논법에 의해 $\sim r \rightarrow \sim p \rightarrow \sim q$가 성립한다. 따라서 빈칸에 들어갈 명제로 가장 적절한 것은 $\sim r \rightarrow \sim q$인 '글쓰기 능력이 좋지 않으면 책을 많이 읽지 않은 것이다.'이다.

17

A와 C의 진술은 서로 모순되므로 동시에 거짓이거나 참일 경우 성립하지 않는다. 또한 A가 거짓인 경우 불참한 스터디원이 2명보다 많아지므로 A는 반드시 참이어야 한다. 따라서 성립 가능한 경우는 다음과 같다.
ⅰ) B와 C가 거짓인 경우
　A와 C, E는 스터디에 참석했으며 B와 D가 불참하였으므로 B와 D가 벌금을 내야 한다.
ⅱ) C와 D가 거짓인 경우
　A와 D, E는 스터디에 참석했으며 B와 C가 불참하였으므로 B와 C가 벌금을 내야 한다.
ⅲ) C와 E가 거짓인 경우
　불참한 스터디원이 C, D, E 3명이 되므로 성립하지 않는다.
따라서 B와 D 또는 B와 C가 함께 벌금을 내야 하므로, 항상 옳은 것은 ③이다.

18

B는 오전 10시에 출근하여 오후 3시에 퇴근하였으므로 처리한 업무는 4개이다. D는 B보다 업무가 1개 더 많았으므로 D의 업무는 5개이고, 오후 3시에 퇴근했으므로 출근한 시각은 오전 9시이다. S팀에서 가장 늦게 출근한 사람은 C이고, 가장 늦게 출근한 사람을 기준으로 오전 11시에 모두 출근하였으므로 C는 오전 11시에 출근하였다. S팀에서 가장 늦게 퇴근한 사람은 A이고 가장 늦게 퇴근한 사람을 기준으로 오후 4시에 모두 퇴근하였으므로 A는 오후 4시에 퇴근했다. A는 C보다 업무가 3개 더 많았으므로 C의 업무는 2개이다. 이를 정리하면 다음과 같다.

구분	A	B	C	D
업무 개수	5개	4개	2개	5개
출근 시각	오전 10시	오전 10시	오전 11시	오전 9시
퇴근 시각	오후 4시	오후 3시	오후 2시	오후 3시

따라서 C는 오후 2시에 퇴근했다.

[오답분석]
② B의 업무는 A의 업무보다 적었다.
③ 팀에서 가장 빨리 출근한 사람은 D이다.
④ C가 D의 업무 중 1개를 대신 했다면 C는 오후 3시, D는 오후 2시에 퇴근하게 되므로 D가 C보다 빨리 퇴근했을 것이다.

19

2분기 포인트 적립금은 직전 분기의 승인금액 합계에 따르므로, 2024년 1월부터 3월까지의 승인금액의 합인 595.3만 원에 대해 적립된다.
따라서 2분기 포인트 적립금은 $59 \times 950p = 56,050p$이므로 A주임은 청소기를 사은품으로 수령하게 된다.

20

조사결과는 모두 회수해야 한다고 했으므로 응답률이 낮거나 응답률을 보장하지 못하는 전자조사, 우편조사는 제외한다. 또한 질문이 유출되어서는 안 된다고 하였으므로 보안유지가 어려운 전화조사도 적절하지 않다. 개인별로 구체적인 질문을 할 수 있어야 하므로 집합조사보다는 면접조사가 적절하다.

21

③

- A고객 : 유튜브 관련 결제에 대한 할인과 알뜰폰 통신사에 대한 할인을 제공하지 않는 Play++카드는 A고객에게 부적절하다. 남은 카드 중에서 국내 결제에 대하여 할인을 제공하는 카드는 Thepay카드이므로 A고객이 사용하기에 적절한 카드는 Thepay카드이다.
- B고객 : 해외여행 및 해외출장이 잦으므로 휴가중카드 또는 Thepay카드를 사용하는 것이 적절하다. 이 중 할인 혜택을 제공하는 카드는 Thepay카드뿐이므로 B고객이 사용하기에 적절한 카드는 Thepay카드이다.

22

정답 ③

1석7조통장은 별도의 우대금리가 없는 상품이므로 계약기간에 따라 정해진 약정이율에 대해서만 적용되는 상품이다.

오답분석
① 해당 상품의 계약기간은 6개월 이상 3년 이하이나, 상품혜택 제공기간은 통장 가입일로부터 1년이므로 상품의 계약기간에 따라 상품혜택을 제공받는 기간이 그보다 길 수도, 짧을 수도 있다.
② 해당 상품은 만기자동해지서비스를 신청한 계좌에 한해 제공하고 있다. 따라서 별도의 신청이 없으면 만기 후 해지 절차가 필요하다.
④ 1석7조통장의 만기후이율은 그 기간에 따라 작아짐을 알 수 있으나, 만기후금리는 그 이율이 적용받는 기간에 따라 상이하다.

23

정답 ④

신뢰대출은 혜택으로 자사 예금상품이 있는 경우 200만 원 한도로 무이자 대출을 제공한다. 고객의 문의 내용을 보았을 때, 100만 원 정도 대출하기를 원하고, K은행 예금상품을 사용하므로 신뢰대출로 무이자 대출이 가능하다. 따라서 고객에게 신뢰대출을 추천하는 것이 적절하다.

오답분석
① 든든대출 : 사회초년생을 대상으로 하며, 금리도 이자율도 적합하지만 작년까지 대출내역이 남아있으므로 대출이 불가능하다.

24

정답 ②

고객은 2년 동안 상환할 수 있는 상품을 원하고 있으므로 3개월 이내 상환해야 하는 이지대출은 이용할 수 없다. 또한 만 36세이므로 사회초년생 대상 대출인 든든대출도 가입할 수 없고, 자사 상품 가입 내용이 없어 신뢰대출도 받을 수 없다. 그리고 일사천리대출은 스마트폰 전용 상품으로 고객이 스마트폰 사용을 하지 않아 가입할 수 없다. 따라서 해당 고객에게 일반 고객을 대상으로 제공하고, 다자녀 우대금리를 적용받을 수 있는 안심대출을 추천하는 것이 가장 적절하다.

25

정답 ②

스마트폰 전용 상품 가입이 가능하므로 고객이 가입할 수 있는 대출상품은 안심대출과 일사천리대출이다. 안심대출의 경우 3.6%의 이자에서 다자녀 우대를 받아 3.3%의 이자를 적용받고, 일사천리대출도 같은 3.3%의 이자를 적용받는다. 따라서 혜택 내용을 비교하면 일사천리대출은 추가로 스마트폰 요금 할인 상품권 1만 원권을 제공하므로 일사천리대출을 추천하는 것이 가장 적절하다.

26

투자 여부 판단 조건에 대한 인과 및 상관 관계에 따라 정리하면 다음과 같다.

구분	㉮	㉯	㉰	㉱	㉲
A	○		○	×	×
B	○	○	○	○	
C	○	×	○	×	×
D	×	○	×		×
E	×	×	×	×	×

2)를 근거로 ㉯가 나타나지 않으면 ㉱는 나타나지 않는다. 3)을 근거로 ㉯ 또는 ㉰가 나타나지 않으면 ㉲는 나타나지 않는다. 따라서 4개 이상의 이상 징후에 해당하는 투자 부적격 기업은 B이다.

27

2차 판매가 이루어지지 않은 고객의 수는 24+64+135+32=255명으로, 전체 1,000명 중 25.5%를 차지한다.

따라서 전체에서 약 $\frac{1}{4}$ 을 차지하고 있으므로 전체에서 약 $\frac{1}{5}$ 을 차지하고 있다는 것은 적절하지 않다.

28

甲이 2023년 2월 1일부터 주택청약종합저축에 가입하여 납입하였다면, 12회 이상 납입하였고, 가입기간도 1년이 경과되어 지역과 무관하게 1순위 입주자에 해당된다.

[오답분석]

① 甲은 2023년 12월 1일에 주택청약종합저축에 가입하였고, 오늘이 2024년 9월 1일인 점을 볼 때, 월 납입금 납입횟수가 9회에 불과하여 수도권의 경우 1순위 입주자가 되지 못한다.
② 별도 세대를 구성 중인 甲의 형은 세대주의 배우자 및 직계존비속이 아니므로 대신 신청할 수 없다.
③ 청주시장이 아니라 시·도지사인 충북도지사가 청약과열 등 필요성을 인정하는 경우, 甲은 1순위 입주자에 해당되지 않을 수도 있다.

29

제시된 자료를 통해 A ~ D의 주택청약종합저축 가입일과 공공임대주택 신청 날짜를 기준으로 총 납입횟수를 알 수 있으며, 월 납입액과 총 납입횟수를 통해 저축총액도 구할 수 있다. 또한 총 납입횟수를 기준으로 입주자 선정순위를 알 수 있다. 이를 표로 나타내면 다음과 같다.

구분	저축총액	총 납입횟수	입주자 선정순위	무주택 기간 3년 초과 여부
A	440만 원	44회	1순위	×
B	220만 원	11회	2순위	×
C	120만 원	12회	1순위	○
D	290만 원	29회	1순위	○

따라서 D – C – A – B 순으로 높다.

30

정답 ③

A고객은 월평균 지출이 40만 원이고, B고객은 연회비 3만 원 이하의 카드를 원하므로 Air One은 두 사람 모두의 추천 대상에서 제외된다. 두 사람에게 각각 다른 카드를 추천하였기 때문에, 간편결제의 활용 빈도가 높은 A고객에게 #Pay, 차량을 보유하고 외식을 선호하는 B고객에게 Mr. Life를 추천하는 것이 적절하다.

31

정답 ②

국내 사용금액의 경우 일시불과 할부 모두 마일리지 적립 대상이나, 해외 사용금액의 경우 일시불만 마일리지 적립 대상이라는 점에 유의해야 한다. 국내 사용금액 100만 원 전체에 대해 1천 원당 1마일리지, 해외 사용금액 중 일시불 50만 원에 대해 1천 원당 1마일리지가 적립된다. 문제에 언급된 내용만으로는 항공 / 면세업종에서 사용된 금액을 알 수 없으므로, 항공 / 면세업종에서 사용한 금액이 0원인 경우를 기준으로 예상 적립 마일리지를 구하면 적립되는 항공마일리지의 최솟값이 된다.

따라서 적립되는 항공마일리지는 최소 (100만 원÷1,000원×1마일리지)+(50만 원÷1,000원×1마일리지)=1,500마일리지이다.

32

정답 ①

기차의 길이를 xm라고 하면 기차의 속력에 대해 다음과 같은 식이 성립한다.

$$\frac{480+x}{36}=\frac{600+x}{44}$$

→ $11\times(480+x)=9\times(600+x)$

→ $2x=120$

∴ $x=60$

따라서 기차의 길이는 60m이므로 기차의 속력은 $\frac{480+60}{36}=15$m/s이다.

33

정답 ④

• 농도 5%인 설탕물 600g에 들어있는 설탕의 양 : $\frac{5}{100}\times600=30$g

• 10분 동안 가열한 후 남은 설탕물의 양 : $600-(10\times10)=500$g

• 가열 후 남은 설탕물의 농도 : $\frac{30}{500}\times100=6$%

여기에 더 넣은 설탕물 200g의 농도를 x%라고 하면 다음과 같은 식이 성립한다.

$$\frac{6}{100}\times500+\frac{x}{100}\times200=\frac{10}{100}\times700$$

→ $2x+30=70$

∴ $x=20$

따라서 더 넣은 설탕물 200g의 농도는 20%이다.

34

정답 ③

(현금수수료)=(수수료 대상금액)×(수수료 적용환율)×(수수료율)

$(2,400\times0.8)\times1,080.2\times0.02=41,479.68≒41,480$

따라서 현금수수료는 41,480원이다.

35

제시된 정보에 따라 만기환급금을 계산하면 다음과 같다.

$$30 \times 40 + 30 \times \frac{40 \times 41}{2} \times \frac{0.03}{12} = 1,261.5$$

따라서 A고객이 안내받을 만기환급금은 1,261.5만원이다.

36

임대보증금 전환은 연 1회 가능하므로 다음 해에 전환할 수 있다.

1년 동안 A씨가 내는 월 임대료는 650,000×12=7,800,000원이고, 이 금액에서 최대 58%까지 보증금으로 전환 가능하므로 7,800,000×0.58=4,524,000원을 보증금으로 전환할 수 있다. 보증금에 전환이율 6.24%를 적용하여 환산한 환산보증금은 4,524,000÷0.0624=72,500,000원이 된다.

따라서 월세를 최대로 낮췄을 때의 월세는 650,000×(1-0.58)=273,000원이며, 보증금은 환산보증금을 더한 70,000,000+72,500,000=1억 4,250만 원이 된다.

37

(판매 가격)=(매매기준가)×[1-(환전수수료율)]이므로 (환전수수료율)=$1-\frac{(판매 가격)}{(매매기준가)}$이다.

이에 따라 국가별 판매할 때의 환전수수료율은 각각 다음과 같다.

- 미국 : $1-\frac{1,352.90}{1,377} ≒ 0.02$
- 일본 : $1-\frac{863.29}{878.67} ≒ 0.02$
- 중국 : $1-\frac{180.22}{189.7} ≒ 0.05$
- 영국 : $1-\frac{1,688.02}{1,721.94} ≒ 0.02$
- 호주 : $1-\frac{883.08}{895.05} ≒ 0.01$ (∵ 호주의 매매기준가는 1,377×0.65=895.05원이다)

따라서 중국은 판매할 때의 환전수수료율이 가장 높은 국가이다.

오답분석

① 중국의 미화환산율은 $\frac{189.7}{1,377} ≒ 0.14$이다.

② 호주의 매매기준가는 1,377×0.65=895.05원이다.

③ (구입 가격)=(매매기준가)×[1+(환전수수료율)]이므로 (환전수수료율)=$\frac{(구입 가격)}{(매매기준가)}-1$이다.

따라서 미국의 구입할 때의 환전수수료율은 $\frac{1,401.10}{1,377}-1 ≒ 0.02$, 일본의 구입할 때의 환전수수료율은 $\frac{894.05}{878.67}-1 ≒ 0.02$로 서로 같다.

38

- (B) : 미국의 실업률이 상승하였다고 발표되었다면, 이는 고용지표가 나빠졌다는 것으로 미국 경제의 불확실성이 높아진다는 것을 의미한다. 따라서 달러의 가치가 하락하게 되고 원화의 가치는 상승하게 된다(환율하락). 따라서 B는 '미국 실업률 하락 발표'로 수정해야 한다.
- (C) : 무역수지가 적자라는 것은 수입에 비해 수출이 낮다는 의미로, 외화공급보다 외화수요가 높아지므로 원화가치가 하락하게 된다(환율상승). 따라서 C는 '무역수지 흑자 발표'로 수정해야 한다.
- (F) : 국가신용도가 낮아지면, 투자위험이 높아지므로 국내에 투자된 외국자본이 유출된다. 국내의 외화가 부족하게 되면서 외화 수요가 높아져 원화가치는 하락하게 된다(환율상승). 따라서 F는 '국가신용등급 상향조정'으로 수정해야 한다.

39

보증비율이 85%일 때 기준금리가 가장 높은 은행은 B은행(1.98%)이다.

오답분석
① B·C·D·E은행은 보증비율이 높을수록 대출금리가 낮지만, A은행과 F은행은 그렇지 않다.
② 가산금리의 평균금리가 가장 높은 은행은 E은행(2.3%)이다.
④ 보증비율이 80% 미만일 때, 가산금리가 가장 낮은 은행은 F은행(1.92%)이다.

40

2017 ~ 2024년 동안 회사채3년 금리가 국고채10년 금리보다 높았던 해는 2017년, 2021 ~ 2024년으로 총 5번이다.

오답분석
① 금융기관 간에 발생한 자금 거래시장에서 형성된 금리는 '콜 금리'를 말하며, 2024년 콜 금리는 1.59%이다. 따라서 2017년 기준금리인 2.75%의 $\frac{1.59}{2.75} \times 100 ≒ 57.82$로 60% 미만을 차지한다.
② 2017 ~ 2024년 동안 정부가 자금 확보를 위해 발행한 채권인 국고채는 만기 기간이 길수록 평균 금리도 높아진다.
④ 매일 금융투자협회에서 고시하는 금리는 CD금리로, 2017 ~ 2024년 동안의 금리 평균은
$$\frac{3.30 + 2.72 + 2.49 + 1.77 + 1.49 + 1.44 + 1.68 + 1.69}{8} = \frac{16.58}{8} ≒ 2.07\%이다.$$

01	02	03	04	05	06	07	08	09	10	11	12	13	14	15	16	17	18	19	20
④	①	④	③	①	④	④	④	②	②	②	④	④	③	②	④	④	③	③	②
21	22	23	24	25	26	27	28	29	30	31	32	33	34	35	36	37	38	39	40
④	②	④	①	③	②	④	②	①	①	①	①	①	②	③	④	④	②	④	③

01
정답 ④

본인의 월평균소득이 전년도 도시근로자 1인 가구 월평균소득의 100%를 초과하더라도, 2순위 자격요건은 본인과 부모의 월평균소득의 합산한 금액을 기준으로 하므로 입주대상이 될 수 있다.

오답분석
① 최초 계약을 포함하여 2년 단위로 총 3회 계약이 가능하므로 최대 6년간 거주 가능하다.
② 고등학교의 경우, 졸업 혹은 중퇴한 지 2년 이내인 경우에만 입주대상에 해당한다.
③ 2순위와 3순위 입주대상자 모두 보증금 200만 원을 납부하게 된다.

02
정답 ①

• 민우 : 3순위 자격요건을 충족하고 있으나, 자산 요건 기준인 25,400만 원을 초과한 현금자산을 보유하고 있으므로 입주대상에 해당하지 않는다.
• 정아 : 청년매입임대주택은 미혼 청년을 입주대상으로 하고 있으므로, 차상위계층 가구에 해당하더라도 해당 사업의 대상이 될 수 없다.

오답분석
• 소현 : 3순위 입주대상에 해당한다.
• 경범 : 2순위 입주대상에 해당한다.

03
정답 ④

예치기간에 따라 차등적인 차감율을 적용하여 중도해지 이자율을 산출하는데, 산출값이 0.1% 미만인 경우에는 0.1%의 중도해지 이자율을 적용한다.

오답분석
① 당행 쏠(SOL)을 통해 신청 가능하다고 명시된 부분은 만기일 연장 서비스에 관한 것이다.
② 만기일 연장은 최장 3개월까지만 가능하다.
③ 만기 후에는 기본금리가 아닌 만기 후 이율이 적용된다.

04
정답 ③

해당 상품의 가입기간은 1 ~ 60개월로, 1년은 이 기간 내에 해당하므로 C씨는 쏠편한 정기예금에 가입하기에 적합하다.

오답분석
① 이 상품의 최대 가입기간은 60개월(5년)로, A씨의 저축 목적에 맞지 않는다.
② 쏠편한 정기예금은 거치식 상품으로, 정기적인 납입을 위한 상품이 아니므로 B씨에게는 적합하지 않다.
④ 원금이 보장되고 정액의 이자를 지급하는 상품으로, 높은 수익률을 원하는 D씨에게는 적합하지 않다.

PART 4

05

베타계수는 시장수익률의 변동에 개별주식의 수익률이 얼마나 민감하게 반응하는지를 나타낸 지표로, 시장수익률이 1% 증가하거나 감소할 때 개별주식의 수익률이 0.8% 증가하거나 감소한다면 개별주식의 베타계수는 0.8이다. 또한 베타계수가 낮을수록 개별주식의 위험이 낮다는 것을 의미하며, 무위험 자산의 베타계수는 0이다. 이러한 내용을 이해하고 주어진 자산들의 투자비중을 나누면 A주식은 10%, B주식은 30%, C주식은 20%가 된다.

따라서 기대수익률은 {(0.12×0.1)+(0.06×0.3)+(0.10×0.2)+(0.04×0.4)}×100=6.6%, 기대수익은 1백만×0.066=66,000원이다.

06

K은행 100세 플랜 적금 상품은 예금자보호가 적용되는 상품이나, 예금자보호법에 따라 K은행에 있는 고객의 모든 예금보호대상 금융상품에 적용되므로 다른 상품과 별도로 보호받는다는 설명은 적절하지 않다.

07

해당 적금상품의 만기시점 세전금리는 기본금리에 우대금리를 가산해 구한다.

기본금리는 상품설명서 내 [만기금리] → [기본금리] 항목에서 확인할 수 있는데, A고객의 계약기간이 5년이므로 연 3.00%임을 확인할 수 있다.

우대금리는 A고객의 상담내역에서 [우대금리] 중 우대조건 항목에 해당하는 것이 있는지 비교한 후, 해당하는 항목의 우대금리를 모두 합하면 된다.

• 우대조건 ① : A고객은 K은행과 이전에 거래한 적이 없으며, 해당 적금상품만을 가입하였으므로 우대조건에 해당하지 않는다.
• 우대조건 ② : A고객은 배우자와 함께 가입하였고, 신규금액이 10만 원 이상이므로 우대조건에 해당한다.
• 우대조건 ③ : A고객은 매월 20만 원씩 납입, 계약기간 5년, 만기까지 연체없이 납입할 예정이므로 우대조건에 해당한다.
• 우대조건 ④ : A고객은 행원의 추천에 따라 「K은행 100세 플랜 연금」을 신규로 가입하여 6개월 이상 보유할 예정이므로 우대조건에 해당한다.
• 우대조건 ⑤ : A고객은 K은행에 방문하여 행원과 해당 적금에 대해 상담을 받아 계약하였으므로, 우대조건에 해당하지 않는다.

따라서 우대조건 ②·③·④를 충족하였으므로 우대금리는 0.1+0.2+0.2=0.5%p이며, 만기시점의 세전금리는 3.00+0.5=3.50%이다.

08

X사 직원별 1인당 부담가능 이자비용은 각각 다음과 같다.

• 김주임 : 1,000×0.01÷10=1
• 박대리 : (1,000×0.02+2,000×0.025)÷10=7
• 주부장 : (5,000×0.015+4,000×0.025)÷10=17.5
• 이과장 : (5,000×0.01+4,000×0.02)÷10=13
• 오과장 : (4,000×0.01+2,000×0.025)÷10=9

따라서 1인당 부담가능 이자비용이 이자 지원금을 초과하는 직원은 이과장과 주부장이다.

09

이용약관의 제2조 제2항에 따르면 지문인증은 스마트뱅킹의 로그인 또는 계좌이체 등의 거래 시 이용자 본인의 스마트기기에 미리 저장해 둔 지문정보를 이용한다고 하였으므로, 따로 영업점을 방문하여 지문을 등록할 필요는 없다.

오답분석

① 제6조 제1항에 따라 옳은 답변이다.
③ 제4조 제3항에 따라 옳은 답변이다.
④ 제3조에 따라 옳은 답변이다.

10
정답 ②

㉠ 조회서비스 등 자금이체가 수반되지 않는 거래는 전자적 장치를 통해 서비스를 제공받을 수 있다(제4조 제1항 제1호).
㉢ 영업점을 통해 인터넷뱅킹을 신청한 후 다른 서비스를 추가할 수 있다(제4조 제1항 제3호).

[오답분석]

㉡ 실명 확인된 근거계좌를 해지할 시에는 영업점을 방문하여 실명확인 절차를 거쳐야 한다(제6조 제1항).
㉣ 자금이체서비스의 출금계좌를 이용자 명의의 국민은행 계좌로 지정하려면 영업점에서 서면 또는 전자문서로 신청하여야 한다(제7조 제1항).

11
정답 ②

제11조 제1항 제2호를 통해 OTP에서 생성되는 비밀번호는 10회 이상 연속하여 틀렸을 때 서비스가 자동 중지됨을 확인할 수 있다.

12
정답 ④

제8조 제2항에 따르면 이체자금은 이체지정일 직전 국민은행 영업일의 영업시간 내 국민은행에 등록된 지급계좌에 입금하여야 한다.

[오답분석]

①·② 제7조 제3항에 따라 옳은 내용이다.
③ 제8조 제1항에 따라 옳은 내용이다.

13
정답 ④

고객부담 비용은 수수료 또는 인지세라고도 하는데, 이는 대출금액에 따라 차등 적용하여 부담하게 된다. 그리고 상품 개요에 따라 고객과 은행이 각 50%씩 부담한다. 제시된 전세자금대출의 경우에도 동일하다. 따라서 5천만 원 이상 1억 원 이하일 경우 4만 원의 수수료가 발생되는데, 고객은 50%인 2만 원만 부담하면 된다.

14
정답 ③

차상위계층이라면 1.0%p 우대, 다자녀가구라면 0.5%p의 우대를 받는 것은 맞으나, 각 우대금리를 중복해서 받을 수는 없다. 따라서 추가적으로 받을 수 있다는 대답은 적절하지 않다.

15
정답 ②

거주지역, 전용면적 등을 보았을 때, 모두 전세자금대출 신청이 가능하다. 다만, 금리를 비교하기 위해서는 보증금액, 연소득(부부 합산), 우대 여부, 기타를 살펴봐야 한다.
• ㉠ : 2.3−0.2(노인부양가구 우대)=2.1%
• ㉡ : 3.1%(신혼부부, 우대 ×)
• ㉢ : 2.9−0.2(다문화가구 우대)=2.7%
• ㉣ : 2.8−0.5(다자녀가구 우대, 중복 ×)=2.3%
따라서 금리가 낮은 순으로 나열하면 '㉠ − ㉣ − ㉢ − ㉡'이다.

16
정답 ④

B고객은 카페를 옮겨 운영한다고 하였으므로 대출시점 이전에도 지속적으로 개인사업을 해온 것으로 추정할 수 있다. 따라서 자영업자에 해당하므로 소득금액증명서를 제출하여야 한다. 직장의료보험증, 근로소득원천징수영수증은 근로자에게만 해당된다.

17

A씨가 취급한 대출상환방식은 분기마다 1회 후납하는 방식이며, 4회 동안 동일한 원금을 납부해야 한다. 그리고 분기마다 적용되는 이율은 8÷4=2%이다. 기간별로 지불하여야 할 이자를 계산하면 다음과 같다.

구분	1분기	2분기	3분기	4분기	합계
대출잔액	40백만 원	30백만 원	20백만 원	10백만 원	–
상환원금	40÷4회=10백만 원	10백만 원	10백만 원	10백만 원	40백만 원
이자	40×2%=80만 원	30×2%=60만 원	20×2%=40만 원	10×2%=20만 원	200만 원

따라서 A씨가 지불해야 할 이자는 총 2,000,000원이다.

18
정답 ③

월 50만 원 이상의 입금실적과 공과금 자동이체실적이 같은 월에 있으면 우대이자율 연 0.4%p가 추가된다.

[오답분석]
① 가입기간을 알 수 없으므로 중도해지 시 이율도 알 수 없다.
② 만기 후 이자는 기간에 따라 다르다.
④ 추가거래에 따른 우대이자율은 최고 연 0.9%p이다.

19
정답 ③

• 가입기간 24개월의 기본금리 : 1.1%
• K은행 입출금계좌를 통해 급여일 등록 후 급여일마다 월 50만 원 이상 입금 시 우대금리 : 0.4%p
• 비대면 채널을 통해 가입 시 우대금리 : 0.2%p
• K-BANK 가입 후 로그인 시 우대금리 : 0.1%p
이때, 증권거래의 경우 월 1일이고, ISA는 K은행이 아니기 때문에 우대금리가 가산되지 않는다.
그러므로 적용받는 금리는 총 1.1+0.4+0.2+0.1=1.8%이다.

n은 개월 수, r은 연 이자율일 때, (이자)=(월 납입액)$\times n \times \dfrac{(n+1)}{2} \times \dfrac{r}{12}$ 이므로

원금은 40×24=960만 원이고, 이자는 $40 \times 24 \times \dfrac{25}{2} \times \dfrac{0.018}{12} = 18$만 원이다.

또한 이자소득세는 8%이므로, 18×0.08=1.44만 원이 나온다.
따라서 만기 시 A씨가 받을 세후 금액은 960+18−1.44=976.56만 원이다.

20
정답 ②

B씨는 중도해지하였기 때문에 중도해지 시 이율 규칙에 따른다.
3개월 이상에 해당하므로, (기본금리)×[1−(차감률)]×(경과월수)÷(계약월수)로 계산한다.
기본금리는 1.25%이고, 차감률은 40%, 경과월수는 15개월, 계약월수는 36개월이다.

그러므로 중도해지 시 이율은 $0.0125 \times (1-0.4) \times \dfrac{15}{36} \times 100 = 0.3125\%$이다.

이때, 주의할 점은 우대금리는 가산되지 않는다는 것이다. 3년제 18개월 이상이 안 되므로 우대금리 적용이 불가하며 ISA 추가거래에 대한 우대이자율은 만기 시에만 적용된다.

따라서 원금은 36×15=540만 원, 이자는 $36 \times 15 \times \dfrac{16}{2} \times \dfrac{0.003125}{12} = 1.125$만 원으로, 해지 시 B씨가 받을 금액은 5,411,250원이다.

21

정답 ④

자료 내 제시된 환율을 기준으로 1,500유로 환전에 필요한 금액을 구해보면 각각 다음과 같다.
• 영업점을 방문하여 환전할 경우
  1,277.06×1,500＝1,915,590원
• 인터넷뱅킹을 이용할 경우(유로화 환전수수료 80% 할인쿠폰 적용)
  − (환전수수료)＝(현찰 살 때)−(매매기준율)
  − 환전수수료 80% 적용 할인된 수수료 금액 : (환전수수료)×(1−0.8)＝(1,277.06−1,252.15)×0.2＝4,982원
  ∴ (1,252.15＋4,982)×1,500＝1,885,698원

22

정답 ②

국내 간 외화송금 시 인터넷뱅킹 수수료는 5,000원이다.
영업점의 수수료는 송금 금액에 따라 다른데 JPY 100＝USD 0.92라고 하였으므로, 800,000엔을 미국 USD로 변환하면 8,000×0.92＝7,360달러이다. 이는 USD 10,000 이하이므로 수수료는 7,000원이다.
따라서 두 수수료의 차이는 2,000원이다.

23

정답 ④

해외로 송금할 경우 송금 금액과 각각의 수수료를 계산하면 다음과 같다.
• 송금 금액 : 4,000×1,132.90＝4,531,600원
• 송금 수수료 : 15,000×0.7＝10,500원(∵ USD 5,000 이하)
• 중계은행 수수료 : 18×1,132.90＝20,392.2원
• 전신료 : 8,000원
따라서 4,531,600＋10,500＋20,392.2＋8,000≒4,570,490원이 된다.

24

정답 ①

㉠ 만기해지를 포함하여 분할해지가 총 3회까지 가능하므로, 만기 전까지는 최대 2회 가능함을 알 수 있다.
㉡ 이체 실적은 최대 월 1회 인정되므로 5회를 인정받기 위해서는 최소 5개월간 이체를 실시하여야 한다.

[오답분석]
㉢ 거치식 상품으로 추가입금을 할 수 없다.
㉣ 개인만 가입이 가능한 상품이므로 법인은 가입할 수 없다.

25

정답 ③

김대리는 제시된 우대조건 중 첫 번째와 두 번째 우대금리만을 적용받아 최종적으로 연 1.0%(＝0.8＋0.1＋0.1)의 금리를 적용받는다. 이에 따라 김대리가 만기에 수령할 원리금을 계산하면 다음과 같다.

$$150,000,000 \times \left(1 + \frac{0.01}{12}\right)^{12} = 150,000,000 \times 1.012 = 151,800,000원$$

따라서 원리금에서 원금을 뺀 이자는 151,800,000−150,000,000＝1,800,000원이다.

26

정답 ②

원금 및 이자금액 그래프를 연결하면 다음과 같은 4가지 경우가 나오며, 그에 대한 설명은 다음과 같다.

원금 그래프	이자금액 그래프	대출상환방식
A	C	원금을 만기에 모두 상환하고, 매월 납입하는 이자는 동일하다. 따라서 이는 '만기일시상환' 그래프이다.
B	D	원금을 3회부터 납입하고, 2회까지 원금을 납입하지 않는다. 이자금액은 1회부터 3회까지 동일하며 4회부터 이자는 감소하므로 2회까지 거치기간임을 알 수 있다. 3회 이후 납입원금이 동일하기 때문에 원금균등상환방식이 된다. 따라서 거치기간이 있는 '거치식원금균등상환' 그래프이다.
A	D	원금을 만기에 일시상환하므로 이자는 만기까지 일정해야 한다. 따라서 두 그래프는 연결될 수 없다.
B	C	거치기간이 끝나고 매월 상환하는 원금이 같을 경우 그에 대한 이자는 줄어들어야 한다. 따라서 두 그래프는 연결될 수 없다.

따라서 그래프와 대출상환방식이 바르게 연결된 것은 ⊙과 ⓔ이다.

27

정답 ④

• 갑 : 최대한 이자를 적게 내려면, 매월 원금과 이자를 같이 납입하여 원금을 줄여나가는 방식을 선택해야 한다. 거치식상환과 만기일시상환보다 원금균등상환 또는 원리금균등상환이 원금을 더 빨리 갚아나가므로 이자가 적다. 따라서 갑에게 가장 적절한 대출상환방식은 이자가 가장 적게 나오는 '원금균등상환'이다.
• 을 : 매월 상환금액이 동일한 것은 '원리금균등상환'이다.
• 병 : 이자만 납입하다가 만기 시 원금 전액을 상환하는 '만기일시상환'이 가장 적절하다.
• 정 : 지금 상황에서는 이자만 납입하는 거치기간을 갖고 추후에 상황이 안정되면 매달 일정금액을 상환할 수 있는 '거치식상환'이 가장 적절하다.

28

정답 ②

창구 이용 시 500달러의 경우 총 송금수수료는 D은행이 12,000원[=5,000원(수수료)+7,000원(전신료)]으로 가장 저렴하다.

[오답분석]
① 인터넷 이용 시 450달러의 경우 총 송금수수료는 A은행이 5,000원[=수수료 면제+5,000원(전신료)]으로 가장 저렴하다.
③ 창구 이용 시 1,500달러의 경우 총 송금수수료는 F은행이 14,500원[=7,000원(수수료)+7,500원(전신료)]으로 가장 저렴하다.
④ 창구 이용 시 25,000달러의 경우 총 송금수수료는 F은행이 37,500원[=30,000원(수수료)+7,500원(전신료)]으로 가장 비싸다.

29

정답 ①

A은행과 E은행을 제외하고 창구 이용 시 3,000달러의 총 송금수수료가 가장 저렴한 은행은 F은행으로 19,500원이며, 인터넷 이용 시 7,000달러의 총 송금수수료가 가장 저렴한 은행은 D은행으로 10,000원이다.
따라서 K씨는 송금 수수료로 19,500+10,000=29,500원을 지불해야 한다.

30

정답 ①

은행별 2,000달러를 창구를 이용하여 송금할 경우 총 송금수수료는 각각 다음과 같다.
- A은행 : 10,000원(수수료)+[8,000원(전신료)×0.6]=14,800원
- B은행 : [10,000원(수수료)×0.8]+8,000원(전신료)=16,000원
- C은행 : [10,000원(수수료)+8,000원(전신료)]×0.9=16,200원
- D은행 : 10,000원(수수료)+[7,000원(전신료)-3,000원]=14,000원
- E은행 : [10,000원(수수료)×0.7]+8,000원(전신료)=15,000원
- F은행 : 7,000원(수수료)+7,500원(전신료)=14,500원

따라서 총 송금수수료가 가장 비싼 은행은 C은행이고, 가장 저렴한 은행은 D은행이다.

31

정답 ①

데이터 마이닝은 통계학적 관점에서 데이터를 찾고 통계상에 나타나는 현상과 흐름을 파악하는 것이다. 데이터 처리 기술의 발달로 디지털 환경에서 만들어지는 방대한 데이터를 분석해 그 의미를 추출하고 경향을 파악하는 빅데이터 기술에 활용한다.

32

정답 ①

마이데이터는 개인이 자신의 정보를 관리하여 자신의 생활에 능동적으로 활용하는 것으로, 개인의 모든 금융정보도 포함된다.

33

정답 ①

오답분석
② 랜섬웨어 : 악성코드(Malware)의 일종으로 인터넷 사용자의 컴퓨터에 잠입해 내부 문서나 스프레드시트, 그림파일 등을 암호화해 열지 못하도록 만든 다음, 이를 해제하기 위해서는 악성코드 제작자에게 대가로 금품을 제공해야 하는 악성 프로그램
③ 트로이목마 : 자료삭제・정보탈취 등 사이버테러를 목적으로 사용되는 악성 프로그램. 해킹 기능을 가지고 있어 인터넷을 통해 감염된 컴퓨터의 정보를 외부로 유출하는 것이 특징임
④ 매크로 바이러스 : 매크로 명령을 사용하는 프로그램의 데이터에 감염되는 컴퓨터 바이러스. 엑셀이나 워드 등 매크로를 사용하는 데이터를 전자우편으로 보낼 때 상대방의 컴퓨터에 감염되어 작업한 문장을 바꾸어 놓거나 하드디스크를 지워버리는 일을 함

34

정답 ②

윈 백(Win Back)이란 자사 제품력의 우수함을 증명하기 위해 타사 제품의 자리에 자사의 제품을 위치시키는 마케팅 기법을 말한다.

오답분석
① 롤 백(Roll Back) : 데이터에 손상이 발생하였을 경우, 이전의 데이터로 복원하는 행위
③ 줌 백(Zoom Back) : 촬영 중인 물체와의 거리를 늘리면서 대상이 화면에서 작아져 보이게 하는 기법
④ 바이백(Buy-Back) : 판매한 물품을 재구입하여 취득하는 행위

35

정답 ③

그리드 컴퓨팅에 대한 설명이다. 그리드 컴퓨팅은 PC나 서버 등의 모든 컴퓨팅 기기를 하나의 네트워크를 통해 공유하려는 분산 컴퓨팅 모델로 고속 네트워크로 연결된 다수의 컴퓨터 시스템이 사용자에게 통합된 가상의 컴퓨팅 서비스를 제공한다.

36

㉠ 트랙백은 다른 사람의 글에 대한 자기반응을 간략하게 표현하는 댓글이 아닌, 다른 사람의 글을 자신의 사이트에 게시하면서 그에 대한 반응을 추가로 게재할 수 있기 때문에 보다 길게 자기반응을 표현할 수 있게 하는 방법이다.
㉡ 트랙백은 반응하고 싶은 다른 사람의 글을 캡처하는 것이 아닌, 해당 글의 트랙백 주소를 복사하여 자신의 사이트에 게시함으로써 이용할 수 있다.
㉢ 트랙백을 이용한 글은 자신의 사이트에 있기 때문에, 해당 글을 간략하게 수정하거나 해당 글에 추가 내용을 덧붙이는 등의 편집활동을 자유롭게 할 수 있다는 장점이 있다.
㉣ 트랙백 핑은 해당 글이 트랙백이 되었음을 원작자에게 알려주는 신호를 말한다.

37

블록체인에서의 거래 정보 전체 데이터에 대한 해시값을 도출한 후, 이를 나무 형태로 표시한 것을 개발자의 이름에서 따와 머클 트리(Merkle Tree)라 부른다.

[오답분석]
① B 트리(B-Tree) : 대용량의 데이터를 구성하기 위한 트리로, 각 노드의 자식 노드가 2개를 초과하는 구조
② AVL 트리(AVL Tree) : 데이터 트리를 구성하는 왼쪽과 오른쪽 노트의 높이 차이가 1 이하인 트리 형태
③ 이진 트리(Binary Tree) : 각 노드의 자식 노드가 2개 이하로 구성된 나무 모양의 데이터 구조

38

SSO(Single Sign On)는 최초 1회의 본인 인증을 통해 타 사이트에서는 별도의 본인 인증 과정 없이도 이용할 수 있도록 하는 기술을 말한다.

[오답분석]
① SSH(Secure Shell) : 도청을 방지하기 위해 메시지를 암호화하여 전송하는 기술
③ OTP(One Time Password) : 임의로 발급된 임시 암호를 통해 사용자를 인증하는 기능
④ USN(Ubiquitous Sensor Network) : 물체에 센서를 붙여 이를 통해 물체의 정보를 취득할 수 있게 하는 기술

39

제로 데이 공격(Zero Day Attack)이란 시스템에서의 보안 문제가 알려지기도 전에 진행되는 공격을 의미한다.

[오답분석]
① 스니핑(Sniffing) : 도청 프로그램을 통해 개인정보를 해킹하는 공격
② 사전 공격(Dictionary Attack) : 컴퓨터 프로그램을 통해 사전에 존재하는 모든 단어를 입력하여 이용자의 암호를 해킹하는 공격
③ 키 로거 공격(Key Logger Attack) : 이용자의 컴퓨터에 사전에 설치된 해킹 프로그램을 통해 키보드의 움직임을 감지하여 개인 정보를 유출해가는 공격

40

버즈 워드(Buzz Word)에서 'Buzz'는 잡음을 의미한다. 즉, 사실상 의미 없는 단어를 검색하게 되면 너무 많은 자료가 나타나 실제로 찾고자 하는 자료의 수색을 오히려 방해시키는 결과를 가져온다는 뜻이다.

[오답분석]
① 키 워드(Key Word) : 자료 내에서 중요한 의미를 지닌 단어
② 하프 워드(Haff Word) : 반 단어라고 불리며, 일정하게 정해진 기준은 없지만 일반적으로 컴퓨터에서 취급하는 한 단어 길이의 절반에 해당하는 정보
④ 직렬 워드(Serial Word) : 컴퓨터가 순서대로 처리하는 정보의 단위

01	02	03	04	05	06	07	08	09	10	11	12	13	14	15	16	17	18	19	20
④	②	③	③	①	②	②	②	②	④	②	③	④	③	④	①	③	③	①	②

01

정답 ④

협동조합은 모든 조합원의 1인 1표 의결권 행사를 원칙으로 하지만, 신세대협동조합(New Generation Cooperatives)의 경우 협동조합의 실적·이용 규모 등을 기준으로 의결권을 부여하여 조합 활동에 참여하지 않는 조합원들과 차이를 둔다. 이 경우에도 조합원이 납입한 출자금 규모에 비례하여 의결권을 주는 것이 아니므로 투자자가 조합을 소유하지 않는다.

오답분석

① 소비자협동조합 : 주로 회원이 사용하거나 혹은 그들에게 재판매하기 위한 재화나 서비스를 구매하기 위하여 조직된 최종소비자의 협동조합
② 사회적협동조합 : 지역주민들의 권익·복리 증진과 관련된 사업을 수행하거나 취약계층에게 사회서비스 또는 일자리를 제공하는 등의 비영리 목적으로 설립된 협동조합
③ 노동자협동조합 : 노동자들이 법인을 소유하고 직접 경영에 참여하는 협동조합

02

정답 ②

하이퍼 인플레이션은 일반적인 인플레이션을 넘어서 물가가 수천에서 수만 배까지 뛰어올라 사회 파괴가 일어난 상태를 말한다. 인플레이션은 물가가 오르고 유동성이 넘치는 현상으로 경기가 부양되는 특징이 있다. 특정 재화의 가격이 어느 해에 비해 얼마나 비싸졌는지를 나타내는 용어로도 사용된다.

03

정답 ③

아이폰지수는 스위스 투자은행인 UBS에서 발표한 지수이다.

04

정답 ③

DB형, DC형 가입자라도 IRP계좌를 개설하여 추가납입이 가능하다.

오답분석

① IRP형은 소득이 있는 근로자 모두가 가입대상이 되며, 세액공제 등 혜택이 있다.
② DC형은 운용방식을 가입자가 결정하며, 투자성과에 따라 퇴직금 규모가 달라질 수 있다.
④ DB형은 회사가 운용방식 및 퇴직급여를 결정한다.

05

정답 ①

오답분석

② SOC 투자 : 정부 또는 공공단체 공급자가 제공하는 설비나 서비스 관련 시설류의 총칭
③ 엔젤 투자 : 개인들이 돈을 모아 창업하는 벤처기업에 필요한 자금을 대고 주식으로 그 대가를 받는 투자형태
④ M&A형 투자 : 국내기업이 이미 발행한 주식의 일정 부분(통상 10% 이상)을 취득함으로써 당해기업의 경영권에 실질적 영향을 미치는 투자

06

정답 ②

이자보상비율은 영업이익을 이자비용으로 나눈 값으로, 기업이 벌어들이는 영업이익으로 이자를 얼마나 갚을 수 있는지 평가하는 지표이다.

07

정답 ②

IS곡선 혹은 LM곡선이 우측으로 이동하면 AD곡선도 우측으로 이동한다.

IS곡선	우측 이동요인	소비 증가, 투자 증가, 정부지출 증가, 수출 증가
	좌측 이동요인	조세 증가, 수입 증가, 저축 증가
LM곡선	우측 이동요인	통화량 증가
	좌측 이동요인	화폐수요 증가, 물가 상승, 실질통화량 감소

㉠ 주택담보대출의 이자율 인하 → 투자 증가 → IS곡선 우측 이동
㉢ 기업에 대한 투자세액공제 확대 → 투자 증가 → IS곡선 우측 이동
㉤ 해외경기 호조로 순수출 증대 → 수출 증가 → IS곡선 우측 이동

[오답분석]
㉡ 종합소득세율 인상 → 조세 증가 → IS곡선 좌측 이동
㉣ 물가의 변화는 LM곡선의 이동요인이나 AD곡선의 이동요인은 아니다(AD곡선상에서의 이동요인임).

08

정답 ②

기회비용이란 어떤 행위를 선택함으로써 포기해야 하는 여러 행위 중 가장 가치가 높게 평가되는 행위의 가치를 의미한다. 따라서 도담이가 주식에 투자함으로써 포기해야 하는 연간 기회비용은 예금에 대한 이자수익 150만 원이다.

09

정답 ②

LM곡선에서 화폐의 수요는 거래수요 및 투기적 수요를 모두 고려한다.

[오답분석]
①·③ 이자율과 소득 간의 관계를 나타나는 곡선으로 IS곡선은 우하향, LM곡선은 우상향하는 형태를 나타낸다.
④ IS곡선은 생산물 시장의 균형을 달성하는 소득과 이자율의 조합을 나타내고, LM곡선은 화폐 시장의 균형을 달성하는 소득과 이자율의 조합을 나타낸다.

10

정답 ④

외부불경제에 해당하는 사례를 고르는 문제이다.
외부효과란 한 사람의 행위가 제3자의 경제적 후생에 영향을 미치지만 그에 대한 금전적 보상이 이루어지지 않는 현상을 의미한다. 공해와 같은 외부불경제는 재화 생산의 사적 비용이 사회적 비용보다 작기 때문에 사적 생산이 사회적 최적 생산량보다 과다하게 이루어진다. 외부불경제로 인한 자원배분의 비효율성을 해결하기 위해 정부는 세금·벌금 등을 부과하거나 규제를 가하게 된다. 반면, 외부경제는 사적 비용이 사회적 비용보다 크기 때문에 사적 생산이 사회적 최적 생산량보다 작게 이루어진다.

11

정답 ②

DLS(Derivative Linked Securities, 파생결합증권)는 이자율·환율·실물자산·원자재·날씨·파산 발생 여부 등의 기초자산에 연동되어 투자 수익이 지급되는 유가증권이다.

[오답분석]
① ELD(Equity-Linked Deposit, 주가지수연동예금) : 수익률이 코스피 200지수에 연동되는 예금

③ MMF(Money Market Fund) : 단기 금융상품에 집중 투자하여 단기 실세금리의 등락이 펀드 수익률에 반영되는 초단기 공사채형 실적배당상품

④ ELS(Equity-Linked Securities, 주가연계증권) : 옵션 등을 이용해 만기를 정해놓고 만기까지 일정 조건을 충족하면 정해진 수익률을 제공하는 상품

12

정답 ③

오답분석

① 다수대표제 : 하나의 선거구에서 1명의 당선자를 뽑는 소선거구제를 기본으로 하여 당해 선거구에서 가장 많은 표를 얻은 후보자가 당선되는 제도

② 소선거구제 : 하나의 선거구에서 1명의 의원을 선출하는 제도. 유권자는 후보자 1명에게 투표하여 득표수가 많은 후보자가 당선된다.

④ 정당명부식 비례대표제 : 투표 시 유권자가 지역구 후보에 1표, 정당에 1표를 행사하여 정당 득표율에 따라 비례대표 의석을 배분하고 선거 전 각 정당이 선거관리위원회에 등록한 후보 순위에 따라 비례대표 의원을 결정하는 선거 방식

우리나라는 2020년 4월 15일에 치러진 제21대 국회의원 선거에서 연동형 비례대표제를 100% 반영하지 않고 절반만 반영하는 준연동형 비례대표제를 적용했다. 준연동형 비례대표제는 비례 의석수에서 50%만 연동하고, 비례의석 47석 중 30석에 대해서만 연동형 비례대표제를 적용하는 것이다. 남은 비례대표 의석인 17석은 기존처럼 정당 득표율에 따라 단순 배분하는 방식이다.

13

정답 ④

트리플약세(Triple Weak)란 주식 및 채권 시장에서 빠져나온 자금이 해외로 유출되어 주가·원화가치·채권가격이 동시에 하락하는 약세 금융현상을 말한다. 경제위기와 신용등급의 하락 등의 요인으로 채권가격이 떨어지면 금리는 올라가고, 고금리는 주식시장 약세로 이어지는 것이 특징이다.

오답분석

① 그레셤의 법칙(Gresham's Law)에 대한 설명이다.

② 경제고통지수(Economic Misery Index)에 대한 설명이다.

③ 소프트 패치(Soft Patch)에 대한 설명이다.

14

정답 ③

혈우병(Hemophilia)은 X염색체에 있는 유전자의 선천성, 유전성 돌연변이로 인해 혈액 내의 응고인자(피를 굳게 하는 물질)가 부족하게 되어 발생하는 출혈성 질환으로, 보통 남성에게 많이 나타난다. 아직 확실한 치료제가 개발되지 않았으며, 중증의 경우 데스모프레신(Desmopressin) 약물을 사용하기도 한다.

오답분석

① 백색증(Albinism) : 멜라닌 합성의 결핍으로 인해 눈, 피부, 털 등에 색소 감소가 나타나는 선천성 유전질환

② 괴혈병(Scurvy) : 비타민 C 부족으로 인해 기운이 없고 잇몸, 점막과 피부에서 피가 나고 빈혈 등이 발생하는 질환

④ 백혈병(Leukemia) : 혈액 세포에 발생한 암으로서, 비정상적인 혈액세포가 억제되지 않고 과도하게 증식하여 정상적인 백혈구와 적혈구, 혈소판의 생성이 억제되는 질환

15

정답 ④

양해각서(MOU)에 대한 설명이다. 비준은 헌법상의 조약 체결권자가 최종적으로 확인·동의하는 절차이다.

16

프로젝트 파이낸싱은 프로젝트별로 자금조달이 이루어지기 때문에 투자사업의 실질적인 소유주인 모기업의 자산 및 부채와 분리해서 프로젝트 자체의 사업성에 기초하여 소요자금을 조달하여야 하고, 다양한 위험이 존재하기 때문에 상대적으로 금융비용이 많이 투입되는 특징이 있다.

또 사업주체와 독립된 별도의 형태로 추진되므로 사업주체의 대차대조표상에는 나타나지 않는 부외금융효과도 있으며, 담보는 프로젝트의 미래 현금수지의 총화이기 때문에 프로젝트의 영업이 부진한 경우에도 프로젝트 자체 자산의 처분 외에는 다른 채권회수수단이 없다.

17

채권수익률은 투자자가 만기일까지 채권을 보유할 경우에 얻을 수 있는 투자수익을 투자원금으로 나눈 비율을 뜻한다. 채권 수요가 증가하여 채권 가격이 오르면 채권수익률은 떨어진다.

오답분석

① 시중금리가 상승하면 채권 수요가 감소할 것이다.
② 채권수익률과 투자 원금(채권 가격)은 반비례하므로 채권 가격이 내리면 채권수익률은 오른다.
④ 채권 발행 기업의 신용도가 떨어지면 채권의 수요가 감소할 것이다.

18

이표채란 약정된 이자를 일정기간마다 지급하는 채권으로 국채, 유로본드(Eurobond), 미국 재무부 장기국채(Treasury- Bond), 미국 재무부 중기국채(Treasury-Note) 등이 있다.

무이표채란 이자를 지급하지 않고 만기에 원금만 상환하는 채권으로 이자를 지급하지 않는 만큼 할인하여 발행하는 채권이다. 미국 재무부 단기국채(Treasury-Bill)는 만기가 1년 이하인 단기 미국 국채로 이표(Coupon)가 존재하지 않고, 할인가격(Discount Price)에 발행되어 만기에 원금을 받게 되는 대표적인 무이표채이다.

19

발행이율은 액면에 대한 연이율을 의미하며, 이표채는 이표가 첨부되어 있고 할인채는 할인율로 표시한다. 표면이율, 표면금리라고 부르기도 한다.

20

소련은 당시 독일과 '독소 불가침 조약'을 맺어 서로 침략하지 않기로 하였지만, 독일이 선제공격하면서 전쟁에 참여하였다. 초기에는 모스크바 근처까지 독일군에 밀렸지만, 결국 전쟁에서 승리하여 승전국이 되었다. 이후 소련은 폴란드, 헝가리 등의 동유럽과 외몽고, 북한 등을 사회주의 국가로 만드는 데 영향을 미쳤고, 세계는 미국 중심의 자본주의 진영과 소련 중심의 사회주의 진영으로 나뉘게 되었다.

PART 5

TOPCIT 테스트

01	02	03	04	05	06	07	08	09	10
③	③	④	②	③	④	①	③	①	④
11	12	13	14	15	16	17	18	19	20
③	②	④	④	④	①	③	①	③	③

01
정답 ③

DELETE는 테이블에 저장된 데이터(레코드)를 삭제할 때 사용하는 명령어로 데이터 조작어에 해당한다.

관계 데이터베이스 언어의 종류
- 데이터 정의어(DDL; Data Definition Language)
  : 데이터 간의 관계 정의를 위한 언어로 데이터 구조를 생성, 변경, 삭제하는 데 사용되며 주요 명령어로는 CREATE, ALTER, DROP, RENAME이 있다.
- 데이터 제어어(DCL; Data Control Language)
  : 데이터베이스에서 데이터에 대한 액세스를 제어하기 위한 언어로 데이터 보안, 무결성, 병행수행제어에 사용되며 주요 명령어로는 GRANT, REVOKE, COMMIT, ROLLBACK이 있다.
- 데이터 조작어(DML; Data Manipulation Language)
  : 데이터베이스 사용자 또는 응용 프로그램의 데이터 검색, 등록, 삭제, 갱신 등의 처리를 위한 언어로 주요 명령어로는 SELECT, FROM, WHERE, INSERT, UPDATE, DELETE가 있다.

02
정답 ③

뷰는 한 개 이상의 테이블로도 만들 수 있는 가상 테이블이다.

데이터베이스 뷰의 특징
- 한 개 또는 그 이상의 테이블에서 원하는 데이터만을 모아 가상으로 만든 테이블이다.
- 자주 사용되는 질의를 정의해 둠으로써 반복되는 데이터 조작을 효율적으로 수행한다.
- 사용자가 관심을 가지는 데이터에만 초점을 맞출 수 있다.
- 계산된 정보나 파생된 정보를 보여줄 수 있다.
- 사용자가 볼 수 있는 데이터를 제한할 수 있다.

03
정답 ④

XML(eXtensible Markup Language)은 웹 환경에서 데이터를 구조화하고 교환하기 위해 표준으로 개발한 확장 가능한 마크업 언어이다. XML문서를 작성할 때는 다음 절차대로 진행하게 된다.
1. 문서유형 선택 : 제작하고자 하는 문서의 유형을 결정한다.
2. 문서분석 : 문서의 사용 용도를 결정하고 문서의 논리적인 구조와 요소들을 결정한다.
3. DTD 작성 : DB에 기초적인 스키마를 제공하고 상호 연동이 이루어지도록 한다.
4. XML문서 작성 : DTD에 정의한 태그를 이용하여 XML문서를 작성한다. 이때, XML문법을 준수하여 작성한다.
5. Style Sheet 작성 : 문서의 외형 및 문서 내에서 처리될 내용에 대한 절차를 작성한다. 또한 XML문서와 독립적으로 작성하고 다른 파일로 관리한다.
따라서 XML문서의 작성 절차를 순서대로 바르게 나열하면 ⓒ - ㉠ - ⓜ - ㉣ - ⓒ이다.

DTD(Document Type Definition)
XML문서의 구조와 내용을 정의하는 규칙의 집합으로 XML문서의 구조를 정의하여 문서의 유효성을 검증하고, XML문서를 만들거나 데이터 교환을 할 때 표준으로 활용된다. DTD를 구성하는 요소는 다음과 같다.
- 요소 정의(Element Declaration)
  : 문서에 포함될 수 있는 태그와 그 내용을 정의
- 속성 정의(Attribute Declaration)
  : 요소의 속성을 정의
- 엔티티 정의(Entity Declaration)
  : 재사용 가능한 텍스트나 마크업을 정의

04
정답 ②

인덱스를 이용하면 전체 데이터를 검색하지 않고 원하는 정보를 빠르게 검색할 수 있으며, 레코드 수가 증가하더라도 검색 속도에 큰 변화가 없다.

인덱스의 기능
- 검색 연산을 빠르게 수행하기 위해 데이터베이스 레코드의 정보를 구성하는 데이터 구조이다.
- 인덱스를 이용하면 전체 데이터를 검색하지 않고 원하는 정보를 빠르게 검색할 수 있으며, 레코드 수가 증가하더라도 검색 속도에 큰 변화가 없다.
- 인덱스는 인덱스를 생성한 컬럼 값으로 정렬되어 있으며, 테이블 내에 실제 값이 저장된 위치를 갖고 있다.
- 인덱스의 가장 중요한 기능은 접근 경로를 단축함으로써 데이터의 탐색 속도를 향상시키는 것이다.

05
정답 ③

데이터베이스는 데이터 참조 시 데이터 위치나 주소가 아닌 값을 이용해서 참조한다. 이것은 데이터베이스의 특징 중 내용에 의한 참조에 해당한다.

데이터베이스의 특징
- 실시간 접근성 : 수시적이고 비정형적인 질의에 대하여 실시간 처리에 의한 응답이 가능해야 한다.
- 계속적인 변화 : 새로운 데이터의 삽입, 삭제, 갱신으로 항상 최신의 데이터를 유지해야 한다.
- 동시 공용 : 다수의 사용자가 동시에 같은 내용의 데이터를 이용할 수 있어야 한다.
- 내용에 의한 참조 : 데이터베이스에 있는 데이터를 참조할 때 사용자가 요구하는 데이터 내용으로 데이터를 찾는다.

06
정답 ④

[오답분석]
ㄹ 정규화의 목적 중 하나는 자료 저장 공간의 최소화이다.

07
정답 ①

데이터 모델에 표시할 요소로는 논리적 구조, 연산, 제약조건이 있으며, 물리적, 개념적 요소가 아닌 논리적인 요소가 표시된다.

08
정답 ②

DBMS는 데이터베이스를 관리하며 응용 프로그램들이 데이터베이스를 공유하고 사용할 수 있는 환경을 제공하는 소프트웨어로, 시스템이 복잡하여 파일의 예비(Backup)와 회복(Recovery)이 어렵다는 단점이 있다.

09
정답 ①

제시된 내용은 기본키에 대한 설명이다. 키란 레코드 또는 튜플(Tuple)을 확인하기 위해 이용되는 속성값으로, 하나의 레코드 또는 튜플을 하나의 뜻으로 확인하기 위해 이용되는 키는 기본키이다.

[오답분석]
② 일차키 : 관계 데이터베이스(RDB)에서 관계(데이터베이스 테이블) 내의 특정 튜플(열)을 일의적으로 식별할 수 있는 키 필드
③ 외래키 : 다른 릴레이션의 기본키를 참조하는 속성 또는 속성들의 집합
④ 대체키 : 후보키 중에서 선정된 기본키를 제외한 나머지 후보키

10
정답 ④

실세계에 존재하는 의미 있는 하나의 정보 단위는 엔티티이다.

ER 모델의 구성요소
- 엔티티(Entity) : 현실 세계에 존재하는 의미 있는 하나의 정보 단위를 의미한다.
- 관계(Relationship) : 엔티티들 사이의 연관성을 나타내며 마름모로 표시한다.
- 속성(Attribure) : 엔티티 또는 관계의 본질적 성질을 나타내며 타원으로 표시한다.

11
정답 ③

데이터 모델에는 개념적 데이터 모델과 논리적 데이터 모델이 있고, 그중 현실 세계의 자료가 데이터베이스로 표현될 수 있는 물리적 구조를 기술하는 것은 논리적 데이터 모델이다. E−R 모델은 논리적 데이터 모델이 아닌 개념적 데이터 모델에 해당된다.

12
정답 ②

[오답분석]
① 머신러닝 : 인간의 학습 능력과 같은 기능을 컴퓨터에서 실현하고자 하는 기술 및 기법
③ 메타데이터 : 데이터에 관한 구조화된 데이터로, 다른 데이터를 설명해 주는 데이터
④ 데이터베이스 : 공유되어 사용될 목적으로 통합하여 관리되는 데이터의 집합

13

정답 ④

COMMIT은 데이터 제어어(DCL)의 종류에 포함된다.

오답분석

① SELECT : 테이블에 저장된 데이터 값을 조회할 때 사용
② INSERT : 테이블의 전체 칼럼 또는 일부 칼럼에 값을 입력할 때 사용
③ UPDATE : 테이블에 저장된 데이터 값을 변경할 때 사용

14

정답 ④

인덱스 키의 순서에 따라 데이터가 정렬되어 저장되는 방식은 클러스터드 인덱스이다.

오답분석

① 도메인 인덱스 : 개발자가 필요한 인덱스를 직접 만들어 사용하는 방식
② 트리 기반 인덱스 : 인덱스를 저장하는 블록들이 트리 구조를 이루고 있는 방식
③ 함수 기반 인덱스 : 칼럼의 값 대신 칼럼에 특정 함수나 수식을 적용하여 산출된 값을 사용하는 방식

15

정답 ④

오답분석

② 정형데이터 : 고정된 필드에 저장되는 데이터
③ 반정형데이터 : 고정된 필드로 저장되지는 않지만, XML이나 HTML처럼 메타데이터나 스키마 등을 포함하는 데이터

16

정답 ①

오답분석

② 논리적 데이터 모델링 : 시스템으로 구축하고자 하는 업무에 대해 Key, 속성, 관계 등을 정확하게 표현한다. 데이터 모델 재사용성이 높다.
③ 물리적 데이터 모델링 : 실제로 데이터베이스에 이식할 수 있도록 성능 향상 및 저장의 효율화를 위해 물리적인 성격을 고려하여 설계되었다.

17

정답 ③

성능 개선 목표

• 처리능력 : 단위 시간당 수행되는 작업량
• 처리시간 : 단위 작업을 수행하는 데 소요되는 시간
• 응답시간 : 입력을 위해 사용자가 키를 누른 순간부터 시스템이 응답할 때까지 소요되는 시간
• 로드시간 : 데이터베이스의 데이터를 적재하는 데 소요되는 시간

18

정답 ①

NoSQL은 높은 가용성을 제공한다.

NoSQL의 특징

• 대용량 데이터 처리 : 페타 바이트 수준의 데이터 처리가 수용 가능한 느슨한 데이터 구조
• 유연한 스키마 사용 : 정의된 스키마 없이 데이터를 상대적으로 자유롭게 저장
• 저렴한 클러스터 구성 : PC 수준의 상용 하드웨어를 활용하여 다수 서버를 통한 수평적인 확장 및 데이터 복제 및 분산 저장 기능
• 단순한 CLI : 기존의 관계형 데이터베이스의 SQL과 같은 질의 언어를 제공하지 않음
• 높은 가용성 제공 : 데이터 항목을 클러스터 환경에 자동적으로 분할하여 적재함
• 필요한 만큼의 무결성 : 관계형 DBMS가 논리적 구조 및 ACID의 보장에 초점을 맞춘 반면, NoSQL은 무결성 모두 DBMS에 담당시키기보다 응용에서 일부 처리
• Schema-less : 데이터 모델링을 위한 고정된 데이터 스키마 없이 킷값을 이용해 다양한 형태의 데이터 저장과 접근이 가능한 기능을 이용, 데이터를 저장하는 방식에는 크게 컬럼, 값, 문서, 그래프 4가지로 나뉨

19

정답 ③

오답분석

① 삽입 이상 : 어떤 정보를 삽입하고자 할 때, 원하지 않는 정보까지 함께 삽입해야 하는 현상
② 삭제 이상 : 어떤 정보를 삭제하고자 할 때, 필요한 정보까지 삭제되어야 하는 현상

20

정답 ③

오답분석

① 유일성 : 주식별자에 의해 엔티티 내 모든 인스턴스를 유일하게 구분한다.
② 최소성 : 주식별자를 구성하는 속성의 수는 유일성을 만족하는 최소의 수가 되어야 한다.
④ 존재성 : 주식별자가 지정되면 반드시 데이터 값이 존재해야 한다.

CHAPTER

02 비즈니스영역

01	02	03	04	05	06	07	08	09	10
①	②	④	③	①	②	③	④	③	①
11	12	13	14	15	16	17	18	19	20
①	③	①	①	②	①	③	②	①	③

01 　　　　　　　　　정답 ①

순현재가치를 뜻하는 NPV(Net Present Value)는 정확한 미래 순이익 규모 및 시간에 따른 화폐가치를 반영하며, 회수 기간에 따른 리스크는 별도로 고려해야 한다.

[오답분석]

② IRR(Internal Return Rate, 내부수익률) : 현금 흐름에 대비하여 투자에 따른 발생수익으로 리스크 감소 여부를 판단하기 위한 연 단위의 기대 수익 규모를 표현한 것이다.

③ PP(Payback Period, 회수 기간) : 누적효과가 누적 비용을 초과하여 손익분기점에 도달할 때까지의 시간으로 흑자 전환 시점이나 가시적 선공 전환 시점을 표현한 것이다.

④ ROI(Return On Investment, 투자수익률) : 총비용 대비 순효과의 비율로 투자 타당성 평가에 활용한다.

02 　　　　　　　　　정답 ②

기업의 내부 환경 분석에 사용되는 7S 모형은 컨설팅그룹인 매킨지(McKinsey)에서 만든 내부 환경 분석 기법이다. 7S 분석법은 기업의 핵심 구성요소를 파악하고 이를 통하여 기업을 진단하는 접근방법으로 기업의 핵심 역량요소를 다음과 같이 7개 항목으로 측정하였다.

• Shared Values(공유 가치) : 기업 또는 조직 구성원이 공유하고 있는 이념과 미션에 대한 분석, 조직 내에서 특히 강조하고 있는 가치를 찾아내고 구성원들에게 충분히 공유되고 있는지 확인

• Strategy(전략) : 기업의 목표와 비전에 따른 전략 분석, 전략을 수행하기 위한 예산, 조직, 인력 등의 적정성 여부 분석

• System(시스템) : 주요 의사결정과 구성원을 관리하기 위한 프로세스 또는 시스템(기법) 분석, 시스템의 범주에는 제도, 규칙 등을 모두 포함함

• Structure(조직구조) : 기업의 전략을 수행하기 위한 조직의 형태와 구성원 구조를 분석, 나아가 조직 간 역할 분담과 협업체계 등을 분석

• Staff(구성원) : 구성원의 역량, 자질, 전문성을 분석, 구성원의 장점과 약점과 구성원의 역량 발휘 환경을 포함하여 분석

• Style(스타일) : 기업의 경영 및 운용 스타일 분석, 전략 수행을 위한 리더십, 경영 스타일 등 조직문화를 분석

• Skill(관리기술) : 조직 운영 및 관리에 대한 스킬 분석, 기업 운영에 필요한 구성원의 역량과 역량을 발휘할 수 있는 조직의 핵심 역량 분석

03 　　　　　　　　　정답 ④

취약한 IT 자원·관리, 운영 등을 외부에 위탁하는 IT 비즈니스 아웃소싱의 경우 기업정보에 대한 보안 문제가 발생할 수 있으며, 노하우 축적이 어렵다는 문제점이 있다.

04 　　　　　　　　　정답 ③

테일러링 프로세스는 생명주기 프로세스에서 적용하지 않거나 불필요하다고 인식되는 활동 및 작업을 제거하는 프로세스이다. 일반적으로 소프트웨어 개발방법론의 최적화로 알려져 있으며, 테일러링을 통해 최적의 소프트웨어 도입 환경을 구성할 수 있다.

[오답분석]

① IT 비즈니스 발주 프로세스에 대한 설명이다.
② 기본 생명주기 프로세스에 대한 설명이다.
④ 지원 생명주기 프로세스에 대한 설명이다.

05 　　　　　　　　　정답 ①

편집저작물은 편집물로서 그 소재나 구성 부분의 저작물성 여부와 관계없이 소재의 선택 또는 배열에 창작성이 있는 저작물이다.

[오답분석]

② 건축저작물에 해당한다.
③ 어문저작물에 해당한다.
④ 2차적저작물에 해당한다.

PART 5

06
정답 ②

프로젝트는 일정한 시작과 끝을 가지는 일시적인 활동이므로 일시적인 노력이 필요하다.

오답분석
① 프로젝트는 범위, 원가 및 시간의 제약을 받는다.
③ 프로젝트는 고유한 제품과 서비스를 제공하는 것이다.
④ 프로젝트의 점진적 상세화에 대한 설명이다.

07
정답 ③

기업 내부의 상세 요구사항을 적극적으로 반영하려는 것은 인하우스 개발의 목적이다. 패키지 도입은 선진 프로세스 및 사례를 활용하려는 목적을 가지고 있다. 패키지 도입은 도입검증을 거친 시스템을 도입함으로써 불확실성이 적고 도입 기간이 짧으며 도입 비용도 저렴하나, 유지보수 비용이 증가할 수 있다.

08
정답 ④

ⓒ 1페이지 보고서를 작성하기 위해서는 논지를 명확히 하여 결론을 도출해내는 것이 중요하다.
ⓔ 1페이지 보고서에서는 내용의 압축이 중요하므로 서술식 문장과 표를 적절히 활용해야 한다.
ⓜ '끝' 표시는 문서가 끝났다는 것을 알려주는 표시로 문서의 맨 마지막에 표시한다.

오답분석
ⓐ 보고서 1페이지에 핵심 의견을 기술하고, 부연설명이나 근거자료는 첨부 문서로 만든다.
ⓑ 화려한 수식어구는 되도록 사용하지 않으며, 간결·명료하게 작성한다.

09
정답 ③

E-Commerce의 단말기는 메모리가 많으며 고속 처리가 가능하다. 또한, 단말기의 화면이 크고 입출력 장치가 편리하다. M-Commerce는 무선 데이터 장비를 이용해 정보, 서비스, 상품 등을 교환하는 것으로 이동성 네트워크를 사용하며 통신 품질이 상대적으로 불안정하다.

10
정답 ①

클라우드 컴퓨팅은 네트워크, 서버 등의 IT 자원을 소유하지 않고, 필요할 때 인터넷을 통해 서비스를 이용하는 컴퓨팅 방식이다.

11
정답 ①

수용은 위험 제거가 불가능할 경우 채택되는 전략으로, 적절한 대응 전략을 수립할 수 없는 경우 수동적 수용과 능동적 수용을 선택한다. 수동적 수용은 전략을 문서화하는 일 외에 다른 조치를 하지 않고 발생한 위험을 프로젝트팀에서 처리하도록 하는 것이고, 능동적 수용은 적극적으로 우발사태에 대한 대비를 구축하는 방법이다.

오답분석
② 긍정적인 위험 대응 방법 중 증대에 해당한다.
③ 긍정적인 위험 대응 방법 중 공유에 해당한다.
④ 긍정적인 위험 대응 방법 중 활용에 해당한다.

12
정답 ③

비즈니스 룰을 개발·관리하며 프로세스 라이프사이클을 관리하는 것은 BRE(Business Rule Engine)의 특징이다. BAM은 IT 비즈니스 프로세스를 최적화하기 위해 프로세스를 실시간으로 모니터링하고 위험요소를 사전에 발견하여 통제하기 위한 방법이다.

13
정답 ①

고객 플랫폼은 기업이 목표로 하는 핵심 고객 집단으로 매출 증대를 통한 수입의 증대를 목적으로 활용한다. 산업 주도를 목적으로 활용되는 것은 거래 플랫폼이다.

14
정답 ①

오답분석
② 6시그마(6-Sigma) : 100만 개의 제품 중 3~4개 이하의 불량률을 목표로 하는 경영혁신 기법
③ 트리즈(TRIZ) : 주어진 문제에 대해 가장 이상적인 결과를 정의하고, 그 결과를 얻는 데 관건이 되는 모순을 찾아내 이를 극복할 수 있는 해결안을 얻을 수 있도록 생각하게 하는 체계적 방법. 경영기법(경영지원, 혁신지원, 사고적 경영, 융합경영 등)에 활용됨
④ 서브퀄(SERVQUAL) : 사용자의 서비스 기대 품질과 기업의 서비스 제공 품질 수준과의 차이를 분석하는 기법

15

정답 ②

빈칸에 들어갈 용어는 EDW(Enterprise Data Warehouse)이다. 의사결정 과정에서 의사결정권자에게 상호대화식으로 정보를 지원하는 시스템은 DSS(Decision Support System)이다.

> **EDW의 특징**
> • 주제 지향적 : 분석하고자 하는 데이터를 일상적인 트랜잭션을 처리하는 주제 중심으로 시스템을 구조화한다.
> • 통합성 : 기업의 내·외부 데이터를 추출하여 표준화하고 통합한다.
> • 시계열성 : 데이터가 일정 기간 정확성을 유지하고, 날짜, 주, 월 등의 시점 요소를 반영한다.
> • 비(非)휘발성 : 저장된 데이터는 읽기 전용으로 특별한 규칙이 없는 한 삭제되지 않는다.

16

정답 ①

기업이 목표관리(MBO)를 위한 목표의 설정과 지침을 제공하지 않으므로 MBO에서 설정한 목표가 기업의 목표와 반드시 일치하지 않을 수 있다. 따라서 목표 설정 과정에서 협의를 통해 조정해야 한다.

17

정답 ③

㉠ 언어 : 실시간으로 피드백이 가능한 커뮤니케이션 수행이 가능하다.
㉡ 문서 : 시차를 두고 피드백이 가능한 특정 시점에서 단방향 의사전달만 가능하다.
㉢ 비언어 : 정해진 형식보다는 상황에 맞는 유연한 활용이 가능하며, 이성보다는 감성에 호소하는 커뮤니케이션 방법이다.

18

정답 ②

㉠ 정규결재 : 조직의 장이 하는 일반결재
㉡ 전결 : 조직의 장이 결재 권한을 규정에 따라 하위 조직의 리더에게 위임하는 것. 정규결재와 동일한 효력을 가짐
㉢ 대결 : 결재권자가 장기간 부재 시 하위 구성원에게 일시적으로 권한을 위임하여 결재를 진행하는 경우

19

정답 ①

프레젠테이션 과정
1. 목표 / 주제 설정 : 목표와 주제를 명료하게 정의한다.
2. 3P 분석 : 청중(Person), 목적(Purpose), 장소(Place)를 종합적으로 분석한다.
3. 내용 구성 / 설계 : 어떻게 이야기할지 컨셉을 결정한다.
4. 자료 수집 / 분석 : 내용을 뒷받침할 수 있는 자료를 수집한다.
5. 전달 매체로 작성 : 상대방에게 효과적으로 전달할 수 있는 형태로 자료를 만든다.
6. 리허설 : 실제와 마찬가지로 예행연습을 한다.
7. 발표 및 질의응답 : 발표와 질의응답을 진행한다.

20

정답 ③

> 오답분석
㉡ 스마트 그리드 : 분산형 발전 시스템으로 전력 수급에 따라 탄력적으로 전력 가격을 설정할 수 있다.
㉢ 스마트 교실 : 전자 칠판, 무선인터넷 등을 이용한 새로운 교육방식을 연구하는 것으로 교사가 디지털 기기들을 활용하여 다양한 프로그램들을 이용한 수업을 한다.

행운이란 100%의 노력 뒤에 남는 것이다.

– 랭스턴 콜만 –

KB국민은행 필기전형 OMR 답안카드

직업기초능력

문번	1	2	3	4	문번	1	2	3	4
1	①	②	③	④	21	①	②	③	④
2	①	②	③	④	22	①	②	③	④
3	①	②	③	④	23	①	②	③	④
4	①	②	③	④	24	①	②	③	④
5	①	②	③	④	25	①	②	③	④
6	①	②	③	④	26	①	②	③	④
7	①	②	③	④	27	①	②	③	④
8	①	②	③	④	28	①	②	③	④
9	①	②	③	④	29	①	②	③	④
10	①	②	③	④	30	①	②	③	④
11	①	②	③	④	31	①	②	③	④
12	①	②	③	④	32	①	②	③	④
13	①	②	③	④	33	①	②	③	④
14	①	②	③	④	34	①	②	③	④
15	①	②	③	④	35	①	②	③	④
16	①	②	③	④	36	①	②	③	④
17	①	②	③	④	37	①	②	③	④
18	①	②	③	④	38	①	②	③	④
19	①	②	③	④	39	①	②	③	④
20	①	②	③	④	40	①	②	③	④

직무상황지식

문번	1	2	3	4	문번	1	2	3	4
1	①	②	③	④	21	①	②	③	④
2	①	②	③	④	22	①	②	③	④
3	①	②	③	④	23	①	②	③	④
4	①	②	③	④	24	①	②	③	④
5	①	②	③	④	25	①	②	③	④
6	①	②	③	④	26	①	②	③	④
7	①	②	③	④	27	①	②	③	④
8	①	②	③	④	28	①	②	③	④
9	①	②	③	④	29	①	②	③	④
10	①	②	③	④	30	①	②	③	④
11	①	②	③	④	31	①	②	③	④
12	①	②	③	④	32	①	②	③	④
13	①	②	③	④	33	①	②	③	④
14	①	②	③	④	34	①	②	③	④
15	①	②	③	④	35	①	②	③	④
16	①	②	③	④	36	①	②	③	④
17	①	②	③	④	37	①	②	③	④
18	①	②	③	④	38	①	②	③	④
19	①	②	③	④	39	①	②	③	④
20	①	②	③	④	40	①	②	③	④

상식

문번	1	2	3	4
1	①	②	③	④
2	①	②	③	④
3	①	②	③	④
4	①	②	③	④
5	①	②	③	④
6	①	②	③	④
7	①	②	③	④
8	①	②	③	④
9	①	②	③	④
10	①	②	③	④
11	①	②	③	④
12	①	②	③	④
13	①	②	③	④
14	①	②	③	④
15	①	②	③	④
16	①	②	③	④
17	①	②	③	④
18	①	②	③	④
19	①	②	③	④
20	①	②	③	④

고사장

성명

수험번호

⓪	①	②	③	④	⑤	⑥	⑦	⑧	⑨
⓪	①	②	③	④	⑤	⑥	⑦	⑧	⑨
⓪	①	②	③	④	⑤	⑥	⑦	⑧	⑨
⓪	①	②	③	④	⑤	⑥	⑦	⑧	⑨
⓪	①	②	③	④	⑤	⑥	⑦	⑧	⑨
⓪	①	②	③	④	⑤	⑥	⑦	⑧	⑨
⓪	①	②	③	④	⑤	⑥	⑦	⑧	⑨

감독위원 확인

(인)

KB국민은행 필기전형 OMR 답안카드

고사장

성 명

수 험 번 호						
⓪	⓪	⓪	⓪	⓪	⓪	⓪
①	①	①	①	①	①	①
②	②	②	②	②	②	②
③	③	③	③	③	③	③
④	④	④	④	④	④	④
⑤	⑤	⑤	⑤	⑤	⑤	⑤
⑥	⑥	⑥	⑥	⑥	⑥	⑥
⑦	⑦	⑦	⑦	⑦	⑦	⑦
⑧	⑧	⑧	⑧	⑧	⑧	⑧
⑨	⑨	⑨	⑨	⑨	⑨	⑨

감독위원 확인

(인)

직업기초능력

문번	1	2	3	4	문번	1	2	3	4
1	①	②	③	④	21	①	②	③	④
2	①	②	③	④	22	①	②	③	④
3	①	②	③	④	23	①	②	③	④
4	①	②	③	④	24	①	②	③	④
5	①	②	③	④	25	①	②	③	④
6	①	②	③	④	26	①	②	③	④
7	①	②	③	④	27	①	②	③	④
8	①	②	③	④	28	①	②	③	④
9	①	②	③	④	29	①	②	③	④
10	①	②	③	④	30	①	②	③	④
11	①	②	③	④	31	①	②	③	④
12	①	②	③	④	32	①	②	③	④
13	①	②	③	④	33	①	②	③	④
14	①	②	③	④	34	①	②	③	④
15	①	②	③	④	35	①	②	③	④
16	①	②	③	④	36	①	②	③	④
17	①	②	③	④	37	①	②	③	④
18	①	②	③	④	38	①	②	③	④
19	①	②	③	④	39	①	②	③	④
20	①	②	③	④	40	①	②	③	④

직무심화지식

문번	1	2	3	4	문번	1	2	3	4
1	①	②	③	④	21	①	②	③	④
2	①	②	③	④	22	①	②	③	④
3	①	②	③	④	23	①	②	③	④
4	①	②	③	④	24	①	②	③	④
5	①	②	③	④	25	①	②	③	④
6	①	②	③	④	26	①	②	③	④
7	①	②	③	④	27	①	②	③	④
8	①	②	③	④	28	①	②	③	④
9	①	②	③	④	29	①	②	③	④
10	①	②	③	④	30	①	②	③	④
11	①	②	③	④	31	①	②	③	④
12	①	②	③	④	32	①	②	③	④
13	①	②	③	④	33	①	②	③	④
14	①	②	③	④	34	①	②	③	④
15	①	②	③	④	35	①	②	③	④
16	①	②	③	④	36	①	②	③	④
17	①	②	③	④	37	①	②	③	④
18	①	②	③	④	38	①	②	③	④
19	①	②	③	④	39	①	②	③	④
20	①	②	③	④	40	①	②	③	④

상식

문번	1	2	3	4
1	①	②	③	④
2	①	②	③	④
3	①	②	③	④
4	①	②	③	④
5	①	②	③	④
6	①	②	③	④
7	①	②	③	④
8	①	②	③	④
9	①	②	③	④
10	①	②	③	④
11	①	②	③	④
12	①	②	③	④
13	①	②	③	④
14	①	②	③	④
15	①	②	③	④
16	①	②	③	④
17	①	②	③	④
18	①	②	③	④
19	①	②	③	④
20	①	②	③	④

KB국민은행 필기전형 OMR 답안카드

직업기초능력

문번	1	2	3	4	문번	1	2	3	4
1	①	②	③	④	21	①	②	③	④
2	①	②	③	④	22	①	②	③	④
3	①	②	③	④	23	①	②	③	④
4	①	②	③	④	24	①	②	③	④
5	①	②	③	④	25	①	②	③	④
6	①	②	③	④	26	①	②	③	④
7	①	②	③	④	27	①	②	③	④
8	①	②	③	④	28	①	②	③	④
9	①	②	③	④	29	①	②	③	④
10	①	②	③	④	30	①	②	③	④
11	①	②	③	④	31	①	②	③	④
12	①	②	③	④	32	①	②	③	④
13	①	②	③	④	33	①	②	③	④
14	①	②	③	④	34	①	②	③	④
15	①	②	③	④	35	①	②	③	④
16	①	②	③	④	36	①	②	③	④
17	①	②	③	④	37	①	②	③	④
18	①	②	③	④	38	①	②	③	④
19	①	②	③	④	39	①	②	③	④
20	①	②	③	④	40	①	②	③	④

직무심화지식

문번	1	2	3	4	문번	1	2	3	4
1	①	②	③	④	21	①	②	③	④
2	①	②	③	④	22	①	②	③	④
3	①	②	③	④	23	①	②	③	④
4	①	②	③	④	24	①	②	③	④
5	①	②	③	④	25	①	②	③	④
6	①	②	③	④	26	①	②	③	④
7	①	②	③	④	27	①	②	③	④
8	①	②	③	④	28	①	②	③	④
9	①	②	③	④	29	①	②	③	④
10	①	②	③	④	30	①	②	③	④
11	①	②	③	④	31	①	②	③	④
12	①	②	③	④	32	①	②	③	④
13	①	②	③	④	33	①	②	③	④
14	①	②	③	④	34	①	②	③	④
15	①	②	③	④	35	①	②	③	④
16	①	②	③	④	36	①	②	③	④
17	①	②	③	④	37	①	②	③	④
18	①	②	③	④	38	①	②	③	④
19	①	②	③	④	39	①	②	③	④
20	①	②	③	④	40	①	②	③	④

상식

문번	1	2	3	4
1	①	②	③	④
2	①	②	③	④
3	①	②	③	④
4	①	②	③	④
5	①	②	③	④
6	①	②	③	④
7	①	②	③	④
8	①	②	③	④
9	①	②	③	④
10	①	②	③	④
11	①	②	③	④
12	①	②	③	④
13	①	②	③	④
14	①	②	③	④
15	①	②	③	④
16	①	②	③	④
17	①	②	③	④
18	①	②	③	④
19	①	②	③	④
20	①	②	③	④

고사장

성명

수험번호

⓪	①	②	③	④	⑤	⑥	⑦	⑧	⑨
⓪	①	②	③	④	⑤	⑥	⑦	⑧	⑨
⓪	①	②	③	④	⑤	⑥	⑦	⑧	⑨
⓪	①	②	③	④	⑤	⑥	⑦	⑧	⑨
⓪	①	②	③	④	⑤	⑥	⑦	⑧	⑨
⓪	①	②	③	④	⑤	⑥	⑦	⑧	⑨
⓪	①	②	③	④	⑤	⑥	⑦	⑧	⑨

감독위원 확인

(인)

KB국민은행 필기전형 OMR 답안카드

교시정

성 명

수 험 번 호

⑩	⑩	⑩	⑩	⑩	⑩	⑩
①	①	①	①	①	①	①
②	②	②	②	②	②	②
③	③	③	③	③	③	③
④	④	④	④	④	④	④
⑤	⑤	⑤	⑤	⑤	⑤	⑤
⑥	⑥	⑥	⑥	⑥	⑥	⑥
⑦	⑦	⑦	⑦	⑦	⑦	⑦
⑧	⑧	⑧	⑧	⑧	⑧	⑧
⑨	⑨	⑨	⑨	⑨	⑨	⑨

감독위원 확인

㊞

직업기초능력

문번	1	2	3	4	문번	1	2	3	4
1	①	②	③	④	21	①	②	③	④
2	①	②	③	④	22	①	②	③	④
3	①	②	③	④	23	①	②	③	④
4	①	②	③	④	24	①	②	③	④
5	①	②	③	④	25	①	②	③	④
6	①	②	③	④	26	①	②	③	④
7	①	②	③	④	27	①	②	③	④
8	①	②	③	④	28	①	②	③	④
9	①	②	③	④	29	①	②	③	④
10	①	②	③	④	30	①	②	③	④
11	①	②	③	④	31	①	②	③	④
12	①	②	③	④	32	①	②	③	④
13	①	②	③	④	33	①	②	③	④
14	①	②	③	④	34	①	②	③	④
15	①	②	③	④	35	①	②	③	④
16	①	②	③	④	36	①	②	③	④
17	①	②	③	④	37	①	②	③	④
18	①	②	③	④	38	①	②	③	④
19	①	②	③	④	39	①	②	③	④
20	①	②	③	④	40	①	②	③	④

직무심화지식

문번	1	2	3	4	문번	1	2	3	4
1	①	②	③	④	21	①	②	③	④
2	①	②	③	④	22	①	②	③	④
3	①	②	③	④	23	①	②	③	④
4	①	②	③	④	24	①	②	③	④
5	①	②	③	④	25	①	②	③	④
6	①	②	③	④	26	①	②	③	④
7	①	②	③	④	27	①	②	③	④
8	①	②	③	④	28	①	②	③	④
9	①	②	③	④	29	①	②	③	④
10	①	②	③	④	30	①	②	③	④
11	①	②	③	④	31	①	②	③	④
12	①	②	③	④	32	①	②	③	④
13	①	②	③	④	33	①	②	③	④
14	①	②	③	④	34	①	②	③	④
15	①	②	③	④	35	①	②	③	④
16	①	②	③	④	36	①	②	③	④
17	①	②	③	④	37	①	②	③	④
18	①	②	③	④	38	①	②	③	④
19	①	②	③	④	39	①	②	③	④
20	①	②	③	④	40	①	②	③	④

상식

문번	1	2	3	4
1	①	②	③	④
2	①	②	③	④
3	①	②	③	④
4	①	②	③	④
5	①	②	③	④
6	①	②	③	④
7	①	②	③	④
8	①	②	③	④
9	①	②	③	④
10	①	②	③	④
11	①	②	③	④
12	①	②	③	④
13	①	②	③	④
14	①	②	③	④
15	①	②	③	④
16	①	②	③	④
17	①	②	③	④
18	①	②	③	④
19	①	②	③	④
20	①	②	③	④

2025 최신판 시대에듀 All-New KB국민은행
필기전형 최신기출유형 + 모의고사 4회 + 무료NCS특강

개정18판1쇄 발행	2025년 03월 20일 (인쇄 2025년 02월 24일)
초 판 발 행	2010년 04월 20일 (인쇄 2010년 03월 19일)
발 행 인	박영일
책 임 편 집	이해욱
편 저	SDC(Sidae Data Center)
편 집 진 행	안희선 · 김내원
표지디자인	김지수
편집디자인	김경원 · 장성복
발 행 처	(주)시대고시기획
출 판 등 록	제10-1521호
주 소	서울시 마포구 큰우물로 75 [도화동 538 성지 B/D] 9F
전 화	1600-3600
팩 스	02-701-8823
홈 페 이 지	www.sdedu.co.kr

I S B N	979-11-383-8828-3 (13320)
정 가	24,000원